嶽麓書院 国学文库

主编◎朱汉民

简帛思想文献研究

个案与方法

JIANBO SIXIANG WENXIAN YANJIU

刘笑敢 郑吉雄 梁涛◎编著

人民东方出版传媒
東方出版社

本书获得岳麓书院国学研究与传播中心课题出版资助

目 录

Contents

岳麓书院国学文库总序

朱汉民

“岳麓书院国学文库”即将陆续出版。借为这个文库作“总序”的机会，我想讨论如下几个问题：现代世界已经发生了惊人的变化，传统国学还有什么意义呢？“国学”是一门独立的学科吗？国学与岳麓书院有什么密切的联系？

（一）国学的意义

我认为，对现代中国和世界而言，国学至少有四个层面的重要意义。

第一，国学能够为现代人的个体精神需求提供思想营养。中国正面临社会的急剧变革，每个人的命运正在发生很大的变化，每个人的行动也有更多的选择自由，但是，能够给我们驾驭命运的精神方向、做出行动选择的人生智慧却严重不足。现代中国人往往会感到是非的迷茫、得失的困扰，同时引发对生命意义的追问。社会底层民众是这样，那些成功人士也是如此。儒家、道家、佛家的经典，诸子百家的思想，对人生意义的选择，包括是非的迷惘、毁誉的困扰、得失的彷徨，以及对人生终极价值的选择，都能够提供很多很好的思想营养。今天很多人思考的问题，其实古代先贤都思考过，而且有非常好的解决办法。我们回头去看经典，会发现原来我们的老祖宗已经有很好的思考了。

第二，国学能够满足当代社会建立和谐社会的需求，并提供重要的文化资源。在中国的现代化转型过程中，我们正面临着种种社会问题和思想危机。我们常常感到人与人之间越来越缺乏信任，我们不相信超市里买来的食品是否安全，我们怀疑来自陌生人的帮助是否藏着恶意，我们甚至还在讨论见到老人摔倒该不该扶起，还有许多人损人利己的做法，已经到了完全不能容忍的地步。诚信危机、道德危机成为我们建立和谐社会的大敌。大家都在想，怎么来阻止相关恶劣事件的发生，怎么来建立一个有诚信、有道德的和谐社会。中国传统国学，对于如何建立有诚信、有道德的和谐社会，有着一系列重要的思想，中国传统的仁爱思想、忠恕之道，仍然可以成为建构现代和谐社会的价值理念，“己所不欲，勿施于人”，仍然是我们建立有诚信、有道德的和谐社会的金科玉律。

第三，国学能够为当代中华文明的崛起提供重要的支撑力量。当前的“国学热”其实和中华文明的崛起有着密切关系。中国崛起与中华文明崛起不是一个概念。中国崛起是指一个独立的中国在政治上、经济上的强大，而中华文明崛起则是强调一种延续了五千年的文明体系在经历了近代化、全球化的“浴火”之后，重新成为一个有着强大生命力的文明体系。在世界文明史上，中华文明是唯一历经五千年而没有中断的原生形态的古文明，并且一直保持其强大的生命力，位居世界文明的前列。但是，中国近代史是一部中国被瓜分、侵略的历史，在这个历史过程中，中国人开始失去文明的自信。其实，近代中国学习、吸收西方先进文明是非常正确的，但是我们必须坚持中华文明的主体性，采取对自我文化的虚无态度是非常不应该的。我们必须有一种文明的自我意识，我们要认识到，现代化中国的崛起，离不开中华民族文化精神的崛起。我们活下来并且能够昂首挺胸的不仅仅是我们的身体，首先应该是我们高贵的精神和灵魂！那么，我们高贵的精神和灵魂是如何形成的呢？其实，就是国学熔铸了我们的精神和灵魂。正是从这个意义上说，国学能够为当代中华文明的崛起提供重要的支撑力量。

第四，国学能够为 21 世纪新的人类文明建构做出重要的贡献。我一直认为，中国国学里面所包含的许多价值观念，比方说仁爱、中和、大同，不仅仅对中华民族具有重要的意义，同时，它们一定能够成为具有全球性的、普遍意义的价值观念，能够弥补某种单一文明主导的价值观念的缺失。西方文明一直在坚持它们倡导的许多核心价值。其实，中华文明近代化的过程，就是一个接受这种西方价值的过程。但是，许多中国人在此过程中，却忽略或者忘记了中华文明中的价值理念。特别是在整个20世纪的文明进程中，以西方为主导的现代文明已经暴露出越来越多的弊端。21世纪建构的人类文明，一定是一种多元一体的文明，而延续五千年没有中断的中华文明，一定会对21世纪的人类文明建构做出自己的贡献。

（二）国学是一门独立的学科

尽管国学如此重要，但对国学是否可以成为一个独立学科，学界内部还存在着不少疑虑与分歧。人们首先会问：国学的确切定义是什么？其实，“国学”有非常明确的内涵和外延。首先，“国学”的“国”应该是指中国，这个很明确。其次，这个“学”就是指传统学术，即中国传统的知识体系与价值体系，这种知识体系与价值体系总是要通过文字、典籍的形式固定和保存下来。中国古代文献典籍有经、史、子、集，所以今天人们所说的国学往往也分为经、史、子、集。

人们又会进一步追问：国学的知识构架和学理依据是什么？当然，国学之所以可以成为一个独立学科，必须有两个重要条件：其一是国学学科体系的内在条件，即国学体系的知识构架和学理依据；其二是国学的外在条件，即国学能否具有现代学术视野而能得到普遍承认并开展广泛的或全球化的学术交流。

国学这门学科，之所以在学界还有不少疑虑与分歧，与它在当代中国学术体制内的处境有关。现在大学院系的分科，基本上是近代引进西学而建立起来的，分为理学、工学、文学、历史、哲学、艺术、宗教、政治学、教育学等。尽管近些年各个大学纷纷创建了国学院，但是国学在当代中国的学术体制内并无合法性的身份。这样，我们延续几千年的中国传统国学，在这种学科体制下只能变成其他学科的材料。比如国学中最重要的经学，在现代大学的学科中就没有合法的独立地位，我们不能独立地研究、学习经学，只能够将其分别切割到文学、历史学、哲学、政治学、法学、宗教学、教育学等不同学科之中。这样，国学中的经、史、子、集的不同门类知识，全部被分解到了文学、历史、哲学、艺术、宗教、政治学、教育学等不同学科视野里面，变成其他不同学科的材料。

近代引进的文学、历史、哲学、艺术、宗教、政治学、教育学等不同学科，对于拓展我们对中国传统学术的研究视野，确实有其长处，但也有其短处。中国传统学术是一个有着密切联系的有机整体，其知识体系和价值体系有着内在联系。当我们用各门现代学科把传统国学分割之后，就有可能失去原有知识体系的联系和特点。每一种知识体系或学科框架，实际上是人类把握世界的一种具有主观性因素的图式。不同文明有不同的把握世界的图式，西方知识体系有它自己的长处，中国传统知识体系也有自己的长处，譬如中国的知识传统具有整体性、实践性、辩证性的特点，以此成就了中华文明的世界性贡献。正因为如此，研究中国传统学术，应该保持对其原文化生态的、有机整体的学问特点的思考。国学作为这样一种原文化生态的、有机整体的学问特点，有它存在的必要性和合理性。

其实，在讲到中国“国学”合法性的时候，我们还可以暂且借用西方大学的“古典学”的概念。在西方世界许多大学都设立了古典学系。这个古典学研究什么呢？它最初是以古希腊、罗马的文献为依据，研究那个时期的历史、哲学、文学等。古典学的特点是注重将古希腊、罗马文明作为一个整体来研究，而不是分别研究古希腊、罗马时期的历史、哲学、文学。在西方，古典学一直是一门单独的学科。我们认为，“国学”其实也可以说是“中国古典学”。如果我们用“中国古典学”来说明中国“国学”，可以提供“国学”作为一门独立学科的上述两个条件。一方面，在几千年的漫长历史中，中国形成了自己特有的具有典范意义的文明体系。建立“中国古典学”，也就是以中国古人留下的历史文献为依据，将中华文明作为一个整体来研究。由于“中国古典学”是以中国传统学术体系为学科基础，这是一门从学术范式到知识构架、学理依据均不同于现有的文学、历史、哲学学科的独立学科，这是“中国古典学”得以确立的内在条件。另一方面，由于“国学”概念仅仅能够为中国人自己使用，西方人则只能使用汉学，以“中国古典学”来定义原来的国学，“国学”具有了知识共享、学术交流的现代学科的要求，并能兼容国学、汉学，为中外学者所通用，这是国学能够具有现代学术视野并能开展国际学术交流的外在条件。

（三）国学与岳麓书院

书院是一种由古代儒家士大夫创办并主持的学术教育机构，它形成了一套独具特色的组织制度、基本规制、讲学形式，为中国传统学术文化的发展做出了不可磨灭的历史贡献。书院继承、发扬了中国优秀的教育传统，体现出儒家士大夫那种追求独立的学术思考、人格自由的精神。书院将中国传统教育和传统学术发展到一个高级阶段，从而促进了中国文化的蓬勃发展，宋元明清学术文化思潮迭起，无不与书院这种独特学术教育机构有着密不可分的内在联系。

岳麓书院是中国书院的杰出代表，在中国教育史、中国学术史上具有十分重要的地位，其有着悠久的办学历史和卓著的学术成就，受到古今人们的普遍敬仰。继先秦诸子等学术思潮之后，两宋时期兴起了理学思潮。理学以复兴先秦儒学为旗帜，要求重新解释儒家经典，力图使儒家文化在新的历史时期得以振兴；同时，它又吸收、综合了佛、道两家的学说，将儒学发展为一种具有高深哲理的思想体系。岳麓书院创建于宋代，很快成为新兴理学思潮的大本营，学术界一大批有影响的著名理学家纷纷讲学于此。南宋乾道年间，被称为“东南三贤”之一的张栻主持岳麓书院讲席，在此聚集了一大批理学之士，并且形成了当时学界很有影响的湖湘学派。同时，后来被称“致广大，尽精微，综罗百代”的著名理学家朱熹两次在岳麓书院讲学传道，更是形成了学术鼎盛的历史局面。岳麓书院成为宋代学术文化史最著名的四大理学基地之一。以后，许多著名理学家纷纷来此讲学。南宋后期，著名理学家真德秀、魏了翁讲学岳麓书院；明代中叶以后，理学思潮中的心学一派王阳明及其弟子王乔龄、张元忭、季本、邹元标等亦纷纷来岳麓书院讲学，使岳麓书院因新兴的心学思潮再度发挥极其重要的学术大本营的作用。明清以来，中国学术文化又发生重大变革，先后出现清代理学、乾嘉汉学、今文经学等不同的学术思潮，而岳麓书院一直是不同时期内学术思潮的重镇，从而推动着中国传统学术的创新发展，继续在中国学术领域发挥重要的作用。可见，岳麓书院在一千多年的办学过程中，一直是中国传统国学的重镇。宋以后的各种学术思潮、学术流派均以它为学术基地，如宋代理学派、事功学派，明代心学派、东林学派，清代乾嘉学派、今文学派，等等。许多学术大师如朱熹、张栻、陈傅良、王阳明、王文清、王先谦、皮锡瑞等在这里传道授业，培养了一代代国学领域的著名学者。

光绪二十七年（1901 年），清政府下诏全国各地改书院为学堂，岳麓书院也于 1903 年改为湖南高等学堂，后来又改为湖南高等师范学堂、湖南大学。在战乱年代，岳麓书院遗址一度受到严重损害。从 20 世纪 80 年代开始，湖南大学全面修复岳麓书院，经过二十年的努力，岳麓书院古建全面修复，基本上恢复了历史上办学最盛时期的建筑规制。与此同时，我们启动了岳麓书院国学研究、教育的复兴工程。近二十多年来，岳麓书院培养、引进了一批国学研究的学者，逐步拥有了学士、硕士、博士学位点及博士后流动站。岳麓书院学术、教育功能的恢复，是建立在现代高等教育体制及学科建设基础之上的。今天的岳麓书院已经成为国学复兴的重镇。岳麓书院的明伦堂仍是讲授国学的讲堂；朱熹、张栻“会讲”的讲堂仍在举办国学论坛，斋舍也仍然是学者从事国学研究的场所。古代学术传统内核的经学、理学、诸子学、史学及其相关的知识学问，均成为岳麓书院的主要学习内容和重要研究方向。国学是在中国传统文化生态中逐渐形成的一种学术文化类型，作为一种具有民族主体性的学术文化，国学确实不同于西学，因为它有不同于西学的文化土壤与生态环境。从这个意义上说，国学与书院有着共生的独特文化背景。

我们有一种传承中华学脉的强烈愿望，希望推动岳麓书院学术的现代复兴。岳麓书院的现代复兴，是在中华民族伟大复兴的背景下发生的一个重要文化教育现象。我们相信，在中华民族伟大复兴之际，我们完全可以做好书院文化传统的转换、创新工作。所以，我们编辑、出版“岳麓书院国学文库”，也是与传统国学的当代复兴有着密切关联的。我们希望有更多的书院、学者加入到这个行列来，盼望国学界的研究者能够不断赐稿，共同推动当代国学的繁荣！

甲午年（2014年）于岳麓书院文昌阁

《简帛思想文献研究：个案与方法》导言

刘笑敢　郑吉雄　梁　涛

本书是三位主编（香港中文大学哲学系刘笑敢、台湾大学中文系郑吉雄[①]、中国人民大学国学院梁涛。以下称“我们”）自2009年起合作执行简帛文献与思想史研究计划第二部研究成果，与第一部《简帛思想文献选释》一起出版。计划缘起与执行的过程，已见《简帛思想文献选释·导言》，在此不重复。在三年执行计划过程中，我们为本计划召开了多次小型工作坊和较大型主题国际研讨会，广邀东西方学术界前沿学者参加。我们的工作分为两部分。小型工作坊主要邀请相关专业研究领域的前沿学者，商讨分别选取简帛文献十六篇，对各篇做注释、导读和研究，并在工作坊中攻错讨论，汇集众说。最后所有作者集合了大家的意见，为各篇撰写相对稳妥的注释研究，而成为《选释》一书。至于分别在香港中文大学、台湾大学和中国人民大学举办的几场主题国际研讨会，则将焦点置于简帛文献研究与思想史研究之间的关系，反思研究方法与方法论。会后，我们选出主题较相近、形式较完整、讨论较深入的一部分论文，汇集成这部书，作为计划第二部研究成果，希望能与《选释》工作起相辅相成的作用。

本书首九篇以通论研究方法为主，包含出土文献研究方法、出土与

---

① 2012年起在香港教育大学担任文化史讲座教授。

传世文献之间的互证、疑古信古的态度、文献与思想史之间的关系等等，虽然各篇各有侧重，整体上却围绕研究计划关怀的主题。刘笑敢《出土简帛的方法论启示》、梁涛《二重证据法：疑古与释古之间——以近年出土文献研究为例》、郭沂《从“疑古”走向“正古”——试论中国古典学的发展方向》三篇均围绕着“信古”和“疑古”两种态度展开讨论，检讨各种方法问题而提出因应之道。刘笑敢总体认为广泛搜集证据加以比较，重视传世文献的记载，配以合理的猜测以及严密的推理，是可依循的准则。避免盲目自信与傲慢则是应有的态度。梁涛则提出“原型——意义流变说”，举出不少实例，说明二重证据法的内容与效用，包括辨伪、补正等等，希望结合疑古和信古两说之长，走出二元对立。郭沂同意过于“信古”会缺乏批判态度，但“疑古”的过度怀疑，则会颠覆古典学的优良传统，今天应该注意“释古”“正古”，并提出五个论题，主张重建传统古典学，作为正途。第四篇曹峰《出土文献与思想史研究方法论刍议》申明了简帛学的重要性，特别指出如何由证据展开推论、如何看待学派，以及如何把握文字文献与思想史关系三个问题，强调反思过去研究的弊端，应该使哲学史进一步还原为思想史，让文史哲重新归结为“古典学”。第五、六篇是林启屏《叙述与诠释：出土文献研究之反省》和郭梨华《研究、思考与中国哲学之路——游于出土文献与中国哲学研究之反思》。他们较从哲学史的角度注意经典诠释的问题，林启屏提示作者、作品和读者之间的关系，从叙述、动机、立场、信念、学派等角度切入，论析诠释活动在出土文献研究中的重要性。文献叙述者的视野对于史实观点存在不同，而诠释观点与各不相同的学术流派关系又息息相关。郭梨华则借鉴西方哲学与中国哲学相遇后前沿学者如劳思光、傅伟勋等在方法与方法论上的反思，从论题的“再发现”思考简帛研究中的哲学启发，以期在既有的研究路向推进中国哲学研究的发展。第七、八篇柯马丁（Martin Kern）、麦笛（Dirk Meyer）都以早期中国抄本的研究为例说明。柯马丁《早期中国文献研究方法之反思》申论当前英语世界汉学研究所关注的研究方法论，在中国学术界没有得到足够关注，由此而提倡在古代中国研究上，应促进不同学术群体之间的全球交流。他也提出文献研究中各种关乎文本、作者身份等的问题。麦笛《当文章成为实践：阅读郭店〈老子〉》以郭店《老子》为例，认为在公元前四世纪左右出现了新的书写形式。这种书写，将哲学文本转换为付诸文字的论辩。这种哲学实践，可以归因于早期中国由抄本文化的发展所促进的一种新的文字活动。至于刘国忠《竹简背面信息与竹简编联——以清华简整理为例》论题完全集中在出土竹简整理的方法，而不是简帛文献与思想史的方法。作者是清华简的整理者之一，说明了竹简整理的具体步骤，包括篇题、次序编号、掌握刻画痕迹及其他信息等方法，丰富了读者对整理竹简实务的知识。

接下来七篇比较集中在某一个案，或从文献或从思想史的角度切入讨论某一种现象或方法问题。夏含夷《非常道考》集中讨论《老子·道经》第一章“道可道，非常道”的解释，除了征引欧美学者的众多翻译，也引《韩非子》《淮南子》等道法文献作旁证，最后从语法的角度设想四种不同读法，并提出他认为最适切的英译。丁四新《早期〈老子〉、〈周易〉“文本”的演变及其与“思想”之相互作用》主要是举《老子》与《周易》为例，说明经部文本与子部文本在古典时期演变历程，文本和其中思想的变化是相互影响的。所以丁认为应当从“文本考证学”转进到“文本解释学”，以发展的观念来看待古典时期子书的演变。汤浅邦弘《银雀山汉墓竹简〈论政论兵之类〉考释》针对《银雀山汉墓竹简［贰］》“论政论兵之类”五十篇中在篇题木牍上列有篇名的十二篇，就其成立时期和思想特征进行考察，认为这些文献具有一定相关性，但也有部分过往被列入《孙膑兵法》的篇章其实属于独立文献，加以排除后，学界对《孙膑兵法》的理解也有重新考察的必要。

个案讨论的篇章中，集中讨论《郭店楚简》的就有四篇。《性自命出》有“道四术”一语同时又提及“其三术者，道之而已”，整理者并无解说，因而研究者对“四术”“三术”解读颇有歧异。林素英《从“礼乐”的分合与特性论〈性自命出〉“道”四术或三术的迷思——兼论相关学者的研究方法》透过文本的内证，并将礼乐的天道人道、形上形下的内涵纳入考虑，展现了简帛文献研究与思想史在方法上相通的通则。《五行》篇有“德之行五，和谓之德，四行和谓之善”之语，关乎先秦儒家德性论。李晨阳《竹帛〈五行〉关于德性和谐的思想研究》从欧美伦理哲学“德性的整全性 / 统一性”（the unity of virtues）的角度切入考察，上溯柏拉图（Plato）和亚里士多德（Aristotle）关于多种德性对应和谐的思想，讨论到儒门关于各种德性的离合问题，比较希腊和先秦中国的“和”的观念，论证和谐思维能适切地理解仁德的根源与展现。黄冠云《郭店竹简〈六德〉、〈五行〉关于仁义之际的一组词汇》针对郭店竹简《六德》第26—33简大约160字长的段落，尤其是其中几个疑难字词提出新的考释，考索这些关键词在《诗经·大雅·抑》《尚书·皋陶谟》《荀子·不苟》等文献中意义的联系，借此探讨先秦学术对于仁、义准则的相关论述，并尝试复原《六德》以及孟子“仁内义外”说的适当语境。最后一篇是顾史考《楚简韵文分类探析》，它针对《语丛四》以格言谚语为主、有别于其他三篇《语丛》的特性，假设这些韵文反映了楚地方言，考察四句章、三句章等不同结构的不同押韵情形，加以归类，为未来进一步探研楚方言提供了有用基础。

最后五篇是“诸子学派学说新探”。郑吉雄《试论子思遗说》勾稽子思的思想，论证《郭店楚简·性自命出》不应被视为子思所作，并讨论了子思天命论、五行说、中和说和仁义内外之论，借以检讨近年简帛文献研究所提出“子思学派”的论点，全文展示了将出土简帛置入思想史进行宏观考察的方法。李锐《对出土简帛古书学派判定的思索》关注简帛古书所属的学派或从属于某一部书的问题，认为出土简帛古书的学派判定，根源于传世文献所引发的学派观念及文献时代判定方法。作者着眼文献，综观多种出土的楚简、秦简和汉简以及帛书，参照余嘉锡《古书通例》的研究观点，微观同一种文献的不同意见，重新思考“学派”之说，批判了以“六家”“九流十家”的传统学派观念以及套用西方哲学理论框架的方法等，从方法论的层面提醒我们，要多从师承渊源和师说着眼，看待简帛古书判别其学派必须具有高度方法论自觉。佐藤将之《统治天下人民的帝王：墨家“兼”概念在荀子礼治论中的思想功能和意义》探讨《荀子》如何将“兼”概念引进自己的政治社会理论，以及荀子作为先秦各种不同论辩和思潮之综合者的身份，如何调停了伦理论辩与分析论辩，而吸收了墨家“兼”观念。作者论证在《荀子》中“兼”字所形容的理想统治者的内容与墨家是一样的；但《荀子》进一步将“兼”概念与他的礼治思想结合起来，而且建立了“一国之君”能升格为“天下之君”的理论，较诸《墨子》十论所论更为清晰、结构化和具综合性。林素清《从〈内礼〉、〈昔者君老〉、〈为吏之道〉等简文看儒家的忠孝观》主要讨论《上海博物馆藏战国楚竹书》（二）（以下简称《上博简》）所收《昔者君老》篇，因其中第二简上下残缺，与其余完整的三简彼此不能连读，作者引用了《上博简》（四）的《内礼》篇与《昔者君老》对读，并透过实物考察，认为经由再编《内礼》，可将该两篇合编为一。作者进而讨论儒门“爱”“忠”“悌”“变”等观念，参考睡虎地秦简《为吏之道》与岳麓书院所藏《为吏治官及黔首》等篇，论证早期儒家原以“忠孝”为“仁”之本，过渡到为“政”之本的论述发展。劳悦强《可得而闻——孔门的道论》回顾中国思想文化中，“道”是一个根本观念，而孔子所讲的“道”，用今天的语言来说其实就是文化传统。至于天人关系，是孟子以后才备受关注。作者以《论语》为据，认为“道”关乎人品的判别，而孔门师徒追求的人品是“君子”，都十分具体。至于不言可喻的“道”，也基本上指向以个人及群体为主的君子之道。由此而证明子贡所叹“夫子之言性与天道，不可得而闻也”的确合乎孔子对于“天道”宁可保持缄默的态度。由此我们也可以更清楚地理解《周易》“乾”卦《象传》及《礼记·礼运》所述“天行”“天道”的意旨，类皆本于《论语》

所记孔子之言。

以上论文先列通论研究方法为主的九篇，次列七篇以出土简帛文献个案思考为出发点而讨论方法问题，最后是兼综出土与传世文献而讨论诸子学说学派问题的五篇，凡二十一篇。以上似乎区分了三类，严格来说就只有两类，因为“诸子学派学说新探”原本可以归属于前两类，它们有的透过个别诸子学派问题检讨简帛文献思想史的方法论问题，有的则提出用某种方法理念去检视诸子学派的个别问题。由于近数十年出土简帛文献集中于战国竹简，与先秦诸子百家争鸣的时期重叠，对于诸子思想与学派的启发特别大，因此将最后五篇集中在一起置于最后，也饶富意义。本书各章的排列，虽然不是出于原先的计划，但最后和原先的想法也相距不远。要知道，方法及方法论的问题原本就很难从具体问题或材料中抽离出来单独讨论，反过来说，要从针对个别课题研究的论文中选择适合的论文，我们的标准也是视该论文有没有将讨论推进到方法和方法论的层次。所以个别具体问题是一端，理论的探讨与检讨是另一端，希望做到两端能有具体意义的联系。这是我们的一个基本愿望。

对于曾经参加并贡献过本计划，成果却未收入本书的学者，我们在此表达诚挚的感谢与歉意。最后不得不割爱，绝非因为他们的成果没有价值，而主要是因为本书篇幅限制与主题考虑，我们只能选择与整个计划主题相关性较强的，以及和其他篇章之间具有某种对话的（譬如李晨阳提出《五行》篇“德性和谐”的主题，与郑吉雄论述儒门阴阳五行相互调和的思想，以及林素清论文关于忠、孝、仁、悌等观念的内在关联，彼此间可以互相发明）。职此之故，我们最后不免舍弃了部分论文，而有遗珠之憾。这种遗憾，其实在我们执行本计划前后三年多以来在邀请学者时一直存在。三位主持人尽力在亚洲、北美和欧洲汉学界，寻觅有代表性的前沿学者参与研究和发表，以反映简帛文献研究的方法论尤其是和思想史之间关系的最新研究。然而，毕竟和所有研究计划一样，本计划在事前以及过程中有各种考虑，在最后结案编书时又不得不有所取舍。这当中难免有些无奈，最后的成果和最初的理想，存在某种距离，我们也明白这无法避免。正如全球汉学研究者数以万计，每年出版包含各种语言文字的研究书籍和论文更是数以十万计。任何汉学研究者在从事研究时都难免挂一漏万，错过若干优良作品是常有的事。有时则是因为时间和精力的限制，让我们在仓间未必能透彻消化每篇作品的学术质量（intellectual merit），最后对于好的作品失之交臂。这正说明了“交流”的重要性——交流的目的，不就是要创造更新信息、交换观点的机会吗？作为学术界有一定资历的学者，我们既不会天真到认为一个研究计划即可以让天下英雄人吾彀中，也不会认为本计划未邀请的研究人员及成果一定没有价值，更不会设定成员必须具有某种背景（例如欧美或亚洲），或者像柯马丁所说的必须掌握了德语、法语、日语等多种主要语言。（我们认为掌握语种多寡，和对经典文献是否有洞见，并没有必然关系。）我们宁可将焦点放在经典文献（包括简帛以及传世文献）本身，用学术的标准去考察研究成果的质量，包括其是否做到相对地客观（是否具有雅量接纳众多不同意见），对于新旧观点的对话是否有所照应，对文献的解读是否具有洞察力，所提出的见解是否足以供学界的同仁参酌，等等。

由于种种原因的拖沓，本书的出版，距离计划结束（2012 年）已有好几年。在这几年当中，新发现出土简帛（如清华简）的问世、新研究单位（如 2016 年河南大学成立的黄河文明协同创新中心“甲骨学与殷商文明”平台）的成立、新晋研究人员的刺激，学界又已增加了成千上百种新研究成果，也许有人认为本书所收录的研究成果又显得过时了。然而，我们认为这不必过虑。汉学研究属于人文学领域，不但涉及至为复杂的语言、文字、典籍等现象，更涉及变动不居的“人”的思维活动，它所具有的高度艺术成分是无法估量的。一篇优质的研究论文，无拘长短详略，如能抉发经典文献中的某种未被前人抉发之覆，甚至勾出一条具有恒久意义的线索，都必有其历久弥新的价值。

最后要说明，本书选录各篇论文，焦点或各不相同，观点亦颇有歧异，即使作为主编，我们欣赏每篇作者的创见与进路，却未必同意他们全部的论点。我们认为这是健康的现象。传统学者或谓治学应该“求其是”，而非“求其古”。今天汉学界“求其古”的现象大概不会有了，但近来却有一种“求其新”的声音，好像觉得“新”的方法与观点一定能度越前人，推翻“旧”的，甚至因而对于他们认为“旧”的研究著作和观点抱有蔑视的态度。对于这样的想法，我们期期以为不可，而坚持“求其是”才是最健康的态度。参考、阅读各种研究材料，原本就不需要考虑作者的身份背景，不必顾及发表于二十年前或五十年前，更不用考虑与主流看法相合或相左，而应该尽量实事求是，追究论据，明辨是非。一篇好的研究成果，如能周延地吸纳引用中、日、韩、欧、美各国学者的论据，当然很好；但反过来说，一篇缺乏洞见的著作，哪怕作者引遍了世界各地的研究观点，也不能被视为具有参考价值。所以，我们认为研究者除了“求其是”以外，不必刻舟求剑，胶柱鼓瑟，执着某一类标准，视为铁律。总之，同中见异，异中求同，在简帛与思想史研究的方法与方法论上，展现襟怀气度，寻找共同关怀，并维持互相尊重，兼容并蓄的精神，是我们所欢迎的。

出土简帛的方法论启示*

刘笑敢**

自然科学的成果往往可以从实验和观察得到证明或否定，人文学研究很少有这样的机会，奇说怪论都很难得到客观的检验；但简帛文献的大量出土为检验文献考据的成果提供了千载难逢的机会。近年来出土文献的研究非常活跃，新人辈出，新作目不暇接。但学界对原有的得出错误结论的考据方法和论证逻辑却缺少深刻反思。过去用于“疑古”的论证方法现在用来论证“信古”。立场变了，但如何提高研究的水平和论证的严谨性却缺少自觉意识。

一个军人不懂得从失败的战争中总结教训，就难以成为将军；一个学者不懂得从已知的错误中总结教训，就难以成就杰作。本文的重点不在于追忆孰是孰非，而在于反省一些我们惯用的考证方法，**特别是背后隐含的逻辑前提**。前提假设错了，推理、论证多么合乎逻辑都无济于事。

---

* 本文在拙作《出土简帛对文献考据方法的启示之一：反思三种考据方法的推论前提》与《出土简帛对文献考据方法的启示之二：文献析读、证据比较及文本演变》的基础上合并、删改、补充而成，原文分别见于《中国哲学与文化》第六辑，2009，第25—43页及《中国哲学史》第二期，2010年，第38—50页。

** 作者为北京师范大学特聘教授，道家与中国思想文化国际研究中心立任，中国哲学硕士国际项目主任。

因此，广义的方法比具体观点更为重要。疑古派的一些观点已经被不少人抛弃或遗忘，如《老子》晚于《庄子》，《孙膑兵法》乃向壁虚造，等等，然而他们考据推理的前提假设是否经过了认真检验？如果用“疑古派”的推理方法得出的结论不可靠，用同样的推理方法论证“信古”也会不可靠。这里重要的不是谁错了，而是为何以及如何错了，以及我们如何避免重蹈覆辙。要思考的是：为什么会有这样的推理？这样的推理为什么是不可靠的？我们是否可以从这种已经证明不可靠的推论中得到对学术错误的“免疫力”？

本文分五个部分，前三个部分分别反思以所谓“思想线索”、所谓“默证”、所谓“合理猜测（speculation）”为基础的考据方法。最后两个部分分别讨论古文献之可靠程度及分析方法，以及古文献考据之困难与应对之道。总之，本文关切的重点在于如何利用简帛文献提出的启示和挑战来提高现代文献考证工作的学术水平，而不是阐发笔者本人的观点和方法。不过，为了便于读者理解本文的一些背景，这里有必要简单交代一下笔者关于《老子》研究的基本发现和观点[①]。

第一，大量传世文献说明我们没有足够的根据“完全推翻”司马迁关于孔子和老子同时的记载。

第二，《老子》中韵文的句式、修辞、韵式和合韵的特点与《诗经》基本一致，与《楚辞》明显不同；因而假设《老子》“主体部分”早于战国中期（至少早于《庄子》）的立场比各种“晚出”的立场有更多相对客观的证据和历史文献的旁证。

第三，我们虽然没有足够证据说明《老子》一定是孔子时代的老子本人所做，但也没有足够根据否定这种可能性，对个别文句的疑问也不

---

① 笔者关于《老子》之考证可见《老子（年代新考与思想新诠）》之第一章和第二章（台北：东大图书，2005）。笔者另有《关于老子考证的历史考察与分析》一文，相当于本文的背景资料，见《中国文哲研究通讯》1995 年第 5 卷第 4 期，第 77—94 页。

足以否定可能是老子本人奠定了《老子》的思想和文本的核心部分。

第四，这种立场也可从《老子》三种郭店本、马王堆帛书甲乙本、北大藏汉代竹书本、各种传世古本，以及流传到今天的王弼本、河上本的演变得到印证。诸本的不同是较早文本在流传中由后人不断加工而逐渐演变的过程，不是后人伪作或随意篡改的结果。[①]

钱穆首创《老子》晚于《庄子》说[②]，但其说影响不大。然而，伦敦大学亚非学院教授葛瑞翰（A. C. Graham，1919—1991）没有提到钱穆，却在西方发展了钱说，主张《老子》晚于《庄子》内篇，当出现于战国晚期（公元前250年左右）[③]，其说在欧美学术界影响和引导了不少人，与日本一些知名学者的观点遥相呼应。

郭店竹简本《老子》出土后，很多学者认为钱穆和葛瑞翰关于《老子》晚于《庄子》内篇的观点不攻自破。但问题并非如此简单，竹简《老子》的出现，并没有为这种争论完全画上句号，依然有人坚持或维护钱、葛的观点。原来关于《老子》年代的早、中、晚的假设和主张就相应地转变为如何看待郭店竹简中的《老子》：相信《老子》早出的认为竹简中三种《老子》抄本当是更早的比较完整的《老子》的不同摘抄本，以裘锡圭和王博为代表[④]。支持此说最有力的证据是竹简甲本和丙本中有明显的来自不同祖本的六十四章的段落。但仍有人坚持《老子》晚出说，他们假设郭店竹简中的《老子》简是后来编纂成五千言《老子》的最早的原始数据，因此郭店简不足以证明五千言的《老子》当时已经存在。如罗浩（Harold Roth）提出竹简甲本和丙本所重复的六十四章的段落不一定是来自于已经成形的《老子》原文，而可能是《老子》形成过程中

① 刘笑敢《老子古今》导论一，中国社会科学出版社，2006。

② 钱穆《庄老通辨》上卷，联经出版公司，1994。

③ A. C. Graham，Disputers of the Tao（La Salle：Open Court，1989），p. 216.

④ 裘锡圭《中国出土文献十讲》，复旦大学出版社，2004，第190页；王博：《简帛思想文献论集》，台湾古籍，2001年，第201—245页。

的不同来源的原始段落[①]，日本和国内也有人持类似观点[②]。

可见，竹简本《老子》出土本身不足以完全解决学术界的争议。解决考据学方面的分歧，一靠材料，二靠推理。但是，在通常的情况下，不同观点和立场的考据成果似乎都有自己的“客观证据”和“逻辑推论”，很难定夺高下是非。值得庆幸的是出土简帛已经证明过去的某些“考据”成果是错误的，这让我们有机会考察错误的论断是在哪里滑倒的，从而提高我们对于错误方法的免疫力。

一、反思以“思想线索”为根据的前提条件

钱穆多次撰文强调《老子》晚于《庄子》是“铁案如山”。取其说者甚寡，但在某种程度上用其方法进行文献考据和论证者却不乏其人。钱氏以“思想线索”来考证文献之年代，认为“每一家之思想，则必前有承而后有继；其所承所继，即其思想线索也”[③]。此处“思想线索”意味着前后思想家之间的承继关系中有一条清晰的单线式递进关系，这与人类思想发展的复杂情况不合。

第一，所谓思想线索是后人根据有限的文献“抽象”出来的。不同

---

① Harold Roth, “Some Methodological Issues in the Study of the Guodian *Laozi* Parallels,” in Sarah Allan and Crispin Williams, eds., *The Guodian Laozi*: *Proceedings of the International Conference*, *Dartmouth College*, *May 1998* (Berkeley: The Society for the Study of Early China and the Institute of East Asian Studies, University of California, 2000), pp. 71—88.

② 池田知久《郭店楚简老子——形成阶段的〈老子〉最古文本》，见曹峰译：《池田知久简帛研究论集》，中华书局，2006 年，第 31—47 页。郭沂也认为竹简本是“原始传本”，见《郭店竹简与先秦学术思想》，上海教育出版社，2001 年，第 516 页；又见崔仁义：《荆门郭店楚简〈老子〉研究》，科学出版社，1998 年，第 26 页。

③ 钱穆《庄老通辨·自序》，第 13 页。

人根据同样文献可以抽绎出不同的“思想线索”。同一时期的人，思想也会各有不同。如宋初有人尊天，有人崇道，有人重气，很难说这中间有必然的先后次第。

第二，思想的创造和发展是复杂的现象和过程，不能将这复杂过程简化为单一的、单向的先后井然的线性过程。虽然《墨子》坚决“非命”，《庄子》还是主张“安之若命”。汉代王充讲无鬼论，魏晋还是有很多人相信神不灭。在思想演变过程中，正反观点都会反复出现，很难断言某种观点只能在前或在后。

第三，一个人、一部书的思想内容可能丰富多向，甚至会有表面的或实际的矛盾。后人要从前人的著作中抽象出一条单一的思想线索，很有可能是见仁见智，各取所需，没有客观性可言。如《庄子》中明明有道生天生地之说，钱穆则视而不见。

第四，后人对前人所承、所继的内容也会有多种可能、多种来源、多种组合，即使师徒之间的思想也未必是清晰的前后发展的单一线索。同样是孔子的学生，颜回、子路、子贡、冉有思想特点各有不同，如何抽出单一的师徒相继的线索？抽绎和描述某种思想过程或大致线索，对我们了解古代思想演变发展会有帮助，但是这种非单向、非客观的“线索”并不具有判断其他思想或著作先后的客观标准的意义。

因此，以所谓“思想线索”来考证两部著作的先后难有说服力。钱氏假设思想必由浅入深，因此说：“《孔》《墨》所言，就其思想内容言，均若浅近，而《老子》独深远。”[①]“‘道’在庄子思想中，犹未成为一确定之观念。必至《老子》书，乃始就此义，发挥光大，卓然成一系统。”[②]这一“证据”纯粹是建立在一个不成立的前提之下的“推测”。此推测成立的前提条件是：任何两部书谈到同一个概念时，一定是思想模糊者早

① 钱穆《关于〈老子〉成书年代之一种考察》，《庄老通辨》，第27页。
② 同前注，第28页。

于思想清晰者，思想简单浅近者早于深奥复杂者。的确，可能是一个人先提出一个模糊的概念，后来的人将其发展为清晰的理论，如孔子只讲“性相近”，孟子明确讲到人性善。但是，也完全有可能是一个人先提出了清晰的概念，而后来的人不理解或因为兴趣不同而认为无须详述，因而仅模糊或简要地提到，如《庄子》中讲逍遥游多而详，《淮南子》中则简而略，但不可因此而断定《淮南子》之逍遥必待《庄子》“乃始就此义，发挥光大”。《庄子》与《老子》之思想重点和文章风格不同，不必然发展出所谓“道”的系统。此外，《庄子·大宗师》明确说道：“夫道，有情有信，无为无形；可传而不可受，可得而不可见；自本自根，未有天地，自古以固存；神鬼神帝，生天生地；在太极之先而不为高，在六极之下而不为深，先天地生而不为久，长于上古而不为老。”这段关于道之性质与功能的话十分清楚确切，很难说“犹未成为一确定之观念”。① 可见，仅仅断言一种观念是否确定、是否自成系统，不能断定两部文献之早晚先后。

钱氏又断言：“庄子《齐物论》中皆以‘道’与‘言’并称，即老子‘道’‘名’并提所本。”② 又曰：“《老子》书中‘道字’之地位，实较《庄子》七篇之言道者为远过……曰‘天法道’，加‘道’于‘天’之上，乃不再见有古代素朴的天帝观念之缠缚，此与《庄子》之言‘天’者远殊矣。即此可证《老子》书当较《庄子》七篇尤晚出也。”③ 这些说法似是而非，也是难以成立的。“道”“言”并称与“道”“名”并称二者之间是否有先后之继承关系，都殊难断定。上文所引《大宗师》之语也明言“夫道，有情有信……生天生地”，显然道也高于天，而《庄子》之天也并无“天帝观念之缠缚”，如何据此断定《庄子》必定早于《老子》呢？

很多实例都可说明“思想线索”必由浅而深的假设难以成立。比如

---

① 钱氏认定这段为“伪羼之嫌”，也是无法证明的。
② 同前注。
③ 同前注，第 36 页。

很多人认为《荀子》思想不如《孟子》深刻，是否可以说《孟子》必当晚于《荀子》呢？《庄子》外杂篇思想不如内篇深奥，是否可以断言内篇必晚于外杂篇呢？再者，思想深浅殊难论定，朱熹讲格物致知甚为详尽，王阳明讲致良知颇为有力，二者是否定有深浅之分？如果说王阳明思想更简洁明了，而朱熹思想深奥烦琐，是否可说王阳明必定早于朱熹？实际上，思想演进并无单一轨道，如此才有先秦诸子蜂起、百家争鸣的局面。在诸说蜂起、争奇斗艳的大潮中，虽非杂乱无序，但也不会按照一个单向的“线索”展开，所以希望根据自己发现的线索作为考证的依据是很难可靠的。

总之，思想前后之发展有顺承者，有逆反者；有由浅入深者，亦有前深而后浅者；有徘徊于边缘者，亦有异峰突起者，无法归结为单一发展的线索。而所谓单一线索的发现，不过是一时、一地以及一些人的见解、总结，未必能据之以断定某种观点和概念之先后。再者，简帛文献的出土证明：记载思想的文字会有大量遗失或遗忘，而“思想线索”往往是据不完整的历史文献所做的简单化归纳，以其为古籍年代、学派及作者之判断难以可靠。因而，仅仅根据某种自己认定的“思想线索”断定某书一定在前，某书一定在后，不能成为一种可信的考证方法。

以“思想线索”为考据之根据无法避免反证的存在。而借用此方法讨论的人往往一味寻找对自己有利的“证据”，看不到甚至有意回避对自己之“假说”不利的实例。比如钱氏说：“思想线索之比定，亦有甚显见而易决者。如《论语》重‘仁’，而《老子》曰‘失道而后德，失德而后仁’。又曰‘天地不仁’。此即《老子》思想当晚出于《论语》之证也。”[①] 如果这样论证是可靠的，那么《老子》六十三章明确讲道“报怨以德”，此说在现存文献中仅见于《论语·宪问》：“或曰：‘以德报怨，何如？’子曰：‘何以报德？以直报怨，以德报德。’”《论语》之言显然是对《老

① 钱穆《庄老通辨·自序》，第 14 页。

子》之语的回应和否定。根据"思想线索"来推断，不是应该说《论语》必定晚于《老子》吗？笔者不取此说证明《老子》早于《论语》，原因在于我们无法完全排除其他人或其他著作也会有类似思想的可能性，尽管我们也同样无法排除孔子所批评的就是他所请教过礼的老子的思想。

总之，如果没有其他文献为依据，仅仅根据所谓"思想线索"判断作品的年代是可疑的，因为其前提条件不存在。劳思光曾经指出："历史脉络之实况每与理论脉络之要求不能尽合。依理论脉络之要求论之，孟子后之言儒学者应能内补孔孟之说，外应诸子之攻。而实际出现之学说，则未循此道路之进展；反之，此一新学说乃违离孟子之心性论，而又杂取道家墨家之言，以别立系统者。此系统即荀子之哲学。"① 劳氏"理论脉络"即所谓"思想线索"。显然，思想演进的实际情况与学者认为"应当"的脉络或线索每有不合。因此，我们应该认真思考和讨论这样一些结论：

（1）思想发展的复杂性和多向性不能简化为一种单向直线发展的可能性或规律性。

（2）仅仅依据一种抽象出来的思想发展线索判断文献的年代和作者，其可靠性是很值得怀疑的。

（3）严肃的考证要回答可能的来自反证的挑战，不顾及相反的可能性，不讨论反证的考证是不可靠的。

其实，对于利用"思想系统"或"思想线索"进行文献断代考证，胡适早有反思和批评。他承认"是我自己始作俑的，所以我自己应该负一部分的责任。我现在很诚恳地对我的朋友们说：**这个方法是很有危险的，是不能免除主观的成见的，**是一把两面锋利的剑可以两面割的。你的成见偏向东，这个方法可以帮助你向东；你的成见偏向西，这个方法可以帮助你向西。如果没有严格的自觉的批评，这个方法的使用决不会

① 劳思光《中国哲学史》（一），三民书局，第330页。

有证据的价值”①。他最后说：“寻一个人的思想线索，尚且不容易，何况用思想线索来考证时代的先后呢？”② 胡适此说是完全正确的。比如荀子，承文王孔子之宏业，崇礼乐之教化，颂儒术之大效，却反孟子而倡性恶，明天职而辨天人。③ 其弟子更有反儒崇法的李斯与韩非子之徒。谭嗣同一腔热血救中国，尽人皆知，却有卖蒙古、新疆、西藏、青海之地于英、俄之议。④ 可见思想错综之复杂，单一线索之难寻。胡适作为用“思想线索”作考证的始作俑者之反思和劝告是值得我们玩味的。当然，这并不是说思想史研究中试图根据可靠的资料去描述某种思想发展的过程或线索是不对的，而是说这种线索有很大或然性，不能作为文献考证的客观依据。

二、反思以“默证”为根据的推论前提

关于《老子》晚于《庄子》内篇，葛瑞翰说：因为《庄子》内篇完全没有证据说明其作者清楚地知道老子其人其书的存在，所以他“顺当地”（conveniently）将《老子》置于庄子之后讨论，尽管他知道这样做并没有确实的（positive）证据⑤。但遗憾的是不少人因为他的权威地位而将《老子》晚出或晚于《庄子》作为结论，还有人以葛瑞翰的推测为根据进

---

① 胡适《评论近人考据〈老子〉年代的方法》,《胡适作品集（15）：说儒》，远流出版事业，1986 年，第 124—125 页。引文中黑体为笔者所加。

③ 同前注，第 127 页。

③ 参见《荀子》之《儒效》《性恶》《天论》等篇。李涤生：《荀子集释》，学生书局，2000 年。

④ 谭嗣同在《思纬氤氲台短书》云：“今夫内外蒙古、新疆、西藏、青海，大而寒瘠，毫无利于中国……不如及今分卖于［英、俄］二国，犹可结其欢心而坐获厚利。”当然，谭的目的仍是筹集资金以备变法救国之需。引文见周振甫《谭嗣同文选注》，中华书局，1981 年，第 41 页。

⑤ Graham，*Disputers of the Tao*，pp. 217—218.

一步推论《孙子兵法》等文献的年代。

表面看来，葛瑞翰的做法相当“谨慎”和“科学”，他重的是“证据”:《庄子》内篇没有提到老子，那么将老子放于内篇之后就是稳妥的。但是一旦我们假定《老子》晚于《庄子》，我们就要面对这样的质疑：难道说《老子》晚于《庄子》的假说比传统的历史记载能有更多的证据吗?完全没有。葛瑞翰自己也知道这一点。这种做法仅仅是回避一种困难，却必然面临更大的困难，因为新的假说更少确实的证据。应该看到，葛瑞翰的推论是以下面的理论假设为前提的：**如果甲书在乙书以前没有提到过，那么就可以或应该假定乙书之前没有甲书。**这似乎是最稳妥最少困难的方法，但这种理论假设不能成立，因为它的成立需要同时满足以下三个前提：

（1）所有存在过的书都一定在同时代或稍后被引用过；

（2）引用过其他书的著作都必须流传至今；

（3）我们现在所能见到的书就是历史上所有过的全部书。

显然，这三种前提都不符合历史事实。很多书都不一定被引用过，引用过此书的书也未必都能保留下来，事实上，我们今天所能见到的只是古代文献的很少一部分。

大量出土简帛充分证明上述传统文献考据所依凭的前提条件完全不成立。简帛文献的90%都是历史上没有记载并且无人提到过的[①]，但偶然的考古发现却证明它们确实存在过。比如，传世先秦古书没有提到过《子思子》之书，但郭店竹简中却出现了鲁穆公问子思的记载，体例类似于《论语》《孟子》，说明史书记载有子思之著作不是向壁虚造。又如《汉书·艺文志》记载有《孙子兵法》（“吴孙子兵法八十二篇，图九卷”）和《孙膑兵法》（“齐孙子八十九篇，图四卷”），但因为很久没有人

① 李学勤说：“汉初的竹简帛书种种佚籍，大多是先秦幸存下来的书籍的抄本。”详见其《简帛佚籍与学术史》，时报文化，1994年，第8—12页；另见张显成：《简帛文献学通论》，中华书局，2004年，第265—266页。

见到过《齐孙子》，自宋代以来就有很多人假设或相信历史上并没有《孙膑兵法》一书，认为司马迁和汉书所载不实。如钱穆推断"吴孙子无其人……凡吴孙子之传说，皆自齐孙子而来"。孙武即孙膑，孙膑"以其膑脚而无名，则武殆即膑名"。他更认为司马迁所说孙武《孙子》十三篇，实际上为齐孙膑所写，司马迁误将一人分为二人。他说："'孙膑'其着兵法，或即在晚年居吴时……后人说兵法者，递相附益，均托之孙子。或曰吴，或曰齐，世遂莫能辨，而史公亦误分为二人也。"[①] 这些推理和假设似乎能够自圆其说，似乎言之成理，但是，两部兵书于1972年在银雀山一号汉墓同时出土，证明太史公记载绝非虚言，而钱公的假说和推理全不可靠。

出土文献提供的许多实例都说明，根据先前的很多书中都没有提到某书某事，就断定关于某书某事存在的原初记载不成立，这种推理也是不可靠的。当然，这里所谓"原初记载"只是对今人来说的较早和较可靠的记载，而不一定是历史上最早最可靠的记载。如司马迁关于老子的记载对今人来说可以看作一种原初记载，但在历史上，司马迁应该是另有根据的。在"原初记载"以前或以后没有某种记载，或某书根本找不到，这可以作为怀疑原初记载的根据，却不足以推翻原初记载，更不足以作为建立新假说的"根据"。

这里要顺便说明，历史上流传下来的原初记载在今人看来有可能是"孤证"，但是，它本来可能并不是孤证，只是其他相同和类似记载随同大量文献的消失而无可查找了。同时，历史上流传下来的唯一的或较少的原初记载与今人论证推理时的"孤证"不可同日而语。今人做考据，当然不能靠孤证立论，但我们不能要求历史上流传下来的所有古代文献

① 钱穆《田忌邹衍孙膑考》，《先秦诸子系年》，联经出版公司，1994年，第304—305页。参见郑良树之撮要，见其《诸子著作年代考》，北京图书馆出版社，2001年，第268页。关于是否有两种《孙子兵法》之争，可参见李零：《孙子古本研究》，北京大学出版社，1995，第220页。

都有相同的可以互相印证的材料，也不能要求所有的历史事件的记载都有旁证流传下来。正如一个人死后，如果仅有一块墓碑留存，我们不能说此“孤证”不能说明此人确实生活过。造假的墓碑当然会有的，但是要断定其为假墓碑也需要其他证据，不能仅仅根据它是“孤证”。历史上流传千年的原初记载大多有一定的客观性，虽然记载失误、不够准确的情况是无可避免的，但随意编造的比例比较低。我们没有足够理由断定一种原初记载缺少旁证就完全不可信。正确的态度应该是对历史文献的内容和价值做全面的分析，而不应该是要么全信，要么完全不信。总之，对历史记载的不足和漏洞有理由提出怀疑，但还不能作为另立新论的根据，怀疑的理由不足以作为立论的基础。

遗憾的是以怀疑的理由作为推论之根据的做法却是比较常见的。裘锡圭曾经指出顾颉刚的一个例子。顾曾说：“《周颂》三十一篇没有‘禹’的一字，那时人竟没有禹的伟大功绩的观念。一到穆王末年的《吕刑》，禹就出现了。”① 裘锡圭说：“这应是顾氏认为禹的传说起自西周中期的根据。这是不恰当地使用‘默证’。内容不多的《周颂》没有提到禹，怎么能证明当时人就不知道禹呢？过分使用‘默证’，是古史辨派的一个重要缺点，学者们早就指出来了。”② 也有很多学者批评他们“疑古过头”③，这是因为他们“考据”的根据仅仅是怀疑的理由，而不是发现了新的证据。

俗话说，“耳听为虚，眼见为实”。这在有限的范围内是常识，人类似乎很容易相信自己亲眼所见，很容易以“遍寻不获”为理由断定某物某事不存在。但是如果无条件地采取“眼不见为无”的原则，那么可信的事就太少了。毕竟人们可以亲见的事是很有限的。某物遍寻不见，我们有理由怀疑它丢失了，但绝没有理由断定它本来就不存在，更不能因

---

① 顾颉刚《顾颉刚古史论文集》，中华书局，1988 年，第 151 页。

② 裘锡圭《中国出土文献十讲》，第 22 页。

③ 参见刘起釪《顾颉刚先生学述》，中华书局，1986 年，第 135—136，145—148 页。

此而认为我们假设此物并不存在的推理或故事就是一种“学术研究”或“文献考证”。[①]一个有名的故事是欧洲人长期以来相信天鹅都是白的，不可能是黑的。直到欧洲人在澳大利亚发现了黑天鹅，这一“公理”才被推翻。可见，“眼不见为无”不能作为科学证明或考证的前提根据。

在上面提到的一些考证失误的实例中，如果仅从推理本身来看，有可能言之成理，问题在于他们推理的前提不对、不成立。比如，我们可以有这样的推论：（1）所有找不到的古籍都不曾存在；（2）《孙膑兵法》是找不到的古籍；（3）所以，《孙膑兵法》也不曾存在。这一推论过程本身没有错误，结论错误不是因为推论错误，而是因为推论所依据的大前提不对。所以，重要的是从顾颉刚、钱穆、葛瑞翰等人的错误推理中找到其推论前提的失误，而不是仅仅满足于知道他们的一些结论是错误的。比如，我们应该从他们的错误中认识到不能将“遍寻不获”作为断定原初记载错误的推论前提，不能把怀疑的理由作为建立假说的根据。举例来说，我们有足够的理由追问：《齐孙子》哪里去了？子思子确有著作吗？《庄子》之前为什么没有人明确引用过《老子》？这些提问都有足够根据，据此我们可以开阔思路，可以猜想、推测、构建，但是并不能将

---

① 在《红楼梦》第五回中，宝玉随贾母到宁国府宴饮赏梅。午饭后，秦可卿引他到上房歇息，不料宝玉进门一见墙上的《燃藜图》便心生不快。“燃藜”的典故很简单：汉代刘向（公元前32年—公元6年）负责替宫廷校雠藏书，在天禄阁夜以继日地工作。一天傍晚，太乙真人翩然而至，身着黄衣，手持青藜杖，见刘向在昏暗中伏案校书，就向青藜杖上吹口气，藜杖便燃起火光。真人一面为刘向照明，一面向他传授阴阳五行学说。显然，宝玉不喜欢皓首穷经的仕途，所以看到有人彻夜伏案苦读的图画就心生反感。但是，很久以来没有人见过《燃藜图》或关于《燃藜图》的记录，于是《红楼梦》的注释者及辞典的编者或相关研究者就回避解说此图，或径直断言《燃藜图》即《藜杖图》，甚至有人断言“世上根本没有人画过《燃藜图》”，《燃藜图》是《红楼梦》“作者编造的”。然而，一位研究者想到中国图像传统媒材丰富，“正规卷轴画未能保留下来的绘画题材，很可能在瓷器、漆器、石刻、木雕、刺绣、金银器等器物上找回来”。于是不断搜寻，终于在近年出版的《清顺治康熙朝青花瓷》中发现青花瓷盘上的人物故事图正是《燃藜图》。这说明不能以“遍寻不获”为断定某记载不可靠、某物不存在的根据。见倪亦斌《见〈燃藜图〉宝玉心悸，现紫禁城“红学”迷解》，《紫禁城》2009年第3期，第96—99页。

各种猜测本身当作文献考据，更不能据以否定不利于自己之假设的各种证据。

这里又涉及一个问题：真实世界的存在和变化并不遵循学者推理思考的逻辑原则。我们应该坚持正确的推理和思考原则，但这不等于过去或未来的世界会按照我们的推理逻辑而存在和演化。马克·吐温说过这样的话，大意是真相可能比想象更离奇，人们编造的故事无论多么离奇，总要考虑可能性，但真相可以是完全不合逻辑、无法理解的①。比如，按照生物学分类，哺乳动物不同于卵生动物和鸟类，这是科学的分类，当然是合理的。但鸭嘴兽的出现却让很多哲学家和科学家光火，认为有人在恶作剧，将哺乳、卵生和鸭嘴等不相干的特征拼凑成一种怪兽。可见客观世界不是按照科学分类的原则而存在和演化的。人类社会更是复杂。从逻辑上说，人们总是要逃避危险，但在真实的世界里总有很多人喜欢冒险。按道理说，人们都害怕法律制裁，但总有人以身试法。按情理说，学生的思想应该和老师一致，但批判老师、背叛老师、超出老师的事例举不胜举。理论假说可以头头是道，可以合情合理，但这不等于它就是历史事实。

回到文献考据来说，我们不能根据现代人所能得到的有限的古籍，就断定古代某书、某人、某事的原初记载一定不可靠，或断定没有足够旁证的历史记载一定错误。这里所谓“默证”是用来否定已有的历史记载。在运用默证的同时，已经假定已有的历史记载完全不可靠了。本质上这是一种循环论证。所谓“默证”并非真的“默证”，而是预先否定了已有历史证据之后的假设。总之，建立在“没有某书某事”基础上的猜想是不足以否定已有历史记载的。

---

① Mark Twain："Truth is stranger than fiction, but it is because fiction is obliged to stick to possibilities. Truth isn't." Page from 1917 Calendar published by Sully and Kleinteich of NY by arrangement with Harper & Brothers；from the Dave Thomson Collection. http：//www.twainquotes.com/Fiction.html.

三、反思以“合理猜测”为基础的考证前提

《老子》晚出说之不可靠的另一个原因，是论者相信自己将传统文献的记载打成碎片再加上自己的想象以后的创构会比原有历史文献的记载更可靠。这里我们以葛瑞翰关于孔老相遇的“猜测”（speculation）为例进行剖析。

葛瑞翰是难得的博览群书的大学者，他详细地考察了有关老聃的几乎所有文献。他发现所有文献中最一致的记载就是孔子曾向老聃请教的历史事件，诸如《吕氏春秋》《庄子》《礼记》《韩诗外传》《新序》《史记》等儒家和道家文献均有此“事件”（event）[①]。但这与他已经认定的《史记》记载完全不可靠、《老子》之书当晚于《庄子》的假说不合，这成了他的老子研究的核心问题（nucleus），要坚持他的立场就要面对和取消这一“反证”。但是，这么多而一致的关于孔老同时的文献记载如何能抹杀和否定掉呢？葛瑞翰的对策是先肯定这一事件仅是轶事（anecdote）而已，从而进一步追溯故事的起源，提出一种新的“假说”来支持他的结论。他认为如果是儒家首先创造孔子向老子请教的这一故事，那么道家很容易将老聃接过来作为自己的宗师，反之，如果是道家先创造这一故事，那么儒家就很难接受孔子问礼的故事。这似乎很合乎“儒、道斗争”的情理，但却不必是历史事实。显然，他提出谁先创造孔子向老子问礼之轶事的问题时，已经预先断定关于孔老同时的全部历史记载都不可靠了，已经预先将读者引入了他的假设之中。下面是葛瑞翰所“编创”

① Graham，“The Origins of the Legend of Lao Dan.” *Studies in Chinese Philosophy and Philosophical Literature*，111—124. Albany，NY：State University of New York Press，1990. 除文中所述，《孔子家语》中《五帝》《执辔》《曲礼子夏问》也都多次提到孔子复述老聃说理的记载。大概因为过去大家普遍将《孔子家语》视为伪书，所以葛瑞翰没有提到。李学勤根据双古堆和八角廊出土竹简认为《家语》自西汉前期即已流行。见李学勤：《简帛佚籍与学术史》，第9页。

的这一故事发生的“历史过程”。

（1）首先出现的是儒家版的轶事（anecdote），说孔子向一个叫“老聃”的人请教礼。这个故事在公元前4世纪已经流行，可能是旧事忆述（historical reminiscence），也可能仅是关于孔子随时随地谦虚好学的故事。

（2）到公元前3世纪，《庄子》采用了老聃这一名字作为孔子时期的人来表达庄子的“主义”（Chuangism）。

（3）接着出现了作为老子的老聃，借用孔子之老师的权威，表达老子的“主义”（Laoism）。

（4）用秦太史儋代替老聃，预言秦国的胜利，以便赢得秦国的青睐。这第三和第四阶段完成于公元前240年。

（5）公元206年以后太史儋的后人将“儋”改为“聃”，以便他们的祖先能得到汉代的接纳。太史儋的个人情况就变成了司马迁写老聃传记的内容。这时出现了“六家”之说，老子的“主义”和庄子的“主义”并入“道家主义”。因为老子年代早于庄子，所以将老子逆推上去作了道家的创始人。[①]

以上五点都纯粹是大胆假说。这种假说的建构有如发现一个不完整、不对称的出土陶罐，葛瑞翰认为其不可靠，便将其进一步打碎，再将更碎的陶片加上大量新陶土重新黏合成完整的新陶罐。葛瑞翰以科学的怀疑精神排除了《史记·老子韩非列传》等多种传世文献包含一些基本事实的可能性，却不能以同样的科学的怀疑精神来检验自己的假说是否经得起推敲，是否比传世文献的记载有更多的证据。

很多人都将儒道斗争当作文献考证的不言自明的历史背景。其实，这一历史背景是不存在的。在宋明理学诞生以前，儒家和道家从来没有正式的对抗。实际上，道家之名起自汉初，老子、庄子和孔子、孟子之

① A. C. Graham, “The Origins of the Legend of Lao Dan 老聃,” *Studies in Chinese Philosophy and Philosophical Literature*. Albany：State University of New York Press, 1990, pp. 111—124.

间从来没有直接的相互批评。郭店竹简《老子》和其他文献的出土也证明所谓儒道之间的对立和对抗是被后人夸大了[①]。其实，魏晋时期的所谓玄学或“新道家”也没有直接批判儒家孔孟。王弼将老子置于孔子之下，认为圣人（孔子）高于老子，直接体现了“无”，所以不必讲“无”。郭象更是将儒家之仁义纳入《庄子》注中，将仁义作为人之“性分”的本然内容，完全没有排儒的观点。历史上从未有过儒家与道家两个团体相对抗的事件，倒是后来的道教和佛教相互之间有过一些贬低和龃龉，出现过《老子化胡经》之类的文字。葛瑞翰所创造的故事明显是受到佛教和道教之间相互贬低的故事的暗示。至于儒道两家有意借“老聃”之名斗法、老子后裔先后有意借太史儋和老聃之名与地望分别迎合秦国和汉朝的假设更是异想天开的猜想，没有任何历史和文献根据。有趣的是，葛瑞翰相信孔老相遇的故事是儒家创造的，借以表彰孔子的谦逊好学，而刘殿爵（D. C. Lau）却认为是道家创造来贬低儒家的。

葛瑞翰、钱穆、刘殿爵的做法背后都有一个没有明言的假设，这就是现代人的合理的推测比古代不完整的记载更可靠。这种做法基于一种简单而盲目的自信。让我们再以思孟“五行”说为例。《荀子·非十二子》提到子思、孟轲“案往旧造说，谓之五行”，但历史上没有流传下来他们所说的“五行”到底是什么。唐代杨倞注《荀子》时说：“五行，五常，仁、义、礼、智、信是也。”依此线索，章太炎、梁启超都提出“五行”可能有“五伦”的内容。但是刘节和顾颉刚不约而同地提出假说，认为宣传五行说的是邹衍，因为邹衍和孟轲都是齐人，因此在“传说中误合为一人”，以至荀子错把邹衍的理论当作孟轲的理论来批判，是荀子造成

---

① 竹简本《老子》第十九章文字不同于通行本，其中涉及儒道关系的议题可参见拙著《老子古今——五种对勘与析评引论》中第十九章的内容。北京：中国社会科学出版社，2006年，第233—242页）。关于孔老或儒道思想之某种相通相异之关系，可参见该书析评引论之38.2—5，49.2—4，67.1—4，65.1，以及78.1—2。

了一场“历史的大误会”[①]。完全否定了《荀子》之记载是可能有根据的。但马王堆汉墓帛书和郭店竹简却有了“五行”即“仁、义、礼、智、圣”的记载，说明刘节和顾颉刚的假说是完全错误的。

这再次说明，古籍的流传或遗失的情况可能相当复杂，不可能是按照现代人的逻辑发生的。因此按照完全摆脱已有的历史记载单靠现代人的逻辑推理来断定古代发生了什么事情，正确、准确的机会很低，而且越是具体的假设，错误的可能性越高。**出土简帛的发现不断证明：传世文献的不完整的记载、有漏洞的记载往往比现代学者似乎严密的猜想更可靠**。

现代人的盲目自信来自于个人理性的傲慢。有人推断郭店楚简《老子》是形成阶段的最古文本时就宣布要“舍弃关于《老子》及老子的所有现存理论和一切固有观念，站在100%白纸的立场上，展开对郭店楚简《老子》的分析”[②]。这种“100%白纸的立场”排斥了一切传世文献的记载，排斥一切他人的研究和论证，剩下的除了对自己的自信、对自己进行的孤立的推理的确信以外，还有多少客观根据呢？

脱离一切传世文献和同行讨论的个人推测，其准确的机会不会比在赌场中奖的机会多，当然，被戳穿的机会也不多，因此可以反复运用。在赌场碰运气，可以立刻知道输赢，但在人文学研究中以大胆猜想代替严格考察和论证，却很少有机会被考古数据验证正误对错，所以，随意的、不严谨的、貌似有理的错误不容易觉察，更难以制止。正因为如此，我们应该非常珍惜简帛数据为我们提供的千载难逢的机会，认真检验我们过去的态度和方法，从而提高我们的思考方法和研究水平。

---

① 据张显成《简帛文献学通论》，第336—339页。

② 同前注7，第32页。黑体为引者所加。

四、关于传世文献的可信度及分析方法

以上讨论都涉及如何阅读、理解、分析、评价和运用传世文献的问题。这里对此问题再做一些专门的考察和申论。

(一)关于传世文献的可信度

简帛文献的出土证明传世文献比我们原来想象得更可靠一些。历史文献中的模糊不清的内容，不一定是文献本身的错误，而是因为相关文献的失传。比如《史记·殷本纪》提到“伊尹处士，汤使人聘迎之，五反然后肯往从汤，言素王及九主之事”。这里“九主”之意在唐代似乎就已经失传，西汉刘向《别录》曾云：“九主者，有法君、专君、授君、劳君、等君、寄君、破君、国君、三岁社君，凡九品，图画其形。”[①] 唐代司马贞为《史记》作《索隐》之时就感到莫名其妙，不知所据：“九主者，三皇、五帝及夏禹也。或曰，九主谓九皇也。然按刘向所称九主，载之七录，名称甚奇，不知所凭据耳。”[②] 这种情况直到马王堆汉墓帛书中《九主》篇出土才涣然冰释，原来“八主适恶”，“凡与法君为九主”。这说明古书遗失的情况相当早，相当严重，这是造成传世文献含混难解的重要原因之一，我们不应因此而轻率否定传世文献中所包含的历史性和真实性。

葛瑞翰等对《史记》等传世文献的怀疑以及不屑与他们的思想方法密切相关。他们有一种绝对化的思维方式：认为历史文献要么全部可信，要么全部不可信，不愿意对历史文献中的记载做深入的分析和辨析。他们似乎认为只要历史记载中有不可信的内容，那么全部记载就都不可信，

---

① 《史记》，中华书局，1975 年，第 94 页。
② 同上。

不必理会。这种错误似乎与这样一种逻辑有关：如果你发现一碗饭中有一只苍蝇，那么你不需要考虑是否还有第二只苍蝇就可以把它倒掉。这种逻辑也比较合乎常识。比如，一个法官发现一个证人在某件事上撒谎，那么就可能认为他的证词完全不可信。如果我们知道一个医生医死过病人，我们就不愿意再找他看病。作为常识，这似乎是可以接受的，但是，作为学术研究，就不能采取或满足于这种简单的态度。我们也许应该考察苍蝇是如何进入饭碗中的，也可能要考虑在没有更多饭的情况下，这碗饭是否还有可以吃的部分。法官可以不相信一个证人，但是侦探却需要将证词与其他线索相对照从而分析寻找可能的真相。我们可以不找有过重大医疗事故的医生看病，但研究者却要分析一个医生错在哪里，提出其他医生应如何从他的错误中接受教训，避免发生新的事故。由此看来，因为历史文献中有不准确和模糊之处就轻易地将整部文献当作不可靠的无用之物、弃之如敝履的做法是粗率的，不可取的。

葛瑞翰和钱穆等人的另一个错误是对所有的有关老子的文献采取了“一视同仁”的态度，对传世文献的文体、性质以及可靠性缺乏深入分析和辨析。他们没有注意《庄子》与《礼记》和《史记》等不同文体、不同性质的著作之间的史料价值的不同。实际上，《庄子》中的大量人物都是寓言化的，即使是历史人物也是作为寓言中的角色出现的。因此，不应该简单地利用《庄子》中关于孔子和老聃的记载作为考据的数据，更不应该把《史记》和《礼记》当作与《庄子》同等类型、同等价值的古代文献。不幸的是，葛瑞翰和钱穆都将《庄子》当作了考证《老子》的重要数据。这种对传世文献的平面化的、不加辨析的阅读方法也体现在很多人对《史记》中《老子列传》的阅读上。

（二）以《史记》中《老子列传》的分析为例

对历史文献应该有深入细致的推敲阅读。比如，司马迁之《老子列传》仅有 454 个字，实际却有三个部分。第一部分可称“主传”，255 字，说明老子即李耳，主要记载孔老相见的对话。第二部分是附说，114 字，分别记述老子是老莱子或太史儋的说法[①]。第三部分是每一传记后面都有的总评部分，85 字，代表司马迁的立场，重回前面“主传”的观点，明确说“李耳无为自化，清静自正”，并无犹豫不定之意。全文主传（包括总评）有 340 字，是附说的三倍[②]。

不少人认为司马迁本人也不知老子是谁，他本人也没有明确的立场。这是粗心肤浅之论。当然，司马迁之《史记》一定有某些错误和模糊之处，但这不能说明司马迁的态度是不严肃或完全不可信的。附说部分的两种说法正是史家“信则传信，疑则传疑”的客观态度，而不是随意发挥和编造的结果。主传的部分也可能有不确之处，但有两点是比较可靠的。一是老子见过孔子，这是《吕氏春秋》《礼记》《韩诗外传》等诸多典籍都可以印证的。另一点是老子写过上下篇，五千余言，言道德之意，这与《老子》竹简、帛书和传世本的内容是大体一致的，因而是大体可信的。其他内容和细节，没有相关数据印证，或不合理性或常识，最好存而不论。《老子列传》中老子和孔子的对话内容与《孔子世家》内容一致而文辞不同，显然是司马迁自己的措辞，不可能是准确的历史记录。这一方面可能是为了避免重复，另一方面也是为了可读性或生动性，这就有了文学体裁的特点。显然，这不符合现代史学著作的标准[③]。但《史记》毕竟不等于现代的文学创作。《史记》的文体是司马迁二千年前的首

① 在附说“或曰老莱子”后，司马迁评论说“盖老子百有六十余岁……”这里的“盖”字作连词，表示原因；作副词，则有“大概”之意。揣测文句，司马迁之意似是“有这样的说法，大概是因为……”。在附说“或曰‘儋即老子’”后，司马迁评论说“老子，隐君子也”，也是对不同传说的一种推测性解说。从《史记》各部分综合来看，司马迁本人关于老子与孔子同时这一点是没有异议的。

② 参见刘笑敢《代年表：〈老子列传〉导读》，见所著《老子〈年代新考与思想新诠〉》，东大图书公司，2005 年，第 241—246 页。

③ 今天也有人以某种灵活的或有些文学性、讲故事的笔法来写历史。如黄仁宇的《万历十五年》，又如耶鲁大学的史景迁教授（Jonathan D. Spence）就喜欢用讲故事的方法写历史。当然，他们毕竟受过现代史学训练，其写作态度和方法不会等同于司马迁。但他们的风格说明尝试将历史事实和事件讲得生动一些，是古今皆有的追求和尝试。

创，与今天的史学写作标准不完全相合，不必多有责怪。《史记》绝非字字可靠准确，但也绝非随意编造。关于《史记》之史料价值需要认真地阅读和思考，不能采取简单的信或不信的态度，应该取一种认真阅读、谨慎辨析的态度。这需要培养一种辨析精神和对于细微差别的感知和表达能力（分寸感）。

值得认真考察的是，司马迁提到了“或曰老莱子**亦**楚人也，著述十五篇，言道家之用，与孔子同时云”。但这里说“亦楚人也”，显然是指另有一个人，“著述十五篇”显然不是“上下篇”。这里没有混淆的余地。司马迁在《仲尼弟子列传》中更清楚地说：“孔子之所严事：于**周**则**老子**；于卫，蘧伯玉；于齐，晏平仲；于**楚**，**老莱子**；于郑……”[①]老子虽是楚人，却在周为官，所以孔子向老子请教时，老子在周而不在楚。老莱子则在楚国，二者并未混为一谈。顺便提到“或曰”可能是因为二人名中都有“老”字，都被当作楚人，二人都有道家言论，一般人会有此联想，但是司马迁本人并未因此而将二人相互混同。此与《吕氏春秋》、《韩诗外传》和《礼记》中的记载完全相应，不能混淆。（关于老子就是老莱子之说，下文讨论。）

司马迁又提到“自孔子死之后百二十九年，而史记周太史儋见秦献公曰：‘始秦与周合，合五百岁而离，离七十岁而霸王者出焉。’或曰儋即老子，或曰非也，世莫知其然否”。太史儋关于秦与周合离之说，重复见于《周本纪》、《秦本纪》和《封禅书》[②]，文字略有出入。在这些重复记载中，太史儋与老子或道家都毫无关系。可见司马迁没有分不清老子与太史儋的困惑。“世莫知其然否”指的是“世人”，而不是司马迁本人。

此外，我们从《史记》列传之排序也可看出司马迁有自己的清楚的立场。陈鼓应和白奚指出：

---

① 《史记》卷六十七，中华书局，1975 年，第 2186 页。

② 《史记》同上，第 159、201、1364 页。

> “《史记》中共有列传七十篇，其中凡写人物的都是按第一传主的年代先后排列的，并无一篇错乱。其中《老子韩非列传》是第三篇，其前面是《伯夷列传》和《管晏列传》，其后面依次为《司马穰苴列传》《孙子吴起列传》《伍子胥列传》《仲尼弟子列传》等。伯夷是周初时人，管仲是春秋早期人，而司马穰苴事齐景公，大约与晏婴、孔子同时。司马迁把老子安排在管仲和司马穰苴之间，据此我们可以比较肯定地说，这位大史学家是明确地认定老子就是春秋时期孔子问礼的老聃。”[①]

可见，司马迁并没有将老子与太史儋相混淆。这里所谓“或曰……或曰非也”之类的记载不是因为司马迁本人没有判断，而是要忠实于他所知道的文献之内容，客观地记录不同的说法。这种“或曰”在《史记》中比比皆是，如“伊尹名阿衡。阿衡欲奸汤而无由……或曰，伊尹处士，汤使人聘迎之……”[②] 我们不应将这种客观记录的态度当作作者毫无立场，或观点混乱。

总之，司马迁关于老子的年代和身份有其明确而一贯的立场。奇怪的是，有些人不相信司马迁主传中孔老同时的内容，却相信附记中“或曰”以及“世莫知其然否”的说法，由此出发去找证据，试图说明老子就是老莱子或太史儋。这似乎是一种自相矛盾的态度：一方面从整体上不相信历史文献，另一方面又利用历史文献的片段重新构造假说。

（三）以《礼记·曾子问》的分析为例

《礼记》曾被当作汉代的书，但是竹简本《缁衣》出土，证明《礼记》中所收篇章有先秦文献。这提醒我们要重新审视《礼记》的历史地

① 陈鼓应、白奚著《老子评传》，南京大学出版社，2001 年，第 9 页。
② 《史记》同上，第 94 页。

位和史料价值。实际上，如果我们认真读《礼记·曾子问》，就会发现它实在不像趣闻轶事，与儒道之争毫无关系。《曾子问》包括很多章，我们分之为43章[①]，除了一章以“子游问曰”、一章以“子夏问曰”、两章以“孔子曰”引起以外，其余都以“曾子问曰”开篇。在43章中，四章里有孔子说“吾闻诸老聃曰”的说法，其中三章以“曾子问曰”开头，一章以“子夏问曰”开头。下面我们将这四章的内容扼要列出，以便读者自行判断其文体特点和性质。

> 曾子问曰：“古者师行必以迁庙主行乎？”孔子曰：“……**吾闻诸老聃曰**：‘天子崩，国君薨，则祝取群庙之主而藏诸祖庙，礼也……’**老聃云**。”（第十九章）

这里孔子两次提到其说来源于老聃，是平常的说明，没有任何褒扬的语调。

> 曾子问曰：“葬引至于堩，日有食之，则有变乎，且不乎？”孔子曰：“**昔者吾从老聃**助葬于巷党，及堩，日有食之。**老聃曰**：‘丘，止柩就道右，止哭以听变。’既明反，而后行。曰：‘礼也。’反葬而丘问之曰……**老聃曰**：‘诸侯朝天子，见日而行，逮日而舍奠……且君子行礼，不以人之亲痁患。’**吾闻诸老聃云**。”（第三十九章）

这里曾子问葬礼之柩车上路后遇到日食时是否应该改变仪式。孔子可以直接回答，但孔子却形象地讲述他当年跟从老聃进行葬礼时老聃对他所说的话。为什么要引用过去的亲身经历呢？因为印象深刻？还是为了增加他的回答的权威性？很难判断。无论怎样，这里的记载形式是实

① 此处分章的原则和数目与其他学者或略有不同。本文《礼记》依据的是孙希旦《礼记集解》，中华书局，1989年。

际的对话，记载内容是纯技术性的，看不出有何异常、突兀或可疑之处。又如：

> 曾子问曰："下殇土周葬于园……则其葬也如之何？"孔子曰："**吾闻诸老聃曰**：'昔者史佚有子而死，下殇也……召公谓之曰……史佚曰……周公曰……史佚行之。'下殇用棺衣棺，自史佚始也。"（第四十一章）

这里孔子所引老聃之语中又引用过去史佚、召公与周公的对话（引文略），说明下殇用棺的起源。从此可见老聃所传授的丧礼也是其来有自，并非以最后权威的身份教导孔子。全文只是平实地记叙下殇之葬用棺之礼的起源，完全没有任何特别表扬或贬低某人的意思。再看：

> 子夏问曰："三年之丧卒哭……"孔子曰："夏后氏三年之丧……此之谓乎。"子夏曰："金革之事无辟也者，非与？"孔子曰："**吾闻诸老聃曰**：'昔者鲁公伯禽，有为为之也。今以三年之丧，从其利者，吾弗知也。'"（第四十三章）

这里也是纯粹的记言，没有什么特别之处。很明显，《曾子问》的这四章都是孔子对老子所说的回忆，是单纯的关于丧礼的各种特殊情况如何处理的技术细节问题，对任何人都没有褒扬或批评之意，葛瑞翰和刘殿爵所假设的儒家和道家之关系或"斗法"更是毫不相干。在《曾子问》的四十几章中孔子的回答只引用过老聃一人之说，此外只有"记曰"和"有司以闻曰"是孔子引他人之语。可见老聃是孔子关于礼仪的技术性知识的一个重要来源。但是，在四十多章中，只有四章提到老聃，也不像是为了要特别推崇老聃。从行文语气来看只是平实的记录技术性问答，很难将这样的文字与寓言或轶事、表彰与批评联系起来。

总之，由于郭店竹简本《缁衣》的出土，传世本《缁衣》所记录孔子之言无论是否准确[①]，都可以肯定基本上是先秦文献，而《曾子问》记录孔子和曾子的对话，保留先秦对话之内容的可能性也就不容忽视了。

五、古文献考据之困难与应对之道

人文学研究大致说来可以分为探究真相与贡献新说两类。古文献考据应该以探求历史真相为第一要务，不应单纯以异说逞强为目标。真相应该只有一个，但后人所见可能各有一隅，难有定论。困难之处可能主要在于**传统的考据方法多是举例证明法**，在有限的历史文献中各据一面之“例证”支持某一种观点。笔者在最初面对《庄子》内、外、杂篇之关系的考证时，面对《老子》之年代考证时发现各说都是以某些例证证明某种观点，对不同观点之证据、推理很少分析辩难。于是各执一词，各说各话，缺少正面的辩驳和讨论。面对这种难局，笔者有两个建议。

第一，尽可能摆脱简单的举例证明法，努力寻求更客观、更全面、更可靠的考察方法。比如，杨伯峻率先用语言统计比较的方法考察《列子》的年代问题，虽未必为定论，但就考证方法来说确实是创新，更全面，更客观。尽管这种方法无法排除文本在流传中后人可能增修个别字句，从而为研究结果带来误差，但此方法的客观性和全面性的优点是值得肯定的。至于从哪一种语言特点、词汇特点、语法特点等入手则取决于具体文本的特点和研究者的独到观察。又如陈鼓应、白奚对《史记》

① 关于《缁衣》所记“子曰”是孔子之言还是子思子之言的讨论，可参看李零《郭店楚简校读记》，北京大学出版社，2002 年，第 70—73 页。

列传排序原则做全面考察，从而发现司马迁对老子的年代问题实有定见，并非无所适从。这也是客观、全面的考察。笔者在考察《老子》年代时，对《老子》韵文部分的句式、韵式、合韵以及多种修辞手法做全面分析统计，与《诗经》《楚辞》做统计对照，追求的也是全面与客观。不错，我们每个人无论如何努力都未必能够完全摆脱自己的局限性或主观性，但在研究中是否追求全面与客观则必定影响研究结果的学术水平以及可靠程度。

第二，尽可能比较不同考据成果之间的说服力和可靠性，尤其是在无法发现新证据时，尽可能客观地比较各种观点所提供之正面证据之多寡强弱及其可能遇到的困难之大小程度，从中得出相对稳妥的结论。

比如在《老子》郭店简出土后，学术界有两种意见。第一种意见相信三组竹简是完整的《老子》五千言的摘抄本，简称为“早出说”。第二组意见认为竹简本《老子》只是《老子》文献形成过程中的原初资料，简称为“晚出说”。尽管绝大多数学者采纳第一种意见，我们仍不能以人数多少来决定学术立场的是非对错。比较理性与严肃的做法就是比较不同立场的证据多寡及可靠性，以及面对困难的多少。

首先从历史文献的角度来比较。认为《老子》五千言的主体部分或核心部分（不是八十一章本）早于竹简本已经存在的观点有三种来自于传统文献的支持。第一，与《史记》老子列传记载相一致，也与《吕氏春秋·当染》《韩诗外传卷五》《礼记·曾子问》《新序杂事五》等许多著作中所反复提到的“孔子学于老聃”之说相一致。这是关于老聃作为历史人物之时代的记载。第二，与《荀子·天论》“老子有见于诎，无见于信”以及《吕氏春秋》所记“老聃贵柔”的评论相一致。这是关于《老子》之思想内容的记载。第三，与《韩非子》中《解老》《喻老》所反映的《老子》之内容、体例相一致。这是更为详尽的关于《老子》之内容的记载。

此外，我们不妨再补充一个没有人注意到的《庄子》书的暗示。《庄子》外杂篇的篇题之命名，原则上都是以首句前二三字为题，如《骈拇》《马蹄》等。但是有一些例外。例外之一是《山木》篇首句是“庄子行于山中，见大木”，篇题不取“庄子”。为什么呢？显然是因为书名已经是《庄子》，不便再以庄子名篇。另一例外是《庚桑楚》首句是“老聃之役有庚桑楚者”，篇题不取《老聃》①。为什么呢？最好的或者唯一的解释就是当时已经有以《老聃》命名的书在流传，不易取他书之名为篇名。笔者曾经考证《庄子》书当完成于先秦②，近来已为出土竹简证实③。这说明《庄子》成书时，《老聃》或《老子》之书已经有了相当影响，所以才有《荀子》和《吕氏春秋》的评论；同时此书可能已经流传久远，后来的读者理解已经有了困难，或者此书已经获得了经典的地位，于是才有韩非作《解老》和《喻老》的需要和条件。

总之，早出说与大部分历史文献记载相一致，没有引出新的困难。由于《史记》记载不是完全可靠，因此早出说并不能决定细节问题，如无法确定《老子》一书成书的确切年代，也没有办法确定《老子》一书与老聃的确切关系。但是，反过来，我们更没有证据证明《老子》与老聃没有关系。

晚出说与上面所有来自于传世文献的记载相冲突，很少有客观的、历史的、文献的正面根据。这是因为晚出说的论证基本上是将传世文献的基本内容置之不理，又将其内容打散，这样，论者就有了充分的想象和构造的自由，可以从打碎的传世文献中挑出对己说有利的碎片，作为所谓“证据”，重新构造“假说”，而“假说”的实质很可能只是猜想

---

① 详见拙著《庄子哲学及其演变》，中国社会科学出版社，1988年，第48—49页。

② 《庄子哲学及其演变》第二章《〈庄子〉外杂篇的年代》，第34—57页。

③ 李学勤根据江陵、阜阳等地出土的竹简《庄子》，认为《庄子》内篇很可能出于庄子本人，《庄子》外杂篇也应该是先秦的作品，参见其《〈庄子·杂篇〉竹简及有关问题》，《陕西历史博物馆馆刊》第五辑，西北大学出版社，1998年，第126—131页。

和创造。晚出说无法避免的困难是如何解释下面的问题：如果《老子》五千言是战国晚期才完成的，作为同时期的韩非子是否有必要作《解老》和《喻老》，而《吕氏春秋·不二》为什么将“老子贵柔”的评论置于“孔子贵仁、墨翟贵廉、关尹贵清”等诸评论之前。

关于晚出说的困难，裘锡圭先生曾指出：“很难设想，在晚于郭店《老子》简的时代，即晚于公元前300年左右的战国晚期，有人能把一二百年甚至更长的时间内所流传的多种‘老子语录’的内容丝毫不漏地编合成一部‘五千言’。所以今天偶然发现的三种‘老子语录’，其所抄各章竟然全都见于今传《老子》，就未免显得太过凑巧了。”①

再从新发现的证据来说，《老子》的韵文风格与《诗经》相当一致，与《楚辞》相当不同，说明《老子》之主体或核心部分应该是在《诗经》尚有广泛影响的情况下完成的。而孟子（公元前372—前289？）曾经感叹“王者之迹熄而《诗》亡，《诗》亡然后《春秋》作”（《孟子·离娄下》）。显然，《诗经》的影响在春秋时期开始消弱。《老子》中体现的《诗经》之句式、修辞、韵式以及合韵的特点应该是其早出的反映，而且其韵文风格的一致性，也说明其作者可能是一人，后人所做的修改添加未能改变其基本风格。而晚出说很难全面反驳这样的新证据。

由于最近有人重新论证老子即老莱子②，这里也不妨按本文比较证据之多寡与可靠性的角度来做些讨论。说老子即老莱子的证据主要是说老子即老李子，而“李”与“莱”在楚文字中声、形俱近，因此，可以断言二人实为一人，后人不明此理，误将一人分为二人。这种论证显然不充分。古代的确有异字异名实为一人的情况，如孙卿即荀卿。但这不能单凭个别字的声、形、义来断定，必须有其他证据。否则，任何声音相近的名字都可以推断为同一人了。此说的一个重要旁证是《战国策》和

① 裘锡圭《中国出土文献十讲》，复旦大学出版社，2004年，第190页。
② 参见李零《郭店楚简校读记（增订本）》，附录二。北京大学出版社，2002。李零《人往低处走：〈老子〉天下第一》，三联书店，第3—4页。

《孔丛子》中有老莱子讲到齿坚而舌柔的比喻，而《说苑》中记载老子也有类似舌柔而齿坚的说法[①]。然而这个证据是很薄弱的。第一，历史文献提到老子或老聃上百次，但从未有称“老李子”之记载，因而“老子”即“老李子”与“老莱子”相混淆的可能性也就很低了；第二，《说苑》成书于西汉末年，所收多为逸闻趣事，并非历史记载，且所引老子之语是孤证；第三，即或《说苑》所引老子之语可靠，舌柔而齿坚的比喻也完全可能是某些人或某时代的通用比喻，未必只能有某一个人用过。只要我们不能证明历史上只有一个人用过舌柔而齿坚的比喻，我们也就不能据之断定用此比喻的就是同一人。

总之，在传世文献和考古文献都无法得出有力结论的情况下，不必完全放弃考据工作。可以做、应该做的是不同观点或假说之间证据之强弱多寡的比较。具体说来，可以比较的或可包括以下各项：

第一，**比较证据的客观性，**证据或证据来源越客观的考据就越可靠。客观性的标志之一是不依赖论者的解释和引申，尤其是不能依靠智者见智、仁者见仁的见解和发挥。比如，文本自身的语言数据就是比较客观的，但是如果考据的观点依赖于比较曲折复杂的解释或引申，那么客观性就打了折扣。

第二，**比较证据的多面性，**证据来源越是多方面，越丰富就越可靠。比如文本自身的证据、历史文献的证据、其他传世文献的证据、考古资料的证据、间接的证据等。

第三，**比较证据之间的一致性，**不同来源之材料构成的证据之间越一致的就越可靠。相反，如果一种结论与其他数据或证据之间有冲突，其结论就不可靠。换言之，可以比较不同证据所引起或所要面对的困难，其引起或面对困难越多，则可靠性越低。

第四，**比较推理逻辑的严密性。**首先是**推理前提是否成立**。上文所

---

① 这里所述之原文，李零《人往低处走》之附录部分有详细摘引，颇便于参考。

批评的几种考据的前提假设都是不成立的。其次还要注意，**逻辑推理必须以一定客观证据为基础，纯粹的即使严密的逻辑推理也不能作为考据的方法，**因为客观的学术和思想世界的发展不是按照某种纯逻辑发展的。比如，葛瑞翰关于孔子向老子问礼之故事的起源和演变的五个阶段的推论就是没有客观证据的纯逻辑想象，即使逻辑上成立，也仍然不能服人。

第五，**比较不同论证对反证和反论之处理的方法和说服力**。完全不能面对相反观点的论证就没有说服力或不可靠，对相反观点回答得比较周严、比较有说服力的论证，可靠性就比较高。

综上所述，不同观点之间证据的客观性、一致性的比较是处理考证分歧比较有效的方法。放弃这种方法，不同观点之间就只能各自坚持立场，而没有交流、辩论的可能。学术研究和文献考证就变成了自说自话、各说各话，而不同观点之间的“争鸣”也会变成各执一词的标新立异，完全没有严肃性和客观性可言，也完全没有学术交流与切磋提高的可能。①

总之，简帛文献为我们提供了改进文献考据之方法的一个客观的参照标准，希望我们不要辜负这千载难逢的机遇。

［**附记**］一位教授朋友看过本文初稿后提出一个问题：为什么钱穆、葛瑞翰等人严密的推论结果却是错误的，而某些著名的考古学者很少做严密的推理，其判断却往往是正确的？这个问题有意义，引起笔者认真思考和修改初稿。笔者的直接响应有以下要点：（1）钱穆、葛瑞翰等人的考证表面上可以自圆其说，其实推理并不严密，主要是他们推论的前提条件是不成立的。（2）即使是严密的推理也不等于必然合乎历史事实。严密的推理是否可靠，除了推论前提成立以外，还要有足够客观事实的根据。历史的复杂性不是逻辑推理可以把握的。（3）文献考证应该重视真正客观的根据，在客观根据不足的情况下应该“多闻阙疑”。（4）那些

① 本文为北京大学国家社科基金重大项目“中国解释学史”之部分成果。

资深考古学家和古文字学家虽然很少写长篇的推理文章，但他们的结论背后往往隐藏着丰富的古文献的知识和考古的发现，以及在此基础上的经验性推断。他们的推断有其逻辑，但不纯粹是逻辑，而是以传统文献和考古数据为基本依据的逻辑。这是一生知识和经验积累的结果，有天资，有机遇，有勤勉，靠积累，虽值得学习，但难以简单模仿或复制。（5）没有足够的传统文献的支持和考古数据的支持，即使很高明的逻辑推理也不一定可靠，但这不意味着我们不必遵照基本的推理逻辑和原则。推理逻辑是思想活动和学术工作必须遵守的必要条件，但不是充分条件。

二重证据法：疑古与释古之间
——以近年出土文献研究为例

梁　涛*

近年来随着出土文献研究的不断升温，“二重证据法”成为报刊上的热门词，似乎谈出土文献，就不能不谈二重证据法。同时，由于古史研究中“疑古”与“走出疑古”的分歧，二重证据法亦成为两派争论的焦点而备受关注。但对于二重证据法往往是谈之者多，思之者少。自20世纪20年代王国维先生提出二重证据法至今已近百年之久，在这近一百年的时间里，二重证据法的实践和应用取得了哪些突破和成就？又需要做出哪些检讨和反省，甚至是补充和完善？这些无疑是值得认真思考同时又关乎古史和出土文献研究的重大理论课题。在一般人们的观念中，二重证据法与疑古是对立的，疑古派的最终“破产”，就是因为大量考古发现与二重证据法应用的结果。但从近年的出土文献研究来看，固然有推翻、证伪疑古派具体结论之例，也存在肯定、证实疑古派基本观念的情况。这样看来，二重证据法就不应是释古派独享的方法；或许今天我们

* 作者为中国人民大学杰出教授，国学院副院长，教育部长江学者特聘教授，山东省泰山学者特聘教授。

所应做的，是继承王国维、顾颉刚两位先生的基本思想和合理内核，同时又避免二者的疏忽和偏颇之处，将二重证据法发展为具有更广阔应用范围，可以为疑古与释古两派接受的，更具有指导意义的理论方法。

一、从“二重证明法”到“二重证据法”

如学者指出的，用地下材料补充、印证纸上材料古已有之。古代尤其是宋代以来学者往往取金石材料以证古史，且多有收获。[①] 王国维对其做进一步发展和总结，提出了著名的二重证据法：

> 吾辈生于今日，幸于纸上之材料外，更得地下之新材料。由此种材料，我辈固得据以补正纸上之材料，亦得证明古书之某部分全为实录，即百家不雅训之言亦不无表示一面之事实。此二重证据法，惟在今日始得为之。虽古书之未得证明者，不能加以否定，而其已得证明者，不能不加以肯定，可断言也。[②]

不过，虽然诚如王国维所云，“中国纸上之学问赖于地下之学问者，固不自今日始矣”[③]，但二重证据法的提出，仍具有划时代的史学意义。这不仅因为王国维的时代“幸于纸上材料之外”，更得地下之甲骨、简牍等前人所未见到的新材料，同时面临历史观的巨大变革与冲击，王国维二

① 参见于大成《二重证据》，载于氏著《理选楼论学稿》，台湾学生书局 1979 年版，第 501—561 页。

② 王国维《古史新证——王国维最后的讲义》，清华大学出版社 1994 年版，第 2—3 页。

③ 王国维《最近二三十年中中国新发见之学问》，《王国维文集》第 4 卷，中国文史出版社 1997 年版，第 33 页。

重证据法的提出，正是为了应对这一变革而重建古史的一种努力和尝试。如前所述，取地下金石材料考订纸上史传材料，乃是金石学者常用的方法。这种方法虽然也可以正载籍之讹谬、勘传本之误文、补旧史之缺漏、辨传闻之诬枉等，但并不会对古史本身提出怀疑和否定，纠讹补漏的目的也是最大限度接近历史的本真，证古史之可信；而古史的讹谬缺漏之处也是在传播中偶然所致，是可以纠正、完善的。也就是说，历史的本真是存在的，也是可以接近、发现的。然而这一观念却随着疑古学派的崛起而遭到颠覆。

1923 年 5 月，顾颉刚先生在《读书杂志》上发表《与钱玄同先生论古史书》一文，提出了著名的“层累地造成的古史说”。其基本思想是，古史是后人不断构造出来的，因此晚出的文献往往较之早期文献更加丰富，因而也相对不可靠。顾的这一思想给当时的史学界带来极大冲击，被喻为“轰炸中国古史的一个原子弹”；而顾氏强调古史中包含了后人虚构、想象，需要予以清理的思想可能对王国维也产生一定的影响。早在 1913 年的《明堂庙寝通考》初稿中，王国维曾有“二重证明法”之说：

> 宋代以后，古器日出。近百年之间，燕秦赵魏齐鲁之墟，鼎彝之出，盖以千计，而殷虚甲骨乃至数万……故今日所得最古之史料，往往于周秦、两汉之书得其证明，而此种书亦得援之以自证焉。吾辈生于今日，始得用此二重证明法，不可谓非人生之幸也。[①]

但后来王国维似乎放弃了这一提法，[②] 至 1925 年在清华国学院讲授《古史新证》时，则改提二重证据法。“二重证明法”与“二重证据法”

① 罗振玉校补《雪堂丛刻》(三)，北京图书馆出版社 2000 年版，第 298—299 页。

②《明堂庙寝通考》一文收入乌程蒋氏初刻本（1921 年）《观堂集林》卷三时，王国维删去了上引一段文字。

虽然仅一字之差，但二者的内涵并不相同。证明者，强调的是地下材料与纸上材料的相互结合、印证，其指向是肯定性的；而证据既可以证明，也可以证伪，其指向是中性的。所以在《明堂庙寝通考》中，王国维只强调“今日所得最古之史料，往往于周秦、两汉之书得其证明，而此种书亦得援之以自证焉”，即所得鼎彝、甲骨等地下材料与周秦、两汉古书的相互证明；而在《古史新证》中，则提出地下材料既可以“据以补正纸上之材料，亦得证明古书之某部分全为实录”。补正，根据王国维的解释，即补足、纠正。因此，所谓“二重证据法”实际包括了两个方面：一是地下材料与纸上材料并不一致，但前者可以补充、纠正后者；二是地下材料与纸上材料具有某种一致性，前者可以证明后者。这样看来，从“二重证明法”到“二重证据法”，王国维的思想实际有一个发展的过程，至少在表述上更为周延了，既强调地下材料对纸上材料的证明，也意识到前者对后者还有修正的一面。那么，王国维上述的变化是否与疑古派有一定关联呢？虽然没有确切的证据，但从当时的学术氛围看，这种可能性是存在的。疑古派对古史“层累”的强调，使王国维调整了以前并不周全的表述，而采用了“二重证据法”这一更为合理的说法。①

不过，二重证据法的提法虽然可能间接受到疑古派的影响，但二重证据法的提出则是针对疑古派而来，是对后者的回应。如前所述，顾氏层累说的提出，对历史观带来极大的变革和冲击。传统史学虽然也承认古史记载中可能存在错讹、矛盾之处，需要予以辨别、纠正，但并不否认历史认知的可能。到了顾颉刚这里，情况则发生了根本变化，历史的

---

① 有学者认为，“二重证明法”与“二重证据法”并没有实质的不同，只是后者“策略性地披上了‘新’学的外衣”（乔治忠：《王国维“二重证据法”蕴义与影响的再审视》，《南开学报》2010 年 4 期）。另有学者认为，“二重证明法”包含了“二重证据法”，前者“重在用书面材料证明之”，后者“重在用地下材料补正纸上文献”（李锐：《“二重证据法”初探》，《出土文献研究方法国际学术研讨会会议论文集》，台湾大学中文系 2011 年 11 月）。这些说法恐怕都没有正确揭示“二重证明法”与“二重证据法”的关系。

本真或本体被悬置起来，由于缺乏直接的、原始的、可以征信的证据和记录，真实的或原本状态的历史即使存在也是不可知的。人们所能确知的只是后人对历史的追述、记忆，而后者往往充满了想象、虚构甚至是编造，是根本不可信的。以夏商周史为例，我们所能知道的只是“传说”意义上的夏商周史，而非“实在”“实有”意义上的夏商周史。这样历史研究的目的便不在于探求历史的本真、真相，或者说根本无法探究历史的本真、本相，而在于考订历史传说的相关记载，“不立一真，惟穷流变”成为顾氏研治古史的主要旨趣。[①] 所以顾颉刚称：“我对于古史的主要观点，不在它的真相而在它的变化。”“我们要辨明古史，看史迹的整理还轻，而看传说的经历却重。”[②]

只要与当时的各种溢美之词和肯定性评价做一简单对比，就可以发现王国维对于层累说的态度显然有所不同。如果说前者往往欣赏的是层累说揭示了历史记载无法完整、全面地反映历史的真实，我们永远无法回到历史的本体、本真这一点的话，那么，王国维则强调历史记载虽不完整、完善，但至少可以反映部分事实；历史传说虽然荒诞不经，但也至少包含了部分史实之素地——这恰恰是层累说所忽略的。如果说层累说之所以备受关注在于其对非信史的“破”和“疑”的话，那么，王国维强调的是在“破”和“疑”的基础上，还应有对信史的“立”和“信”。毕竟，历史研究还是以求真为其最终目的的，我们不能因为已有的史料是不完善、不全面的，便放弃了对历史之真的求索。虽然我们不能回到历史的本体、本相，虽然历史记载总是带有后人的附会、想象，甚至是矛盾抵牾之处，但透过辨别、分析，我们还是可以发现某些基本的原型及其所反映的素地，历史研究的目的就要通过这些原型、素地最大限度对历史做出还原和描述，并站在今日的立场对其做出诠释、理解和评价。

---

① 顾颉刚《古史辨》第 1 册，第 273 页。

② 同上，第 273、59 页。

正是基于此，他对顾氏形式化的疑古显然有所不满，批评其“疑古之过，乃并尧、舜、禹之人物而亦疑之，其于怀疑之态度及批评之精神不无可取，然惜于古史材料未尝为充分之处理也”①。

不过王国维也意识到，古史的情况较为复杂，它既有“确实性”之一面，也有后人缘饰附会的成分，不可一概而论，故说“上古之事，传说与史实混而不分，史实之中固不免有所缘饰，与传说无异，而传说中亦往往有史实为之素地，二者不易区别，此世界各国之所同也”②。因此，就古史研究而言，至少包含了两个方面：一是清理其缘饰附会之成分，这是“破”和“疑”；二是证明其确实性之原型、素地，这是“立”和“信”。这样，就需要对历史记载做出鉴别，判定其“确实性”成分和后人的缘饰附会。而做到这一点，最好的方法就取未经后人篡改、相对可信的地下材料，以与纸上材料相比较，去伪存真，既清除后人之缘饰附会，又证明其确实性之素地，这便是王国维的二重证据法。今人一般只知道王国维是“二重证据法”的倡导者，但往往忽略了其“二重证据法”实际是包括了“补正”与“证明”两个向度，既可以证明，也可以辨伪，具有“疑”与“信”、“破”与“立”两方面的功用。不过，出于对当时学界疑古风气的拨正，以及所见地下材料的局限，王国维在使用二重证据法时主要局限在“证明”或“立”与“信”上，而对“补正”或证伪则基本没有涉及或重视不够。从这一点看，将王国维的二重证据法仅仅理解为“‘纸上之材料’与‘地下之新材料’的互相结合，彼此印证”，显然是不够全面的，在实践上也会造成偏差，忽略甚至排斥了怀疑精神。既然王国维承认历史记载中有后人的缘饰附会，自然就应对其做出辨析、清理，二重证据法正可以发挥其辨伪、疑古的作用。近些年的出土文献研究，也印证了这一点。

---

① 顾颉刚《古史辨》第1册，第2页。

② 王国维《古史新证——王国维最后的讲义》，第1页。

二、二重证据法的应用：证明、证伪与补正

王国维认为二重证据法就是地下之材料与纸上之材料相比较、相结合，在他那里，材料与证据两概念所指并不相同。一切关于古代历史的记载都可以是材料，但却不一定能成为证据，证据总是包含着一定的指向和目的。如司法审判中，有些材料可以作为证据，有些材料则不能成为证据；有些材料可以证明被告有罪，有些材料则可以证明被告无罪。材料之成为证据，除了其自身的特性外，还取决于它被用来证明什么。王国维主张二重证据，实际是要把地下材料和纸上材料都当作证据，这样便存在下面的情况：一是纸上材料记载基本正确、可靠，地下材料可以对其做出证明，这样二者可以成为证据；二是纸上材料记载存在错讹、附会或后人篡改的情况，地下材料证明其有伪，或不可靠，这样二者也能成为证据；三是纸上材料的记载有缺失、遗漏，地下材料可以对其做出补足或补充，故也能成为证据。从近年的出土文献研究来看，以上三种情况实际都存在，而尤以后一种情况居多。

第一种情况下，地下材料与纸上材料指向一致，前者作为证据可以“证明”后者，这是王国维最为重视，也是我们最为熟悉的方法。但需要说明的是，它只是二重证据法的一种应用，并不等于其全部。由于地下材料一般没有经过后人的改动、篡改，保持着较为原始的面貌，同时又有相对确定的考古年代，故其作为证据具有较强的证明力和说服力，凭此往往可以判定是非，排疑解难。如王国维《殷卜辞所见先公先王考》一文，即是利用卜辞证明殷代世系，可谓二重证据法之“证明”的典范。受当时风气的影响，疑古派学者往往喜欢怀疑古书为伪，或是将其年代后推，造成了一批冤假错案；而这批冤假错案得以平反，靠的就是地下材料提供的证据。如银雀山竹简《孙子兵法》解决了《齐孙子》和《吴孙子》问题，郭店竹简《老子》推前了《老子》成书年代，等等。

第二种情况下，地下材料与纸上材料指向相反，二者作为证据不是证明而是证伪，王国维称之为“纠正”，近年的出土文献研究中也不乏此例。如《大戴礼记·五帝德》《帝系》记载了以黄帝为始祖的大一统帝王世系，此说被司马迁写进《史记·五帝本纪》，在两千多年的历史上产生深远影响。当年顾颉刚先生从“打破民族出于一元的观念”出发，对这一帝王世系提出怀疑，认为其实是战国以来各族不断融合、各国逐渐趋于统一的大形势的产物。“疆域的统一虽可使用武力，而消弭民族间的恶感，使其能安居于一国之中，则武力便无所施其技。于是有几个聪明人起来，把祖先和神灵的‘横的系统’改成了‘纵的系统’，把甲国的祖算作了乙国的祖的父亲，又把丙国的神算作了甲国的祖的父亲。”① 顾颉刚对五帝世系的怀疑，主要是根据史书中彼此矛盾的记载，而根据近年出土的地下证据也可以对这一世系做出“证伪”。

上博简第二册有《子羔》一篇，记载子羔向孔子询问禹、契、后稷是否是天帝之子，怀疑这三位其实是凡人所生，只不过其父地位卑贱，不为人所知而已。裘锡圭先生据此分析道：“从《子羔》篇可以看出，在此篇写作的时代，作为大一统帝王世系重要组成部分的契和后稷皆为帝喾之子以及禹为颛顼之孙鲧之子等说法尚未兴起……子羔提问时，对禹、契、后稷的出身只说了其父为天帝或为‘贱不足称’的凡人这两种可能，从中也看不到那些说法的痕迹。”“总之，这些说法应该是在进入战国时代以后才兴起的。大一统帝王世系的最后形成当然更晚，大概不会早于战国晚期。”② 裘先生用地下材料检讨大一统帝王世系，可以说正是二重证据法“辨伪”之例，同时说明二重证据法可以成为一种疑古、辨伪的方法，对纸上记载做出审查、纠正。

近年出土的地下材料中虽然有些可以与纸上材料形成对应，说明后

① 顾颉刚《古史辨》第4册《序》，上海古籍出版社1982年版，第5—6页。

② 裘锡圭《新出土先秦文献与古史传说》，载《北京大学中国古文献研究中心集刊》第4辑，北京大学出版社2004年。

者确为先秦古书，但二者相比较，可发现后者经过篡改，有明显“作伪”的痕迹。如《上海博物馆藏楚竹书（四）》中有《内礼》一篇，其内容多与《曾子立孝》等篇有关。除了个别表述外，二者的主要区别是，《内礼》人君人臣、人父人子、人兄人弟相互并举，称“故为人君者，言人之君之不能使其臣者，不与言人之臣之不能事其君者；故为人臣者，言人之臣之不能事其君者，不与言人之君之不能使其臣者……”，《曾子立孝》则略去了“故为人君者……”“故为人父者……”“故为人兄者……”等内容，将竹简中君臣、父子、兄弟间双向的、相互对待的“爱”和义务关系，转变为臣、子、弟下对上片面的职责，“颇有‘为尊者讳’的意涵”。不过，由于《曾子立孝》保留了“故与父言，言畜子……与兄言，言顺弟……与君言，言使臣……”一段文字，仍依稀可以看到前面曾有讨论君、父、兄职责和义务的内容。所以《曾子立孝》“为人君”“为人父”“为人兄”三句应是在后来流传中被删除了，而被删除的原因可能与后来儒家君臣父子关系被绝对化，竹简要求君臣父子互“爱”、互“礼”的观点显得大逆不道、难以被接受有关。[①]《汉书·艺文志》有“《曾子》十八篇。注：名参，孔子弟子”，此书以后失传，但《大戴礼记》中保留有标有“曾子”的文章十篇，分别为《曾子立孝》《曾子立事》《曾子本孝》等。随着竹简《内礼》的出土，学者往往以二重证据法为据，认为《大戴礼记》的“曾子”十篇即来自《汉书·艺文志》的《曾子》十八篇，是可靠的先秦典籍。以往将其视为伪书，打入冷宫是疑古过头的表现。但我们在做出以上结论时，是否也应考虑到现存的“曾子”十篇中可能也存在类似《曾子立孝》这样被删改、作伪的情况？我们在“走出疑古”的同时，是否也应保持一种怀疑的精神，需要对文本做出审慎的批判和检讨？今日一些学者在考订古书时往往只在“不伪”“有渊源”上用心，

---

① 参见拙文《仁与孝——思孟学派的一个诠释向度》，《儒林》2005年第1辑；又见拙作《郭店竹简与思孟学派》，中国人民大学出版社2008年版，第471—472页。

而对其明显违背事实、互相矛盾的内容却有意回避或视而不见，这是否也是矫枉过正，走向了另一个极端？我们不能因为有了某些出土文献的根据，便轻易断言某书是“先秦古籍”或“西汉已有”。毕竟古籍在流传过程中多有散佚、增删，后人窜入者不在少数，这同样是个需要认真对待的问题。二重证据法不应只用来证明，同时也可用来辨伪。

从近年出土的简帛材料看，更多的是第三种情况，即地下材料与纸上材料不是直接的对应关系，但前者可用来补足或补充后者。如《荀子·非十二子》提到子思、孟轲“案往旧造说，谓之五行”，后人对其做了种种推测，但始终不得其解。后来马王堆帛书特别是郭店竹简《五行》篇出土，才知道原来思孟五行是指仁义礼智圣，并且还分为“形于内”的“德之行”和“不形于内”的“行”两种情况。

有学者认为，顾颉刚、王国维二人研究方法的显著差别在于，顾取早期的材料与晚期的材料做比较，从事历时性的观察；王则取同期（或时代最相近）的出土材料与纸上材料做比较，做共时性的互证。[①] 就顾、王二人的研究来说，此说大体可以成立。但需要注意的是，所谓历时性研究与共时性研究并不是截然对立的，从近年的出土文献研究看，也可将出土材料与纸上材料放在一起做历时性考察，通过这种二重证据，以补充或补足历史记载的某一缺环，使我们对某一事件或某一观念有更为全面的认识和了解。例如，郭店竹简补充了孔孟之间的缺环，使我们可以了解儒家思想在这一阶段的发展演变，对“仁内义外”等问题获得全新的认识。

综上所论，从近年的出土文献研究来看，二重证据法的运用已大大超越了王国维的时代，既被用来释古、证明，也被用来疑古、辨伪，同时，地下材料与纸上材料被放在一起做历时性考察，更接近顾颉刚的

---

① 叶国良《二重证据法的省思》，载叶国良、郑吉雄等编《出土文献研究方法论文集·初集》，台湾大学出版中心 2005 年版，第 2—5 页。

“惟穷流变”。其实，如果我们将“不立一真，惟穷流变”理解为“虽有一真，亦有流变”的话，那么，它仍是一有意义的命题。因此，今天我们不应将二重证据法与疑古、辨伪对立起来，而应在对近年出土文献研究成果充分概括、总结的基础上，将二重证据法发展为疑古、释古两派都可以接受的研究方法。而做到这一点，就要对疑古、释古两派的基本理念和研究方法做出综合和调整。

三、二重证据法理论之建构：原型－意义流变说

学术界有一种观点，认为二重证据法仅仅是“细部的考证”，是一种纯粹的实证研究，与理论预设无关，显然是不全面的。从近年的出土文献研究来看，二重证据法决非仅仅是地下材料与纸上材料的简单结合，还存在着“如何证”和“证什么”的问题，存在着一定的理论预设，这种理论预设往往对于两种材料的结合起着十分关键的作用。例如慎独的考证，表面上看，似乎是二重证据法的一个典范，若不是简帛《五行》篇“能为一，然后能为君子，慎其独也”的发现，若不是出土文献与传世文献的结合、比较，人们恐怕还难以纠正“在独处无人注意时，自己的行为也要谨慎不苟”（《辞海》），或“在独处时能谨慎不苟”（《辞源》）的误读。然而仔细分析就会发现，实际情况并非如此。上引慎独材料发现于 20 世纪 70 年代的马王堆帛书《五行》篇，而关于慎独的讨论则是起于 90 年代郭店竹简《五行》出土之后，时间相差了整整二十年。另外，马王堆帛书《五行》有“经”有“说”，关于慎独的几段重要文字，如“独，舍体也”“舍其体而独其心”等，均出现于“说”之中；而郭店竹简《五行》有“经”无“说”，就对于慎独的解读而言，其史料价值远不及帛书。那么，为什么慎独的讨论不是起于二十年前的马王堆帛书，

而是二十年后的郭店竹简？回顾慎独的讨论，可以发现其实际经历了从“不同说”到“相同说”的转变，马王堆时期学者主张“儒书屡言慎独，所指不尽同”[①]，即先秦典籍《五行》与《大学》《中庸》中的慎独内容有所不同；郭店时代学者则提出并非存在“两种不同的慎独，而是在同一个慎独的基本内含下，存在不同的侧重和差别而已”[②]，正是这一理论预设的转变，才引发了人们对慎独问题的关注，纠正了郑玄、朱熹以来的误读，最终使慎独“诚其意”的本意得以呈现。

因此，所谓二重证据法恐怕不只是一种形而下的、技术层面的研究方法，更为重要的则是其背后的理论预设和思想方法。所以同样是地下材料与纸上材料的结合，由于思想观念和理论预设不同，结合的结果也会有很大的不同。从这一点看，王国维与顾颉刚的根本分歧不在于对待地下文献与二重证据的态度，而在于其背后的思想观念和理论方法。毕竟，王国维、顾颉刚的时代出土文献的发现还十分有限，仅限于甲骨、金文以及西域沙海中的汉晋木简等，对于古史研究而言，其作用是相对有限的。而顾颉刚本人也曾对地下文献表现出强烈的兴趣，所以若不是条件的限制，如果有更多地下文献的发现，他也一定会将其运用到自己的研究中，对二重证据法也不会是排斥的。顾、王的根本差异，主要还在于二人不同的历史观和理论方法，在于其“层累说”与“素地说”之不同。顾的“层累说”认为，历史是可以不断被人虚构、伪造的，因此越是早期的历史越是不可信，故对禹这样的传说人物持怀疑态度，宁信其无，不信其有。王的“素地说”则主张，虽然历史可以被人不断发挥，缘饰附会，但不可能无中生有，任意虚构，像禹这样的传说人物可能会被后人赋予了种种神迹，增添了不可信的内容，但禹及其事迹（如治水之类）必有其素地，否则何以解释“一家造谣，正贻别家以口实，何以

① 庞朴《帛书五行篇研究》，济南齐鲁书社 1980 年版，第 33 页。

② 梁涛《郭店竹简与“君子慎独”》，《光明日报》2000 年 9 月 12 日。参见梁涛、斯云龙编《出土文献与君子慎独》，漓江出版社 2012 年版。

别家全闭口无言，默示承认"[①]，何以解释一个时代的人为什么会共同作伪。顾着眼于"破"，故主张"不立一真，惟穷流变"，对古史记载多持怀疑态度。王则着眼于"立"，认为虽有流变，必有一真，"与其打倒什么，不如建立什么"，故主张"古书之未得证明者，不能加以否定，而其已得证明者，不能不加以肯定"。顾持"严格的证据原则"，主张"拿证据来"，尤其是第一时间的原始证据，如要证明禹的存在，就必须拿出禹时的证据，要说明夏商周的历史，就必须拿出夏商周的证据。王则持"非严格的证据原则"，认为没有必要也不可能对古书的全部内容都拿出证据，地下证据往往只能对古书的局部或某一点做出证明，但我们可以由此及彼，由一点推及相类的其他各点，这样便可间接地对古书做出了证明。怀疑精神固然重要，但也应该是有可疑方去疑，至于无可疑之处，"今日虽有未得二重证明者，固未可以完全抹杀也"。

在我看来，不论是顾颉刚的"层累说"，还是王国维的"素地说"，实际都只是道出真理的一个方面，因此有必要取长补短，吸收二者的基本思想和合理内核，发展出更为完善的思想观念和理论学说。我们知道，所谓历史既指历史活动的过程本身，也指后人对历史活动的理解、追述、记忆，即史学。而史学中既有历史活动中的人物事件、时间地点或是流传下来的文本观念等客观性的内容，也有后人对其的认识、理解、评价等主观性因素。一般而言，前者往往是相对客观、稳定的，在历史上有一定的根据——"素地"，后人对其的记忆、追述往往也有相对稳定的结构——"原型"。但另一方面，人们对历史活动的认识、理解、评价往往又是主观、变化的，由于立场、观点或是时代的推移，后人对历史事件、人物活动的评价，或是对某一学说观念的认知又是不断变化的。由于这一变化，人们在对历史活动（人物、事件、观念学说等）的叙述表达中，往往会自觉不自觉地放大增加，掩饰回避，甚至是伪造篡改某些

① 徐旭生《中国古史的传说时代》（增订本），文物出版社1985年版，第24页。

细节、内容，根据自己的理解、愿望和想象对历史做出重新叙述，使其一定程度上出现扭曲、变形，呈现出流动、变化的特征。从史学的这一特征来看，“层累说”显然注意到了其流动、变化，尤其是“放大增加”的一面，却忽略了历史记载中的素地、原型，是片面、不完整的。王国维提出素地说，认为历史不同于神话、传说的地方就在于其有事实的根据，历史研究就是要对这些客观的事实做出辨析和证明，对于层累说而言，无疑是一个补充和完善。但只讲素地不讲流变，同样也有失片面，在研究中往往也会出现只关注事实、素地的证明，而忽视对于历史记载中缘饰附会成分的清理和辨伪。因此，对于今日的古史和出土文献研究来说，不应在要不要疑古上争来争去，也不应简单地将王国维与顾颉刚对立起来，而应在对其得失做出全面、客观的评价、总结的基础上，对二者的所得、所长做出结合。故我认为，对于古史和出土文献研究来说，更为合理的提法应该是“原型－意义流变说”。所谓“原型”是指关于人物、事件、概念学说等相对稳定的叙事结构，而“意义”则是指对人物、事件的认识、评价，或对概念学说的诠释发挥。所谓历史就是不同时代、不同身份的记录者围绕一个基本原型，同时根据不同的意义理解，做出的不同的叙述、表达和解读。这样，历史的记载虽然错综复杂，甚至分歧抵牾，但往往包含着一个相对稳定的叙事结构，有一定的事实根据，而非纯粹虚构编造。因此，“原型－意义流变说”既承认历史记载有反映素地、客观因素的原型，也正视其在传承过程中出现的扭曲和变形，同时对导致这种流变的原因做出可能的说明。在研究中，既注重地下材料与纸上材料之客观性内容的相互结合与证明，也不忽视二重证据的审查、辨伪功能，同时注重“惟穷流变”的历时性考察。从这一点看，后人的“篡改”和“作伪”同样有其史料的价值。下面试以禅让为例解释、说明之。

在传世文献以及地下文献中，均有尧舜禅让的相关记载，但对禅让的态度和理解以及具体细节的描述，又存在较大分歧和差异。如《尚书》

《论语》等文献均肯定尧舜禅让的存在，而同是儒家著作的《孟子》《荀子》则对其表示怀疑；近年出土的郭店简《唐虞之道》、上博《子羔》认为尧舜禅让的目的是“让贤”，是“利天下而弗利”，而古本《竹书纪年》《韩非子》则提出“舜逼尧，禹逼舜”（《韩非子·说疑》），“尧之末年，德衰，为舜所囚”，“舜篡尧位，立丹朱城，俄又夺之”。[①]认为尧舜权力的转让乃是“篡逼”的结果。那么，如何看待纸上材料与地下材料之间包括地下材料之间这种矛盾的记载和说法呢？是否由这种矛盾和对立就可否认尧舜禅让，认为其不过是后人的虚构和想象呢？顾颉刚有《禅让传说起于墨家考》一文，从层累说出发，对尧舜禅让持完全否定的态度，认为“这件故事不到战国时候是绝不会出现的，并且这件故事的创造也绝非儒家所能为的”，向来认为是属于儒家的禅让说其实首倡于墨家，“我们一定要揭去尧舜禹的伪史实，才可以表现出墨家的真精神”。顾先生之所以反对尧舜禅让，主要是发现后世关于尧舜的相关记载往往与尧舜的时代不符，如舜为平民，而春秋以前实行世官制度，鲜有选拔、任用平民之例，到了战国时代，随着原来的阶级制度的基础渐渐动摇，“侯王们就不得不在平民中选拔真才以应时势的需要”。因此，“禅让说对于战国社会是有它的特殊使命的，我们只要抓住这个使命，自然可以明白它的真相和究竟是怎样的了”[②]。其实仔细分析不难发现，历史上有关禅让的记载虽然彼此抵牾，但依然存在着共同的原型：（一）尧舜是古代先后存在的两位天子；（二）尧将权力转让给了舜。以上内容是人们都不否认的，这充分说明尧舜禅让确有其历史根据和素地，绝非某人或某个学派所能虚构的，而只能是当时各家、各派的共同历史记忆。顾颉刚先生认为不可简单拿战国时有关尧舜禅让的材料去理解唐虞时的社会，是合

① 方诗铭、王修龄校注《古本竹书纪年辑证》，上海古籍出版社 2005 年版，第170、159 页。

② 顾颉刚《禅让传说起于墨家考》，见《顾颉刚古史论文集》第 1 册，中华书局 1988 年版，第 363—366 页。

理的；但他将二者截然对立起来，将前者看作后人纯粹的虚构，认为有人说“禅让说是原始共产社会里酋长选举制的反映”，是以假造的故事为史料，①则有失片面。而这正是层累说的局限所在。从层累说出发，时代愈后，传说的古史期愈长，尧舜禹的真实性尚有待证明，怎么可能有关于他们的记载和传说呢？因此，相关材料只可归为虚构和伪造了。与此不同，根据“原型－意义流变说”，历史记载一方面包含了记述者的主观选择、价值倾向，另一方面也直接、间接地反映了部分历史事实。因此，历史研究就要求我们，一方面透过错综复杂的材料去发现其基本原型及所反映的历史素地，另一方面也考察各种记载间的差异、变化，并从意义的角度对这一流变做出分析和说明。具体到禅让，如前面指出的，地下和传世文献均不否定尧舜间的权力转移，说明禅让说确实是有历史根据的，所不同者，只不过是对禅让的原因和细节做了不同的解释和描述而已。而这种不同，又与时代变化以及人们对禅让意义的不同理解有关。孔子虽然肯定尧舜禅让，但并不以禅让为改革社会的方案。而到了战国前期，社会上出现了宣扬禅让的社会思潮，墨、儒、法、纵横等家都大讲禅让，出现了“禅让尚贤”说（墨家）、“禅让贤德”说（儒家）、“禅让辞让”说（纵横家）等不同观点。但随着燕王哙让国（公元前316）失败，身死国亡，当时学者转变了对禅让的看法，不仅儒家内部的孟、荀转变了对禅让的态度，道家、后期法家也对“让天下”进行了讽刺、抨击，甚至提出“禅让篡逼”说。所以，虽然根据民族学、人类学等材料，禅让作为一种历史事件在古代社会曾经普遍存在过，尧舜禅让有其历史素地，但尧舜禅让的“具体面貌”，其所体现的“意义”“价值”却是不断被赋予上去的，历史事件本身与人们对其的认识、评价是既有联系又有区别的。这样通过“原型－意义流变说”，我们不仅发现禅让的原型及

① 顾颉刚《禅让传说起于墨家考》，见《顾颉刚古史论文集》第1册，中华书局1988年版，第363页。

其历史上的素地，同时也考察了禅让学说的流变，以及这种流变背后政治、历史的变迁，后人对于禅让的缘饰附会和意义阐发，正好成为我们了解当时社会思想的重要材料。

从“疑古”走向“正古”

——试论中国古典学的发展方向

郭 沂*

一、释“古”

提起“疑古”“信古”这类概念，其实有许多似是而非的问题需要澄清。例如，这里的“古”字何所指？这个“古”字，并非笼统地指过去的东西，而是指“古史”，而我们所说的“古史”就是指先秦历史。如果进一步追究的话，“古史”又包含两层含义：一是先秦时期的历史过程本身；二是关于先秦历史的记述和阐释，即“古史学”。事实上，我们这里所说的“古”，就是指古史学。

古史学大致包含两个方面的内容：一是古史，二是古书。古史记载于古书。所以，古代典籍是古史学的核心。事实上，“疑古”“信古”所“疑”所“信”的，正是古书及其对古史的记载。在这个意义上，我赞成

* 作者为首尔大学人文学院哲学系教授。

裘锡圭先生提出的用“古典学”来代替“古史学”这个概念[①]，以与狭义历史学意义下的古史学相区别。

然而，先秦以来，每个时期都有其古典学。“古”具体是指哪个时期的古典学呢?

正如李学勤先生所说：“‘信古’一名之生，是由于疑古思潮的兴起，在疑古出现以前并无其说。”[②] 固然，“疑古”的传统可以追之久远。早在战国中期，孟子已经发出“尽信书，不如无书”之叹；东汉的王充，作《书虚》《语增》《艺增》《问孔》《非韩》《刺孟》诸篇，更对群经、诸子所载上古史实多所责难；至唐代的刘知几，干脆将自己的著作命名为《疑古》《惑经》，其矛头所向，直指《尚书》《春秋》孔子。

不过，这些“疑古”都不在我们讨论的范围之内。我们今天所说的“疑古”是有其特殊含义的。在北宋以前，虽然“疑古”的事例不绝于史，但毕竟没有形成一股思潮，而我们现在所关注的，正是作为思潮的“疑古”。下文我们将讨论到，这种作为思潮的“疑古”肇始于北宋庆历年间。因而，庆历之后的古典学自然是不能称作“古”的。换言之，“古”者，庆历以前之传统古典学也。

二、传统古典学之建立

这样一来，问题就变得比较明朗了。既然所“疑”所“信”的是庆历以前之传统古典学，那么就需要对它有一个基本的认识。

中国古典学可谓命途多舛，曾多次出于种种原因遭到致命的破坏。

---

① 裘锡圭《中国古典学重建中应该注意的问题》，《北京大学中国古文献研究中心集刊》第 2 辑，北京燕山出版社 2001 年版。

② 李学勤《走出疑古时代》，辽宁大学出版社 1997 年版，第 343 页。

当然学者们不会任其放失的，他们想方设法进行重建。

春秋以前，有关三代历史的记述，主要保存在《诗》《书》《礼》《乐》等典籍之中。但随着周王室的日益衰微，到孔子的时候，《礼》《乐》荒废了，《诗》《书》也多有散乱缺失。孔子对此深感痛惜，于是论次《诗》《书》，修起《礼》《乐》，阐发《周易》，著述《春秋》。经孔子整理的六经，成为先秦古典学的典范。孔子对夏商周三代历史的重建，是中国历史上第一次具有重要意义的古典学重建活动。

中国历史上第二次大规模的古典学重建活动是西汉对先秦历史的重建。秦火之后，历史典籍丧失殆尽，古典学又有中断的危险。好在汉初废除“挟书律”，广开献书之路，于是涌现出大量先秦典籍。这些典籍，有的来自民间冒险收藏，有的来自学者口传，也有一批来自秦代国家图书馆。当时的历史学家们正是利用这些文献对先秦历史进行重建的。

大致地说，西汉学者重建古典学的途径有以下数端：一是口述古典，如伏生口述《尚书》；二是隶定古文，如孔安国等学者将古文经转写为今文经；三是考证编写古史，如司马迁撰写《史记》；四是校订古籍，如《汉志》所载“至成帝时，以书颇散亡，使谒者陈农求遗书于天下。诏光禄大夫刘向校经传诸子诗赋，步兵校尉任宏校兵书，太史令尹咸校数术，侍医李柱国校方技”；五是文献类编，如大小戴编《礼记》；六是杂记旧闻，如刘向撰《说苑》《新序》等等。

这套古典学，一直为汉魏隋唐时期的学者所遵信。用我们现在的眼光看，这些学者都是信古派。这个时期学术界的主流，就是对西汉传下来的典籍，尤其是对儒家经书进行注释、发挥。其规模之大，范围之广，令人叹为观止。

因而，总的来说，汉唐古典学大致可以分为两个方面：一是对先秦文献与史实的整理和梳理，二是对这些文献和史实的诠释和发挥。其基本方向是对先秦古典学的恢复和发展。

三、疑古思潮对传统古典学的颠覆

至北宋中叶，汉唐传统古典学的两个方面都受到严重质疑。据王应麟《困学纪闻》卷八载：“自汉儒至庆历间，谈经者守故训而不凿。《七经小传》出而稍尚新奇矣；至《三经音义》行，视汉儒之学若土梗。”宋人吴曾《能改斋漫录》亦曰：“庆历以前，多尊章句注疏之学。至刘原甫为《七经小传》，始异诸儒之说。王荆公修经义，盖本于原甫。”这正如李学勤先生所说：“宋儒之学的一般特点，是以义理之学取代汉唐的注疏之学，从而能摆脱注疏的约束，直接考察作为经典的古书，自行裁断。”①

事实上，几乎在同时，人们也开始怀疑汉唐有关先秦文献和史实的传统观点，最典型的是欧阳修《易童子问》针对《易传》成书、作者等问题提出的种种责难，但这并不是当时疑古思潮的主流。

宋代开始的这种疑古思潮，时起时伏，至20世纪二三十年代的古史辨派，算是登峰造极了。1923年，古史辨派领袖顾颉刚先生提出“层累地造成的中国古史”的著名观点。他认为，先秦两汉古书所载古史都是传说，因而他立志推翻这个古史系统，从而还原其传说的本来面貌。

近代的疑古思潮可以看作宋代以来疑古传统的继续，但也有不同。或许可以这样说，宋代疑古思潮有破有立，也就是说，其主流是，一方面打破了汉唐的章句注疏之学，另一方面又在此基础上建立了义理之学，在基本承认汉代学者所建立的古典学的前提下，致力于直接阐释中国早期的思想世界。如果我们说那是对中国早期思想史的重写或重建的话，恐怕也不为过。而近代的疑古思潮则只破不立，其主流是颠覆唐宋之际以前有关先秦文献和史实的成说，基本谈不上古典学的重建，虽然其意图本来也是先破后立。

① 李学勤《走出疑古时代》，第343页。

疑古思潮是否可以看作古史的重建呢？我们先来看顾颉刚先生本人的说法。他在《古史辨》第四册《序》中介绍了他准备编《帝系考》《王制考》《道统考》《经学考》的设想，并指出："这四种，我深信为旧系统下的伪史的中心；倘能作好，我们所要破坏的伪史已再不能支持其寿命。"他将传统古典学称为"伪史"，他的工作就是对这种"伪史"的"破坏"。时人也持相同的看法，如王国维先生批评顾颉刚先生说："与其打倒什么，不如建立什么。"① 当然，如果说古史辨派是对古史的消极重建，是寓立于破中，其破本身就意味着一种立，那么是可以承认的。

四、"二重证据法"与古典学的重建

有意思的是，真正的古典学重建工作几乎与古史辨派的兴起是同步的。1917 年，王国维先生著《殷卜辞中所见先公先王考》一文，使古书中许多被疑古派视为子虚乌有的记载重新得到证实，开始了古典学重建工作。其后，他又在《古史新证》中提出以"地下之新材料"印证"纸上之材料"的"二重证据法"。"二重证据法"一直为学者所遵信，成为其后古典学重建工作的基本原则。

《古史新证》开宗明义，首先阐释了对传统古典学以及"信古""疑古"两种相反学风的态度：

> 研究中国古代史，为最纠纷之问题。上古之事，传说与史实混而不分。史实之中，不免有所缘饰，与传说无异；而传说之中，亦往往有史实之为素地。二者不易区别，此世界各国之所同也，在中国古代

① 顾潮《顾颉刚年谱》，中国社会科学出版社 1993 年版，第 139 页。

已注意此事。孔子曰：“信而好古。”又曰：“君子于其所不知，盖阙如也。”故于夏殷之礼，曰“吾能言之”，杞、宋“不足征也，文献不足故也”。孟子之于古事之可存疑者，则曰“于传有之”；于不足信者，曰“好事者为之”。太史公作《五帝本纪》，取孔子所传《五帝德》及《帝系姓》，而斥不雅训之百家言；于《三代世表》，取《世本》，而斥黄帝以来皆有年数之《谍记》。其术至为谨慎。然好事之徒，世多有之。故《尚书》于古今文外，在汉有张霸之百两篇，在魏晋有伪孔安国之书。百两虽斥于汉，而伪孔书则六朝以降行用，迄于今日。又汲冢所出《竹书纪年》，自夏以来皆有年数，亦《谍记》之流亚。皇甫谧作《帝王世纪》，亦为五帝三王尽加年数，后人乃复取以补太史公书。此“信古”之过也。而“疑古”之过，乃并尧舜禹之人物而亦疑之。其于怀疑之态度及批评之精神，不无可取。然惜于古史材料，未尝为充分之处理也。

可见，一方面，王国维先生对孔子、孟子、司马迁所代表的传统古典学给予了充分的肯定；另一方面，他既反对盲目信古，也反对疑古太过。但从他对传统古典学的态度看，“二重证据法”的基本方向是与疑古派背道而驰的，是对“疑古”的反动。事实上，“二重证据法”指导下的古典学重建，在很大程度上就是恢复业已被疑古派所颠覆的传统古典学，当然在这同时也纠正其中的一些错误。

20世纪50年代以来，随着考古事业的发达，大量考古资料出土。尤其是20世纪70年代临沂银雀山汉简、定县八角廊汉简以及长沙马王堆汉墓帛书的出土，给学术界带来了一次又一次的震动。而20世纪90年代出土的郭店战国楚简和近年公布的上海博物馆藏战国楚简，更把古典学的研究推向一个新的高潮，至今方兴未艾。几乎每一次重大的考古发现，都在不同程度上证伪疑古派的观点，同时也促使古典学重建工作一步步走向深入、扎实。

肇始于20世纪初叶的这种利用出土材料并结合传世文献对传统古典学重新判断工作，正是中国历史上第三次重要的古典学重建活动。如果说前两次古典学重建是古典学因传统文献缺失而遭到破坏，重建的主要途径是修复、整理和阐释传统文献的话，那么第三次是古典学因传统文献被怀疑而遭到破坏，重建的主要途径是以考古材料印证传统文献的可靠性，并在同时纠正和补充一些传统观点，进一步完善古史系统。①

就第三次古典学重建的历史过程而言，我以为王国维先生提出“二重证据法”标志着这股学术思潮的确立，而李学勤先生提出“走出疑古时代”则标志着它已经成为时代的主旋律，也就是说，作为学术主流的疑古思潮已经成为历史。

五、“释古”及其他

事实已经越来越清楚了，上述王国维先生对传统古典学以及“信古”“疑古”的判断是正确的。也就是说，唐宋之际以前的古典学基本上是可靠的，但由于各种主客观条件的限制，这套古典学当然也是有错误和其他缺陷的，甚至所传的古书中也有个别的伪书。因此，全盘相信传统古典学固然是不对的，而根据个别的“伪史”现象去否定整个传统古典学更是错误的。疑古思潮尽管澄清了不少问题，但在这同时却制造了更多的冤假错案。近代疑古派试图全面推翻传统古典学，其基本价值取向是错误的。

基于这种认识，许多学者都想当然地认为，走出“疑古”时代以后，便进入了所谓“释古”时代，并给予“释古”说相当高的评价。这是一个误会。

“释古”这个概念是冯友兰先生提出来的。但学者不察，冯先生对其

① 郭沂《郭店竹简与先秦学术思想》，第19—20页。

"释古"的解释前后是有很大不同的。早在1935年，冯先生就在《中国近年研究史学之新趋势》和《近年史学界对于中国古史之看法》两文中提出并阐述了其"释古"观[①]。他将"信古""疑古""释古"看作史学研究的三个"阶段""三个派别""三个时期，或三个倾向，或是三个看法及态度"。指出：

> "释古"一派，不如信古一派之尽信古书，亦非如疑古一派之全然推翻古代传说。以为古代传说，虽不可尽信，然吾人颇可因之以窥见古代社会一部分之真相。
>
> 吾人须知历史旧说，固未可信，而其"事出有因"，亦不可一概抹杀。若依黑格尔的历史哲学来讲，则"信古""疑古""释古"三种趋势，正代表"正""反""合"之辩证法。即"信古"为"正"，"疑古"为"反"，"释古"为"合"。
>
> "释古"……是与"信古""疑古"两者迥不相同的，同时也是研究史学的态度进步到第三阶段。此种态度似乎是介于"信古"与"疑古"之间，……"释古"便是这两种态度的折中，这种是比较有科学精神的。

从这些论述中可以看出，"信古""疑古""释古"是近代史学"进步"的三个阶段；而"释古"是"信古"和"疑古"的"折中"，是两者的"合"；"信古一派之尽信古书"和"疑古一派之全然推翻古代传说"皆不可取，只有"释古""比较有科学精神"。可见，这种"释古"观还是比较平实的，甚至和王国维先生的"二重证据法"也没有明显的冲突。

然时过境迁，三年后，也就是1938年，冯先生的"释古"观已发生了微妙的变化。具体而言，他的基本立场已倒向了"疑古"。他说：

① 分别刊于1935年5月14日《世界日报》和1935年5月《骨鲠》第62期。

我曾说过，中国现在之史学界有三种趋势，即信古、疑古及释古。就中信古一派，与其说是一种趋势，毋宁说是一种抱残守缺的人的残余势力，大概不久就要消灭；即不消灭，对于中国将来的史学也是没有什么影响的。真正的史学家，对于史料，没有不加以审查而即直信其票面价值的。

疑古一派的人，所作的功夫即是审查史料。释古一派的人所作的工作，即是将史料融会贯通。就整个的史学说，一个历史的完成，必须经过审查史料及融会贯通两个阶段，而且必须到融会贯通的阶段，历史方能完成。但就一个历史家工作说，他尽可只作此两阶段中之任何阶段，或任何阶段中之任何部分。任何一种学问，对于一个人，都是太大了。一个人只能作任何事的一部分。分工合作在任何事须如此。由此观点看，无论疑古释古，都是中国史学所需要的，这其间无所谓孰轻孰重。①

在这里，冯先生只把“信古”、“疑古”和“释古”称作“三种趋势”，已不提三个“阶段”了。在这同时，他对三者的价值及相互关系做了新的判断。首先，冯先生明确表示，它们虽然是依次出现，但不是依次替代的三种史学观，并不是疑古替代了信古，然后释古又替代了疑古。在三者中，只有信古一派“大概不久就要消灭”，而“无论疑古释古，都是中国史学所需要的”。其次，它们也不是一个历史研究过程的三个阶段。既然信古一派“大概不久就要消灭”，这其实已将信古排除到历史研究过程之外了。在冯先生看来，疑古“即是审查史料”，释古“即是将史料融会贯通”，而“一个历史的完成，必须经过审查史料及融会贯通两个阶段”，即只有疑古和释古两个阶段。

总而言之，冯先生已不像过去那样对“信古”和“疑古”各打八十

① 冯友兰《〈古史辨〉第六册序》，见《三松堂学术文集》。

大板，而是彻底否定“信古”的价值，充分肯定“疑古”的地位，甚至把“疑古”提高到和“释古”同等重要的程度，认为“这其间无所谓孰轻孰重”。

不难发现，这种经过重新解释的“释古”是以“疑古”为基础的。换言之，这种“释古”史学观的基本立场仍然是“疑古”，到头来也会导致“疑古”的弊端。事实证明，冯先生的疑古态度比那些正宗的疑古派有过之而无不及。马王堆帛书和郭店楚简的出土已经表明，冯先生有关孔子和《易传》没有关系的见解，有关老子其人其书的看法，以及有关《大学》《中庸》等书时代的判断，等等，都是错误的，其根源我们不能不追究到他的“释古”新说。

其实，“释古”这个概念本身就有问题，它和“信古”“疑古”并不是一个层面上的问题。所谓“信古”和“疑古”，都是对传统古典学可靠性的判断，而从“释古”一词本身则看不出这种判断。当然，冯先生对这个词是做过定义的，“即是将史料融会贯通”。我不禁要问：有哪一种史料研究不是“将史料融会贯通”呢？难道“信古”不是“释”古，不是“将史料融会贯通”？难道“疑古”不是“释”古，不是“将史料融会贯通”？对此，学者已存质疑，兹不赘述[①]。

除了上述的“信古”“疑古”“释古”之外，学者们还提出了“考古”“证古”等说。

“考古”是周予同、杨宽等先生在20世纪30年代归结出来的“信古”等三派之外的另一派，也就是用田野考古的方法去研究古史的学派。时人已经指出，只依靠考古发掘的古史研究是非常有限的。况且“考古”这个概念和“信古”“疑古”也不在一个层面上，它也不包含对传统古典学可靠性判断的意义。

---

① 参见葛兆光《古代中国还有多少奥秘》，《读书》1995年第11期；廖名春《试论冯友兰的释古》，《原道》第6辑，贵州人民出版社2000年版。

“证古”是最近廖名春先生提出来的，是对王国维先生“二重证据法”的理论概括。“二重证据法”无疑代表着正确的古史研究方向，但问题是“证古”是否能够概括“二重证据法”的主要思想。王国维先生在《古史新证》中是这样表述其“二重证据法”的：

> 吾辈生于今日，幸于纸上之材料外，更得地下之新材料。由此种材料，我辈固得据以补正纸上之材料，亦得证明古书之某部分全为实录，即百家不雅驯之言亦不无表示一面之事实。此二重证据法，惟在今日始得为之。

下文他又将“地下之新材料”归为甲骨文字和金文两种，并说：

> 今兹所讲，乃就此二种材料中，可以证明诸书，或补足纠正之者，一一述之。

这里有两层含义。一是根据“地下之新材料”“以补正纸上之材料”。所谓“补正”，王氏已明言，包含“补足”和“纠正”的意思。二是“证明”古书（也就是“纸上之材料”）。所谓“证明”，从积极方面说是“证实”古书，从消极方面说是“证伪”古书。在这里，王国维先生所强调的显然是积极的方面。然而，就字面上看，“证古”一词只有第二层含义“证明”古书或古史，而没有第一层含义“补正”古书或古史。另外，“证古”这个概念也不包含对传统古典学可靠性判断的意义，与“信古”“疑古”性质不同。

六、“正古”要义

那么，到底应该如何对待传统古典学？如何全面地概括“二重证据法”？如何正确地把握中国古典学的研究方向？经过较长一段时间的推敲、琢磨，现在我不揣冒昧，大胆地提出“正古”这个概念与学者共商。

所谓“正古”，就是“修正”传统古典学。“修正”传统古典学，一方面意味着传统古典学基本上是可靠的，只需“修正”；另一方面意味着它也有缺陷，所以需要“修正”。这其实已包含了对传统古典学可靠性判断的意义，因而可以同“信古”“疑古”相提并论。

具体地讲，应该怎样“正古”呢？我大致地归结为“四正”：

一曰“反正”。越来越多的考古材料证明，传统古典学是基本可靠的，不可轻易怀疑，这是前提。《史记》的古史系统可谓传统古典学之骨干，然所载三代世系曾倍受怀疑。王国维先生列举大量甲骨文中的材料得出难以置疑的结论：“《史记》所述商一代世系，以卜辞证之，虽不免小有舛驳，而大致不误，可知《史记》所据之《世本》全为实录。而由殷周世系之确实，因之推想夏后氏世系之确实，此又当然之事也。”[①] 再如，孔子手订六经之事，为汉唐学者所遵信，但后代学者却认为六经之说到了秦汉以后才出现，先秦时期根本就不存在。我们知道，郭店简的出土，已彻底否定了这种怀疑。可见，传统古典学确为古史研究之不可动摇的基石。不幸的是，它已被疑古派彻底歪曲。因而，根据出土文献“证明诸书”，拨乱反正，重新认定传统古典学的正确地位（此取“二重证据法”之“证明”义），乃当务之急。

二曰“纠正”（此取“二重证据法”之“纠正”义）。毋庸讳言，传统古典学的某些方面是不正确的甚至是错误的，需要改正。如王国维先

---

① 王国维《古史新证》。

生证明甲骨文中的王亥为殷之先公先王，并指出《史记·殷本纪》和《三代世表》中的“振”为“核”或“垓”之讹，也就是王亥[①]。又如汉唐学者对思孟五行说的解释有误，当据简帛《五行》篇纠正，等等。

三曰“补正”，即“补”而“正”之（此取“二重证据法”之“补足”义）。汉唐传统古典学也有所缺失，尤其经过秦火，当有大批先秦文献佚失，需要根据出土材料并结合传世文献加以补足。这方面最显著的例子莫过于大家都注意到的郭店简补足了儒学史上孔孟之间的缺环。

四曰“判正”，即“判”而“正”之。汉唐传统古典学的有些方面是不明确的甚至是不准确的，需要进一步评判论定，使得其正。如汉唐学者关于老子其人其书的记载，杂乱抵牾。笔者根据郭店《老子》得出的结论是，《老子》简本出自春秋末年的老聃，今本出自战国中期的太史儋。又如汉唐学者只是笼统地说孔子作《易传》、孔子或子思等作《孝经》、子思作《中庸》。笔者依据“二重证据法”研究的结果是，今本《易传》包括早期《易传》和孔子易说两部分，《孝经》为乐正子春所记孔子和曾子的对话，而《中庸》则包括子思所记孔子言论（原本《中庸》）和子思本人著作两部分[②]。

总的说来，“正古”可以看作王国维先生“二重证据法”的落实和引申。这也正是我所理解的中国古典学的发展方向。

---

① 王国维《殷卜辞中所见先公先王考》，见《观堂集林》。
② 以上皆见郭沂《郭店竹简与先秦学术思想》，上海教育出版社 2001 年版。

出土文献与思想史研究方法论刍议*

曹　峰**

简帛研究成为一门显学，应该是在20世纪90年代末郭店楚简问世之后。20世纪70年代之后虽然有银雀山汉简、马王堆汉墓帛书、睡虎地秦简等重大发现，并受到世界性的注目，但毕竟专注于此的学者少，研究的成果少，对中国学术史造成的影响也小。郭店楚简问世之后，简帛研究已毋庸置疑成为一门国际性的显学，其原因有以下几点：第一，新材料开始源源不断地、层出不穷地涌现出来，和思想史相关者，除郭店楚简外，还有上海博物馆藏战国楚竹书，岳麓书院藏秦简，清华大学藏战国竹简，北京大学藏汉简、秦简等极为珍贵的发现。除郭店楚简已全部发表外，其他均尚未全部问世，或尚未正式公布。为今后长期的研究提供了丰富的资料。第二，新材料的时代跨度更大，书写时代从战国时代一直延伸到汉代，和马王堆帛书等过去的材料相配合，新的简帛资料在时间上构成了比较完整的连续性。而这些简帛资料最初创作的时代或其内容所反映的观念应该更早。而且这些材料有些正好处于传世文献的

* 本文为国家社科基金重大项目“出土简帛文献与古代中国哲学新发现综合研究”（11&2D086）“阶段性成果”。

** 作者为中国人民大学哲学院教授。

缺环，因此意义格外重大。第三，涉及的领域更广。马王堆汉墓帛书堪称汉初百科全书，最近出土的文献同样具有传世文献所不具备的现实感、生动性和复杂性，但时代更早，难以解释的现象也更多见。第四，引发的讨论更多。借助郭店楚简等最新出土文献，加上马王堆帛书等尚未开发穷尽的出土文献资源，使一系列新的、过去无法想象的论题得以成立，如孔孟荀之间的儒学展开、孟学和荀学的源头，老庄之外的道家轨迹、黄老思想的早期面貌、墨家的异端思想、从《易经》到“易传”的传承和谱系，多种多样的宇宙生成论、重视自然之情的人性论，数术方技和阴阳五行思想与社会政治和民众生活的联系，等等。由此而被激活的或引发出来的研究课题有学派判别、经典确认及其文本演变的问题、天人关系论、儒道关系论、齐鲁文化关系论、传世文献价值的再评价，乃至“疑古”和“释古”关系的大讨论，等等。因此，可以说，简帛文献为哲学史思想史拓展了新的线索，为中国古代文明的重新认识提供了革命性的契机，为古典学的新发展带来了千载难逢的机遇。

20 世纪由西方及日本传入的人文科学的理论和方法，使古典学割裂为文史哲三门学科，学者们的研究虽然日益精细，但也出现画地为牢，甚至老死不相往来的弊端。然而，由于材料的不同，参与者的不同，使用方法的不同，简帛研究的研究方法将不同于以往文史哲任何一门学科的研究方法。这不仅将刺激、促进我们反思 20 世纪将文史哲分而治之的不合理性，而且，还完全有可能通过简帛研究使文史哲重新走向合流，成为一门综合的古典学，使中国古代思想的面貌得以比较真实的还原。因此，就古典学而言，说我们已经进入了一个简帛研究的时代，恐不为过。如何以理智的态度和创造性的智慧把握住这次机遇，如何在各个重要研究领域中实现重要突破，是我们面临的时代课题，由此必然会引发一系列方法论的讨论。郭店楚简发现之后，学界喊出了“出土文献即将改写思想史”的口号，这个口号虽然激动人心，但表达的其实是一种心情和愿望，并不具备多少方法论的意义。同样，出土文献的大量问世，也使王国维提出的“二重证据法”名噪一时，似乎有了“二重证据法”就可以战无不胜，可以解决一切问题，其实，这样的思维也过于简单，同样没有多少方法论的价值。笔者在《出土文献能够改写思想史吗》一文中，讨论了出土文献发现的偶然性、研究过程的复杂性、出土文献自身的不确定性、不完整性，及其“二重证据法”适用范围的局限性，探讨了传世文献和出土文献的关系，探讨了出土文献改写思想史的前提条件[①]。上述问题固然值得讨论，但揭露出来的许多依然是表层的现象。随着重大发现后的兴奋之情逐渐转变为研究展开后的冷静之心，面对出土文献的复杂性和问题的多样性，我们需要更多、更深入的思考。出土文献的问世可以改变一些过去的结论，这当然有意义，但如果仅仅满足结论的改变，而不借此探讨过去的经验方法乃至错误发生的原因，就很有可能会导致各种失误的继续发生。

就研究现状而言，作为一名利用简帛资料从事思想史研究的学者，我认为问题比较集中于以下三个方面：第一，如何使用证据和展开推论的问题；第二，如何看待学派的问题；第三，如何把握文字、文献研究和思想史研究之间的关系问题。这三个方面是影响今后研究开展的比较重要的问题，如果说我们的最终目标在于探索、反思古典学研究的方法和模式，为古典学今后的发展提供可能的思路，那我们就无法回避这些问题。对此，我不可能做出全面完整的解答，只想就第一个问题比较集中地提出自己的若干思考，引起大家的重视和讨论。

① 曹峰《出土文献能够改写思想史吗》，《文史哲》2007年5期。后经修改扩充，改题为《价值与局限：思想史视野下的出土文献研究》，发表于《中国哲学与文化》第6辑，广西师范大学出版社2009年版。

一、"疑古"与反"疑古"、"默证"和反"默证"

第一个问题，和"疑古"与反"疑古"、"默证"和反"默证"的讨论有关，因此必须放在整个20世纪学术史的大背景下去思考①。这个问题也可以归结为出土文献大量问世之后引发的对于古史辨派的学术反思，本文无法对此做出全面的回顾和总结。在此，我要论及的主要是证据和推论的问题，这方面针对古史辨派的批判集中于对古史古书的怀疑是否过猛以及是否使用了"默证"。实验科学的特征是以客观的立场、严苛的目光、精确的测量手段对待学术研究的对象，因此怀疑是正常的科学的态度，并不能因为怀疑导致个别结论的失误而对怀疑本身予以否定。关键在于"过猛"，也就是说，当中国处于"亡国危机"和"现代化焦虑"的背景下时，"疑古"不再是一种理性的态度，而转变为以"疑古"代表进步、以"信古"代表保守的感性的态度②。因为"疑古"标志着对于封建的制度、价值及其历史构建的否定。这里，对于事实的怀疑悄然让位于对于价值的批判，因此，这种"疑古"其实已不具备科学的精神，在这样的前提下，王国维、傅斯年等人看似偏向"信古"的态度，反而显得更为理性一些。可能因为20世纪的历史洪流就是民族国家的自强与进步，因此，在很长一段时间里由否定传统的"疑古"派来代表学术的正统和方向，也是可以理解的。相反，反"疑古"则无法形成强大的势力。20世纪末，本来属于学术问题的"走出疑古"之所以能够得到响应，蔚然成风，除了出土文献提供的材料有助于推翻"疑古"派的一些结论外，也和中国需要通过构建悠久而可靠的历史，以强化民族自信、提高文明

① 有关讨论可参文史哲编辑部编《"疑古"与"走出疑古"》，商务印书馆2010年版。

② 这方面的事实可参见王汎森《价值与事实的分离？——民国的新史学及其批评者》，《中国近代思想与学术的系谱》（台北联经出版事业有限公司2003年版）。

地位的明确目标有关。因此，无论是“疑古”，还是反“疑古”，无论是“疑古过猛”，还是“信古过甚”，其实都不完全是学术的问题，而和时代的脉动相关联。

再来看“默证”和反“默证”的问题。20世纪早期学者张荫麟对顾颉刚所代表的疑古派研究方法提出批评，认为他最大的缺陷在于滥用“默证”，张荫麟《评近人对中国古史之讨论》一文针对顾颉刚“层累说”中“涉及尧舜禹事绩者”，从三个部分提出批评，第一部分为“根本方法之谬误”，他说：“凡欲证明某时代无某某历史观念，贵能指出其时代中有与此历史观念相反之证据。若因某书或今存某时代之书无某史事之称述，遂断定某时代无此观念，此种方法谓之‘默证’。默证之应用及其适用之限度，西方史家早有定论。”他指出，顾颉刚论证几乎全用“默证”且“十九皆违反其适用之限度”[①]。应该说张荫麟的见解有其合理之处，但利用“默证”之不合理作为证据反对古史辨派的研究方法，在20世纪大多数时间并无形成强大的潮流。以《老子》的成书为例，除顾颉刚外，那个时代的著名学者，中国如梁启超、钱穆、冯友兰，国外如武内义雄、葛瑞翰也都得出相似的结论，把《老子》的成书置于《庄子》之后，或者说秦以后。以“默证”为主要理由，对顾颉刚及其古史辨派展开的强大批判，来自于出土文献大量出现后的今天，尤其是郭店楚简《老子》三个本子问世之后，因为简帛资料证明了疑古派的一些结论不成立或部分不成立，从而促进学者们反思“默证”滥用造成的后果。因此，由“默证”方法推导出的种种结论，也被打上了问号，常常成为批判的对象。

应该说“默证”和反“默证”的讨论，比起“疑古”及“走出疑古”的讨论，更具有学术的意义和方法论的意义。如前所述，“默证”不是一

① 张荫麟：《评近人对中国古史之讨论》，《古史辨》第二册，海南出版社2005年版，第199—220页。

种合理的方法。其弊端在于把看不到的等同于不存在的，因此有武断之嫌。然而，这么一个浅显的道理，为什么20世纪那么多大家没有看到，或者无视，要等到20世纪末才广为接受呢？反言之，是不是驳倒了“默证”法，今后就万事大吉了呢？恐怕没有这么简单，在我看来，“默证”处理的其实是有和无、存在与不存在这样一些非此即彼的、事实层面的问题。在这个层面，如果没有明确的证据，与其信其“有”，不如暂且信其“无”，也是一种谨慎的态度。而思想史文献的研究，要分析的层面，远非有和无、存在与不存在这么简单，“思想史研究更为关注的是文本形态、人物形象、时代话题、创作意图，材料选择、诠释方法，注意探索意识、观念、概念、框架的流变，重在寻找这一思想现象与那一思想现象之间、特定思想现象与特定历史现象之间的逻辑关系”①。如果借用日本学者的话来说，这里有“文本批判”和“思想研究”②或者说“低等批判”和“高等批判”③两个层面。如果说“默证”研究法更多面对的是“文本批判”，面对的是文献自身的语言、构造等问题。那么在“思想研究”或“高等批判”的层面，不可能仅由“默证”研究法发挥作用。相反，当《老子》文本的出现比一些疑古学者想象的要早通过出土文献的发现成为一个事实之后，所有的批判都归结为事实的问题，相应的“思想研究”或“高等批判”的结果也随之一同成为批判或怀疑的对象。这样做的话，就很容易走向另外一种极端，即随意地将“无”视为“有”，既忽视实证性材料的重要性，也忽视“思想研究”或“高等批判”的重要性，无视

---

① 《价值与局限：思想史视野下的出土文献研究》，《中国哲学与文化》第6辑广西师范大学出版社2009年版。

② 赤冢忠曾对狩野直喜的学问做过以下评价。“其研究方法是‘文本批判’和‘思想研究’并举，在文本批判中，他提倡训诂、校勘的重要性，在思想研究中，他提倡“历史的研究”“比较的研究”之重要性。……狩野博士最早倡导了成为中国学的中国思想研究，并为其规定了发展方向。”见赤冢忠：《思想概论》之“序论”，《赤冢忠著作集》第二卷，研文社1987年版，第517页。

③ “低等批判”和“高等批判”的说法其实源自欧洲，是《圣经》研究中常用的词汇。

思想史资料的复杂性，不加分析地相信古书的记载，轻易地将出土数据视为信史，而鼓励大胆立说，这必然导致另外一场新的灾难。

事实上，很少有学者会表明自己有绝对的倾向，例如过度“疑古”和“信古”，不顾一切地使用“默证”，或者走向反面，宁可信其“有”，而不信其“无”。那么，如果说出土文献促使我们发现过去的研究方法中存在着的问题，而这种问题又不是简单地依靠反“疑古”、反“默证”就能解决。我们就有必要从其他的角度去考虑。

在笔者看来，无论是“疑古”或“走出疑古”，使用“默证”或反对使用“默证”，其实背后的思维方式具有一致性，也就是说这两种思路都处于20世纪进化主义立场和实证主义研究法的延长线上，如果我们只是简单地做出肯定与否定，从一个极端走向另外一个极端，并不有利于古典学今后的重生和发展。

二、进化主义和实证主义

20世纪流行的思维方式是进化主义和实证主义。进化主义认为一切复杂的现象之间有着必然之联系，一种现象是另外一种现象的必然反应，人类历史是一个由简单向复杂、由低级向高级不断演进的过程，而且这个过程有规律可循，这样的规律有主次之分，有发展的方向，有系统的线索，有明确的轨迹。因此批判历史、怀疑过去成为基本的态度，学者的任务就在于找出人类思想演进过程中背后的线索和规律。无论是马克思主义还是非马克思主义，其实都具有这样的特征。20世纪的史学（包括文学史、哲学史）其实无不如此，都喜欢构建大的体系，形成清楚的线索和明确的结论。

再来看实证主义。前文提到，20世纪由西方及日本传入的人文科学的理论和方法，使古典学割裂为文史哲三门学科，指导这三门学科展开研究的基本思路就是科学思维名义下的实证主义。实证主义基本上是一种实验科学方法，其特征是理性、怀疑、假说、线性思维、实验手段。实证主义重视绝对的证据，表现为对证据的绝对服从。在绝对的证据没有出现之前，一切研究过程及其结论，全部都是推论。在证据面前，过去的结论被推翻并不代表方法的失败。从这样一个角度看，实证主义研究方法其实和“疑古”“默证”不相矛盾，表现为材料第一、证据第一，“不见棺材不落泪”。与现代法律审判制度非常相似，那就是即便某人果然有罪，但在没有出示确凿的证据前，依然无法为之定罪。因此，反“默证”者遵循的其实也是证据第一的原则，两者在思维方式上并无两样。

无论是进化主义还是实证主义，都是人类思维发展的产物，有其必然性、合理性。然而，这样一种看似科学的思维方式，如果应用于复杂的思想史现象，并做简单化的处里，却未必能够导出合理的结论。仍以《老子》之年代和作者之考证为例，郭店竹简本《老子》出土后，显示出钱穆和葛瑞翰等人的结论有误，刘笑敢进而分析了他们的考据方法，就以“思想线索”为根据的考证而言，他得出了以下的结论：“思想发展的复杂性和多向性不能简化为一种单向直线发展的可能性。任何一种思想发展线索都不足以作文献考证的根据。任何考证都要回答可能的反证的挑战，讨论相反的可能性，不考虑反证和相反可能性的考证是不可靠的。”就以“默证”为根据的考证方法而言，他得出了以下的结论：“怀疑的根据不等于建立新理论的根据。……不能根据我们现代人所能得到的有限的古籍，就断定古代某书、某人、某事在某时一定不存在，或断定没有足够旁证的历史记载一定错误。建立在‘没有某书某事’（即‘默证’）基础上的猜想是不足以作为考据方法的。”就以合理猜测为基础的考证而言，他得出了以下的结论：“古籍的流传或遗失的情况可能相当复杂，不可能是按照现代人的逻辑发生的。因此按照现代人的逻辑推断古代发生的事情，正确或准确的机会极小，而且越是具体的假设，错误的可能性越高。"[①] 笔者赞同刘笑敢的结论，但同时想指出的是，这几种思维方式，其实都是进化主义及实证主义被简单化运用的产物。而其中最为突出的弊端是第一条，我们可以称之为直线型或单向型思维，这样的思维固然建立在假设、推理和考据之上，并以系统、演进为其特征，但致力于把各种各样的思想现象编织到同一根线索之上，认为现象与现象之间有着必然的因果关系，后一种思想现象一定是对前一种思想现象的继承或批判，通过分析思想现象的前后关系，所有的观念、命题、人物、书籍都可以排列出清晰的先后顺序、提炼出纯粹的形态，并最终得出具有唯一性的结论。越是大家，其编织的技巧也就越精致。这种精心编织出来的、反映出人类思想演进的模型其实是一种典型的哲学史思维和研究法，材料是为观点准备的，或观点的取舍是由材料量化来决定的。过去当我们没有面对出土文献时，可以心安理得地把这套科学名义下的智力游戏玩下去。然后现在却发现，出土文献所展现的多元性、复杂性，使这套思想模型出现了漏洞，使智力游戏无法沿用原来的规则。我们看到的更多是思想的现象，而不是人为总结出来的哲学的脉络。例如，在过去的《老子》研究中，"道"的概念一般认为有一个由简单、粗糙、低级向复杂、精细、综合演变的过程，因此，具有高度抽象性质和包容性的《老子》的"道"就必然是后起的。《老子》文本形成的过程被描述为与儒道相争的历史相伴随，因为时代的变迁和人物的思想一定是联动的，那么，显示出严重儒道对立的《老子》之书也一定是晚出的。现在，郭店楚简《老子》的出现，不仅仅改变的是某个结论，即《老子》早出还是晚出，而是提醒我们必须重新省思推理和论证之方法的局限。

---

① 刘笑敢《出土简帛对文献考据学的启示：以〈老子〉考证为例的探讨》，此文后分两次发表，见《出土简帛对文献考据方法启示（之一）：反思三种考据方法的推论前提》，《中国哲学与文化》第六辑，广西师范大学出版社 2010 年版；《出土简帛对文献考据方法启示（之二）——文献析读、证据比较及文本演变》，《中国哲学史》2010 年第 2 期。

三、其它的问题

人类思想常常呈现出不可思议的图景。举一个不太恰当的例子，蜜蜂采集花粉的目的在于获取食物，但却在无意间传播了花粉，而后者的意义更大。利玛窦来中国的目的是传播天主教，但直到他去世，明朝的天主教信徒也不过数千人，但他所展示的西方科学技术却对中国人产生了巨大的影响。为了报告他在中国传教的情况，他向欧洲寄回了大量的信件，这些信件所阐述的那些具有普世意义的价值却给西方的启蒙思想提供了重要的思想资源。因此，在思想史中，类似这种目的与手段倒置的现象是十分常见的，这构成了思想史的复杂而真实的面貌。由假设先行、逻辑推导、材料填补、实证完成的思维模式如果只能展示一种合理的想象，形成一根清晰的线索，那么这根线索其实很容易被出土文献所给出的事实所折断。如刘笑敢所言，“思想前后之发展有顺承者，有逆反者；有由浅入深者，亦有前深而后浅者；有徘徊于边缘者，亦有异峰突起者，无法归结为单一发展的线索。而所谓单一发展的线索，不过是一时、一地以及一些人的见解和总结，未必能据之以断定某种观点和概念之先后”[①]。因此出土文献给予思想史研究方法论的意义在于：第一，使我们反思过去进化主义加实证主义背景下研究方式的弊端。第二，使哲学史进一步还原为思想史，这也是笔者前面所说的使文史哲重新归结为古典学。或许有人会说，这样的研究将无法把握本质和线索，将使思想变得碎片化，但与其得到的是沦为智力游戏的对所谓本质、线索和整体追求，不如暂时放弃之。或者如刘笑敢所言，“任何考证都要回答可能的反证的挑战，讨论相反的可能性，不考虑反证和相反可能性的考证是不可

---

① 刘笑敢《出土简帛对文献考据方法启示（之一）：反思三种考据方法的推论前提》，《中国哲学与文化》第六辑，第 30 页。

靠的”，“进行文献考据应该尽可能寻找客观的新证据，在没有压倒性的可靠的新证据的情况下，应该认真比较不同观点之证据的强弱和可靠程度，必要时应该多闻阙疑，避免将过度的猜测当作考据的方法”[①]。在无法确认证据可靠性的前提下，关于证据强弱的讨论的确更加稳妥和更具理性，在我们今后的研究中，尤其应该大力培养这一意识，从而特别注意论据的客观性、结论的有效性、反证的可能性、把握的分寸感，以及对多元结论的宽容心、对正确结论出现的耐心、对大体系大构建之危险性的警惕心。换言之，这是在中国思想史现象中常常既无法证“有”又无法证“无”的情况下，我们该如何合理把握的问题。

通过对以往学者错误的分析，我们可以得出的教训，并不是从此可以不再怀疑传世文献，改为大胆信从传世文献了，而是要比以前更为小心地处理各种文献（包括出土和传世），不轻易地设定结论，不迷信一种方法。因此，“《齐孙子》哪里去了？子思子确有著作吗？《庄子》为何不提老子？”这的确是更好的提问方式，而不是谁在前，谁在后，哪个存在，哪个不存在，谁批判了谁，在“信”与“不信”之间、在“疑”和“不疑”之间把握自己的立场，就避免了必须证“有”证“无”的尴尬，从而能够真正应对中国古代文献与思想的复杂性。

总之，思想史的研究必然需要面对空白的部分，学者必然需要寻求各种方法填补空白，有的时候使用的是证据，有的时候使用的是推理，如果我们不把思想史看作一幅统一的、不变的图案，那么就应该允许多种填补法或者织补法，而不是倒过来，用一种方法去压制多种方法。出土文献的涌现，使问题更加复杂化，使单线演进论失去了发挥的舞台，使过去创造的思想模型失去了意义，我们现在反而无法给予读者像过去那样的明确答案，然而这却是正常的现象。

这里，再简单地讨论一下第二和第三个问题，这两个问题显然和第

---

① 刘笑敢《出土简帛对文献考据学的启示：以〈老子〉考证为例的探讨》。

一个问题有密切的关系。第二个问题涉及“学派”的使用限度。大量出土的简帛文献使我们看到了当时思想交融、多元共生的面貌，思想倾向没有想象的那么明确和强烈，文献的作者和时代出现了难以辨析的模糊景象。这些迹象固然使过去的线索、模型失去了意义，使我们更强烈地感受到，先秦没有明确的“六家”概念，没有明确的门派意识。然而，如果为此而有意识地、彻底地放弃“学派”等概念的使用，则又是走向了极端。作为一种分析、归类的手段，“学派”等概念依然具有工具性的意义。如果说今天打破过去的“学派”认识是为了复原思想史的本来面目，那么，有效地使用“学派”概念又是为了更好地区别梳理各种不同的思想倾向。因此笔者以为，“学派”概念不是是否使用的问题，而是如何使用的问题。

第三个问题，涉及如何把握文字、文献研究和思想史研究之间的关系。这其实也是“文本研究”和“思想研究”、“低等批判”和“高等批判”的关系问题。在目前的出土文献领域，以文字文献研究为主的学者和以思想研究为主的学者间的隔阂似乎在扩大，这可能与过去自视甚高的“思想研究”“高等批判”得出的结论受到出土文献的冲击有关。实证主义方法在文字、文献研究领域依然是不可动摇的“金律”，在思想研究领域，其有效性却正受到怀疑。虽然从理论上讲，思想史研究者尊重、消化文字文献研究者的成果，文字文献研究者理解、吸收思想史研究者的立场观念，相互融通，取长补短，是促使这门学科今后健康发展的重大问题，这两方面都不可偏废。但显然文字文献研究处于上游，而处于下游的思想史研究者更需要充分尊重、消化文字文献研究者的成果。同时努力避免在这个材料使用和研究方法上主观性都非常强烈的研究领域，实证主义的研究方法被太多的主观性左右。例如，过去有一段时间，很流行利用郭店楚简中“心”字偏旁文字大量存在的事实，来讨论儒家心性论是否盛行的问题。其实这种讨论非常牵强，因为这主要是一种语言文字的使用倾向，未必与思想之间有必然关系，而且郭店楚简《老子》

的文字也大量使用心旁，我们又如何证明皆是儒者所为？如果充分了解文字文献研究领域的成果，就不会出现这种比较幼稚的推理行为。文史哲的充分融合、古典学的真正确立，正建立在这两大领域的水乳交融之上。就目前而言，有待思想史研究者做出更多的反省。

叙述与诠释：出土文献研究之反省[*]

林启屏[**]

一、前言

自20世纪以来，许多出土文献的发掘与出现，给中国古代学术之研究带来了重大的影响。这一影响所及，不仅对古文字学领域的发展有着高度的积极性作用，也给古代历史与学术思想之研究带来重大的冲击效应。因此，许多学者对于这个新的发展，抱持着高度乐观的心情，并期待经由这些“新材料”的运用，可以解决“秦火”所产生的学术断层的

---

* 本文为台湾“行政院国家科学委员会”专题计划“叙述、诠释与定位：出土文献研究的三个面向”之部分成果，计划编号：（NSC99-2410-H-004-186）。该成果于2011年10月宣读于中国人民大学国学院所举办之“机遇与挑战：思想史视野下的出土文献”，并经刘笑敢教授同意修改后提交2012年6月27—30日香港中文大学的“简帛文献对思想史研究的方法论启示”工作坊讨论。

** 作者为台湾政治大学中文系教授。

遗憾。[①] 此一理想的冀盼，在经过文本的深入清理与研究之后，的确解释了许多过去难解的问题，例如荀子所谓的“思孟五行”的说法，便由于《五行》的出土，开启了重新的理解与诠释之可能，使我们对于先秦儒家思想的发展有了进一步的认识。[②] 不过，在这些乐观的发展进程中，这些材料所带来的“诠释”问题，其实也是不少。毕竟任何的“文字材料”只要是能产生意义之释读，都必然会产生与“语言”相关的“诠释”问题，我们无法回避。而这些“诠释”问题的产生，就不得不注意到“作者”、“作品”（文本）、“读者”（诠释者）之间的复杂关系。是以，当我们乐观地面对出土文献研究的新局面时，存在我们心中的一件事，便是应当注意此一诠释过程所可能会产生的问题，如此方能更为适切地运用这些“新材料”，并得出“新诠释”。因此，本文将从两个方面切入，分析“叙述者”的视野对于史实观点的不同，及其可能的意义。另外，本文亦将讨论“诠释观点”的产出与学术流派关系，并检讨其间的方法意识问题。

---

① “秦火焚书”此一历史事件，对于中国古代学术发展所带来的影响，其实是相当地深远。今日我们之所以会对先秦思想研究，产生许多的断层，大抵与这个关键事件有着密切的关系。详细论述，请参拙著《从古典到正典：中国古代儒学意识之形成》，台大出版中心，2007 年，《第九章儒学的第一次挫折：以“秦火焚书”为讨论中心》，第 342—360 页。

② 有关思孟五行之说的研究，向来为荀子研究上的问题。因为，《非十二子》对于此说的批评，相当严厉。然而，我们又无法从孟子的相关言论之中，找到类似“金木水火土”的说法，而传统“仁义礼智信”之解，也让我们无法明白有何“僻违而无类”“幽隐而无说”“闭约而无解”之处。因此，形成解释上的难题。可是，当《五行》篇一出，这个问题便迎刃而解了。因为，在这篇出土文献之中，指出“仁义礼智圣”才是“五行”，而且此中蕴含“人之道”与“天之道”的问题。所以，对于强调“天人相分”立场的荀子而言，是有些难以接受的。详细论述，请参黄俊杰：〈荀子对孟子的批判——“思孟五行说”新解〉，收入《孟学思想史论》卷二，“中央研究院”中国文哲研究所，1997 年，第 106—108 页。

二、叙述、动机与立场

“文献”的基本构成元素是“语言文字”，是以任何文本的完成与理解，都不可能离开“语言文字”的创作释读过程。不过，值得注意的是，在这个运用语言文字的表达过程中，“书写者”的视野，其实容易影响文本的走向，尤其在强调“叙事”的内容上，此种书写者的“叙述”视角，通常隐含着其对于叙写对象的价值判断，而此类价值判断则透过文字隙缝的安排，代入了书写者的动机。是以，解读文献的背后心理动机，当是正确掌握其价值判断立场的根据，而要完成此一任务，释读虽或可以从其他相关文字来加以证成，但有时缺乏此类佐证的文献时，释读者便须从文献的“叙述”视角，才有可能适切地解读文字隙缝中的书写者动机与立场了。然而，此处我们却需厘清几个用语上的缴绕，此即“叙述”、“叙事”与“描写”。因为，这几个相关却应当有所区隔的概念，将不断地出现在后面的讨论中，因此，进行厘清的工作有其必要。蔡英俊曾于一篇讨论《左传》叙述的文章中指出：[①]

> 简单说，“叙述”这个语词或可用来指称一般以“小说”作为代表的一种文类概念，也可以用来泛指包括神话、民间故事、传奇、自传或传记、历史以及心理分析等以呈现“事件”或讲述“故事”为主的书写方式。至于“叙事”与“描写”这两个语词或概念，则用以指称包含在“叙述”活动中两种不同的行文或书写特质；“叙事”的重点在于强调对事件进行的刻画，而“描写”则强调了对于人物的特质或状态的呈现。

① 蔡英俊《“叙述”界义——兼论叙述、叙事与描写》，刊于：《清华中文学报》第五期（2011年6月），第3页。

蔡英俊的这个区别清楚地说明了“叙述”的意涵较广，可以是文类的概念，也可能是一种呈现或书写方式。至于“叙事”与“描写”则包含于“叙述”之中的两个面向，其中“叙事”主要与事件相关，“描写”则涉及人物。由于本文所要清理的问题，与事件的叙事相关，但其营造出的氛围又与人物的描写相涉，因此，“叙事”与“描写”的分析有时会紧密地结合在一起。不过，在这些事件的叙事与人物的描写中，一段历史记录的书写，未必只有一种书写方向。从以往具体历史事实的书写经验来看，同一件史实的书写，有时在不同书写者的笔下，其最后结果的评价有时反而呈现出相反的立场。是以，进行叙述文本的分析时，如何梳理这些评价不同或记录有异的历史，反而是一件相当重要的事。因此，本文认为研究叙述文本的书写，除了具体史实的铺陈等文字上的问题外，或许书写者背后的目的与动机，更值得注意。

当代学者王靖宇便曾指出：[①]

> 叙事文可说是具有连贯性和先后顺序的事件记录。叙事文的结构中有两个因素是必不可少的。首先，被叙述的事件必须具有先后顺序，如果不是这样，那就成了单纯的描述而不是叙事。其次，仅仅是一系列事件本身，而不能保证必然构成叙事文。也就是说，这些事件必须以某种方式结合起来，使得读者想要读下去，想要知道以后会发生什么：某个人物或某种状况将如何变化，冲突是否将解决，怎样解决，等等。换句话说，叙事文一连串的事件必须导致或能够导致某种结果，而事件的连贯性正是由读者对此结果的期望和渴求所构成。

王靖宇在此表达了叙事书写的阅读效果，并某种意义点出了“读者”参与文本叙述的“心理”期待。事实上，他的这段话除了“读者”的“心

① 请见王靖宇《中国叙事文的特性——方法论初探》，收入：王氏著：《中国早期叙事文论集》，台北：“中央研究院”中国文哲研究所，1999 年，第 4 页。

理”期待之外，“作者”安排这一连串的时间系列之事件的用心，恐怕更值得我们分析。毕竟，读者虽可能为一“逆溯作家”，可是引导结果方向的安排，仍然掌握在书写者的手上。是故，这些具有先后顺序发展的一连串相关叙述的真正立场，便是释读活动的关键之一。当然，不同书写者记录相同之史实，可以相同，也可以不同，此时书写者所占的角色，就更显得重要了。

关于这个问题，高辛勇在处理叙事文本的“动机”时，或许提供了一个可参考的方向。他指出汤玛谢夫斯基提出“动机”当为观察中国传统小说与现代小说特性的入手。他说：①

> 西方人初读中国小说时，常会觉得其结构松弛、情节散漫，或事件缺乏“统一”性。这个问题可以从“故事动机”的观念来了解。汤氏将叙事“动机”归纳为三项：“故事动机”、“写实动机”与“美感（或艺术）动机”。也就是说，叙事文材料的选择与情节安排、技法的采用等等，可以用这三种理由来解释。其实在这三种理由或动机之外，我们还可加上“题旨”动机（亦即载道或说教意图）。中国小说通常偏重“事实动机”与“题旨动机”。……“题旨动机”可以追溯到“列传”中以人物品性或“属性”为分类的类传（如“游侠”、“刺客”、“酷吏”等与“列女传”的品性、性格分类），以及先秦诸子中的“寓言”（故事的目的在于解说显明某个观念）。

高辛勇的这个观察饶有趣味，不过，我认为强调“题旨动机”的做法，在先秦时代应当是相当普遍的方式，尤其当叙述的内容涉及“对象”与“事件”时，古老的书写习惯不会只是在进行一种“客观事实”的描述而已。他们会运用“意在言外”的方式，委婉地表达自己的看法。而有意

① 高辛勇《形名学与叙事理论：结构主义的小说分析法》，联经出版事业公司，1987年，第47—48页。

思的是，在这些所谓“事实”的语言文字描述背后，常常隐含有“价值判断”于其间。换句话说，书写者所选择的“对象”“时间”“事件”，甚至先后顺序之安排，大抵会配合其设定的“价值判断”之立场，进行铺排，而非只是依照“客观”“自然”的样态，来加以叙写。事实上，这种写作的习惯在中国古代史家的笔下，的确是一种经常看到的书写传统。黄俊杰甚至在考索儒家的历史叙述时，指出“道德学与政治学”的背后目的，恐怕才是儒家历史叙述的真相。所以，“古”与“今”的关系不会是为历史而历史的客观书写，相反地，以“古”讽“今”的道德式书写，才是撰史者真正的用心。[①] 这个说法，相当鲜明地突出古代儒者的历史观，也点出了古代中国史家某些作史、述史的立场。而这些目的与立场，若从“叙述”的角度来看，便是类似高辛勇所说的“题旨动机”的部分。因此，当我们对古代文献进行分析时，这个视角便是研究者不可忽略的部分。以之来检视今日的出土文献之研究，我认为有其值得思考的地方，应当加以说明。底下便以《姑成家父》与《左传》、《国语》的叙写，作为分析的例子。

李隆献曾于其一篇讨论《姑成家父》的论文，指出先秦对于历史叙事书写的一项特点，他认为古代文献的载述之差异，“实际上正展示了传统历史叙事的特色：以史为鉴的道德意识与伦理价值的强调 / 追求，明显影响叙事要素的安排；同一事件以不同模式 / 立场论述，即传达出不同的德行意涵与核心关怀。先秦文献——不论传本或简本——呈现出中国传统历史叙事的各种样态，且涵容极为开放的诠释空间，而‘历史’在各种立场 / 观点的论述中，各自展现了不同面貌的‘真实’”。[②] 李隆献的论述点出了“何谓历史真实？”这个问题，同时也说明了叙事书写过程可能存

---

① 请参黄俊杰《儒家论述中的历史叙述与普遍理则〉，收入黄氏编《中国经典诠释传统（一）通论篇》，喜马拉雅研究发展基金会，2001 年，第 405 页。

② 李隆献《先秦傳本 / 简本敘事举隅——以“三郤之亡”为例》，《台大中文学報》第 32 期（2010 年 6 月），第 75 页。

在着“相对性”之现象。因为，这些对于“事件”书写视角的产生，必然会联系到“书写主体”的历史意识与世界观，而在书写者的历史意识与世界观下，所显现出来的历史事实，便容易带有书写者的主观认识了。并且，值得注意的是，此时所凸显的历史活动，将会在“意义”与“价值判断”的层面产生差异，而非是由于历史的客观行动或事实有了什么重大的不同。所以，同一件历史事件的记载，不同的书写者当会有差异诠释之可能。以此来检视《姑成家父》与《左传》《国语》的记录，正好可以说明上述现象。

《姑成家父》所记载的历史，主要是涉及晋国郄氏家族与厉公及其他权臣之间的斗争。相关古代文献有《左传》《国语》《姑成家父》三篇。这三篇的记录互有详略，李隆献曾仔细比对分析三篇之描述，并依其特点说明了：①

> 《上博》载“三郄之亡”主要站在同情郄氏的立场，学者早已论及；简文中“为士宪，行政迅强”“躬与士处官，旦夕治之，使有君臣之节”“三郄中立，以正上下之过”等对郄氏明显的称美，更是《左》《国》所无。简文中苦成家父的言论——响应栾书之言、与郄锜讨论是否出兵——得到最多篇幅的记述，充分凸显其尽忠为公形象。简末载“三郄既亡，公家乃弱，栾书弑厉公”，显然呼应开篇三郄之忠于国家与栾书之阴谋作难，而以晋厉滥杀忠臣、终遭弑死总结全篇的教训。如此则《上博》仍有其独特的叙事意涵，与《左》《国》均不尽相同；《晋语六》以君臣不知修德为诫；它《语》则多举此事以明“旧怨”之可畏；《左传》站在纵观史事的制高点，检讨三郄之亡，诸卿争权与晋国国势的浮沈升降；《上博》则着力于描写苦成家父的为公/国尽力，与晋厉昏庸、不察忠奸的悲惨后果，想传达的似乎是人主须体察臣下之

① 李隆献《先秦传本/简本叙事举隅——以“三郄之亡”为例》,《台大中文学报》, 第73页。

衷，分辨忠奸善恶，勿轻信谗言的警戒意涵。

基本上，李隆献在上述的分析，其实已经相当详细且清楚地说明了三份文献在同一事件书写上的差异及其可能意义。本文在具体文献的分析上，接受其论析结果。但本文所关注的问题焦点在于：叙述动机下的题旨之方向，与“历史事实”之间的关系，从而指出古代叙事中的价值判断之立场，进而说明“历史意识”之本质。因此，底下将朝这个方向聚焦，以彰明研究出土文献与传世文献时的一个重点。

从出土文献与传世文献出发，我们不难看到这场晋国君臣权力斗争的大概。其中，构成这场权力斗争大戏的主要元素，包含晋厉公、郄氏家族、其他群臣，甚至连外族白狄，也在这场历史舞台上，占了一定的位置，进而成为事件的元素之一。因此，在客观历史的事实部分，我们大致可以确定上述所指的几个元素是客观存在的事实。此外，在这些共有的元素外，政治斗争的失败者皆指向三郄，亦是一共有的“事实”。因此，几位共同的人物元素，配合一场权力斗争的事件的展开，便构成了这场足堪警诫的历史大剧。从上述这个事件的梗概来看，三郄遭忌，厉公与群臣共谋除郄氏，郄氏灭族，厉公被篡，大致是先后的发展序列脉络。但是，值得我们进一步指出的是，不同的书写者对于此次事件的叙述视角，却有明显之不同。其中，最为明显的差异，主要是在于人物叙写时的评价取向。以《姑成家父》为例，郄犨（姑成家父，或苦成家父）的形象与传世文献大不相同，简文云：[1]

苦成家父事厉公，为士宪，行政迅强，以见恶于厉公。厉公无道，虐于白狄。白狄反之。苦成家父以其族三郄征白狄，不使反。躬与士处

① 周凤五《上博五《姑成家父》重编新释》，《台大中文学报》第25期，2006年12月，第19页。

官，旦夕治之，使有君〔简1〕臣之节。三郄中立，以正下上之过，强于公家。……〔简6〕

由此可见简文对于郄犫的描述是采取正面评价的笔法，是以此一权力斗争的本质，主要是凸显出无道之君及谗臣与贤能之臣间的矛盾冲突。然而，如同许多学者指出的事实，在《左传》与《国语》的记载中，郄犫根本是一无德者，不仅收贿，又妄自尊大，且权力欲望甚重，所以郄氏家族的覆灭，实来自其家族成员问题。除此之外，在《姑成家父》中被描述为野心阴谋家的栾书，在《左传》与《国语》之中，则有其正面之叙写。[①] 因此，存在于两组文本之间的共有事件，却是有着分裂书写的现象。关于这一点，其实相当有意思。李隆献对于如此分裂的叙述书写，主要是从开放诠释乃至多元书写的角度，说明其中之意义。[②] 当然，我并不反对这些文本的差异现象，可以反映上述之意义。但我更关心的是，处在开始以“人”为本位思考的先秦时代，他们处理“时间经验”的立场，究竟反映了什么样的思维？而这些思维倾向，又当为今日的古典研究带来什么样的启示？

诚如前文所述，“题旨动机”是先秦文本书写时的书写者心理状态之活动，这种题旨动机普遍地存在于许多文献的书写脉络中，尤其当“言在此”而“意在彼”时，这种心理状态的影响就愈发显得重要。然而，构成这些心理状态之活动，且得以成为书写的背后依据，则隐隐然指向一个特殊的思维倾向，那就是“存在”与“价值”具有合一关系的思维模式上。这个将“存在”与“价值”相结合，以观万事万物的方式，突出了先秦时人的思考习惯，也进一步影响中国文化发展的方向。因此，

① 详细讨论请参李隆献：《先秦传本 / 简本叙事举隅——以“三郄之亡”为例》，《台大中文学报》，第59—62页。

② 请参李隆献《先秦传本 / 简本叙事举隅——以“三郄之亡”为例》，《台大中文学报》，第63—74页。

当今日我们面对出土文献的研究时，不得不注意这个时人思考问题的起点。换句话说，先秦的思想家看待世界的进路，并不是一种纯粹的“客观”视角，而是以“价值判断”的眼光，来作为理解一切人事物的基础。而且，“理解”的过程是如此，“书写叙述”的过程亦复如是！职是之故，我们在处理出土文献与传世文献的诠释时，便应对于这个“存在”与“价值”相结合”的动机、立场，或视野，要特加留心。其实，更进一步地讲，“时间经验”本来就是一种自然的经验过程，是人们客观真实的存在感受，但是，先秦时代的人们却从时间的经验过程中，发现到足堪“教训”的意涵。也就是说，先秦的人们敏锐地注意到客观存在的世界，并非只是客观存在的姿态，其存在的自然性质，常常是遥指“规范”的价值意涵。是以，当孔子慨叹“天何言哉！”时，语言文字的事业便只是揭露此一意旨的手段之一罢了。于是，自然山川也好，时间经历也罢，客观存在的一切，当展开其价值判断的姿态，进而与诠释者形成意义共舞的现象。此时，阅读自然、阅读历史，都成为成就“自我生命”的过程，而生命也就不能只是一种“自然”的自我存在状态，其“完成”自亦不是依时间序列，如线性般自然地完成。相反地，自我生命的完成，必然有待价值意识的完成，方可谓之为“成人”。此即是中国古代书写文献的基本动机与立场！

以此来检视《姑成家父》与《左传》《国语》之差异叙述，我们实可注意到书写者纵然有着立场的不同，如用力批判郤氏家族或着眼于栾书之权谋、厉公之无道，这些“不同的”书写者却都能抱持着一个共同的高度视野，那就是如李隆献所言的“以史为鉴”的道德教训立场，或是黄俊杰所说的历史叙述即是“道德学与政治学”。这实是相当重要的一点，只有厘清这一点，我们才不至于陷入哪一份文献的记载合乎客观历史，哪一份文献为他人伪作之类的无解问题。而且，也只有从这一点出发，书写者的动机、立场才得以显豁。我们也才更能进一步了解先秦文本的文字叙述，有时不宜仅以“语言”层面的语意建构为满足，其背后所彰显的价值判断，方能深刻表现古人的世界观。是以，今日从事出土文献之研究，当掌握此一叙事视角的特质，方能更适切地理解古代的历史活动之意义。

三、诠释、信念与学派

对于先秦思想史的研究来说，“学派”的问题绝对是一个极为吸引人的课题。当然，我们也知道将先秦思想进行家派之区分，虽然可以上推至战国时期，但真正形成体系的区隔，则要等到汉代对于先秦图书的整理经验丰富之后，“学派”的区分方显得更臻稳固。不过，今日习以为常的学派之区分，在战国时期毕竟仍在发展之中，因此，我们对于先秦思想家分派时，其实常会有界限模糊的问题。也就是说，当我们将课题焦点集中在先秦思想的“学派”时，我们必须先意识到在先秦时期，这些学派的区分，仍然是属于不稳定的状态。否则，如果硬是将后来的“学派”模式套上古代研究，有时反而会影响先秦思想研究的动态性。因此，关注此种学派不稳定状态之发展，对于欣喜于新出土文献将改写古代思想史的我们，应当是极具意义的一件事！

事实上，由于新出土文献所带来的影响，许多学者在进行研究时，为出土文献“定位”常是论述的焦点所在。尤其是在历经秦火之后，许多典籍残缺，一旦有了新的文献材料，大家急切地想要将这些文献进行流派的归属，以便补苴这段空白的思想史，当属可以理解。然而，诚如上述，“学派”的概念在先秦思想家的心中，是否已经那么固定而牢不可破？恐仍有讨论空间。因此，过分乐观地为出土文献“定位”，有时反而会为先秦的思想研究带来更多的问题。其实，“学派”的认定经常会涉及这些学术社群在“观点”的诠释上，是否有其相同或相似之处，才会将之归为同一学派。当然，从历史发展的实然面向来看，“观点”是否相近有时未必是成为“学派”分类的的依据。例如，依地名、创建者为命名分派之基础，所在多有。[①] 但是，本文认为今日进行学术研究的目的，常是厘清各自主张之内涵，并分辨其中之异同，因此，如果不是从“观点”入手，则相关之讨论未必能为理论的深度之拓展，带来积极性之影响。是以，以下之讨论将以理论系统的“概念”为重心。

其实，更进一步地讲，要将随机出现的文献及观点进行分类，从而确认其与某些思想家或学派，可以视为同一学派，则其中标准之建立，以及要如何进行此一思路的展开，实是一件不易的工作，因为其中存在着许多可讨论的空间。例如，是采取相当传统学案式的做法，从师承交友的角度入手？[②] 或是，回归文本进行学术用语的比对？或是，更进一步从理论的“核心信念”入手，企图建构其主张中的系统关系？[③] 或是，从宏观角度着眼，为其理论之方向定位，进而确认“世界观”的不同，即是学派差异的关键？[④] 凡此种种论说，大抵上，也仍有争论的

① 请参李锐《新出简帛的学术探讨》，北京师范大学出版社，2010 年，第 78—83 页。

② 事实上，师承交友的关系是否当为一合宜的“学派”分类之判准，其实有许多讨论空间。我们可能从师学习了许多知识、理论、立场与态度，但是未必会全盘接受，甚至采取不同立场者，亦所在多有。如韩非与李斯学于荀子，可是，二子被归入法家，荀子仍被视为在儒家门庭之内。这当然与他们的学说取向有关。所以，处理“学派”问题，我认为从理论之概念入手，或许还是一个较为合适的作法。

③ 相关说法，请参：W. V. Quine & J. S. Ullian, *The Web of Belief*（New York：Random House Inc，1970），pp. 66—80 .

④ 劳思光曾分析不同的主体境界，带有不同的世界观。事实上，这个说法对于先秦学派的差异，的确也起了清晰区隔的作用。是以，如果我们要对先秦学派进行讨论，这样的切入点，或许也是一个值得注意的方向。他说：“儒言化成之义，佛作舍离之说，老子则由近乎舍离之‘虚静’境界转出一支配义。盖主体性本意味‘主体自由’，儒学就事以实现理，化成中透露健动不息之自由；佛教教义则发般若以撤消万有，舍离中透露静敛无漏之自由；老子则由观‘反’，而驻于近乎舍离之境界；其所透出之主体自由虽亦近乎静敛，但反射经验界中，欲生出一支配经验界之力量。”请参：劳思光：《新编中国哲学史（一）》《第四章 道家学说》，三民书局，2005 年，第 232 页。

余地。而且，如果我们不能在这些层面做更为细致的处理，则快意地为出土文献归属学派，有时反而是成为问题的制造者。我在此文的分析切入点，主要是认为可以运用“核心信念”的方式，来讨论“学派”的问题。关于运用“核心信念”（basic belief）于学派之讨论，我主要是从奎因（W.V.Quine）处理知识形态之区隔时所采的做法，受到启发。基本上，奎因认为知识由一连串的信念（belief）所构成，他称这些组合而成的信念为“信念之网”（the web of belief）。同一信念之网所构成之知识，主要由“核心信念”为轴，辐射为一张知识之网络。但如果“核心信念”不同，则不管其相关主张有多少之类近，亦将视为不同的“信念之网”，于是，知识形态乃产生差异，其“学派”之归属，自亦不同。当然，“核心信念”之所以为“核心信念”，奎因认为应当符合几个标准：“保守主义”（conservatism）、“素朴”（modesty）、“简单”（simplicity）、“普遍性”（generality）、“否证”（refutability）。能符合这几个标准，方有成为“核心信念”之资格，而这就是一个知识形态产生的基础。

奎因的这个说法，对于解释“学派”是否成立，有其细密的论证效果，因此，我借用此说以为论述学派的起点。[①] 而且，更值得注意的是，“核心信念”虽有上述的判准，作为其自我证成之基础，但是，这些证成的标准不能是一种孤立的概念事实，而应当是在理论的脉络中，或是系统中，能够产生决定性的作用，进而有了清楚的“概念角色”的发挥之发挥，我们才能确认其“核心信念”之正当性。其实，更深刻地说，由于“核心信念”的“概念角色”必须在脉络或系统中发生作用，是以，每一个具有不同“概念角色”的“核心信念”，即使所用之概念字眼相同，如“道”“德”“性”“气”“一”等，我们也都应当将其划分为不同

① 请参：W. V. Quine & J. S. Ullian，*The Web of Belief*，pp. 66—80。本文以下会用到“核心信念”“概念”二词，基本上，这些词看似不一，其实所指相同，只不过因其脉络不同而有不同之使用。如“核心信念”的运用系针对理论系统而言，“概念”的使用系由命题关系的角度而发。

“学派”。毕竟，构成一个学派的重点，应该是从其学说的具体主张入手，我们才可以清楚地区别出学说间的不同形态。这一点最容易指出的例子，便是儒、道二家思想，都对“道”的概念，持着尊崇的立场，并有许多的论述，但由于“道”的“概念角色”在其各自的脉络或系统中，有着不同的作用及内涵，因此，二家俱言“道”，然而此“道”非彼“道”，解释者是不会混同的。

此处，我运用“概念角色”来处理“核心信念”的做法，主要是受到近代科学哲学之发展的启发。因为，当孔恩（Thomas Kuhn）为其“科学革命”之说进行辨析时，他提出了“不可共量性”（incommensurable）一词来处理学说“典范”（paradigm）不同，但描述与指涉客观世界之用语却相同情形下，我们如何看待指涉用语相同一事之方式。基本上，孔恩曾说：①

> 但除了宇宙构造的主张外，典范间仍有许多差异，因典范不仅是科学家观察自然的根据，它也是科学研究的根据。典范是一个成熟的科学社群在某一时间内所接纳的研究方法、问题的领域及标准答案的源头活水。因此，接纳新典范往往引起重新定义该科学的必要。有些老问题会移交给他种科学去研究，或者这些老问题会被认为是完全“不属于科学”领域的问题。以前不存在的或被当作无足轻重的问题，随着新典范的出现，可能会成为导致重大的科学成就的基本问题。当问题改变后，分辨科学答案、玄学臆测、文字游戏或数学游戏的标准经常也会改变。科学革命之后的新的常态科学传统，与先前的传统不但在逻辑上互不兼容，而且两者经常实际上不能以某一客观尺度来衡量（incommensurable）。

① 孔恩（Thomas Kuhn）著，王道还编译《科学革命的结构》，允晨文化实业股份有限公司，1985年，《第九章 科学革命的本质及其必要性》，第174—175页。

孔恩在这里提出了“不可共量性”一词，正是表明了新旧典范之间的研究对象虽然看似同一件事，所用以解释对象的“概念”用语，也可以是沿用前一个典范的习惯，但却必须重新加以定义。因为，当典范改变之后，解释者的理解“图式”（schema）自然随之不同，此时所用之概念，或许一仍其旧，可是意义当已不同，所指涉之对象，恐怕也已经不太一样。因此，两个典范之间的概念，无法用同一尺度来衡量。[①]以此来看，许多古代的思想家虽然都运用了相同的“概念”，进行其理论之建构，但是，因其于理论脉络中所起的“概念角色”各有不同，因此，我们不能率意地将复杂的思想现象，打并归一。我们更应注意到每一个“核心信念”虽然有其可能意义，但当其于理论脉络中产生作用时，是否已经造成新的命题关系，进而成为一套新的理论，从而构成“新”的学派。[②]以下，便试以《凡物流形》的思想归趋为例，讨论“学派”的相关问题，并进一步指出“诠释”方法在出土文献研究过程中，应注意的相关事项。

在出土的文献之中，《凡物流形》所引发的讨论是相当有意思的一篇文字。整理者曹锦炎认为本篇“包括自然界和人世间，亦即自然和社会

① 当然，孔恩的这个说法，受到后来学者的许多批评，其中来自普南（H.Putnam）一系语言学家即针对“不可共量性”之下，“观念角色”（此词本人改以“概念角色”，借以统一全文之使用）似乎预设了一个完全不同世界的立场，提出不同之看法。他们认为即使两套理论的所共享的“概念”各有其因脉络差异而来之不同意义，但进行论辩时，我们仍应设定此一概念当有一些共同的“本质性意义”。相关讨论，请参：傅大为对于《科学革命的结构》一书中译本所写之《导言》。孔恩（Thomas Kuhn）著，王道还编译：《科学革命的结构》，第 17—20 页。

② 黄光国引用 Stephen Toulmin 的观点，认为在科学演化而非科学革命的角度下，此时概念间的关系却是较为松散的，故其间的不可共量应当是在于命题系统中，而非概念之间。其云：“科学概念应当先于命题。科学概念植根于实际的科学活动之中，和科学活动的具体技艺、程序、和工具，以及学科的目标和方法紧密联接，它可以说是一种微型的制度或惯例，能够为命题系统提供基础，不过概念与概念之间的内部关系却较为松弛。由于理论中的命题构成严密的逻辑系统，但概念组织并不构成严密的系统；因此，在不同的理论间，命题系统是不可通约的但概念却是可以通约的。”请参黄光国《儒家关系主义的理论建构及其方法论基础》，刊于《教育与社会研究》第二期（2001 年 6 月），第 12—13 页。

的相关问题”[①]。这是相当正确的观察。因为从甲本与乙本的文字来看，的确触及这两端的议题，而且本篇在文章体裁的表现上，由于呈现出许多诘问的书写模式，是以整理者乃认为本篇文献与《楚辞·天问》相类，故归入为楚辞类作品。不过，单从文章体裁便归为《楚辞》类之作品，显然并没有获得学界的进一步支持。因为许多学者注意到本篇文字所表现出的思想倾向，恐应将其视为具有“哲学性”内涵的文献，方才适当。[②]王中江便指出《凡物流形》所论之“道”“一”“物”“圣人”等概念，主要是处理：[③]

> 宇宙的生成、自然的起源，并围绕“一”这个范畴而建立起了宇宙生成论、自然哲学和政治原理，而“一”正是黄老学的核心范畴。“执一”“守一”“执道”是黄老学对最高统治者圣人的教导，不同于儒家主要教导圣人以“德”，法家主要教导明主以“法”。战国时期的黄老学是一个立足于道家而融合了名、法甚至儒的综合性学派，乃至秦汉出现了以道家为主的高度综合性哲学作品《吕氏春秋》和《淮南子》。《凡物流形》还没有将法家的“法”同“道”、“一”结合起来，但其中已将“心”与“一”、“君”和“圣人”结合了起来，同《管子》四篇的“心术论”有很高的类似性。另外，它是否融入了儒家“礼”的思想，还是一个疑问。

---

① 请见马承源主编《上海博物馆藏战国楚竹书（七）》，上海古籍出版社，2008年，第221页。

② 关于《凡物流形》的文献归属，整理者所着眼的地方，主要是从其诘问的方式，与诘问之内容有类《天问》，故作如是之判断。不过，随着研究的成果增多，学者们更注意到本篇文字中的“哲学性概念”的重要性，如“一”“道”“物”等。其实，如何适切地为古代文献进行归类并不是一件容易的事，但由于本篇文献所带有的讯息相当丰富尤其是关乎哲学性概念的讨论，因此，不要将其视为《天问》一类之作品，而让其进入古代思想史脉络之中，或许会是一个比较合适的做法。

③ 王中江《〈凡物流形〉的宇宙观、自然观和政治哲学——围绕“一”而展开的探究并兼及学派归属》，《哲学研究》2009年06期，第58页。

王中江在这段的分析中，抓住了一个非常重要的论述主轴，那便是：要判定一份文献的思想家派之依据，必须从该文献的“核心信念”入手。是以，他据以为分析的立足点，即在于《凡物流形》的“一”之论述。并且，很清楚地指出《凡物流形》的“一”与道家或黄老学的“一”，有着既同又异的关系。同的地方在于皆指万物之根源，异之处则是《凡物流形》之“一”，由于是“咀之有味，嗅（之有臭），鼓之有声，近之可见，操之可操，握之则失，败之则槁，贼之则灭”，故而此“一”，当可为感官知觉所经验，是以跟道家或黄老学采取否定感知之立场，实不相同。[①] 当然，如同上述，王中江也看到《凡物流形》的宇宙生成模式，虽有同于道家黄老者，然其差异处亦相当明显，可是却仍然将之视为“战国中早期的黄老学作品”，这便说明了王中江认为诠释古代的思想流派未可拘泥于“名”之有无，而须看重其“实”之有无。[②] 若从本文的分析来看，即是“一”的核心信念之“实”，当为其论据聚焦之所在。

事实上，将《凡物流形》视为黄老一派的作品的主张，应当是目前解释的主流。曹峰对于《凡物流形》的研究相当全面，他从浅野裕一的两份文献立场出发，[③] 检讨了《凡物流形》是否可以分作两部分文献所组成的说法，又从《逸周书·周祝解》之根本性提问，点出其思想间的类似性，再进而以“心不胜心”之分析，说明《管子》四篇的“养心”“得道”之说作为思想先导之可能，最后点出“道”（或“一”）的论述焦点，

---

① 王中江《〈凡物流形〉的宇宙观、自然观和政治哲学——围绕“一”而展开的探究并兼及学派归属》，《哲学研究》，第 49—50 页。

② 王中江《〈凡物流形〉的宇宙观、自然观和政治哲学——围绕“一”而展开的探究并兼及学派归属》，《哲学研究》，第 58 页。

③ 浅野裕一认为《凡物流形》由《问物》与《识一》两份不相干的文献所组成，曹峰虽同意《凡物流形》可以分作两部分来看，但不赞成二者是不相干的文献。详细论证请参曹峰：《楚地出土文献与先秦思想研究》（台北：台湾书房出版有限公司，2010 年），《第九章 从〈逸周书·周祝解〉看〈凡物流形〉的思想结构》，第 156—157 页。

实与道家有着思想上的家族类似性。[①]可是，曹峰也敏锐地注意到，《凡物流形》未必只有聚焦于“道”的论述而已，其侧重所在当即是：[②]

> 得道之后，无往而不利的一面。就是说，外王之道显然要多于内圣之道，这显然是在迎合统治者的政治需要，因此《凡物流形》的政治目的极强，“百物不失”“知天下”“治邦家”“并天下而担之”“并天下而治之”才是《凡物流形》的卖点所在。

曹峰的这个观察相当重要！因为，《凡物流形》虽与其他先秦旧籍所论之议题，或提问的文章体式，有其相近之处，但本篇文献毕竟在传世文献中未见。因此，其上下文属性、书写方式，乃至思想归趋，自易成为待解决问题。其实，也正是这个“未定”的身份，《凡物流形》所包含的内容，也就更具有意义。我们知道《凡物流形》既然不见于今本的传世文献之中，那么这篇文献就未被汉代的学术家派分类所收编，于是，在本篇所出现的许多说法，当可突破原有学术史的框架，展现一种“开放性”的可能。缘此之故，我们不难看见《凡物流形》的“诠释”与“分类”，虽然未必要完全摆脱自汉以来的学术分类框架，但却提供了重新“诠释”的机会。如同王中江的诠释策略，曹峰将《凡物流形》的思想主轴与“道”（或“一”）联结时，传统黄老学的印象，必然浮现。这其实是无法避免的事！尤其是当我们区分家派的方式是以“核心信念”为轴时，上述的做法，应当是极为正确的一种方式。当然，这样的态度其实也预设了一个“开放”的“真实”（reality）之立场。也就是说，汉代分类原则下的“学派”内涵，是环绕在汉代学术概念家族标

① 详细讨论请参曹峰《楚地出土文献与先秦思想研究》，《第十章〈凡物流形〉“心不胜心”章疏证》，第164—175页。

② 请参曹峰《楚地出土文献与先秦思想研究》，《第十一章 上博楚简〈凡物流形〉的文本结构与思想特征》，第196页。

准下的一种做法，而且在此一概念家族之下，存在着由概念所构成的真实性，一旦这些概念之间所建构的系统关系瓦解，则由此而来的“真实”（reality），亦将随之改变。是以，每一次当建构者或解释者（学者）对于文献或学派中的“概念”，进行不同的连结与解释，甚而形成一种新的“命题”（proposition）关系时，则建构者背后所预想的“真实”，可能是有所不同了。这个时候我们面临了两套不同的判准，对应着两个不同的“真实”之世界。于是，“学派”的诠释者如果进行了“新”的概念内涵之解释，或是建构了“新”的概念群之关系，便已是产生了“新”的真实之理解。举例言之，我曾于另文中指出，《凡物流形》的思想主轴确实可以从“一”的概念之中，进行讨论。但此“一”是否只能从黄老学的立场着眼呢？我认为也许也有讨论的余地，如，《凡物流形》云：①

> 闻之曰：识道，坐不下席，端冕，箸不与事，先知四海，至听千里，达见百里。是故圣人居于其所，邦家之。视于天下，审于国。坐而思之，谋于千里；起而用之，陈于四海。

又云：

> 心不胜心，大乱乃作。心如能胜心，是谓小彻。……能寡言乎？能一乎？
>
> 夫此之谓小成。百姓之所贵，唯君；君之所贵，唯心；心之所贵，唯一。

这两段文献的解释，看似吻合黄老学的思想特征，并且暂以“一”为核

① 本文所据之释文，主要参考李锐《〈凡物流形〉释文新编（稿）》，以及林义正于2011年9月24日在简帛读书会所做之报告中的释文，特此说明。下一引文不再列出处。

心信念或可接受。但是，如果从《荀子·解蔽》的“虚壹而静”之后的“大清明之心”的观点来看，则《凡物流形》的思想归趋，或许与荀子一系的儒家传统，也有相当亲密的思想家族关系。[①] 于是，我们从这当中可以发现“一”的解释，若配合于“心”之后，其可能产生的命题关系，将有两种以上之可能。而且，当我们将其安置于某一系统脉络之中，“一”的内涵将随之改变，此一概念背后所指涉的“真实”，亦有了不同，因而构成儒学与黄老学的理论差异。更进一步地说，这两种可能性的解释，共同分享了同一“核心信念”，可是在命题系统的关系中，却有了变化。于是，“一”所起的概念角色，及其与文本的其他命题系统，在典范式的架构下，形成一种不同而不可通约的理论方向，“学派”的差异，于焉形成。

然而，检讨上述的做法，却有一个必须思考的方法论问题产生。因为，当我们运用“核心信念”作为学说类型的分判基准时，我们的思维背后实蕴含着一个“整体论”的走向。我们会认为一个完整的学说，必然从其“核心信念”到“命题”，乃至“系统”之间的逻辑关系是“一致的”(coherent)。即使其中存有“断裂”状况，我们也会预设这个主张之间不会有矛盾。而更进一步的状况，便是运用现成已有的诠释“模式”(此时我们暂时将“理论形态”，视为一种“模式”)，来为新出现但可能未完整的学说，进行“概念缝补”的工作。事实上，这种研究方式本来就是在进行古代研究时，经常可见的做法。本无所谓好坏，但却须注意研究对象的“待决定”部分，是否经诠释之后，能使研究对象更加清晰，或更加立体化，则为研究者必须注意的事。此外，如前所述，“核心信

① 当然，历来对于荀子的“虚壹而静”之讨论，有许多学者认为是受到黄老学说之影响，才会有如此之论点。不过，我以为荀子的思想本底当为儒家，其思想之资源或有来自于其他之说的影响。然而，一旦吸收之后，这些观点便已进入另一个新的解释系统中，于是所有的概念，亦将在新的命题系统之间，形成新的理论。请参拙著：《中国古代天人思想与《凡物流形》》，宣读于 2011 年 12 月由韩国东洋哲学会主办之“出土文献和中国古代思想”国际学术研讨会。

念”的选择应当有其标准，而学者们运用“一”或“道”作为论述《凡物流形》的“核心信念”，其正当性与合法性又何在，似乎是一个值得再进一步分析的问题。

再者，以《凡物流形》来说，正是有许多“待决定”的部分，而且其思想内涵的理解，有时单靠其原有的文献脉络，又无法完全无误地认定。因此，对于这样的研究对象，如果产生各类解释之可能，实无须讶异了。其实，李锐在这篇的文献研究上，其态度便与王中江及曹峰有异，他在与邬可晶讨论简序问题时，便曾提出：①

> 顺便说一句，在过去的竹简编联调整工作中，不少学者提出了很多创见。这些创见有一些无疑是对的，有一些看似文句通顺，但是却与简制不兼容，或者所作假设，立论前提难以解释，这样的编联意见恐怕还需要进一步讨论。

这段发言虽是讨论简序问题，但其实与我们进行出土文献的学派归属密切相关。因为，当我们在处理学派的归属时，我们所面对的对象常是不易加以归类的文献，若不是在某些关键概念的论述上文献残缺，便是连关键的概念的论述都不是有系统地呈现。因此，不得不建立许多的“假设”来弥补这些概念之间的缝隙。一旦以“假设”作为论证的起点，则错误或不当的区分，便无法排除其产生的可能性。事实上，李锐的这种处理的态度，不仅表现在“简序”的问题上，在学派归属的讨论，亦可见到一些端倪。他曾指出：②

> 简文许多话与《老子》《文子》《庄子》《吕氏春秋》《管子》中《内业》《白心》《心术》上下诸篇，以及马王堆帛书《经法》诸篇，《淮

① 李锐《〈凡物流形〉甲乙本简序再论》，孔子2000网，2009年1月10日。
② 李锐《〈凡物流形〉释文新编（稿）》，孔子2000网，2008年12月31日。

南子》等接近（当然，某些地方也或小有区别），而其他传世文献中也多有可供参考者。因为先秦时期未必有所谓道家，所以本篇简文并不能算作道家的作品。简文引格言有与孔子语相近者（亦有近于王充《论衡》所谓儒者之言者），当亦非必出于儒家。其具体的学派属性，目前尚难以断定。由其论一，不难看出这是在谈论当时的“公言”；由其以“闻之曰”连缀全篇，可以看出这是一个取材广泛的思想作品。

李锐在这里清楚地表明《凡物流形》内容上杂糅各家的可能性，尤其所论乃当时之“公言”，故许多家派都有发言的情况下，我们并不容易对此篇文献的学派性质做出判断。如斯之做法，正是想要避免因过多的概念“假设”，造成对于客观真实的学术事实的过度诠释。李锐的此一立场，也明显不同于上述王、曹两位学者之处理方式。

基本上，前述两种处理《凡物流形》学派归属的做法，正好凸显出我们在出土文献研究上的难题。诚如前文所述，判定是否为同一个学派的判准，透过“核心信念”的分解，我们的确可以在众多纷杂的材料中，辨识出具有相同倾向的文献，从而将之归为同一家派，甚至也可以在命题关系中，突出此一家派所建构的“真实”。但也确如本文的方法论疑虑，“整体论”的立场是否适宜运用于思想交错的时代文献？于是，我们或许应当以“阙疑”的方式，对于出土文献进行“现象”的描述，避免过多的“假设”以影响了“客观真实”的样态。但是，如果我们仅对出土文献做客观之描述，而不做判断，那么许多古代的研究便无法展开，而且所谓“客观”描述，真能“如实地”呈现我们所看到的吗？会不会在客观描述的背后，同样也有一个“前理解”预存在我们的说法中？凡此种种，似乎使我们进行出土文献的研究必须审慎，再审慎。

其实，运用理论形态之判准：“核心信念”，来对出土文献进行学派归属之划分，可以使一个学说的主张从“信念”→“命题”→“系统”之间的关系，立体化、清晰化，有助于我们深入掌握思想对象的内涵。

因此，透过“核心信念”的把握，重建出土文献的学派，实有研究上之价值。如王中江与曹峰所论述的“一”“道”，可使黄老道家的思想系谱展开，进而再追问分期之可能。另外，重视出土文献的客观现状，不妄增“假设”以补苴文献的概念缝隙，亦是“实事求是”的态度，如此当可避免因过度诠释，而需更多的“假设”来弥缝理论之缺口，如李锐之处理《凡物流形》的简序，以及其中“类近”各家思想的文字脉络，都表现了这样的精神。

当然，我们也必须进一步指出的是，上述两种处理出土文献学派归属的方法，并非一种互斥的作为。当我们追求学派理论的逻辑一致性时，不必然代表着忽视文献的客观面，从而做了过度诠释，以求建造一“理想类型”之理论、学说架构；同样地，在不妄增“假设”的务实态度下，进一步指出可能的学派方向，当是学者对于研究课题的洞见之表现。如能适切地将“语意”的文献层次，提升至“理论架构”之面向，亦可增强论述判断的合理性与意义。合者双美，离者两伤。是以，两者相合以运用，当可于交光互影之际，为出土文献的研究，带来重大成果。

四、结语

当代出土文献研究之成绩，已然随着学者们的投入，而渐次展现出一些新的局面。这些局面的发展，也不再只局限于具体实质材料研究的方向，如文字考释、学派定位，而是开始了“方法反省”的课题。因为，当出土的材料越来越丰富，研究成果越来越多之后，我们在满足于各式实质问题解决的同时，也必须反省支持我们诠释文献的背后形式原则的有效性与合理性。因为，经由“方法意识”的反省，我们可以检讨研究过程中的许多盲点，形构学术判断的严谨。虽然，形式原则的掌握并不代表实质课题的解决，然而，透过对于形式原则运用的检讨，或可有助于我们古典思想研究的深刻化。

研究、思考与中国哲学之路
——游于出土文献与中国哲学研究之反思

郭梨华*

一、前言：方法论探究之简述

中国哲学之研究与未来，一直是20世纪以来被哲学界所关注之事项与议题，这一思潮之兴起，依李景林与冯前林在《中国哲学的研究方式应有所改变》一文中的论述，可溯源于民国初年的“整理国故运动”所推动的中国传统学术的现代转型和分科化的研究。在这一潮流中，当年之学者在取资于西方哲学思想之余，并未失去其思想的原创力与作为中国学术之个性①。这一当年面对西方哲学思想之冲击，所产生的思考与态度，确实也延续在当代的哲学与思想的研究者中，这一延续可以从劳思光在《中国哲学史》中所提的“基源问题研究法”，或是劳氏在《哲学方法与哲学功能》一文中对“方法”一词的辨析，以及对于所谓“中国哲

* 作者为东吴大学哲学系教授。

① 李景林、冯前文著《中国哲学的研究方式应有所改变》，《人文杂志》，2011年第4期，第32—33页。

学的方法论”界定为“不是取方法的原始意义来讲一种建立知识的程序，也可以说这是取引申意义来谈方法”[①]。劳氏甚至将研究中国哲学所用的方法问题，界定为“本身即涉及哲学功能的了解问题”[②]。这一论述，基本上与冯友兰在1937年所著之《论民族哲学》中讨论哲学与民族差异的联系，有一时间上的延续。[③]同样关注中国哲学史研究方法的还有张岱年，他是一系列关注并有所著述者，他所论著之《中国哲学史料学》《中国哲学史方法论发凡》，可谓对当时中国大陆研究中国哲学史研究者与时代结合，但又立基于中国哲学的语言脉络与结构所从事的成果[④]。这一思维在当时代确实引发了一系列相关研究与论述，同时也兴起了中国哲学范畴研究之热潮。在相对年代之台湾、香港，冯耀明之《中国哲学的方法论问题》是属于较早一批涉及“方法论”的论述[⑤]；在此之前傅伟勋在1984年曾提出“创造的诠释学”[⑥]，而一般大众则只能从傅氏所著之《从创造诠释学到大乘佛学》一书中所言“创造诠释学”的五个层次[⑦]，得知其对中国哲学方法论的建构。

这一探究与追问中国哲学之未来的急切，在20世纪末期至21世纪初则更是方兴未艾，并且表现在华文之思想界的学术研究之“方法论述”中。就中国哲学论域中，这一论题的重新被挑起，至少是因为现今之社会在各个层面与西方的交流所必然产生的反省与迫切心态使然，也因为

① 劳思光《哲学方法与哲学功能——序冯著〈中国哲学的方法论问题〉》，见冯耀明著《中国哲学的方法论问题》，允晨文化实业股份有限公司，1989年，第6页。

② 劳思光《哲学方法与哲学功能——序冯著〈中国哲学的方法论问题〉》，第7页。

③ 李景林、冯前文《中国哲学的研究方式应有所改变》，第31页。

④ 张岱年《中国哲学史史料学》，生活·读书·新知三联书店，1982年。《中国哲学史方法论发凡》，中华书局，2003年。

⑤ 冯耀明《中国哲学的方法论问题》，允晨文化实业股份有限公司，1989年。

⑥ 郑志明《论傅伟勋的佛教生死学》，《宗教哲学》第三卷第四期，1997年10月，第145页之注15。

⑦ 傅伟勋《从创造的诠释学到大乘佛学》，东大图书公司，1990年，第9—11页。

如此有不少学者投入思索，并提出自己的反省与中国哲学之路。在这21世纪初，较引人瞩目的有针对方法论提出见解的刘笑敢、袁保新、李明辉之“反向格义”或“逆格义”[①]，彭国翔对于“援西入中”现象的论述[②]，以及李贤中所提文献整理、诠释之“开垦之路”与“观察之路”的说明[③]；还有针对傅伟勋所提之创造诠释学，而有黄俊杰之“儒学经典诠释学”[④]，最近更有延续冯耀明所提“中国哲学可以用分析方法”的相关论述与文章。

这些学者之论述，大抵都提供了面对西方哲学对中国哲学研究之影响的观察，以及迫切渴望催生“新”中国哲学精神与论述之趋向，或说中国哲学之“新”未来、中国哲学之“哲学当代化”之路。在最近的二三十年，这一系列的思考、研究中，较具系列性作品呈现的有二：一是黄俊杰在东亚文明研究中对儒学中之《论语》《孟子》的历代诠释研究，这些作品大抵着重于历史思想研究之典范，以《孟子》为例，他重视的是《孟子》思想系统中的“单位概念”或“概念丛”在历代《孟子》学解释者手中的发展过程和集其思想史意义[⑤]，此一视域确实可资为“哲学”之为“中国哲学”的参考典范之一。另一是刘笑敢之持续关注中国哲学之未来走向，有序列性此类著作，并在其主编之《中国哲学与文化》有相当数量之有关方法或“反向格义”式之论述，这一系列中的反省并非定着于“方法”是什么，而是承续唐君毅之《中国哲学研究之一新方

① 这一论题之相关论述之整理，可参看彭国翔《中国哲学方法论的再反思——“援西入中”的两种模式》，东吴大学哲学教学与研究中心、哲学系主办，“儒家哲学的典范重构与经典诠释”，2007.5.25—27。

② 彭国翔《中国哲学方法论的再反思——“援西入中”的两种模式》，东吴大学哲学教学与研究中心、哲学系主办，“儒家哲学的典范重构与经典诠释”，2007.5.25—27。

③ 李贤中《中国哲学研究方法探析》，《文史哲》，2008年第1期，第38—44页。

④ 张广保《近年来有关中国经典诠释学研究的个案评述》，《中国思想史研究通讯》，第七辑。2005年11月又刊载于Confucius2000

⑤ 黄俊杰《孟子思想史论》(卷二)，“中央研究院”中国文哲研究所，1997年初版，2006年修订一版，第2页。

向》，在其所著之《诠释与定向》中，他提出两种定向之说：一是历史的、客观的、文本的研究，另一是现实的、创作的、应用的，甚至未来的取向，重在创造和构建新的理论，而不是诠释旧有的理论。他并且认为在第二种取向上，“客观性”仍然是一个必要的制约原则[①]。

另一方面，近年由于考古发现，有不少文献出土，其中有相当大量之佚籍，以及可与传世文献对读之数据。对于这些资料的整理与研究原则，基本上仍是本于王国维在1925年就史学研究所提出之“二重证据法”，并为今之研究出土资料的学者奉为圭臬。这一方法的提出，叶国良已指出是针对顾颉刚、钱玄同等疑古派学者而发，所进行的共时性互证之研究方法[②]。关于“疑古”与“信古”之间，冯友兰早在20世纪30年代曾提出“释古”为史学研究的新趋势、新方向，此一“释古”之意义在于“将史料融会贯通”[③]。对此一“释古”之说，梁涛曾对近年廖名春、郭沂之讨论，予以简述，提出“释古”的真正内涵为“不是要脱离了具体的历史过程来进行抽象的“史料审查”；相反，它是要在具体历史过程与反映过程的古史学之间建立起辩证的联系。……因此，将文献、考古、民族人类学的材料三者贯通，三者结合，去探寻古代历史的一般发展，才是“释古”的真正内涵所在，事实上也是“走出疑古”之后史学研究的趋势和方向”[④]；同时梁涛也指出“二重证据法”可能只适用于“诸如古籍的成书、事件的年代、地点以及制度等客观性较强的内容，而对于那些涉及主观形式的部分却未必有效”[⑤]。梁氏此一论述，自有其可据处，也

---

① 刘笑敢《唐君毅与中国哲学研究的新方向》，收录于刘笑敢主编，《中国哲学与文化》第八辑，广西师范大学出版社，2010年，第91—113页。

② 叶国良《二重证据法的省思》，收录于叶国良、郑吉雄、徐富昌主编《出土文献研究方法论文集初集》，台湾大学出版中心，2005年，第3页。

③ 冯友兰，1937年《冯序》，《古史辨》第六册，海南出版社，2005年，第1页。

④ 梁涛《如何理解释古》，收录《中国思想史研究通讯》，第八辑；2006年3月又刊载于Confucius2000。

⑤ 冯友兰，1937年《冯序》，《古史辨》第六册，海南出版社，2005年，第1页。

提供我们二重证据法作为圭臬中自有其贡献与限制。对于避免“信古”所带来的不必要之危机，林启屏也在这一论述中，指出跨越历史的断层，不宜贸然采取否定的怀疑态度[①]，曹峰则指出，“二重证据法”仅是一不言自明的前提，不存在内在逻辑体系，也没有多少可以指导具体研究的方法论成分，对于出土数据同样需要接受严格的“文献批判”，在区分其文献性质之后有针对性地施用不同的研究方法[②]。

出土文献中，关于方法的讨论，除了“疑古”“信古”“释古”的论究外，主要还是集中在文献处理方式与态度之讨论，这一文献处理方式在华文资深学者是一属于学科专业训练下的“潜规则”，并未将之视为需要讨论的方法。因此，在面对出土文献时，对这类问题提出讨论与论述的先是西方学者[③]，后来也在华文界提出[④]，希望对于整理与研究出土文献资料，理出一套让人亲近而可学习的步骤与规范。这些方法论的探究，可分两类：第一类是泛论对于出土文献研究所需注意的规则与提醒，如

① 林启屏《疑古与信古之间——以古代中国思想的研究为例》，收录于叶国良、郑吉雄、徐富昌主编，《出土文献研究方法论文集初集》，台湾大学出版中心，2005年，第98页。

② 曹峰《价值与局限：思想史视野下的出土文献研究》，收录于刘笑敢主编，《中国哲学与文化：简帛文献与新启示》第六辑，广西师范大学出版社，2009年，第91—93页。

③ 有【美】鲍则岳（William G. Boltz），《古代文献整理的若干原则》；【美】罗浩（Halrold D.Roth），《郭店〈老子〉对文研究的方法论问题》；【英】谭朴森（Paul M.Thompson），《论文献证据的形式处理》；这三篇基本上是在1998年在美国第一届国际简帛研讨会发表的论文，曾于2002年收录于《郭店老子：东西方学者的对话》，是书于2005年改版，重新整理后以《郭店老子与太一生水》出版，并收录此三篇文章，归为第二章《郭店〈老子〉研究的方法论问题》。邢文编译，《郭店老子与太一生水》，学苑出版社，2005年，第27—80页。另外，顾史考于2004年也提出《古今文献与史家之喜新守旧》，收录于顾氏所著《郭店楚简先秦儒学宏微观》，台湾学生书局，2006年，第133—154页。

④ 主要体现在叶国良、郑吉雄、徐富昌编《出土文献研究方法论文集初集》（2005）；刘笑敢主编《中国哲学与文化：简帛文献与新启示》第六辑（2009年）；以及2011年10月在北京中国人民大学国学院召开的“机遇与挑战：思想史视野下的出土文献研究”国际学术研讨会、2011年11月在台北召开的“出土文献研究方法国际学术研讨会”，两本书与两次会议中有关方法论的论文。

顾史考对于喜新与守旧者提出“实事求是”为要[①]，刘笑敢对于“默证”为前提的考证方法与“合理推测”为基础的考证成果，以及建立在“思想线索”的推论，提出不信任论述[②]。第二类是对出土文献价值的重估，指出在文献处理上所面对的局限性与突破限制，如曹峰在《价值与局限：思想史视野下的出土文献研究》中对出土文献的价值做了详细论述，对于其局限性则指出文本本身的不确定性、不定型，以及今人在文字、语句、意义阐释上的歧异，因此不妨把出土文献所反映的思想看作形成途中、未定型的思想。这些出土文献表现出三种特征，即文本不确定、思路不清晰、整理不完善，是以其中既有精品，也有二三流的作品，不能将二三流作品放入精品序列加以直接对比，如果要做对比，也只能说明精品是如何形成的，以及说明当时社会思想的一般状况[③]。

对于上述中国哲学研究方法与出土文献研究方法的简述，学者们皆提出了一些客观事实与理据，也存在一定的可信度与提醒作用。两种方法论虽然分属不同领域，但又有联系存在，即它们都对于中国哲学、思想的重新建构与寻找一真切可依循，或对未来之研究有一新的论述之指引作用。在面对这些诸多方法的提出中，虽然很难避免研究中也陷入某些方法的运用而被批判，但处在这一出土数据之丰富的吸引下，以及西方文化的影响下，或许在方法论的探究之余，仍然存在一些可以进行的思考与操作。本文无意也无能力提出一新方法，只是针对此一现象之观察，说说出土文献与中国哲学研究，在研究中所可以带来的启示与心得。

① 顾史考《古今文献与史家之喜新守旧》，收录于顾氏所著《郭店楚简先秦儒学宏微观》，台湾学生书局，2006 年，第 154 页。

② 刘笑敢《出土简帛对文献考据方法的启示（之一）：反思三种考据方法的推论前提》，收录于刘笑敢主编，《中国哲学与文化：简帛文献与新启示》第六辑，广西师范大学出版社，2009 年，第 25—43 页。

③ 林启屏《疑古与信古之间——以古代中国思想的研究为例》，收录于叶国良、郑吉雄、徐富昌主编《出土文献研究方法论文集初集》，台湾大学出版中心，2005 年，第 77—86 页。

这一启示与心得，主要是借由出土文献资料，所引致的战国时期思想的丰富性与论题的再发现，以及观察到在西方的中国哲学华人研究者，面对西方文化冲击中所提出的论题反思，两者似乎可以为当代中国哲学思想，找出“中国哲学”当代化之可能路向之一；另外，还有些西方亚洲学之学者，立基于西方哲学文化之背景，提出一些对于自身哲学文化的省思，而以中国哲学某些概念之分析性诠释，赋予了中国哲学的另类关注，也提供了“中国哲学”当代化之诠释路向，这也是值得关注与提醒的路向之一。

二、前提的存与忘之间：实践智慧之思辨的再现

对于中国哲学研究，个人以为目前除了方法论的提出外，仍有一些值得注意与重视的前提，需要以存与忘的辩证方式进行，这些前提大致有：（一）体系性、结构性之前提；（二）急切寻求当代化的“反向格义”之前提；（三）中国哲学之功能性之前提。这些前提并非不必要，而是在中国哲学研究中，自有其必要性，而且对中国哲学研究也做出了极大的贡献，但这一阶段似乎无法满足我们急切欲寻找“新”路向、“新”哲学的要求。因此，必须在存、忘之间，摸索可为之路。兹对此三迷思的重要与遗忘之必要，略论我的观察与省思。

（一）体系性、结构性前提认知之存与忘

关于体系性建构之思维，大致是受西方哲学思潮影响，以及劳思光

所言之受新史学思潮的影响[①]，对中国思想家思想的整理，这一整理对于中国传统思想的当代化或哲学化迈出了一大步，让传统思想文化之精髓，在大学殿堂中以“哲学”之名传授之，再结合司马谈论《六家要旨》之思维，构建与勾勒了中国哲学之现代化的风貌，并因此而展现在研究成果中。因着体系性与史学年代性建构之需求，我们的哲学史是以年代与思想家为主轴，这是论述哲学史、思想史不可或缺的环节，由此而发展了基源问题思考，以及概念单位与概念丛之思考，这两种方法确实为哲学化、思想化提供了很好的准备功夫，并奠定了很好的成果。这样的思维习惯之建立，也导致了我们对某一思想家的原典解读或诠释时，总是隐含着这样的体系完美建构之前提，寻找着该位思想家原典中的概念与概念结构网络，也寻找着它的基源问题。这些方法的运用，确实让我们确立了思想家的核心思想，以及在思想体系的安置下，论列一些主题；也因着体系性的一致性要求，筛选了可用数据，并因而忽略了其体系之不完美处，或体系欠缺、矛盾处，以及体系建构之局限性所导致的数据的忽略与深入探究之可能。

基源问题法与概念丛之思维，作为诠释一位思想家的核心思想与建构其体系，是必要且不可或缺的方法，在前辈学者的努力下，我们的下一步除了继续落实于每位思想家原典的整理外，似乎还需要更深入前进一步的发展，这一发展黄俊杰在其论述中已提及所展开的方式是“问题导向”，并且提出这些“问题意识”有其自主性，他更以孟子义利之辨为例，阐述“问题意识”的“自主性”在于它常超越或歧出先秦孟子学的脉络之外，而与其他观念结合[②]。这一方式无疑对于论题开展是有意义的，因为从思想家诠释史中聚焦于“问题意识”，是深化论题讨论的起点，而

---

① 劳思光《关于中国哲学研究的几点意见》（代发刊辞），收录于《中国哲学与文化：反向格义与全球哲学》（第一辑），广西师范大学出版社，2007 年，第 2 页。

② 黄俊杰《孟子思想史论》（卷二），“中央研究院”中国文哲研究所，1997 年初版，2006 年修订一版，第 82—85 页。

这一部分的工作仍是有待推展与开发的。另一方面，在体系性的认知前提下，还应具备批判的精神，批判的工作也应同时进行，这一批判性工作，应建立在时代性需求与视域改变[①]，至少基于哲学史发展，或该学派之开展，并据此进行思考并建构可能发生的疑问，至于这一建构是否为事实已无法追究，但至少提供了一种可能性。这一可能性的疑问性建构，也可作为重新建构一学派发展或哲学史之所以进展之深入探究的因素，以及哲学思考转向的因素，让这些因素不只是建基于历史或说时代因素，更应建基于学术或说哲学思考之必需。

（二）急切寻求当代化的“反向格义”前提认知之存与忘

关于“反向格义”或“逆格义”的思维，可以说是描述中国哲学欲走向当代化之路向的处理原典的方式。对于这一现象的发生，袁保新提到用了“格义”一辞，并论述道这“原来是指魏晋时期弘法的佛教僧侣为了协助中国人理解印度佛教，援引中国固有的哲学概念来解释佛教思想中类似的概念，一种在历史上特殊的经典诠释作法”[②]。在此袁保新强化“类似性概念”作为“格义”一辞在不同时代之使用的转换，并以此“格义”阐述当今不可避免的“要通过西方哲学的概念语言，这才能使传统的智慧稍稍为本国人理解”[③]。后来此一“格义”用法，被林安梧修正为

---

① 前辈学者多已提出不应对于传统思想，过高推崇与赞扬是不适当的，但不求甚解、随意否定的态度也是不足取的。张岱年曾在《中国伦理思想研究》中所提出的方法是进行历史辩证的具体分析。张岱年文集【六】，清华大学出版社，1995年，第499页。在此，不可否认张先生所提的解决之道，有其历史与时代上的必然，但也不失为一种可行的方法，而此处我所言之批判工作，纯粹是宽泛的指称，所针对的是学派、学说系谱中，哲学论题与问题的开展之建构而言。

② 袁保新《再论老子之道的义理定位——兼答刘笑敢教授〈关于老子之道的新解释与新诠释〉》，《中国文哲研究通讯》第7卷第2期，1997年6月，第158页。

③ 黄俊杰《孟子思想史论》（卷二），“中央研究院”中国文哲研究所，1997年初版，2006年修订一版，第158页。

“逆格义”。与此意义相近，刘笑敢则提出“反向格义”一说，并予以界说为“近代自觉以西方哲学的概念体系以及理论框架来研究分析中国本土的经典和思想。这是近代中国哲学或哲学史研究的主流，恰与传统的“格义”方向相反。所以我们可以称近代自觉以西方哲学的概念和术语来研究、诠释中国哲学的方法为‘反向格义’”[①]。刘笑敢同时也区分了两种反向格义之说，即“广义可以泛指任何自觉地借用西方哲学理论解释、分析、研究中国哲学的做法，涉及面可能非常宽，相当于陈荣捷所说的‘以西释中’。狭义的反向格义则是专指以西方的哲学的某些具体的、现成的概念来对应、解释中国哲学的思想、观念或概念的做法”[②]。在这反向格义说之外，还有一些援西入中的模式，它不算是“反向格义”，因为它并未借用西方哲学之理论，而是借用西方哲学关注的论题，以及在当今哲学系所认知的哲学主轴，如形上学、知识论等为框架，研究、诠释中国思想。就前者而言，譬如当代西方哲学关注身体理论，而在中国传统思想中，找出可与之相应的“礼—容”等身体论述，将传统的解析，以当代人可理解与关注的方向予以阐述，丰富了理解传统思想文献的内涵；就后者而言，则将中国哲学区分为形上学、认识论、伦理学、价值哲学等方向，说明中国思想家也关注这一类论述，并且也有这一类思想，以证明中国思想也是“哲学”。

除上述的研究方式外，近年还出现一种貌似援西入中的模式，但实质上是立基于西方哲学的学术背景与基础上，为西方哲学与中国哲学寻求融通，或说以西方哲学讨论之议题与论述需求，找到中国哲学中某些概念，作为其说明与分析之明证；或者更精确地说，是就一道德主题之认知中的因素，进行辨析，并因此找到西方哲学中所甚少讨论但在经验

① 刘笑敢《反向格义与中国哲学研究的困境》，收录于刘笑敢主编，《中国哲学与文化：反向格义与全球哲学》（第一辑），广西师范大学出版社，2007 年，第 13 页。

② 袁保新《再论老子之道的义理定位——兼答刘笑敢教授《关于老子之道的新解释与新诠释》》，《中国文哲研究通讯》第 7 卷第 2 期，1997 年 6 月，第 14 页。

世界中极为重要的认知模式，这一模式可由中国思想中的伦理哲学找到立基处。例如森舸澜（Eward Slingerland）在《迈向经验上可信赖的伦理学：认知科学、德性伦理，与中国早期思想里的“不费力注意”》一文中，对先秦儒家伦理学的修身阶段所达至的境界，即是在“无意识地出于倾向”所完成的，是将实践德性之活动内在化，而在行为上自动自发；当然森舸澜也不否认有意的筹划和认知控制在修身的早期之不可或缺性，但终究是有欠缺与不足的，而这一不足，森舸澜提出早期儒学可以提供多样德性伦理学模式，这些模式充满深邃的心理学洞见，也饱含转化并重新定向非意识自我的睿知和良法，更为过往几百年的西方伦理思考清除盲点[①]。

上述这些援西入中的模式与学术研究成果，确实是这时代不可逃脱的路向，但如何摆脱刘笑敢所言之不应只是“量”与范围的扩增，而应走向“质”的提升，除了方法的自觉外[②]，个人以为森舸澜所提点的伦理思考与认知的结合是一值得我们学习与重视的方向，原因不在于他认为早期儒学可补西方之不足，而在于我们如何将古人的智慧当代化为可被理解的语言，同时这一精致化之转向思考，也可为我们将伦理学局限于实践的完成，转向认知模式的转变所使然。在这一认知下，仍然必须注意我们不是要走胡适的全盘西化之路，不是“满面羞惭的自卑心理，使一个人在精神上抬不起头来；这固然不能正视自己的历史文化，同样也不能正视西方的历史文化”[③]；而是借鉴的转向思考与内化，尝试借鉴其思

① 森舸澜著、马鼎当译《迈向经验上可信赖的伦理学：认知科学、德性伦理，与中国早期思想里的“不费力注意”》，收录《中国哲学与文化》第九辑，漓江出版社，2011 年，第 35—75 页。

② 袁保新《再论老子之道的义理定位——兼答刘笑敢教授〈关于老子之道的新解释与新诠释〉》，《中国文哲研究通讯》第 7 卷第 2 期，1997 年 6 月，第 15—16 页。

③ 徐复观《学术与政治之间》，台湾学生书局，1985 年第二版，vi-vii 页。

维路向与思维精致性，重新确立与建构中国哲学之当代化[①]。这一当代化，应重视西方哲学训练下的精致思维、思考习惯，以及“问”的精神与实践，即在豁达自在处与习以为然处提出“疑问”并“发问”，并以当代的语言发展新论题，而不只是诠释[②]，因为若仅只是诠释，是无法呼应于时代的需求，终归于象牙塔，同时也忽略了历代哲学家立于学术中对于时代的响应与引领作用。

（三）中国哲学之功能性前提之存与忘

早在1937年冯友兰在《论民族哲学》一文中已指出“哲学的民族差异”，而劳思光也指出了哲学的功能性之重要，这些都反映了前辈学者在论述中国哲学时，所意识到的“中国哲学”与“西方哲学”的差异所在，这一功能性或民族历史之差异所形成的“中国哲学”，毫无疑问都会将此特色指向伦理学、实践智慧、人生哲学、心灵境界说等。这一观点，非仅华人认同，研究中国哲学的非华人学者也大抵认同。这些说明了一个事实，即在历史文化中，中国思想的开展，不同于西方哲学的发展，除了关注的议题不同，其解析论述方式也很不同。但是这一论述的来源是先秦哲学的真实状态吗？在司马谈《论六家要旨》中，认为六家的殊途同归在“务为治”，说明了先秦哲学与政治脱离不了干系，然而审诸老子、孔子、墨子哲学的奠基，其思想中虽不免与为政有联系，但作为哲学家之思想，其“哲学问题”的发生虽与社会文化生活息息相关，其

---

① 这一学术当代化的趋向自梁启超以来，其实已经进行了一百多年，梁氏并非以批判方式，而是重新以当代化语言整理典籍，此可由其《墨子学案》之论述得知；此后有志于此者皆努力重构中国典籍的再诠释与当代化。即便是当代新儒家亦走此一路向，并为我们所趋所仰慕。然而走了百余年的路向，在当代化的语言已变化下，虽然方向不变，但内涵也应有所改变。

② 在过往的一百多年来，前贤已经为我们做了很多的准备功夫，也留下了丰富的资产，在这当代化与传统之创新中，我们须思考的是接下来的责任与任务。

"哲学发问与响应"却开启了"哲学思考"。他们所完成的不仅与政治、社会、文化有关，重点是他们看待"生活世界"的视域与思考方式转变了，不只是为安居而已，也不是为了世俗之富贵显达，也不只是修养自身以至齐家、治国、平天下的一套修身治国思想。

看待"生活世界"之视域与思考方式的转变，是"哲学"所给予我们的财富。哲学家总在哲学视域转弯处开启另一扇门，让我们发现"新"世界，以老子、庄子为例，老子要我们"虚其心""致虚极"，但庄子却在"心"的存在之实然中，让"虚"成为可达致之目的，其方法则是正视现实中"成心"之必然，而有"心斋"终致"游心"，"心"成了现实中的"自由之心"。再以《大学》"诚于中，形于外"的论述，以及《五行》之"悬（仁）之思也清，清【简 12】则𧦝（察），𧦝则安，安则悃（温），悃（温）则兑（悦），兑（悦）则㦯（戚），㦯（戚）则新（亲），新（亲）则炁（爱），炁（爱）则玉色，玉色则型（形），型（形）则悬（仁）。■【简 13】"[①]中"思一色一形"的论述，乃至《孟子·尽心上》之"形色天性也，惟圣人然后可以践形"[②]之论述，都是对于论题思考的再深究使然，是在"实践哲学"中建构一种德行思辨的探究，而非仅仅作为人生哲学、修身哲学而已。

上述三前提的存与忘，并非说这三前提不应存在，而是这三前提的存在有其阶段性与必要性，但执持着三前提中的某一思维方式，无法改变现状。另外，这三前提不应孤立地看，而是互相牵连地存在，并在这三前提之互相为用中，激荡出实践智慧之思辨。

① 竹简《五行》，见于荆门博物馆编，《郭店楚墓竹简》，文物出版社，1998 年，第 149 页。

② 李学勤主编《十三经注疏——孟子注疏》，北京大学出版社，1999 年，第 373 页。

三、中国哲学当代化的可为路向之一：论题再发现之哲学启发

三前提之相互为用中，所欲激荡的实践智慧之思辨，在现阶段大致可由两方向得到启发，让我们再次深度思考该哲学概念或论题的发展与当代意义：一是出土文献中所彰显的论题，让我们重新思考如何再现思辨的精彩与多元思考；另一是在西方文化的冲击下，重新反思传统中国哲学概念的当代意义。兹简述如下：

（一）出土文献中所彰显的论题思辨性

在未有出土简帛资料时，我们对传世文献研究，往往会以当代人的思想重点诠释之，而将不可理解处略之或视之为当然，不再起疑，不再“发问”。但简帛资料出土后，我们发现当时相近年代之人，是以思辨的方式“发问”并提出自身之理解与“新视域”的。兹以儒、道之思想者对根源问题之探究为例，阐述之。

1.《老子》42章之例

《老子》42章：“道生一，一生二，二生三，三生万物。万物负阴而抱阳，冲气以为和。”对此章之诠释，大抵涉及宇宙生成论问题，对于“生”如何可能？应当如何解释“生”之意义，历来有“生”不是“创生”，也不是“母生子”之“生”，而是“变化”之说，并且认为万物皆由道而生，万物中充满了阴阳之气。这是我们对《老子》思想诠释的共识。但返回到春秋晚期到战国早中期，我们会发现当时的思想家并非如此接受此一论述。

就“生”的意义及如何可能而言：在《太一生水》的作者视域中，

我们发现对于根源问题提出了“太一”之说，对于根源与万物的关系，则提出了“生—藏”的概念，阐明根源与所生之万物的关系，至于生发的过程，不再只是“生”的作用，而是“生”后的“反辅与相辅”构作了蕴藏时间的空间。“生”有丰富的内涵，但仅是“生”还不够，仍须“藏”的概念以及“行于时”的作用，才能是“万物母”“万物经”[①]。《亘先》作者的视域中，则对根源的认知，提出了“恒—或—气”三者之共构[②]，《亘先》作者虽然认为有“生”这回事，但却是后起的。在始源处，是“自厌不自忍”的流出说，以及“作”的共构而出现他者的存在[③]，时间也是在“气”之为共构始源后才出现，“天地”的发生是与“或作”相关的。然而到了《庄子》之《齐物论》，却是对“生一→生二→生三→生万物”这件事，回到了“言”的发生使然[④]，取消了“生”的实质探究，因为这是无法通解的，但在人文世界中却是因着知、言所使然。庄子将“生”的问题转向“言”的面对以及“因是”的阐述。

就“生”的存在所导致的形名问题，《老子》显然肯定无形无名的第一优位性，但在帛书《经法》中的《道法》，却是针对此一“生”的必然，肯定了“形名”的不可逃脱性，也肯定了人文出现的必然性。《道法》[⑤]：

> 虚无刑（形），其裻冥冥，万物之所从生。生有害，曰欲，曰不知足。生必动，动有害，曰不时，曰时而□。动有事，事有害，曰逆，

① 《太一生水》见于荆门博物馆编，《郭店楚墓竹简》，北京：文物出版社，1998 年，第 125 页。

② 《亘先》：“恒、气之生，不独有与也。或，恒焉，生或者同焉。”

③ 《亘先》：“自厌不自忍，或作。有或焉有气，有气焉有有，有有焉有始，有始焉有往者。未有天地未有作行，……。气是自生，恒莫生气。气是自生自作。”

④ 郭庆藩撰，王孝鱼点校《庄子集释》，中华书局，1961 年初版，1995 年第 7 次印刷。第 79 页。“天地与我并生，而万物与我为一。既已为一矣，且得有言乎？既已谓之一矣，且得无言乎？一与言为二,二与一为三。自此以往，巧历不能得，而况其凡乎！故自无适有，以至于三，而况自有适有乎！无适焉，因是已。”

⑤ 国家文物局古文献研究室编，《马王堆汉墓帛书》（壹），文物出版社，1980 年，第 43 页。

曰不称，不知所为用。事必有言，言有害，曰不信，曰不知畏人，曰自诬，曰虚夸，以不足为有余。故同出冥冥，或以死，或以生；或以败，或以成。祸福同道，莫知其所从生。见知之道，唯虚无有；虚无有，秋稿（毫）成之，必有刑（形）名；刑（形）名立，则黑白之分已。故执道者之观于天下殹（也），无执殹（也），无处殹（也），无为殹（也），无私殹（也）。是故天下有事，无不自为刑（形）名声号矣。刑（形）名已立，声号已建，则无所逃迹匿正矣。

从《道法》的论述中，可以得知“生”之于始源而言，确实是一种他者的出现契机，但其为“害”乃是因为“欲”使然，并非“生”这件事而有所损，有所“害”[①]；“生”之后必有所“动”，这也是自然而然的，但“动”之为“害”在于“不时”，未掌握“时”的变化而动；“动”必有“事”，也是必然，但其害在于“不知所为用”；有“事”必有“言”也是自然而然，但“言”之害在于“以不足为有余”。此道尽了人文世界中所有可能造成不好之事情发生的缘由，但这却无碍于人文世界存在的事实性与自然性，形名世界是不可逃迹匿正的。此犹如《庄子·人间世》所正视的“天下有大戒二：其一，命也；其二，义也”[②]。

2. 孔子“人而不仁，如礼何？人而不仁，如乐何？”之例

《论语·八佾》：“人而不仁，如礼何？人而不仁，如乐何？”这是孔

① 一般皆依照陈鼓应之解释，对于“生有害”的解释，他说：“人一降生便有患害随之，这是因为人的原性中存在着欲望且这种欲望永无止境。”见陈氏所著，《黄帝四经今注今译》，台湾商务印书馆，1995 年初版，1996 年第二次印刷，第 55 页。这一解说对我们了解《黄帝四经》有其重要性，但这一解说中忽略了“生”之必然所衍生的也是自然而然，但强化了始源的重要性。

② 在过往的一百多年来，前贤已经为我们做了很多的准备功夫，也留下了丰富的资产，在这当代化与传统之创新中，我们须思考的是接下来的责任与任务，第 155 页。

子针对当时礼乐崩坏之社会文化现象的响应，也是孔子提出自己哲学思考非常重要的论述，这一论述将孔子所继承的周文化使命，从礼乐制度之为“德”的展现，以及“德”之为受命的延展，转向人之道德伦理的建构。“仁”既是孔子“礼—乐”制度建构的根柢，也是人之所以能表现合乎“礼”之举止的根柢。孔子视为当时的礼乐文化之制寻求行此制度礼仪文化举止之根源，即“人”，但“人”为基础的最核心，孔子以为即是“仁”。

孔子之“仁”的含义，学界大抵以概念化思维论述之，而言“仁”总摄诸德。从概念化之思维而言，“仁”统括诸德，俨然“仁”作为德之总目，这一思维乃无法避免之结果，但易忽略“仁”实则为诸德之核心底基。《论语·颜渊》：

> 颜渊问仁。子曰：“克己复礼为仁。一日克己复礼，天下归仁焉。为仁由己，而由人乎哉？”颜渊曰：“请问其目。”子曰：“非礼勿视，非礼勿听，非礼勿言，非礼勿动。”颜渊曰：“回虽不敏，请事斯语矣！”

此处并非“仁—礼”互摄说，而仍只是“仁”为礼之底基、内涵之核心，这一内涵的行为体现是“复礼”，而内在心理要求则是“克己”，而所以能如此之故的核心就在于“仁”之情感为其底基、实质内涵。换言之，克己与复礼的同时呈显，乃因为“仁”而有，其展现于人的视、听、言、动等行为举止则是以“非—勿”的方式表现，而之所以能够呈显“非—勿”之行为举止、态度、言说，就在于“仁”的生命实存性中所展现之爱与珍惜之情感使然，否则克己与复礼终究是为了响应礼仪行式而压抑自己，这种压抑与响应并非孔子所求之“仁”。

因此，此处“仁—礼”互摄之说，或有乍似“仁、礼”孰为主之争，实则是个假问题，因为这是由概念化思维使然。然而就孔子之论述而言，以概念化思维视之，是一极危险之事，因为孔子哲学的深刻不在其概念化思维，而在对于人之“情感”的重视。这一“情感”因子的提出，一方面指出了人的实存性与生命性，另一方面响应了文化的根柢建构就在于人之情感性的安置以及情感的道德化。这一情感性的存在以及情感的道德化，孔子并未以“情”言之，而是统摄之以“仁”[①]。

“仁、礼”孰为主的争论，虽则起于概念化思维，但并非自今日始，早在孔子弟子中已有不同发展之论述。“仁”成为“人”的表征，其内涵孔子在答樊迟时最是贴切，即“爱人”(《颜渊》)；但孔子并非只重视“情感之仁”，也非常重视“礼”之形式与规范。孔子这一“仁—礼”结构，在孔子弟子与再传弟子的探究中，则呈现不同思维的论述，或强调“仁”之为“德”的探究，或强调“礼乐”之为“德”的重要；而在伦理方面，或重视伦常乃由“天”所制，或强调伦常关系中各角色之“德”。因此，在战国时期的孔子后学者有关伦理道德之探究，大致可区分出三向度的不同：一是心性之路的德性伦理之建构，以《五行》《性自命出》为主；二是伦理之客观普遍化的建构，以《礼记·乐记》《成之闻之》《忠信之道》为主；三是伦理之角色职德的建构，以《六德》为主[②]。

这三向度之建构儒家道德伦理学，可以发现孔门弟子在此一时期的哲学探析之深刻。这一伦理的视域扩及于天地自然、人文之制，家庭关系、政治社会关系中的人，以及伦理体现中属人自身的德行落脚处。

（二）西方文化与中国文化相遭遇中“孝”的例子

关于西方文化与中国文化的相遇，在此仅以李晨阳在《多元世界中

① 《论语》中孔子之“情”的用例是与“实”相通之使用，并且与“信”相应之用语。

② 相关论述参阅拙著《早期儒学的道德伦理哲学探究》，台湾政治大学中文学报，第17期，第17—50页。

的儒家》第五章《家庭论：义务中心观与权利中心观》中所讨论的关于"孝"的问题做一反思①。在这一论述中，西方文化不强调"孝"为一道德价值，但儒家文化则相当重视"孝"乃道德的一环，"不孝"在殷商时期已是刑罚的项目之一②，从社会文化角度而言，这或许与宗法制度有关，但作为一哲学探究，这是不构成理论的，但"孝"是建基于一种报恩？义务？还是欠债？抑或是社会规范？如果返回当代社会，由于家庭结构之改变，与经济形态之改变，确实存在着诸多家庭问题与家庭形态，那么在先秦这一哲学的古典时期，是否能提供我们重新反思的智慧？就《论语》之数据，我们是否错误理解了孔子的思想？或者说我们因为有子的传述，经由宋代程颐与朱熹的哲学诠释，并以其诠释为唯一所影响③？有子真正的含意或许并非朱熹在理气架构下的阐述，而只是在当时以血缘为宗法社会主轴对孔子思想的陈述，亦即有子的理解是"孝悌"为"仁"的根本，以宗法架构以及"仁"以亲亲为出发点而言，有子是在既有的社会架构下对孔子思想的阐述，而孔子真正的论述"仁"的内涵即是"爱人"，是比有子传述的内涵更宽泛与更具有普遍性。孔子是否认同"孝悌"是实践"仁"的根本？可能并不排斥，但不会以此为唯一之路，而且现实情境中有各种不同的行为与伦理关系同时并现，也因着个人处境之别，有不同的作为。在各种处境与伦理关系中，孔子只有在个别处提供我们拣择，在《宪问》中子路与子贡先后问孔子关于管仲之为，在对于子路之问时，孔子许管仲"如其仁"，但子贡对"管仲为仁"是不认可的，孔子的拣择是以其大，即以其作为尊崇周之礼法，避免吾人成为蛮夷之徒而称许之。

有子的确阐述了一部分的孔子真义，因为孔子确实非常重视"亲亲"这件事，在《子路》中对于"其父攘羊"的评论中，阐述了"父为子隐，

---

① 李晨阳《多元世界中的儒家》，五南书局，2006 年，第 115—141 页。
② 《吕氏春秋·孝行览》引《商书》，曰："刑三百，罪莫重于不孝。"
③ 《论语·学而》："有子曰：…孝弟也者，其为仁之本与！"

子为父隐”的亲亲之“直”，这确实也是人之天性使然；然孔子之“孝”与“仁”的联系，并非只是血缘联系下之同质义而已[①]，还有更深刻的层面，这可以由孔子责怪宰我关于守丧一年的理由时，孔子在乎的是宰我是否有三年之“爱”于父母，并言其心安否？[②]孔子所诉求的“心安”问题，所关乎的不只是社会规范、习俗规范，而是可与良知之爱相连贯的道德性。这一道德性之“仁”的提点，在《论语》中也占有一定之位置，后世开展孔子之“仁”，大抵亦有其据，楚简《五行》中对“仁”之论述可谓此一开展之端。

“孝”与“仁”皆是基于“爱”，也与“心之安”有关，是道德实践之基础与目地性所在。“仁”的基础实践在于“孝”的实践，“孝”确实是最初阶且最根本的“爱”的实践，但“孝”仅止于家庭伦理中子女对父母之爱，这种“爱”蕴含着爱与顺在其中，然而“仁”却不仅止于此种爱与顺，而是更为广泛地扩大至宗法血亲之外。道德与血亲伦理之间确实有其密切联系处，但也有其冲突性。作为论题而言，就不能只是从“孝”与“仁”之概念范畴着手，而是从论题发展中，发现其原初义与发展义，以及在学术思想开展中的演变，才能理解“孝”与“仁”的关系。

---

① 有子本身之论述，应是就宗法中之血缘联系，论及仁与孝的关系，这在当时代氛围中确实有很大的影响力与实存性。但有子仅把握一端，曾子则在此认知下扩充“孝”之义的论述。同样地，孟子在《告子下》也论及“亲亲，仁也”，可谓对此一路线亦有所发展，但更朝向道德性之开展。

②《论语·阳货》：宰我问：“三年之丧，期已久矣。君子三年不为礼，礼必坏；三年不为乐，乐必崩。旧谷既没，新谷既升，钻燧改火，期可已矣。”子曰：“食夫稻，衣夫锦，于女安乎？”曰：“安。”“女安则为之！夫君子之居丧，食旨不甘，闻乐不乐，居处不安，故不为也。今女安，则为之！”宰我出。子曰：“予之不仁也！子生三年，然后免于父母之怀。夫三年之丧，天下之通丧也。予也有三年之爱于其父母乎？”

四、结论

总结上述有关前提迷思与论题思辨的再发现，以及出土文献让我们重新发现先秦时期确实存在着哲学的思辨，而且是从不同的视域提供我们新的论述，加上当代的需求与反省，确实可以为我们寻找新哲学路向，提供一可作为的可能方向。至于论题再发现与创造，则需结合四要素，即“史”的掌握、时代问题的反思、哲学思辨的深刻化，以及“疑问”的精神，方有可能。这四要素基本上是动态的互动与影响，而非把握其中之一再循序渐进，若真要以其一为主轴，也需要保持一开放心态，及允许所获致之结果可以在动态追求中改变，而且不害怕趋向中所可能发生的错误，而能承认并改正，或保持开放态度。

早期中国文献研究方法之反思*

[美] 柯马丁（Martin Kern）**

一、引言：两个根本问题

自 1973 年马王堆的发现开始，有关古代中国手抄文献的研究已成为汉学研究旗下国际性的显学。受到源源不断的新发现的推波助澜，这个领域已经跨越了历史、文学、宗教、历史语言学和比较语言学（特别是古文字学和语音学）、考古、艺术史和哲学。如今，这些学科领域内的不少专家都在研究中国手抄文献；不论就广度还是深度而言，不论在中国、日本、欧洲还是北美，他们的努力都早已超越了敦煌学。中国学界在早期手抄文献领域起的带头作用体现在各个方面，包括提供出土报告，整理和发表新出土的文献，深入细致的古文字学工作，以及把手抄本与传世文献及当时思想潮流之大局相联系起来。由于这些工作被全世界的学者广泛阅读、应用，我们似乎正身处一个国际色彩鲜明的学术领域从事研究工作。

---

* 本文原发表于《国学学刊》，译者杨治宜。修订本补译者罗进昌。

** 作者为美国普林斯顿大学东亚研究学系教授。

但是，古代中国的研究的国际性有着诸种限制，直接影响此研究领域的方法论。我们必须确认两个根本问题：单语主义（monolingualism）与单一文化主义（monoculturalism）。在中国境外的学术圈工作的学者，比较容易确认这两个问题。这不表示，对于中国境内的学者，这两个问题较不要紧。其实正好相反。[①]

单语主义的问题相当复杂，不单是关乎学术上多种语言的运用。中国以外有部分学者只能掌握自己的母语，但他们不是主流多数，也不被视为学界的领头羊。相反，第一流的西方及日本学者，既致力于研究中国学界的，同时顾及一至两种其他语言的学界的研究成果。不幸的是，目前中国圈子里还未见得有这种情况，因为有太多学者不能掌握任何外语。“文化大革命”已经结束四十多年了，断不能以之为理由来解释这种状况。更甚者，撇除纯粹的语言问题，他们似乎不太愿意理会外国学界，即使相关研究成果已被译成中文。当有中译存在，被广泛阅读的外国学术著作，多数是那些采用中国学术圈子的观念与术语来展开讨论的作品；即是，这些作品探讨的话题，与中国学者所关注的问题相近（大抵围绕古文字学与思想史问题），然后使用中国学者同样的方法来回答这些问题。没有依循这些规律的外国学者，其著作通常不受欢迎，或者很快便被弃若敝屣。

增加译者数量不是改变这种状况的良方。广为人知的是，大多数外国著作的中译本充斥着严重的错误。在使用不同方法与论述概念的著作中，误译尤其明显。译者通常并不完全明白原文，或者无法准确使用中文表达当中的细微分别。当然，互不相关的语言会构筑不同的思想世界，世界不同的表达结构体现不同的思维方式。即使本文译成中文之后，就已经与原本我以英语写成的那篇文章不尽相同。这是相当重大的区别。

---

① 更多关于中国研究的单语主义与单一文化主义的见解，可参见《认同与方法：什么是国际汉学？》国际汉学研究通讯 10（2014）：252—262 页。

因此，当指导普林斯顿大学的学生撰写论文时，我会要求学生涉猎所有与其课题相关的学术作品，并以原文掌握它们。这至少包括中文、日语、英语、德语及法语的著作。我不容许任何学生因为不懂某种语言，而忽略与其课题相关的重要著作。但是，为什么就算是中国最好的大学，却依然容许这种事情的出现？

人文学者必须致力于认真学习外语，以期达到一定的晓畅程度，足以参与严谨的学术讨论。我不能是个只操单一语言的人，然后要求其他人迁就，以我懂得的语言来表达他们自己的学术观点。跨语言社群的学术交流，彼此应付出相同努力来表达自己、理解对方。当然，人文学科的单语主义并非中国人专属的现象。大抵上，每当学者研究自己所属的文化传统，它就会出现。例如很多美国文学与历史的学者，就只会阅读英语。但是，人文学科的单语主义是一种选择，它反映出一种不屑外国学术成果的心理态度。从定义上说，不学习外语的学者宣示了他们有权忽略所有外国的学术成果。如果要探讨有关中国文献研究的方法论议题，我不能想到其他更根本的问题。

早期中国文献研究所呈现的单语主义，直接导致我们的研究领域分裂成不同且互不兼容的学术群体，大家只专注于自己的研究范围。只要学者们试图从某群体走向另一群体，便会立即出现以下情形：当一个由中国而来的年轻学者，申请成为北美某所大学的访问学人（这种事情每天发生），却昧于北美的研究成果，则依惯例他多数会被拒诸门外。作为《通报》——于1890年创办的领导西方汉学研究的期刊——编辑之一，每见来稿没有展示出对中日及西方学术成果有所关注，我可以说我们别无选择只能拒绝刊登。不阅读及使用中日同人的著作的西方学者，他们的文章不会被刊登于《通报》，反之亦然。不幸地，通常我们拒纳一些内容充实、由中国学者所撰的文稿，只因为他们未能显示对境外研究有所关注。

某种程度上说，单一文化主义问题与单语主义相关：在当代中国学术界，几乎没有学者采取比较研究的进路，将古代中国置于广义的古代世界来进行考察。思考这种现象时，我想起了牛津的德国籍宗教教授缪勒（Max Müller）。他有名言说道："知道一种'宗教'的人，什么也不知道。"要引人入胜地诠译中国或其他古代遗产，不能单单就其自身或囿于个别业已形成百年的学术传统之内来进行。相反，如果我们重视古代文献所承载的延续了两千多年的中国学问，则跨古代文明的文化比较所得的洞见，具有更多有助我们研究的资源。

为什么比较研究如此重要？第一，透过比较，我们方始明白什么是中国独有、什么是不同文明所共享的。我们才会认识到，古代文明做出他们自己的文化选择，并为他们自己的文化价值下定义。这些事情不是自然所予的。一个古代文明拥有或不拥有伟大事迹，这是寻常的吗？我们知道古希腊有约五百位本土史学家的名字，这是寻常的吗？我们又知道古代中国保留史料的人绝大多数都是无名氏，这是寻常的吗？在不同文明里，诗歌的"创作"真的都是相同的活动吗？若然，为什么某个古文明会点名歌颂诗人，而另外的文明则几乎不作识别任何一个诗人的名字？这些比较与问题，不单单有趣：它们告诉我们文化身份认同形成的根本要素。没有比较，我们甚至将不能够察觉这些差异与问题。因此，我们不可以仅仅就中国自身及其传统来理解她；相反，我们必须同时理解，中国身处一个可被称为"全球古代遗产"的特殊文化结构之中。有些欧洲与美国院校，业已明了古代研究需要借着比较来进行。例如纽约大学的古代世界研究学院（The Institute for the Study of the Ancient World）与慕尼黑路德维希麦色米利安大学的古代世界中心（The Centre for Ancient Worlds）。

当然，有些学者可能会选择彻底摒弃使用比较的素材。但这具有两点含义：其一，古代中国文明与其他古代文明截然不同，不可比较。这种看法是植根于粗糙的过度自信。其二，其他研究领域的同行身上，没有什么值得研究早期中国的学者学习。这种看法与整个汉学的历史相左。

就我所知，人文学及社会科学领域内，并未有任何重要理论或方法是首先从中国研究里发展出来的——中国没有，日本没有，西方也没有。不论哪个领域，我们现代的分析方法，甚至我们的词汇（只要想想“哲学”或者“民间文学”等词）都是直接或间接地来自其他文明的研究。因此，摒弃比较研究的想法，不仅在历史上是错误的，在智性上也是薄弱无力的。即使我们不能将从某种文明所得的洞见用于分析另一种文明，比较的观点角度也可以刺激我们思考一些重要的问题，而这些问题舍此观点角度是无法发现的。

除此之外，尚有另一种理由解释为什么我们不应该孤立地研究中国。如果中国是如此独一无二，而只能从一种传统观点角度去理解她，即如果任何其他外部的文化范式、观点角度与问题都很大程度上无助去理解她的话，则反之也必然地正确：关于古代中国的研究，不能告诉我们任何中国以外世界的事情。研究古代近东或地中海的人，不会从我们对中国的知识里获得任何东西。我们相信这是真的吗？我们希望这是真的吗？换句话说，刻意无视其他古文明的古代中国学术界，到头来必然会破坏与收窄中国学术，甚至破坏与收窄中国于世界的地位。如果想挑战至今仍然主导欧洲与美国古代研究的欧洲中心主义，断不能靠自我隔离的、民族主义的、自我边缘化的中国中心主义来实现。相反，我们必须展示古代中国是如何与整个古代世界连接的，并且是当中可比较的一部分；同时，必须展示中国研究如何能够提供新的观点、角度与问题，不仅对应中国也能对应整个古代世界。

单语主义与单一文化主义不单是众多方法论问题之一。相反，它们是后设方法论的问题：它们是所有其他问题的原初问题。我们无法承担忽视它们的后果，因为它们直接影响所有其他方法论问题。在此基础上，以下意见所关注的，既是我们研究领域目前的状况，也是一些我们或者可以从比较观点角度获得的特殊看法。

我们现在面对的根本问题相当简单：是否说境外学术与中国学术不

相关，并不仅因为语言差异或者获取的难度。毋宁说它关注的角度不同、试图回答的问题也不同，并且本质上是比较性的？我相信有可能是这种情况——不是说完全或者普遍如此，但至少某种程度上如此。若然，这情况就影响了方法论的所有层面：如果我们对不同类型的问题感兴趣的话，那么我们自然会采取不同的方法。我们追问哪些问题或者不追问哪些问题，这恰是方法论的根本所在。

过去三十年间，中国境外学术已经发展出了新的方向和角度。其中某些进路和角度对早期文献（包括新近发现的手抄文献）的研究向已有假设提出了有力挑战。就此而言，这些进路并非只存在于自己的小世界里，也不是仅仅和当前中国学术平行，就像两条从不交叉的并行线。事实上，这两条线有不少交点，也对彼此提出了挑战。如果来自其他学术传统的著作很少在中国的出版物里被提及或驳斥，这也就意味着这些挑战被轻轻躲过了。这一明显缺憾的代价就是积久成弱。“国学”若想成功，学人便不能忽视异域学术，故步自封于自己的学术共同体内。真正成功的“国学”应能批判性地与当代异域“汉学”接榫，取其所长，改正或扬弃其所短。更重要的是，这样的“国学”必须与境外学界的当下思潮同步，而不仅仅为过去的“大人物”所障目。以下将列举当下的几个议题，我认为它们目前所受的关注不足，值得进一步探讨和批评。

二、今日西方“汉学”：欧美缘何迥异?

20世纪早期，欧洲及其后的美国汉学界主要植根于语文学。特别就北美而言，这种情况早已改观。我不知道美国和加拿大的哪所主要学术机构里还有“汉学”（Sinology）系——我们开设的系都称为“东亚研究”“东亚语言文明”“东亚语言文化”等。事实上对很多学者而言，汉学这一学科，以及语文学这种过往用作界定它的方法，[①] 都已经是明日黄花。他们眼里，这些都是前朝的旧物，要抗争并且消灭其一切遗存。（让我深感不安的是，在普林斯顿大学东亚系，我的某位同事有一次十分鄙薄地抱怨“语文学这个黑洞”。）尽管并非所有人文学领域有相同情况，[②] 但语文学在西方的汉学界正苦苦求存。有意思的是，欧洲并非如此。和北美的一些规模较大的系相比，那边不少甚至较小的系——至少就那些依然关注前现代中国的系而言——都对古代汉语的语言学和语文学训练投入了更多的精力。目前最优秀、最有雄心，也最严谨的新出版的古汉语教科书是用德文写的，即苏黎世大学的高思曼（Robert Gassmann）和毕鹗（Wolfgang Behr）合著的三册皇皇大作。在此之前，最好的古汉语语法著作是德国学者加贝伦茨（Hans Georg Conon von der Gabelentz，1840—1893）首次出版于 1881 年的作品。西方最好的古汉语辞典则是用法文和俄文写的：俄文的是 O. V. Oshanin 著的四卷本《大汉俄辞典》（*Bol'shoi kitaisko-russkii slovar'*），[③] 法文的则是七卷本《利氏汉法辞典》（*Le Grand Dictionnaire Ricci de la langue chinoise*）。不论是德文的语法和课本还是法文、俄文的辞典都没有用于北美的古汉语语言和语文学教学。唯独柯睿（Paul W. Kroll）这位唐诗专家兼汉学界顶尖的语文学家，在 2015 年出版了权威的《学生的古典及中古中文字典》（*A Student's Dictionary of Classical and Medieval Chinese*）。[④] 这本重要的、由美国学者所撰的古典中文字典，现已成为西方汉学的单卷参考书。

---

① 参见 Edward H. Schafer, “What and How is Sinology,” *T'ang Studies* 8—9（1990—1991）: 23—44。

② 标志语文学复苏的例子是新近出版的 *World Philology*, ed. Sheldon Pollock, Benjamin A. Elman, and Ku-ming Kevin Chang（Cambridge, Mass. : Harvard University Press, 2015）. 近几年，有一本新编期刊面世，名为 *Philology* : *An International Journal on the Evolution of Languages*, *Cultures and Texts*，由 Francesco Benozzo（博洛尼亚大学）作编辑发起，首期于 2015 年 12 月出版。

③ Moscow : Nauka, 1983.

④ Leiden : Brill, 2015.

尽管如此，与中国学者相比，欧美学者研究中国早期文献时有着相当显著的方法差异。这些差异并不琐碎，而是反映出颇为不同的学术传统；或者更准确地说，反映出欧洲与北美之间横亘着深厚的语文学传统的差异，汉学只是一个侧面。当然，北美也有不少学者，如柯睿在古代中国文本，包括早期手抄文献的语文学研究领域堪称大家；但今天，他们更像是个体的声音，而非广阔学术传统的一部分。当然，中国研究里有些领域最优秀的著作出自美国，譬如文学领域（这领域里最好的语文学著作有些也出在北美）。因此，最新出版的《剑桥中国文学史》里，只有一位学者在北美以外工作，即在著名的伦敦大学亚非学院任职的贺麦晓（Michel Hockx），现代文学部分有他的两篇短文。所有其他学者都就职于美国的学术机构。当然，一些著名的欧洲学者也足以跻身此列，但主要的研究成果还是出自北美。

与之形成鲜明对比的是，早期中国手抄文献研究领域，乃由在欧洲工作或至少受训于欧洲的学者所主导。近年，有学者们致力于编纂手册，比如《早期中国手抄文献：文本、语境及方法》(*Early Chinese Manuscripts*：*Texts*，*Contexts*，*Methods*)，由毕鹗（Wolfgang Behr，苏黎世大学）、麦笛（Dirk Meyer，牛津大学）与本人合编。至今有十五位合作的著者，其中包括编者高奕睿（Imre Galambos，剑桥大学）、耿幽静（Joachim Gentz，爱丁堡大学）、马克（Marc Kalinowski，巴黎高师）、劳武利（Ulrich Lau，海德堡大学）、Rudolf Pfister（苏黎世大学）、风仪诚（Olivier Venture，巴黎高师）与纪安诺（Enno Giele，海德堡大学）。他们都是在欧洲院校任职的欧洲人；另外，李孟涛（Matthias Richter，科罗拉多大学）和我本人都在德国受业之后才到美国。我们原本也可以邀请两三位美国学者（但同时增加几位欧洲学者），但正如《剑桥中国文学史》不可能在欧洲完成一样，《早期中国手抄文献》这部手册也不可能——至少按照其设计初衷不可能——不依赖在欧洲工作或接受全部学术训练的学者们。两种情况的结果都会大不相同。还有，至今没有投身于早期中国手抄文献的北美学术社团，就在2004年，欧洲早期中国手抄文献学会（European Association for the Study of Chinese Manuscripts）便成立于汉堡，如今它也包括了不少北美成员。这个学会于2000年、2004年在汉堡，2008年在苏黎世的前三个讨论会论文选都已经出版，也很容易找到。[①] 其他国际讨论会也已于2012年在巴黎、2014年在海德堡举行。[②]

但是，上述情况完全没有反映在中国举办的早期中国出土文献国际学术会议上。这解释起来不容易：大部分原因和汉学及中国研究自1930年以来的发展有关，[③] 也和美国随后在全球经济、政治、军事和学术上的压倒性优势有关。我不会就此深究；但我要说尽管北美的中国研究在西方占据优势，欧洲对古典中国文本的语文学研究却不同于任何其他领域，有一条连绵不绝的传统，迄今也未被超越。现在看来，这条欧洲传统和专长并非过气的古董；相反，对于今天早期中国手抄文献研究这一崭新、活跃的国际化领域而言，它具有重要的核心意义。其长处首先来源于植根传统的《圣经》语文学和欧洲经典语文学。譬如说加贝伦茨就并非汉学家，而是受到语文学传统广泛训练的普遍语言学家。其第二点长处在于欧洲汉学完全以语文学为基础；第三点长处是一条简单的事实：最好

---

① 2000年会议的部分论文发表在 *Monumenta Serica* 51（2003）；论文摘要发表在《国际简帛研究通讯》2000年第6期。2004年的部分论文发表在 *Asiatische Studien/Études Asiatiques* 59：1（2005）；论文摘要发表在《国际简帛研究通讯》2004年4：1期。2008年的部分论文发表在 *Asiatische Studien/Études Asiatiques* 63：3（2009）。迄今为止，这个协会已经发表了四次通讯，见其网站：http：//www.zo.uni-heidelberg.de/eascm/newsletter.html。

② 全部五个讨论会的论文题目，见以下网址：http：//www.zo.uni-heidelberg.de/eascm/workshops/past-workshops.html#2014。

③ 参见拙文"The Emigration of German Sinologists 1933—1945：Notes on the History and Historiography of Chinese Studies," *Journal of the American Oriental Society* 118.4（1998）：507—529；中译文《德国汉学家在1933—1945年的迁移：重提一段被人遗忘的历史》，载《世界汉学》2005年第3期，页15—37。此文收入《德国汉学：历史、发展、人物与视角之研究》，张西平、李雪涛，〔德〕马汉茂（Helmut Martin）、汉雅娜（Christiane Hammer）主编，大象出版社，2005年，第217—258页。

的欧洲汉学家（包括在北美任教的以内），就像他们的先辈一样，不仅能够阅读中文和日文的学术著作，并且还能阅读其他欧洲语言的学术著作。他们起码都能阅读英文、德文和法文，某些同行还会俄文、意大利文或其他语言。对外语著作的基本阅读能力是方法论的基本问题之一，因为拥有（或缺乏）这一能力影响到早期中国手抄文献研究的方方面面。它影响到世界各地的每位学者；对我们中间尚未意识到这个问题的人，其影响尤其深刻。

回到手抄文献研究本身来说，方法论上有很多值得思考的重要问题，从考古学到古文字学，从语音学到历史学，从宗教到哲学，等等。因此，就《早期中国手抄文献：文本、语境及方法》这本手册，我们开始时计划编撰以下章节：

第一部分：材料、历史及比较语境

· 现有早期中国手抄文献之分类研究

· 考古学语境及方法之相关性

· 古文明墓葬里的文本

第二部分：抄写及书写，文本和抄本的制作过程

· 手稿学：书写的物质及技术层面和抄本之制作

· 句读

· 古文字学：传统及现代之发展

· 书吏之手

· 字形异体

· 文本批评

· 古文字学和地区化的字体

第三部分：早期中国手抄文献及语言史

· 语言学的角色

· 语言交流及多样性

第四部分：文本及抄本产生的社会及思想语境

· 阅读和书写的社会学

· 文本、哲学及抄本文化的诞生

· 引文、被标记的言辞、作者身份及文本共同体

· 书写、口述性及文本的传承

因此，我们设计这本手册的目的如下：（1）提供当前早期中国手抄文献研究状况的完整描述；（2）界定用于反思这些文献的种种观点角度；（3）为师生提供可以应用于其研究的具体指导。为此，我们召集了一批前沿的专家，他们具备我们试图涵盖的不同观点角度和进路。现在未能预计何时才会完成已计划好的手册，因为很多参与者为自己的项目而忙碌着；但我们计划的进路大纲，对于任何出土文献认真而系统的研究，依然占据中心地位。

与中日或北美学术圈惯常提出的问题相比，这里涵盖的进路范围要广泛许多。当然，我们也对当今中国学界的古文字学、语音学、思想史等传统领域感兴趣。但此外，从宏观和微观两种层面上对文本进行思考是必要的：在微观层面上，我们讨论了句读、抄写差异以及手抄本的原始制作过程里涉及的物质及技术种种细节。宏观层面上，我们反思诸如著作权、传播以及早期中国阅读和书写的社会学等问题。另一方面，没有一个章节讨论如何把这些手抄文献纳入传统视野里的思想史。这是经过斟酌的决定：在把文本划归某个特定哲学“流派”或者猜测该文本的作者可能是谁之前，学者首先必须思考这文本（作为思维的产品）以及我们手中的具有物理性质的文献（作为物质的产品）本身是什么。事实上我们当然永远不可能孤立地看一个文本。然而，具有核心重要意义的是我们试图限制经典传统对我们分析的影响，并且必须试图不从传统的假设出发——否则，我们就有可能落入一叶障目的危险，发现自己“已知”的或者试图发现的，却看不见其他或许更加有趣的可能性。尽管

今天中国学人每每称引王国维的“二重证据法”，但使用传统数据和新近出土数据的时候却经常并不平衡；相反，特别是涉及早期哲学手抄本的时候，主导趋势似乎是在把新发现的资料归入传世传统的范式之内。由于我们永不应该丢失传统视野，方法论原则上，检验新出土材料要从它们本身出发；在此之前，不要把它们硬套入某种传统视野来进行解读。

三、早期中国文献研究的五种观点角度

下面将介绍我近年来致力的五个问题。显然，这并非早期中国抄本研究里唯一有意思的观点角度；它们只不过恰巧是我的关注点，而且可能代表当下西方学术界所提出的问题、显现的观点角度，与中国学界现时所讨论的有所不同。就前两个问题，我已经发表过中英文文章①。由于这些出版物都很容易找到，我这里就只简单归纳一下主要的几点。

① “Methodological Reflections on the Analysis of Textual Variants and the Modes of Manuscript Production in Early China,” in *Journal of East Asian Archaeology* 4.1—4（2002）：143—181；中译本（有些严重误译）题为《方法论反思：早期中国文本异文之分析和写本文献之产生模式》，载《当代西方汉学研究集萃：上古史卷》，陈致编，上海：上海古籍出版社，2012 年，第 349—385 页；“Quotation and the Confucian Canon in Early Chinese Manuscripts：The Case of ‘Zi Yi’（Black Robes），” in *Asiatische Studien / Études Asiatiques* 59.1（2005）：293—332；中译文题《引据与中国古代写本文献中的儒家经典〈缁衣〉研究》，载《简帛研究》2005：7—29；“Excavated Manuscripts and Their Socratic Pleasures：Newly Discovered Challenges in Reading the ‘Airs of the States’，” in Études Asiatiques/Asiatische Studien 61.3（2007）：775—793；中译增补本题《从出土文献谈〈国风〉的诠释问题：以〈关雎〉为例》，载《中华文史论丛》2008.1：253—271。

（一）口述性的问题

在详细讨论早期手抄本里引“诗”的文本异文时，我得出的结论是：我们必须考虑到早期文本传播的强烈口述因素，也必须将这一发现对早期文本制作方式的影响考虑在内：它们有时被抄录，但有时则是根据记忆默写的。我强烈反对某些学者想象从一个文本到另一个文本的抄录是早期中国文本滋生——或者说是文本为墓葬制作——的唯一（甚或说主导）方式。就我个人所见，这一假设与比较研究的证据相龃龉，也与早期中国抄本本身提供的证据相龃龉。我依然坚持几年前发表的下述结论：

> 我研究了六种出土文献中的“引诗”的文本异文，研究的结果使我假定曾经存在一个具有较大文本流动性的阶段，当时某个措辞大体稳定的文本能够化身为多个相互独立的写本。我认为，尽管这些版本都从一个不可能重新恢复的原本衍生而来，但它们多样的书写形态并非来自一个单一的原型。严格说来，在这些不同版本的背后，并不存在唯一的原始书写文本。但这也并非等于是说我们要排除这样一个可能：这个不能恢复的原始文本最初也是以书写形式创作的。只能说这个文本在被创作出来以后，并没有按照文本族谱模式的谱系链连续地流传下来。因此，我不同意这样一个观点，即在早期中国，一部作品的文本链条主要是作为写本而获得地位，并且主要是通过抄写而流传。①

（二）阐释有传世文本为参照的出土文献

另一个至关重要的问题是我们如何以传世文本为参照解读早期出土

① “Methodological Reflections on the Analysis of Textual Variants and the Modes of Manuscript Production in Early China,” 149—150.

文献。[①] 以《诗经》为例，我提出我们无法逃脱一种难以解决的困境：

如马承源先生等人已经指出的那样,《孔子诗论》对《关雎》的讨论表明了《小序》“绝不可能是孔子论断的真传”[②]。但如果《关雎》是如此，那么《毛传》对《国风》的整个解读方法也一定如此。《孔子诗论》没有对任何一首《国风》进行历史上的讨论。但我们要再跨一步，承认《关雎》在《毛诗》中的文本本身不是《孔子诗论》里谈到的《关雎》。《毛传》对“窈窕”的定义与《孔子诗论》的讨论和大量其他证据有根本上的冲突。[③] 有如此之多的材料直接动摇《毛传》，这一点是很独特的，并有可能和《关雎》显著的地位有关。但正因为《关雎》似乎带有示范作用的显要性，我们必然对整个《毛传》对《国风》的历史性解读，以及对许多《诗》的单个字词的注释，都产生疑问。就我们目前可以推断的来说，这种训诂的诠释在《毛传》以前并不存在。至少在从《孔子诗论》到帛书《五行》之间的一百来年中持续存在的、地位十分显著的另一种诠释传统里好像没有解释单个字词的迹象。认真地看，这种情况造成了一个根本性的难题：现在我们已能怀疑《毛传》的注释及其支持的历史解读，但我们没有什么可以取代它们的。虽然我们知道组成公元前三百年左右的《诗》是与流传的《毛诗》同音字词，但是，一旦除去《毛传》的单字训诂，我们就无法弄清这些字到底写哪些词。换句话说，把我们对《孔子诗论》的解读建立在我们对《毛诗》的理解上，这种惯用研究程序根本上就是自相矛盾，站不住脚的。我们不能在摒弃《小序》的同时接受《毛诗》文本中的字词，因为这一文本根本就

① 亦见：William G. Boltz, “Manuscripts with Transmitted Counterparts,” in *New Sources of Early Chinese History：An Introduction to the Reading of Inscriptions and Manuscripts*, ed. Edward L. Shaughnessy. Berkeley：Society for the Study of Early China and Institute for Asian Studies，University of California，1997，253—283.

② 马承源《上海博物馆藏战国楚竹书（一）》，第 140 页。

③ 包括帛书《五行》《论语》《荀子》、司马迁《史记・十二诸侯年表》《儒林列传》刘安《离骚传》、刘向《古列女传》对《国风》和《关雎》所作的评论。

不是“原文”，或存在先于《毛传》的训诂注释。这一文本流传的形式和意义是通过《毛诗》和郑玄的《毛诗传笺》才存在的；我们手头没有《诗》的原文。我们所有的只是《毛诗》——一部通过一种特殊的诠释方式构筑的文本。①

（三）引文和平行文本的问题

我认为重要的另一点方法论问题是引文与平行文本。② 这个问题不仅涉及某篇文本特殊的写作和修辞特征，而且涉及其性质、完整性及我所谓在其“文本共同体”（即认为这篇文本具有特殊重要性的直接受众）间所处的位置。在早期中国，文本间普遍存在大量的平行性。范围庞杂的文本间多次出现类似的历史轶事，甚至长篇幅的叙事；某些特定的话不仅出现在不同的文本里，甚至出自不同的发言人之口；③ 整篇的文本可能都是由“建筑方块”（鲍则岳）搭建成的，即短篇的文本单元可以用不同的方式重组，导致早期书写的“复合性特征”。④

在早期中国（以及研究早期中国的现代学术界），读者并不觉得同一

---

① 《从出土文献谈〈国风〉的诠释问题：以〈关雎〉为例》，第 268—269 页；“Excavated Manuscripts and Their Socratic Pleasures：Newly Discovered Challenges in Reading the ‘Airs of the States’，” 791—792。

② 有关古典中日文献的引文，参见法国期刊 *Extrême-Orient*，*Extrême-Occident* 17（1995）特别主题期号 *Le Travail de la citation en Chine et au Japon*。关于早期中国文献的引文问题，完整讨论可见于即将发表的文章。该文由 Michael Hunter 与 Martin Kern 合著。

③ See Paul Fischer，“Intertextuality in Early Chinese Masters-Texts：Shared Narratives in *Shi Zi*，” *Asia Major* 3rd ser. 22.2（2009）：1—34；Michael Hunter，“Sayings of Confucius，Deselected”（Ph.D. diss.，Princeton University，2012）.

④ Boltz，“The Composite Nature of Early Chinese Texts，” in *Text and Ritual in Early China*，ed. Martin Kern（Seattle：University of Washington Press，2005），50—78.

段话读两遍（或者更多遍）是件麻烦事。[①] 平行文本通常不被看作引文，而且一个故事的不同版本间不同的措辞也通常可以接受；不少古训都被广泛复述或变形，出入于书写或口述的传播之间。事实上，学者们并不把平行版本看作削弱彼此的可靠性，而是相反把它们看作相互支持。[②] 这是个方法论的选择。传统学术——如今得到例如香港的 CHANT 数据库这样巨大的文本数据库的支持——总是试图界定暗用的引文或平行文本，追踪个体文本可能的作者及特定的“思想流派”之间历史性和思想性的联系。[③] 但它并不质问为什么不同文本会平行而有差异，或者平行文本和引文这种无所不在的现象告诉我们哪些关于早期文本形成及传播的消息；它也没有充分探讨引文使用本身是如何作为作品的修辞特征的。譬如说，采用历史人物的直接引文，尽管他们的实际言辞不可能被记录下来，这样的写作手法意味着什么？其所从属的文本共同体显然把这些引文当作出色有效的修辞，这又透露了哪些消息呢？

---

① 传世文本和出土文献之间叙事重迭的例子包括了一系列的文本，如清华竹简里显示的与《尚书》、《吕氏春秋》、《逸周书》、《世本》及其他文本的平行［见李学勤，《清华大学藏战国竹简》（壹）（上海：中西书局，2010 年）］；马王堆也发现了与《战国策》平行的文本［福山由美子（Yumiko Fukushima Blanford），“《战国纵横家书》帛书研究”（“Studies of the ‘Zhanguo zonghengjia shu’ Silk Manuscript”），华盛顿大学博士论文，1989 年）］；郭店竹简“穷达以时”这篇不长的文本里，第 10—13 号简上提及了伍子胥故事，这与《韩诗外传》、《说苑》和《荀子》的措辞重迭（《郭店楚墓竹简》（北京：文物出版社，1998 年），第 27—28 页，245］；郭店简“尊德义”第 22 号简上有一行十一个字的句子，这与《论语·泰伯》里“民可使由之”一段平行，第 28—29 号简上有另一段十个字的话，和《孟子·公孙丑上》里“孔子曰德之流行”一段平行（《郭店楚墓竹简》，第 56—57 页，174）。

② 这种态度的最新例证是清华竹简里与《尚书》及其他数据平行的文本是如何被讨论的。在不少地方，编者都提出手抄本比传世本优越，假设了一条文本传讹的传播史；但他们从没有质疑传世本的来源或真实性，也没觉得必须以一个版本为准摒弃其他版本。相反，有意思的是，目前讨论的部分动力来自于一种信念，即尽管手抄本有大量异文，但它还是为传世本的基本可靠性提供了依据。

③ 除了古文字学分析外，在早期中国手抄文献研究里这是目前为止最受瞩目的话题——尽管事实证明清晰鉴定的“学派”这个观念颇成问题；见 Mark Csikszentmihalyi and Michael Nylan，“Constructing Lineages and Inventing Traditions through Exemplary Figures in Early China,” *T'oung Pao* 89.1—3（2003）：59—99。

尤其有意味的是，直接引文是一种文学修辞手法，借此作者表明这部分文本不同于其他部分，别有来历，而且这部分文本自觉参与并延展了一个更大的文本宇宙。[①] 例如，像《荀子》这样的文本，我们通常发觉所使用的“曰”（或“故曰”）被诠释为“我说道”（或“因此我说道”）；但有更多情况下，它表示恰好相反的意思——非第一身的“有人说道”（或“因此有人说道”）。这标志着后续的语句并非言说者本人的说话，而是引用了传统智慧的隽语。到目前为止，并没有充分完成的论述去辨别这类引文；反而，我们太快假定早期文献通常都强调个人意见（与个别作者），多于表达其他众人意见。

早期中国作者的引文来自多样散乱的文本、权威和其他各种资源。经典文本的引文，特别是引《诗》，频繁地出现在早期手抄文献里，而这些文献都是当时哲学和政治话语的一部分，包括郭店和马王堆文献中的《五行》篇里标记或无标记的引文[②]，乃至上博《孔子诗论》的简短指令[③]。这些手抄文献确证了中国早期《诗》文本的大量流传和相对稳定性，尤其是在南方的故楚之地。传统经典里另外两部也与之相类似，尽管其措辞稳定性不如《诗》。《易》如今已经见于上博，来自公元前300年左右，也见于马王堆，约公元前2世纪。《尚书》在清华竹简里有相当部分的平行文本。[④] 迄今为止，我们还没有在北方发现类似的手抄文献证据，尽管北方传统被认为是这些文本起源和传承之地。难道这仅仅是保存过程中的偶然或者考古学上的幸运？或者说它告诉我们这些经典文本在早期中

---

① 见 Richard L. Schultz，*The Search for Quotation：Verbal Parallels in the Prophets* [Sheffield：Sheffield Academic Press，1999（Journal for the Study of the Old Testament Supplement Series 180）]，211—212.

② 见《郭店楚墓竹简》，第147—154页；及《马王堆汉墓帛书》（壹），北京：文物出版社，1980年，第17—27页。

③ 我沿用上博编者拟定的《孔子诗论》这个标题，尽管这个标题容易让人望文生义，错以为这篇文本整个都出自孔子手笔。相反，其中只有几个段落归入孔子名下。

④ 见目前发表的清华竹简第一卷。

国不同地域的存在和流传的消息？

我们还要考虑早期文献是如何引用文本的。尽管《诗》里的作品被引用时多数都被仅仅称为“诗”（有时候称为“大雅”或“小雅”），《尚书》在引文里却从不被概括性地称为“书”（这种情况在传世的早期文本里也可以发现）。① 与之相对照的是，手抄本如《缁衣》（郭店、上博）和《成之闻之》（郭店）所引用的章节标题则必与传世《尚书》或者是和《尚书》语言风格类似的文献里的章节标题完全一致。② 清华竹简里，我们进一步看到平行叙事章节的标题与传世《尚书》不同。③ 同时，正如清华大学博物馆藏简里《尚书》的平行文本一样，《尚书》引文和传世本相对校时显示比《诗》的引文更大的变异性，④ 包括句子结构、字数和选字（假借字及意义上不同的词）上的差异。整体而言，具有《尚书》风格的引文表明当时存在的一大批文本材料，它们直到战国晚期都还没有被划分为边界固定的经典，声誉也可能不如像范围清晰的《诗》这样显要。和郭店、上博里的对应章节相比，传世本《礼记·缁衣》给了《尚书》引文更多的分量，这表明汉代《尚书》地位的上升。⑤ 此外，尽管其特定的标题表明个别的《尚书》文本段落有确定的身份，它们的具体措辞却没有严格

---

① 例如《荀子·修身篇》的结语（四部丛刊 1/19a—b）。《礼记》全本仅包括了三处概括性的“书曰”，一见《坊记》，余见《丧服四制》。

② 《缁衣》引文，见“Quotation and the Confucian Canon in Early Chinese Manuscripts：The Case of ‘Zi Yi’（Black Robes），” in *Asiatische Studien / Études Asiatiques* 59.1（2005）：293—332；中译文《引据与中国古代写本文献中的儒家经典〈缁衣〉研究》，载《简帛研究》，2005：7—29。《成之闻之》引文，见《郭店楚墓竹简》，第 166—170 页。

③ 手抄本与传世本不同的标题，见《清华大学藏战国竹简》，第 157—162 页。这里，最后的一条竹简背面有很长的标题“周武王有疾周公自以代王之志”，而非传世《尚书》里简洁的“紧縢”。把两个标题的任何一个称为“原题”，另一个称为“晚出”都是错误的。

④ 有关后者的研究，见柯马丁，“The *Odes* in Excavated Manuscripts，” in *Text and Ritual in Early China*，ed. Martin Kern（Seattle：University of Washington Press，2005），149—193 页。

⑤ 见柯马丁，“Quotation and the Confucian Canon，” 303—304，317—318；《引据与中国古代写本文献中的儒家经典〈缁衣〉研究》，13，22。

控制，因为它既没有可以帮助记忆的严格形式特征（譬如《诗》的韵律音节），也没有古地中海地区那样的“经典语式”。[①] 这样看来，早期手抄文献显示出这些《尚书》风格的引文具有怎样的性质和地位呢？它们是否符合《尚书》在战国时代就已经是一部经典的假设？

早期中国引文的一个有趣特征是归于匿名权威的引言的泛滥，譬如说“君子”（例见上博《昔者君老》篇）[②]、不确定的“子”（例见《缁衣》）或“圣人”（例见出土《老子》）。[③] 自汉代以来的学者已经回溯性地把许多这些身份不确定的权威鉴定为特定的历史人物，通常是孔子，例如东汉的《汉书·五行志》和《潜夫论》都把《繫辞传》里的一处“子曰”定为孔子曰，[④] 或者说王充（27—100）把《公羊传》里的一处“君子曰”也定为孔子曰。[⑤] 然而，极少证据表明汉代以前的作者们会把这种“引文的姿态”（史嘉柏）[⑥] 理解成出自某位特定个人的实际引文。[⑦] 有关或来自某位“君子”的陈辞具有程序化性质，这在郭店《成之闻之》里尤其明显，

---

① 譬如《圣经》里的《申命记》12.32，“凡我所吩咐的，你们都要谨守遵行，不可加添，也不可删减”。以及《马太福音》5.18，“律法的一点一画也不能废去”。埃及智慧书、巴比伦史诗还有古代和经典的希腊文本里也可以见到类似表述。见 Jan Assmann，*Religion and Cultural Memory*，trans. Rodney Livingstone（Stanford：Stanford University Press，2006），118—120。早期中国的这种经典语式也有一个孤例，即《吕氏春秋》，据说它曾被悬挂在咸阳市门，凡有能增损一字者予千金（《史记·吕不韦列传》）。

② 《上海博物馆藏战国楚竹书》，第二册，第 241—246 页。

③ 如“圣人之言曰：我无事而民自富。我亡为而民自化”。见《郭店楚墓竹简》，第 113 页。

④ 《繫辞传》原文见四部丛刊本 7/5b。《汉书》及王符之言，见《汉书》27.1376，《潜夫论》32（四部丛刊本 8/9a—b）。

⑤ 《论衡》27（四部丛刊本 8/15b）。《公羊传》里的“君子曰”，见庄七年（四部丛刊本 3/7b）。

⑥ Schaberg，“Platitude and Persona：*Junzi* comments in the *Zuozhuan* and beyond，” in *Historical Truth*，*Historical Criticism*，*And Ideology*：*Chinese Historiography And Historical Culture From A New Comparative Perspective*，ed. Helwig Schmidt-Glintzer et al.（Leiden：Brill，2005），4.

⑦ 不过有一个例外是上博《弟子问》篇（《上海博物馆藏战国楚竹书》，第五册，第 267—283 页）里，一位“子”（可假定为孔子）回答某位已知的孔门弟子问。

这可能表明后者并非引文，而是强调文本中紧要部分的手段。① 换用史嘉柏的话说，“君子”、“子”和“圣人”都可以理解成人格化的多种修辞功能，包括带标记的判断或对古训的援引。②

这样理解的引文无须谨守事实：哪怕言辞被归于诸如孔子、周公等特定历史人物名下，这都可能仅出于修辞目的，不必信以为真。某句话在文本甲里被归入某人名下，在文本乙里就别有所出，这已是司空见惯。当然，这种情况并不要求我们判断谁是历史上“真正的”发言者；更可能的是，它仅仅表示某些固定的辞令可以多种多样的方式应用或归于某人名下，含义也每每不同。③ 不论哪篇文本里归于哪位历史人物名下的话，都不能望文生义地当作那个人物的言辞。这些归名只能表明在文本共同体里，这位假定的历史发言人是一位已知而且重要的人物，其名字给某句话添加了特别的意义。早期作者们一般都避免自称其名，但却很乐意把某句话归名他人。目前发现的早期手抄文献里，还没有哪篇提到自己的作者或引用另一篇书面文本的作者，但不少文献引用的话语却都有名有姓，表明个体作者身份远不如援引传统或权威来得紧要。

引文有多种功能。其一就是修辞性地把一段新的话语与听众心目中的早期权威文本或显要人物相联系。带有引文的文本因此透露了它们所从属的文本共同体的某些消息：关于它们的历史倾向、文化典范、继承的思想脉络，还有行为模范。我们因此不应当急于鉴定它们出自历史上谁人之口；相反，我们应当考虑它们是真正的引文还是带标记的言辞的问题，作者声音的问题，最后还有单一文本里复合了多重文本来源的可能性。此外，采用明显引文的手段所表达的不仅有文本之持续性及历史人物之显要，还有文本实践本身。通过引文，新文本指涉了早期的文本，

---

① Schaberg, “Platitude and Persona,” 6.

② Schaberg, “Platitude and Persona,” 15.

③ 譬如说《楚辞》里的《渔父》被认为是渔父劝说屈原之作；而在《孟子·离娄上》里，同一首“沧浪之歌”就成了“孺子歌”，孔子还对之有所点评。

并把两者都登记在了共同的文本系统里；同时，文本或来自过去的历史性发言人都以当下的文化语汇进行了想象或再想象、建构或重建。

（四）文本数据库与合成文本

西方学术界对早期中国文献研究当中，由鲍则岳（William G. Boltz）所提出文本的“建筑模块”（building blocks）概念，已经广被接受。这概念意谓，很多文献由较小的文本单位所建构而成。这些较小的文本单位在不同文献中以不同设置方式重复出现。这理论解释了不少相似的简短文本段落横跨很多早期中国文献。它同时推翻了“稳定”的概念，即独立地由单一作者完成的文本；相反，它主张很多文本并不是真正的创作品（意谓由单一思想所产生的成品）而是编纂品，因此代表了不同的源头，而这些源头的原创者通常都是无名氏。鲍则岳的理论，就很多早期哲学文本的情况来看，证实是有说服力的。我相信这理论同时能应用于早期诗歌。例如在《诗经》，尤其大雅与小雅，我们发现当中有一系列作品将韵文与散文素材结合在一起。举例来说，《江汉》一诗毋庸置疑并非出于单一作者的手笔。相反，这首诗歌的第一、二及六段由典型大雅的语言所组合而成（包含许多其他大雅诗歌的平行文本），而第三、四及五段则由完全不同的语言（包括散文语言）所写成，不含任何在《诗经》其他地方见到的平行文本，却与青铜铭文与《尚书》语言有密切关联。我们不知道现时我们所见《江汉》的版本从何而来，但它凸显了一个根本问题，就是《诗经》整体诗歌的文本完整性。从方法论角度来说，我们必须谨慎检验尤其是较长篇的诗歌，以判断它们事实上是否为不相关联并独立自存的文本，抑或其语言揭示了单一诗歌内形式上不一致与不连贯。就我所知，这种研究尚未系统地进行。

这种研究之所以未曾出现，理由大抵很简单：我们只不过假设了

“诗三百”就是有三百首诗。在即将展开的研究中，[①] 我借着对照“合成文”（composite texts）与“文本数据库”（textual repertoires）来质疑这个假设。引申鲍则岳的理论来说，我认为早期中国文献有很多个案——包括《诗经》但肯定不限于诗歌——个别句子、段落或故事的平行文本，在文本数据库中出现：题目、主旨、意念与整套表达方式与此相关。因此，我们看到“周颂”里有很多平行文本，它们所用的字词相异，所表达的意思却相同。这些诗歌，就其本身单独而言篇幅太短，不足以用作宗庙的演出；相反，它们很可能是一组文本，或可能是单一较长的文本，而必须整体地理解它们。《左传》与《礼记》有一很典型的例子，有一组诗歌被重构为一套名为“大武”的歌舞表演项目中的元素：[②] 在《左传》中，征引个别诗歌的引文，会就整体的“武”之中被指派为不同的“章”（sections）；但在《诗经》里，这些“章”都是简短而具有自己的标题的独立诗歌。这种矛盾，与《礼记》所得的证据加起来，强烈指明“武”确实是单一文本材料或“数据库”，而“周颂”则纯粹是零散的诗歌。

从“国风”可见另一个相似的例子。在清华简全集中，标题为《耆夜》的篇章中发现了另一版本的《蟋蟀》，与《毛诗》“唐风”所载不同。流行版本有廿四句四音节句，分成三段；清华简版本却有三十句（有些句子不能完整地显示于竹简上），其中三句由六个字符而非四个构成。廿三个完整可见的句子中，只有三句与流行版本吻合；除此之外，尚未发现很多词汇变化、句顺颠倒、附加句子，与不同韵调等情况。形式上，

---

① “Coming into Being：*The Shijing*”，载于一本论《诗经》与荷马诗歌的书，由 Fritz-Heiner Mutschler 所编。

② 详参《左传》宣公十二年；“乐记”［孙希旦，《礼记集解》（北京：中华书局，1989），1023—1024］；王国维，《观堂集林》（台北：世界出版社，1975），2.15b—17b；孙作云，《诗经与周代社会研究》（北京：中华书局，1966），239—272页；C.H. Wang，*From Ritual to Allegory：Seven Essays in Early Chinese Poetry*（Hong Kong：The Chinese University Press，1988），8—25；Edward L. Shaughnessy，*Before Confucius：Studies in the Creation of the Chinese Classics*（Albany：State University of New York Press，1997），165—195；还有其他。

流行版本具有诗经典型的三段式重复，而清华简版本却完全没有。据《毛诗》序言所说，《蟋蟀》是针对晋僖公（公元前9世纪晚期）所作，以讽刺他过度节俭；而清华简中，此诗由周公于一个宴会中唱出（或许是即兴而为之）。时间上比《毛诗》所说早了两个世纪。

很多学者争论两个版本的《蟋蟀》代表同一个文本的两种版本，还是两首不同的同名诗歌（也争论哪一文本应是“更原先”的）。我相信这是不确当的论题。无疑，这两个文本紧密地相关；但它们也确实非常不同，因此不能视为同一首诗，然后设想不知什么因由，这首诗随着时间改变了。相反，我认为这两首诗是两个独立分离，但以相同主题与诗歌表达的数据库的创作成果。或许以相同主题与数据库的诗歌创作只有这两首，或者有更多。断不能说其中有某一作品是“原创”的；所有这些诗歌，简单而言都是以不同方式、很大程度上使用相同的语言，但表达相同的主题的作品。或许，由共享的数据库所产生不同版本的诗歌，情况恰如孔子的“复制”一样，将原先全体三千首诗加以修剪减至三百首（据司马迁所说）。在这个过程当中，某一版本被挑选出来（并做进一步编辑）而其他版本被放弃了；此外，这个过程同时是从不同的历史脉络及其产生的诠释中做出挑选。《蟋蟀》是迄今唯一我们在《毛诗》以外所见过曾被完整地征引的诗。尽管如此，一个例子足以提醒我们要思考关于《诗经》的诗歌其本质与创作过程时，有全新的可能性：这些诗作不是由单一作者个别独立地创作的结果，而是编纂并且由文本材料合成而来，这些原材料在当时被很多受过教育的人所共享。如果此说正确，则我们对《诗经》的诠释将会产生极大的改变，并会引出关乎早期中国诗歌的合成与传播的根本性的议题，及有关我们研究的全新的方法论问题。

（五）作者身份的问题

最后，容我提出另一点方法论议题，就是早期中国文献研究的作者身份问题。有关出现在早期中国手抄文献里的某些哲学文本，其中一个最有争议性问题便是：谁是作者。有些学者坚持认为郭店《老子》残篇的作者就是老子，还有人坚信郭店和上博《缁衣》的作者是子思子，也有人提出上博《诗论》的作者是子夏。以上每个例子中，作者身份的归属都被用来决定文本整体的意义及其在传统思想史里的位置。子思的这个例子里，作者身份的归属与（同样含混的）传世文本证据相结合，用以给包括《论语》在内的一系列传统文本断代。[①] 然而，我们所了解的传统思想史框架实际上都来自汉代，决定其形式的主要是经过两次删减保存在《汉书·艺文志》里的西汉晚期皇家秘阁藏书书目。

如米歇尔·福柯在他著名的文章《什么是作者？》（“What is an Author?”）[②] 里注意到的，“作者”的意义主要并非文本的来源，而更多是作为文本的功能：界定作者决非是对文本的起源做出某个事实性的陈述，而是根据读者对此人持有的特别观念，给文本赋予了具体的意义。借此，“作者功能”（“the author function”）就在“意义的无限滋生里扮演了经济的原则”（“the principle of thrift in the proliferation of meaning”）：它大大限制了一篇文本能够被理解、阐释的多种可能。不妨想象一下这种假定的情况：倘若我们把一篇无名氏的军事或医学文本归入孔子或老子名下，结果就大大不同了。这种作者身份的归属会立即决定我们阅读这篇文本的可能方式，也会进而改变我们对孔子或老子的看法。不必说，我们从不会把这类无名文本归入孔子或老子名下，因为我们已经“知道”他们

---

① 参见 John Makeham, “A Critical Overview of Some Contemporary Chinese Perspectives on the Composition and Date of *Lunyu*,” 普林斯顿大学 “The *Analects*-A Western Han Text?” 会议论文，2011 年 11 月 4—5 日。

② 见 Michel Foucault, “What is an Author?,” in *Textual Strategies*: *Perspectives in Post-Structuralist Criticism*, ed. Josué V. Harari (Ithaka: Cornell University Press, 1979), 141—160.

为人，因此也“知道”他们可能写作怎样的文本。[1]

这恰是我们和某些传世文本的问题所在。《庄子》是个好例子：我们相信某些篇章出自庄子手笔，但其他的不是，因为它们不符合我们对作者庄子的看法，以及其他某些章节。在几乎所有其他早期中国文本身上，我们都遭遇到这个问题，原因就是一个事实，即“作者功能”乃是宣称文本统一性、连贯性的最重要方式。对也好，错也好，我们相信像孔子、庄子或其他的作者们可能说某些话，但不可能说另外一些话。就《庄子》而言，我们“解决问题”的方式就是分出内篇、外篇以及作者不一的杂篇［虽然朴仙镜（Esther Klein）2010 年发表在《通报》上的文章已经不容置疑地证明西汉所知的《庄子》并非仅由内篇组成[2]］。就《论语》而言，我们“解决问题”的方法就是提出文本不同部分来源于不同的弟子，甚至不同辈分的弟子（尽管现有的西汉时期《论语》包括或不包括哪些章节的证据并不能证明这一“层积”模型）。就《荀子》和《韩非子》而言，我们“解决问题”的方式是提出荀匡和韩非平生必然写作了种种不同的论题。所有这些“解决问题”的方法都是基于一种观念，即一位作者必然代表了一种连贯、统一的观点角度和声音。“作者功能”在反方向上也发挥着功用：因为它，我们绝不可能把孔子认定成某篇无名军事或医学文本的作者。

这一切的意义在于：当我们把某篇早期文献归名于某位作者时，我们其实是在试图限制这篇文本的可能阐释方式，而且我们总是试图把文本融入到我们自以为已知的传统思想史里。当我们宣称某篇无名文本出于传统思想史里有名有姓的作者时，我们是用手里最有力的武器来把传统的读解强加在这篇文本上，并排除下面这种可能性，即这篇文本可能

① 而且这还是在现有《史记》已经呈现了较为复杂的孔子形象的情况下，譬如说他任大司寇期间诛鲁大夫少正卯。

② Esther Klein, “Where there Inner Chapters in the Warring States? A New Examination of Evidence about the *Zhuangzi*,” *T'oung Pao* 96（2010）: 299—369.

不在传统框架之内，或者说我们应该重新思考传统的框架了。借此，我们想要接受的只是我们已经相信的。这是一个巨大的方法论问题。

因此在接受这种作者的归属之前，我们应当反问下面几个问题：首先，把文本归诸某位作者意味着什么，对我们阐释此文本的后果又是什么？其次，战国时代中国的作者身份的整体状况如何？再次，战国手抄文献是如何反映作者身份的？最后，从比较的角度来考虑作者身份归属是否有启发意义，譬如把早期中国和古希腊相比较？

只要看看汉代以来的中国文本传统，我们很难想象还有其他哪种文本文化如此关注作者身份，并把阅读文本当作个人性格及其特殊历史环境之显现的了。譬如说，当我们阅读陶潜或者杜甫诗歌的时候，总不免被淹没在传统和现代的注疏里，它们从文本建构出作者的传记，然后再用这些假定的作者传记来重建其所依据的文本——这种循环过程就叫“传记谬误”。自《诗大序》以来，一首诗——几乎任何一首值得一读的诗——都必须有所根本：其存在的意义在于真实展现了个人对特殊历史环境的反应。简言之，自汉世以降，作者身份的问题对中国文学传统便具有了至关重要的意义。其结果是，我们不免受到巨大的诱惑，想要把对作者身份的注重同样投射到先秦时期：因为一旦习惯了通过作者形象来解读文本，不论这一形象有多少虚构或重构的成分，我们都难以想象另外一种不同的方法。

事实上，与古希腊的比较将表明两种文明都有强烈的把文本等同于作者的倾向。不晚于公元前 5 世纪，古希腊的主要文献——历史、话剧、荷马史诗——都会被归于有名可见的作者。因此我们读到《史记·孔子世家》里类似现象的时候，就毫不觉得奇怪：正如在古希腊有荷马与史诗一样，理想的作者（孔子）匹配上了理想的一系列文本（六艺及其后的五经）。《史记》里，司马迁两次把自己展现成一位读者，对他来说，文本和作者互相指代——第一次是孔子，第二次是屈原：

余读孔氏书，想见其为人。(《孔子世家》)

余读离骚、天问、招魂、哀郢，悲其志。适长沙，观屈原所自沈渊，未尝不垂涕，想见其为人。(《屈原贾生列传》)

极不寻常的是，这种情况绝不见于先秦。前帝国时期唯一归于某位作者名下的主要文本就是《春秋》，而且这只出现一次，在《孟子·滕文公下》：

世衰道微，邪说暴行有作，臣弑其君者有之，子弑其父者有之。孔子惧，作《春秋》。《春秋》，天子之事也；是故孔子曰："知我者其惟《春秋》乎！罪我者其惟《春秋》乎！"

在先秦文本文化里，这段话对作者身份的指称是绝无仅有的孤证。这段话可注意者有如下四点：首先，其动词的选择。孔子"作"《春秋》，这表明他僭越了天子之职。孔子所"作"者并不仅是一篇文本，而是一种新的王权模型，并以此取代了迄今为止的王道。作为真正的"作"者，孔子被展现为一位圣人。在先秦，没有其他任何人曾经被指名"作"了一部长篇的文本以供后世阅读。其次，纵有汉之世，把《春秋》归名孔子的也仅此一例，表明孔子"作"《春秋》这事当时并不为人广泛所知，或者不被看成是孔子的一项主要贡献。

再次，《孟子》这段话还值得注意的是，这里孔子声称掌握了其作品的真正所有权，并且愿意为其后果负责。他是福柯意义上的真正作者，甘愿为了他的作品接受惩罚。何况，他的作品也的确后果深远；根据《孟子》，"孔子成《春秋》而乱臣贼子惧"。最后，孔子被描绘为具有自我意识的作者，他响应自己的时代，为后代而著述；他的作品向我们提供了他本人对历史的判断，但更重要的是，作品传达了作者本人的道德立场。事实上，《孟子》里还有另外两段话，强调作者是文本之源，故而若要理解一篇文本，就不能不考虑到其作者。

> 咸丘蒙问曰："语云：'盛德之士，君不得而臣，父不得而子。'舜南面而立，尧帅诸侯北面而朝之，瞽瞍亦北面而朝之。舜见瞽瞍，其容有蹙。孔子曰：'于斯时也，天下殆哉，岌岌乎！'不识此语诚然乎哉？"孟子曰："否；此非君子之言，齐东野人之语也。尧老而舜摄也。《尧典》曰：'二十有八载，放勋乃徂落，百姓如丧考妣，三年，四海遏密八音。'孔子曰：'天无二日，民无二王。'舜既为天子矣，又帅天下诸侯以为尧三年丧，是二天子矣。"咸丘蒙曰："舜之不臣尧，则吾既得闻命矣。《诗》云：'普天之下，莫非王土；率土之滨，莫非王臣。'而舜既为天子矣，敢问瞽瞍之非臣如何？"曰："是诗也，非是之谓也；劳于王事而不得养父母也。曰：'此莫非王事，我独贤劳也。'故说诗者，不以文害辞，不以辞害志。以意逆志，是为得之。如以辞而已矣，《云汉》之诗曰：'周余黎民，靡有孑遗。'信斯言也，是周无遗民也。孝子之至，莫大乎尊亲；尊亲之至，莫大乎以天下养。为天子父，尊之至也；以天下养，养之至也。《诗》曰：'永言孝思，孝思(惟)〔维〕则。'此之谓也。《书》曰：'(祗)〔祇〕载见瞽瞍，夔夔斋栗，瞽瞍亦允若。'是为父不得而子也？"(《孟子·万章上》)

> 孟子谓万章曰："一乡之善士斯友一乡之善士，一国之善士斯友一国之善士，天下之善士斯友天下之善士。以友天下之善士为未足，又尚论古之人。颂其诗，读其书，不知其人，可乎？是以论其世也。是尚友也。"(《孟子·万章下》)

当我们阅读早期中国传统的文本时，这些都听起来耳熟能详，因为这些都是自汉代——特别是自《史记》——以来关于作者身份的典型论述。但倘若我们检查先秦的证据，这种情况十分鲜见。文本宣布作者身份或归诸作者名下的情况极为罕见，多数限于《左传》即席所诵的短歌。[1]《荀子》和《韩非子》等战国晚期的文本里有极少几处自我指涉的作者身份概念，但这些段落断代都颇成问题，正如《庄子》末章《天下》一样。然而就算我们把所有这些可能指涉有名有姓作者的篇章都断代到先秦——这种观点是需要谨慎怀疑的——它们也不过几个孤立的例外，而先秦中国文本的整体依然以无名的写作与汇编为常例。[2]总言之，我以为早期中国作者身份的概念并非来自哲学或文学文本；相反，它来自《左传》《国语》里的发言人（大臣或谋臣），并从这一点出发，进而形成了书面奏疏（书、上书、表、奏、议等）的作者身份；作为给君王的书面奏疏，作者观念也出现在《韩非子》这样的文本及汉代早期政治话语里。

从这个角度看，古希腊和中国之间的文化差异乃是根本甚至惊人的。当古希腊的文学和哲学之兴起与强烈的作者观念相为表里时，早期中国则在若干世纪里完全无须提及主要文本的作者（也就是说不涉及大臣用口述或书面的方式对君王进言的这些具体情况）；这里，文本的意义和权威不在于具体个人化的文本起源，也不在于其文本全篇的完整性。相反，在一篇文本选择性的召唤和重建的不断演化的瞬间里，意义一次次出现并再现：不断支持它的是我所谓的“传统的实践”（the practice of tradition）。仅自汉朝起，新文本出现时便自我指涉其作者（例如司马迁或扬雄），旧的文本也被追溯性地归入作者或编者名下（例如孔子、周公、屈原）。

那么早期中国手抄文献又如何呢？迄今为止，还没有哪篇出土的早期中国手抄文献提到自己作者的名字（不同于一些信件或行政文书上书吏偶然的签名）。我们手里有些竹简背后有标题。著名的例子有上博的

---

① 我这里不考虑《诗经》里有四首诗（毛 191，200，259，260）卒章提到某位个人所作或所诵。我正在完成一篇研究文章，其中我提出这些卒句都不是歌诗的原有部分。但即便置此不论，这些诗也没有哪篇比得上《孟子》所宣称的孔子作者身份那样强有力。

② 余嘉锡《古书通例》（上海：上海古籍出版社，1985）早已指出了这一点。

《子羔》简和《容成氏》简，或者是清华的《耆夜》、《周武王有疾周公所自以代王之志》及《祭公之顾命》等简（《祭公之顾命》的标题出现在第21号简正面）。同一时期的公元前300年左右，我们也看到一些文本指涉了其自身的完整性，例如郭店《缁衣》简做了“廿三”的记号，以此规定并确保其章节的编号。类似的是，上博《缁衣》简有两处后来的添字，表明类似的对文本完整性和准确性的关怀；郭店《缁衣》一处在简的背面添入了正面漏刻的文本；清华藏简里也有几处竹简背后有编号。因此，这些抄本的书吏无疑对自己正在刻写的文本之身份和界限有清晰的概念。同时，他们却毫不关心自己文本的出处或作者——哪怕一次都没有！甚至当手抄文献涉及其他文本时，他们也对其作者片字不提；因此，当不同的郭店竹简提到传统经典“六艺”的文本时，谈的都只是其实际或潜在的用处，而非其来源。一篇文本可能融入的我们所谓“传统话语”（traditional discourse）的情况也是一样。不妨考虑一下最早以《孔子诗论》这个容易误解的标题发表，如今经常只被称作《诗论》（我以为还是不太准确）的文本。依照李学勤整理的次序，它在开篇云：

《关雎》之改，《樛木》之时，《汉广》之智，《鹊巢》之归，《甘棠》之报，《绿衣》之思，《燕燕》之情，曷？①

还有同篇文献里另一段不长的话：

《东方未明》有利词。《将仲》之言，不可不畏也。《扬之水》其爱妇烈。《采葛》之爱妇［……］《{君子}阳阳》小人。〈有兔〉不逢时。

① 由于本文目的所限，我不讨论具体的字词，而只提供现代转录的文本。有关此文本及其个别字词段落的不同阐释，优秀的研究包括：黄怀信《上海博物馆藏战国楚竹书〈诗论〉解义》，社会科学文献出版社，2004年；刘信芳，《孔子诗论述学》，安徽大学出版社，2002年；陈桐生《〈孔子诗论〉研究》，中华书局，2004年。

《大田》之卒章知言而礼。《小明》不［……］忠。《邶柏舟》闷。《鼓风》悲。《蓼莪》有孝志。《隰有苌楚》得而悔之也。[①]［……］言恶而不悯。《墙有茨》慎密而不知言。《青蝇》知［……］《卷而》不知人。《涉溱》其绝。《着而》士。《角枕》妇。《河水》知。

这些对个别歌诗的极其简短的评述，尤其是第一简仅用一字的描述，无形中宣称了某种权威。这里提到的是已然确立、达成共识的知识。《诗论》并不讨论；它只罗列出什么是必须知道并且接受的。[②]

但字里行间，《诗论》并未暗示其传统资源的来历或者权威，而仅仅宣称自己是一部传统的文本，很可能从属某种特定的家学。它也没有提供自己作者身份的证据。正如对许多其他重要的早期文本一样，不少现代学者对此深感不满；结果，《诗论》研究里最为狂热的浪潮就是追寻其作者。少数几名学者把作者界定为儒家的无名传人就心满意足了；其他人则力推子夏。在论证子夏的作者权时，李学勤等的论断基于两组“证据”：首先，《论语·八佾》（3.8）里孔子曾经简洁地赞赏过子夏对《诗》的心得；其次，所谓子夏传诗有三条简短的记述，来自《汉书》乃至陆德明（556—627）的《经典释文·序》——孔子（或子夏）身后五百乃至一千年之后的数据。（如陈桐生注意到的，资料越晚出，对子夏擅长《诗》学就越言之凿凿——而这些数据里最早的对此几乎不置一词。）仅凭这点证据，邢文便提出：“根据现有的传世资料，子夏很可能就是简书《诗论》的作者。”[③]

① 黄怀信假定阙文后的几个字指的是《相鼠》；见《上海博物馆藏战国楚竹书〈诗论〉解义》，第127—129页。

② 参见我的“说《诗》：《孔子诗论》之文理与义理”文学遗产 2012.3：17—25；及“Speaking of Poetry：Pattern and Argument in the ‘Kongzi shilun’,” in *Literary Forms of Argument in Early China*，ed. Dirk Meyer and Joachim Gentz（Leiden：Brill，2015），175—200.

③ Xing Wen，“Guest Editor's Introduction,” *Contemporary Chinese Thought* 39.4（2008）：6.

不妨从我上文的观察角度来思考一下这条论断。为什么我们对界定无名抄本作者之事如此热衷？把《诗论》定在子夏名下有什么好处？这一归名对我们理解文本是否有任何帮助？此外，我们如今有了《诗论》这篇讨论《诗经》的唯一的先秦文本，这是个偶然事实，并让这篇文本对我们来说更加重要，但这点却不能提高这篇文本在它自身的历史语境里的地位。当时有可能存在（或许的确存在）许多《诗论》一类的文本。因此，倘若下一个发现的手抄本里包括了对《诗》的略有不同的论述，我们将怎么办？——我们是否需要另一位作者，其身份假定必须和子夏有所不同？[①]或者说我们可以把不止一件作品归于子夏名下？把《诗论》归名子夏的学者断言说，子夏曾经个人旅行到南方的楚地，而因为他个人的存在和教谕，南方学子得以知道并传习《诗》学。但这何以成为我们想象《诗》在先秦传播与传承的唯一方式呢？为什么早期中国地位最高、最广为人知的文本（即在战国秦汉传世和出土文献里引据最广的资源文本）会如此依赖于某位个人，尽管马王堆、郭店出土、上博和清华所藏的抄本都是强有力的证据，表明南方有一条深厚的经典传统，融汇《诗》、《书》、礼学及其他丰富的文本和思想资源？子夏传诗于楚的假设难道不是在延续传统的观念，认为经典传习只是北方（特别是山东一带）文化的专利，而“未开化”的“南蛮”必须悉心受教于《诗》吗？——这种北方文化优越性的想象，在过去几十年南方出土或被盗窃的丰富文本及其所承载的深厚物质文明面前，荡然无存。最后，就方法论的严谨而言，我们怎能自以为是地从去古已远的后世传统里拈出短短的几句话，便声称我们有“传世文本证据”来找到《诗论》的作者呢？

面对马王堆这样的大墓，我们看到的是让人眼花缭乱的丰富历史、

---

① 这正是黄怀信把《诗论》定名子夏的困难所在，因为他相信子夏是《诗大序》的作者，因此不可能作《诗论》；见《上海博物馆藏战国楚竹书〈诗论〉解义》，页322。此处我也恕难苟同；《诗大序》归诸子夏的证据实在是很薄弱的。

哲学、医学、星占等文本，它们彼此之间似不相关。程度不及，但依然令人困惑的是郭店这样的墓葬，里面有原始《老子》残篇、《太一生水》的宇宙发生论、熟悉的《礼记·缁衣》一章，还有一系列短篇，其中不少内容都涉及道德与修身，但却不能清晰定义为“儒家”或“道家”。当我们给它们指派作者时——孔门弟子子夏作《诗论》、其孙子思作其余若干郭店文本等等——我们是想要一石多鸟：我们界定了文本的历史属性；我们建立了它创作的时间和地点，假设它是对当时历史情境的回应，借此定义其意义；我们通过已知或想象中关于其作者为人的一切来阅读这篇文本；我们在早期作品的宇宙里给它规定了一个位置，从此它以某些固定的方式与一些文本相连，而与其他文本则无交涉——因为正如上文提到的，我们假定一位作者的多篇文本必须思想一致。用福柯的话来说，“作者在意义的无限滋生里扮演了经济的原则”，帮助我们解决面对让人眼花缭乱的系列无名抄本时遇到的问题。当我们把郭店和马王堆出土的《五行》篇定为子思作时，我们简化了它们可能的种种阐释，把它们看作代表孔子嫡孙子思的思想；结果《五行》篇就进入了儒家而非道家系统。当然，从这个角度看，子思不可能同时也是原始《老子》的作者。我们把《五行》篇融入一条特殊的话语体系，因此把它与其他体系相割裂；从我们所选择的话语体系出发，我们限制了它可能的各种意义，因此推导出对抄本边界清晰的哲学阐释。这条“经济原则”也体现在司马谈的《论六家要旨》和《庄子·天下篇》，并最明显体现在以刘向为主要作者制作的皇家秘阁目录。这里，作者的功能就是给文本宇宙规定秩序的一种指导原则。为了创造一部“作品集”的统一性和连贯性，把它与其他“作品集”区别开，并给它在整体的文本世界里指定一个单一、清楚的位置，没有什么比一个作者人格的存在更有力的了，不论这个作者人格是真实还是虚构。

但幸或不幸的是，我们的手抄文献来自不知有刘向的时代。它们篇幅短小，彼此无关，因此几乎不可能判断出它们在早期文本性的地图上占据的精确坐标。它们以无数或多或少的方式与其他文本交迭，挫败我们追寻统一性、连贯性和差异性的努力。它们以不断变换的组合出现或再现——在马王堆，我们有两篇《老子》全本，但在郭店却只有原始《老子》的残篇，其物理外形与《太一生水》的宇宙发生论毫无二致。它们从不关心自己的作者或出处。当我们今天作为学者想尽办法界定其作者或出处时，我们首先必须认识到早期中国的这种局面；但之后，就方法论而言，我们也必须理解当我们阅读这些文本时，假定的“作者”实现了那些功能。[①]

四、结论

刚才提出的五个论题仅仅是我相信早期中国文献研究里值得进一步探讨的观点角度的若干例证。有趣的是，某些论题曾一度在古代中国研究领域里占据过更加显要的地位，例见章学诚的《文史通义》和余嘉锡的《古书通例》。（近年唯一例外的，是李零的力作《简帛古书与学术源流》。此书于当今中国学术界很少被人引用。）遗憾的是，随着当下对新出土文献的兴奋，随着“国学”框架的建立和对顾颉刚及其“疑古派”的摒弃，这些学者的洞见多少被沉埋湮没了。事实上，上面提出的问题无关“信古”或“疑古”；它们是由基本的理论考虑而引起，关注的是如何发展出更有系统的、方法论的进路，以用于处理古代文本。这类关怀

---

① 我已经就早期中国文献的作者身份问题，分别于三项研究中进一步撰写了三篇文章：“The ‘Masters’ in the Shiji,” *T'oung Pao* 101.4—5（2015）：335—362；“Kongzi as Author in the Han,” in The Analects Revisited：New Perspectives on the Dating of a Classic，ed. Michael Hunter，Martin Kern，and Oliver Weingarten（Leiden：Brill，forthcoming）；及“Shiji li de ‘zuozhe’ gainian”《〈史记〉里的“作者”概念》，载于《史记学与世界汉学续编》ed. Lee Chi-hsiang 李纪祥 and Martin Kern（唐山书店，2016）。

并非新事，也不会导致对研究对象的漠视；其实长期以来，它们已经置身于任何对古代文明的研究的核心，因为它们允许全世界的学者更清楚地理解这些文明。因此，令人惊讶的是，这些方法极少被应用于我们目前对中国古代文本的分析中，尤其是在章学诚和余嘉锡这样的大家早已指出正确进路之后。就长远而言，我难以想象，我们今天如何不凭借基本的方法论概念而能够取得成功。在我们看来，这些概念早已是我们理解古代整体文明的必需工具。

当文章成为实践：阅读郭店老子*

［英］麦笛（Dirk Meyer）**

一、导论

许多早期中国文本证明战国时期的思想存在着这样一个矛盾：一方面是对大道流行之哲学真理的认知，另一方面人们期望将这一哲学真理与其对世界的应用贯通起来。但这一哲学洞察与其与世界的沟通却因为从根本上被语言分离而形成了两极：对道的言说常常已经是将道缩小为一个武断的定义并因此破坏了事实。一旦人们开始言说“道”这一最高原则，人们实际已然在讨论其他。为了规避这一阐释难题，一些恰当仪式行为的支持者，亦即儒者，开始通过建立一套恰当的行为模式来寻求与哲学真理的沟通。在这一情境里，人们通过完善仪式实践来找寻道的

* 感谢袁艾同学对本文提出的相关建议。
** 作者为牛津大学东方研究所副教授。

存在。[①] 这一理想可在《论语》这类文本的早期层面被重构起来，[②] 同时也并没有与庄子[③] 或老子[④] 中的表达相距甚远。对于庄子相关篇章的作者来说，获得道这一最高原则是要通过道的实践，亦即是对于自然活动的日常练习。对道的学习是一种技术学习，反之亦然。然而，那些争论者被回过头来简单地理解为宽泛的儒的传统的一部分。在这一语境下，道必须通过仪式实践来获得这一理想很快开始被严重异化。在抄本文化（manuscript culture）大发展的环境下，书写文本逐渐独立于个别思想者流行并导致了争鸣思想更为广泛的传播，一套哲学的话语系统也因此而得以形成。这些都使得思想开始逐步系统化。[⑤] 哲学思想的作者们开始响应这些争鸣观念，尽管不尽订明。《孟子》一书可被视为这一发展的初步体现：在此书中被公认的孔子思想开始得到精确的阐释。在这一争鸣与趋于稳定的话语系统的语境下，由于人们觉得需要将哲学洞见系统化，战国思想出现了一种此时以前未见的思想的理性化。这导致了与先前通过内化仪式实践或其他仪式化的活动而非推理来获得道的思想的背离。这造成了这样一种冲突：一方面是对道的理想探寻，另一方面是对其在日常语境中的应用。道的体验与实践之间的鸿沟由此展开。

基于近期战国时期的出土文献来进行重构，可以认为当时的思想家们充分注意到了这一冲突并颇具前瞻性地提出了克服冲突的办法。出土

① 参见 Eno 1996.

② 关于论语写作的讨论，可参见 Brooks and Brooks（1998）颇具争议的研究。Brooks and Brooks 的研究方法是非常值得赞赏的，但由于他们过于相信可将古代文本的不同章节追溯到特定的年份，他们所得到的结论不免草率。

③ 关于庄子的定年是很值得商榷的。（参见 Graham 1986，刘笑敢 2010 对此所做的尝试。）尽管此书的大部分很可能是战国晚期的产物（参见 McCraw 2010 通过语言学证据来对文本进行分层的研究），我们唯一可以确信的是此书的最后编纂出自郭象。（d. 312 AD）

④ 由于郭店一号墓的文本发现，早期中国领域对于与晚近的汉代老子密切对应版本的研究处在一个相当利好的位置。（我在这里想到的是由马王堆三号墓出土的第一个完整的老子版本的出现。）在郭店一号墓中所出现的这一文本可被相当精确地追溯到战国时期。

⑤ 参见 Meyer 2013，待出。

文献明确说明，大约在公元前4世纪出现了新的哲学沟通的书写形式。这一形式试图通过建立文字形式的论辩来将哲学文章转化成哲学实践，以借此克服哲学与其日常实践的冲突。通过使用这些文本模式，这些文章似乎可以重建论辩的哲学结构并因此体现哲学真理。那些新的哲学文章通过使用文本模式来模仿论辩的哲学结构，使得这一类型的文本成为自足的哲学载体，同时也因此而成为自身即体现哲学真理的有意义的客体。在这种哲学书写中，哲学和实践之间的距离不复存在。这一关于书写的哲学思想与哲学实践的变化来自于早期中国一种新的文字活动。这种新的文字活动的起初是抄本文化的发展导致了文字创作的广泛增长，并促进了这一新的文字活动。

二、哲学及其实践——中国传统的焦虑

本文中所使用的“真理”和“哲学”两个术语在泛华夏（pan-huáxià）精神史的语境下并不是无可争议的。[①]本文使用“（体验）真理”作为对道的认知（cognitive grasp）。它体现为通过或推理的或精神的或形而上的方式实现天人合一的尝试。而本文将“哲学”看作沟通真理与外在世界的尝试，是对道认知方式的理性化与系统化。[②]同时，泛华夏

---

① 泛华夏（pan-huáxià）这一术语出自 Beecroft（2010）。它意指周朝更为广泛的文化区域，超过了通常所使用的“早期中国”的概念。

② 在此，我并不关注我们是否应该将泛华夏地域内的思想活动称为哲学这个问题。正如程艾蓝（Anne Cheng）的简洁归纳，我同意 Lloyd 的说法：他认为哲学一词对于无论是研究中国还是希腊思想史的学者都只是认识上的障碍。与罗哲海（Heiner Roetz）不同，我无意于找寻哲学活动的普遍性。相反，与 Lloyd 一样，我认为我们应该力图展现泛华夏地域哲学思考的多元性质。需要注意的是我所说的“真理”并不包含犹太—基督教中神明的神学形象，因为其“局限于历史启示所带来的偶然性”（Bahr 2005，p. 1），而是指道在世界中可感知的真实。

语境中的“哲学”也一直具有实践的因素，它不是纯粹的理论推演，而是对真实世界的体验。[①]然而，这成为问题的关键所在：当时的思想家们希望将体验到的真理与他人沟通，这便意味着他们需要将体验到的真理理性化，继而将其系统化。但将真理系统化又存在着将对道的理解降低为武断定义的危险。许多争论者察觉到了这一冲突。对道的认知与道内涵之实践间鸿沟的不满引发众多思想传统广泛流传，而这一不满也通过不同的方式表达出来。一个典型的例子便是传统所认为出自孔子的“予欲无言”——“天何言哉？四时行焉，百物生焉，天何言哉？”（《论语·阳货》19）来自不同记载，却体现了同样不安的还有“道可道，非常道”（《老子》1）对真理的体验，亦即是对道的认知，是不能诉诸言语的。

明确表达出语言不能满足沟通真理的需要，或者事实上将道导入歧途的这类焦虑话语并不少见。同样的焦虑也被一些不太直接的方式表达出来，例如《论语》的记载中孔子与其弟子的对话：孔子要弟子们“各言其志”，当曾晳表示他的理想是“浴乎沂，风乎舞雩，咏而归”之后，孔子曰“吾与点也”。（《论语·先进》26）曾晳明确地表达了孔子对自己的希望，亦即达到天人合一的境界，并摆脱以外在要求指导政治世界的负担。指导世界本不需要文字，更遑论解释“真理”。“哲学”理想应该是自明的。思想不需要任何媒介而只是被付诸实践，它们应该基于自身而存在。哲学及其实践必须合一。《孟子》中所说的“大人”便体现了这一点：“有大人者，正己而物正者也。”（《孟子·尽心上》19）这里仍然是语言和定义的问题。正如这篇文段的作者所构想的，孟子需要使他的理想变得明晰，由此也透露出他本人离圣人有多大的差距。他不仅不能体现这一理想，相反，他得像自卫队一样守护着一个久远的连自己也无法付诸实践的标准。

---

① 参见 Meyer 2013，待出。

三、书写

今天，我们之所以能够了解这一哲学流派与其实践之间的脱节所带来的焦虑，是因为它曾经被形诸文字。根据对话语录的记载，这一焦虑在泛华夏思想世界的直接表达主要出现在“基于语境的文本”（context-dependent texts）中。这些文本相对简短，它们并不超越一章文字的范围来扩展思想，因此它们相当于瓦格纳（Rudolf G. Wagner）所谓的“思想单元”（unit of thought）。

基于语境的文本的特点是：它是在每一章隔绝的文字单元提出在一定程度上含混多义的命题，以至于它们主要依赖于更广泛的口头表现。口头语境给这些文本提供了一定的参考框架（referential framework），使它们在其中变得有意义。为了使文本有意义，一种意义的媒介因此不可或缺。于是文本依赖于这样一个意义建构的三角关系：文本（text）、意义的中介者（mediator of meaning）以及信息的接收者（recipient of the message）。参看三者所构成的三角关系：

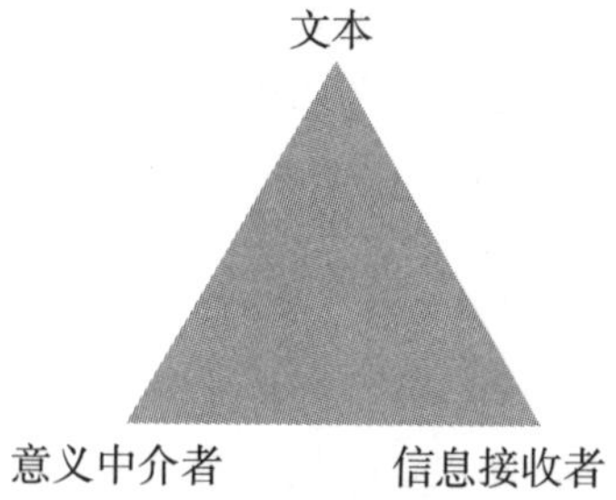

图 1：文本、意义的中介者以及信息的接收者的三角关系

这类文本含混并且隔绝的特性而产生的对语境的依赖，使得它们更易被使用，能与不同的情况相适应。因此，我将这些基于语境的文本的单元视为组件（module）。如何解读这些文本，亦即组件，是一个人——或一群人——的决策，因而它们可与不同语境相适应，并在从古至今的不同文本群体之间移动。没有任何一套圆融的思想能够通过历史阐释意义的方式重建，更遑论原初的意义设定。基于语境的文本的单元因此成为更广阔图景的碎片。后来的思想家，例如王弼，假设了这些文本的缺少明晰性本身就是一种陈述，它表明真理是不能被付诸文字的。然而，这只是对这些文本理想化的回溯性的哲学分析，而不是这些基于语境的文本形成的历史真实。[①]

同时，基于材料条件的变化，在公元前 4 世纪左右出现了一次“哲学生产”[②]的转型。那时，泛华夏地区的思想世界不再主要通过口头方式建构。轻型的书写材料在公元前五百年间的广泛使用促进了文字文本的广泛增长，由此也促进了抄本文化（manuscript culture）的发展。这一环境刺激了书写的哲学生产的转型，也为新形式的哲学铺平了道路。

在此我审慎地认为，战国时期抄本文化日趋兴盛的环境下发展起来的新形式的书面哲学体现了对道的直接体验的复杂尝试。在这些新形式的书面语言沟通方式中，隐含的哲学立场被显题化。这些哲学文本因此代替了师、徒、文本之间意义传递的三角关系。因此，这些新文本——我将它命名为“基于说理的文本”（argument-based texts）[③]——成为思想的直接媒介。在某些情况下，我们甚至可以认为这类文本的正式结构曾被视为包含了传输到文本当中的哲学体验的结构，因此真理——道——开始在文本自身得到体现。这一新形式的“书面哲学”使得道之认知与道之实践的鸿沟不复存在。这可能在不同层面的文本写作和实践中产生效果。接下来，我将列举泛华夏地区出土于郭店一号墓的材料对“哲学”沟通所采取的书写策略。

四、泛华夏地区的文本模式和意义生产：以出土文献为例

在这篇文章中，我会分析郭店一号墓材料卷 A 当中一篇文字。它是

① 对于基于语境的文本的定义和分析，参看 Meyer 2012.

② 关于哲学生产（“production of philosophy”），参看 Meyer 2013.

③ 对于基于说理的文本的定义和分析，参看 Meyer 2012.

在对湖北郭店一号墓进行有档证明的发掘中发现的坟墓语料库的一部分。我将简单地评述这篇文字的意义生产策略。以生产意义的策略来讲，绝大部分的《老子》属于“基于语境的文本”，但是我在这里所分析它的一篇文字属于“基于说理的文本”的意义生产策略。基于语境的文本也可能有基于说理的意义生产层面，而基于说理的文本也可能有基于语境的意义生产层面。

正如“基于语境的文本”，“基于说理的文本”由非常明显的文本模块（building block）构成。但不同于“基于语境的文本”，“基于说理的文本”的各单元被统一为连贯的整体。通过将不同建筑板块中的术语在一个复杂的互相引用的网络系统中关联起来，“基于说理的文本”能够为其术语生成概念上合理的定义，而无须将其还原为“A，B 也”的明确陈述，或与此相当的公式。将术语还原为明确陈述的方式具有将复杂概念降低为武断定义的危险，相反，将不同建筑板块整合为更大的统一整体的正式结构，成为在词汇和句法的浅层面之外生成意义的重要因素。这些文本的正式结构由此完成了一项符号学功能，因为它在文本的字句之外开创了一个有意义的层面，也因此证明了它作为一种意义创造模式而与哲学相关。

在这种新形式的书面语言的表达方式下，文本的结构不再仅仅是结构连续的思想序列的文本策略。文本的正式结构是在词汇与句法之外产生意义的哲学因素，在这一结构中，单个的词或句不再是表达思想的最终源头。文本的正式结构体现了在必须提供任何直接声明的层面之外表达哲学思考的愿望。通过在词汇和句法层面之上建立意义，文本的正式结构生产了意义而没有陷入将思想简单化为一个武断的定义后加深哲学与实践之间鸿沟的情况。这新的哲学形式也因此成了一个在语意层面上对道的理解之外的审慎尝试。它体现了哲学思想的一种书写形式，这种形式使得文本模式成了生产意义的哲学自足的方式。

以下我将分析郭店一号墓卷 A 中的一篇短文。此篇短文是能说明以超越词汇层面，而用结构形式的方法来理解道的例子。这篇文章中最重要的是“名”与“字”的对照。这一文本在传世文献中有一个相近的对应版本，即公认本《老子》第 25 章。在郭店一号墓材料卷 A 中，这一文本有 70 个汉字以及六个指示前文重复字的符号（a21/1-a23/9）：

[a21] 有状混成
先天地生
悦穆独立不改
可以为天下母
未知其名
字之曰道
吾 [a22] 强为之名曰大＝
（大）曰羡＝
（羡）曰转＝
（转）曰返
天大地大道大王亦大
国中有四大焉
王处一焉
人 [a23] 法地＝
（地）法天＝
（天）法道＝
（道）法自然■

这一篇文字的核心问题是处理道的概念符号的武断性。① 同时，这

① “名”与“字”的对照也是郭店卷 C 中的《太一生水》的一个重点。与卷 A 中的《老子》简 a21/1-a23/9 的短篇文字的核心问题相似，《太一生水》也在处理道的概念时符号的武断性。参看 Meyer 2012.

一认识论上的问题通过并置事物的现象真实（phenomenological reality）（就是它所称为的“名”）及其被普遍使用的不免武断的指称（就是它的“字”）而得到解决。

a21/1—a23/9 单元可以细分为三个文本模块：首先是对宇宙起源（ursubstanz），万物的母体（*a21/1—20*）的描述；第二个板块展开体现了认识论的难题（*a21/21—a22/12*）；第三是它对政治领域的应用（*a22/13—a23/9*）。以下体现了这一单元的结构：

a21/1-a23/9 有状混成 *building block 1*
先天地生
悦穆独立不改
可以为天下母

未知其名
字之曰道 *building block 2*
吾强为之名曰大 =
（大）曰羡 =
（羡）曰转 =
（转）曰返

天大地大道大王亦大
国中有四大焉 *building block 3*
王处一焉
人法地
地法天
天法道
道法自然

此文的作者尝试为道这一抽象但又对任何善的规则皆适用的符号都至关重要的概念填充更多更丰富的内容。为此，道被等同于万物之母的宇宙之源（ursubstanz）。同时，此文明确指出“道”这个话语只是一个“字”，并且就本身而言，只是一个相当武断的与事物本身的现象真实脱节的指称。

第二个文本模块则致力于解决到底什么是万物之母，亦即解决什么是通常意义上的道。在此文作者看来，道只是用来指代某事的“字”，作者试图为其强加真实现象，因此它被描述为“大”，并认为“大”应该成为道的“名”。同时，另一个意识立即被插入进来，即这种对道的特征化忽略了事物的现象复杂性，因而只不过是对道的另一个武断定义而已，而事物（道）本身是更具多面性的。因此它被重新表示为“大曰羡”。但正如前例，一旦这种特征化被提出，关于羡的观念的设置同样只不过是对一些事实上有着更复杂的现象真实的事物的另一个武断指称。因此，“羡曰转，转曰返”，等等，每一次特征化，事物的现象真理——它被视为的“名”——本身只是另一种武断的符号（“字”）。当文本的接受者（text recipient）[①] 审视这一对于认识论难题的无穷后退阐释，他们意识到所谓事物的现象真实，亦即事物的名，总是不可或缺，但这也成为另一个武断指称以至不能把握事物的实质，因其对事物现象的认识离不开语言，也同时受限于语言。语言的有限性绝不可能充分表达事物的现象真实，道的现象真实。如下所示：

① 关于当时的阅读状况，参看 Meyer 2012.

未知其名

字之曰 道

吾强为之名曰大＝

（大）曰羡＝

（羡）曰转＝

（转）曰返

认识论的难题

第三个文本模块将第二模块中的认识论难题应用于社会人伦秩序。可以确认的是这里有四“大”实体，而王处一。这行文本有两层意思。首先，通过考察板块二中的认识论难题，“大”不再是传统意义上的大。它在板块二的认识论难题中被赋予了羡、转、返的含义。因此，当我们通过大化流行状态的内涵来理解“大”，它便成了万物之母：生于混沌，其在大化中处于不变的状态。这一概念因为与王、天、地、道并列起来而被进一步增强。然而，由于将王与天、地、道置于同一平面，王作为这些实体之一，丧失了任何突出的质量。它只不过是各种自然实体之一，并因此与这些自然状况行为一致：王亦大。然而“大”只是对恒常的大化状态的一个任意指称。因此我们可以明确，自然力量的不变状况也正是处于恒常大化之中，而王正是，也只是其中之一。对于王的启示是，它必须与天、地、道行为一致。

但“王”只是有不同形式意识活动的人类代表之一。文本的作者在将四个自然实体相互关联的时候把王换成了人，并由此建构了一个新的概念。由此可以明显看出，“王”只是用来代替更为复杂的人的全体（“名”）的另一个指称（“字”）。

最后，文本的这一行谈及怎样理解四大实体：文本用一种循环的方式显示出四大实体的互为模范：“人法地，地法天，天法道，道法自然。”人只是自然循环中的一个因素并且都必须经历恒常的演化的阶段。如下所示：

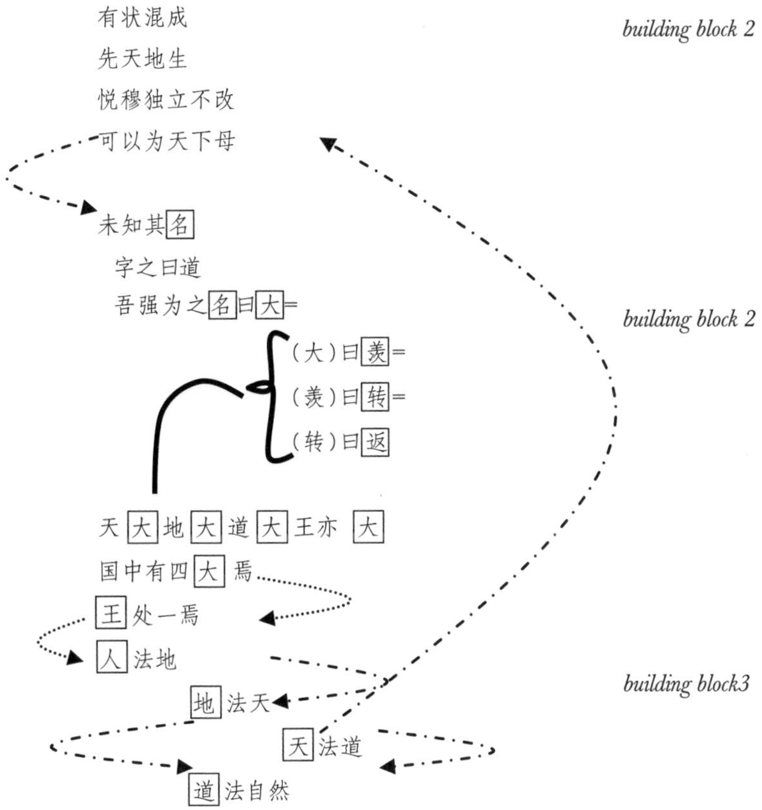

循环的机构

这里所创造的世界是循环的。这种循环方式也体现了板块一中的“天下母”所固有的明显的矛盾。它被认为是生于混沌而且不变：道的变异的本质是不变的。尤其是，通过考察这一单元，接受者更进一步意识到所谓“天下母”又是可以表达事物的现象真实的“字”与“名”的二元性中的一部分：通过给予其另一个武断的指称（“字”），“道”“天下母”被强加入现象真实，从而被引入由“大”到“返”的现象学难题，最终在对四大实体的指称中被领会。王是四大实体之一，但正如文本的结构所体现的，它只是对某些更为复杂和宏大的事物，即人的另一种体现。作为四大实体之一，它也要“遵法”，因此依赖于其他核心实体而存在。最后一条是“法自然”，而“法自然”则是“天下母”的现象真实。

然而更重要的是，这里所创造的并不仅仅是一个循环的世界。当文本的接受者读完这一以循环形式建构的文本，他 / 她（我推测古代的大部分接受者都是男性）开始进行他所接受的同样的行为，并因此而体现出与道同样的动作。接受者由于阅读或背诵这一文本而与道合一。文本成了一种实践。

五、结论

据说孔子曾表示他希望述而不作。这个说法表达了他想要在自己的行为中体现天道的愿望。天自无言而行为：“天何言哉？四时行焉，百物生焉，天何言哉？”因此对孔子而言，不存在将复杂现实简化为武断定义的危险。

既然早期中国思想的研究者有条件接触泛华夏地区意义生产的不同策略，那么就有可能以新的方式为早期文本中的某些趋势提供语境。《论语》——我认为其编纂可能相当地晚，但是其大部分内容要早于抄本文化的高峰——处于抄本文化的一个全新的思想传统之前，这一文献中描绘的孔子，也同样欲求以行为传道，而非通过武断下定义的方法。在这里，传播哲学洞见的需求体现于积极有为的方式，这种方式将文本转化为实践以克服思想洞见与其日常实践之间的矛盾。我认为这一将文本转化为实践之传统的形成源于广泛流通的抄本，它成了丰富材料的载体，同时，简化了的文本生产方式使得思想转化成文字变得便利。这些文本——正如《论语》中描绘的孔子——表达了在世界中仅仅通过行为本身而实践追求真理的意图。在这个意义上，诸如卷 A 中《老子》简 a21/1—a23/9

这样短篇文本就进入了实践，其文字意义也就在超越语词的层面上被制造了。正如孔子希望在实践中体现天的行为方式，而使得自己的行为与天道贯通，如卷 A 中的《老子》简 a21/1—a23/9 的短篇文本——或实际上其他任何具有类似意涵的文本——的形式结构都出此内容，也因此体现了宇宙的结构；由此，道便充盈了宇宙，文亦能载道。但像 a21/1—a23/9 的短篇文字或其他具有相似意涵的文本，已比孔子多走了一步。孔子仍旧需要明确表示其实践的愿望，而上面讨论的这一文本则仅仅通过其存在就进行了实践。像卷 A 中的《老子》简 a21/1—a23/9 的短篇文字这样的文本结构已经表达了道的实践，所以此类文本的存在本身也就能说明道之存在。背诵这类文本本身就是一种于自身得道的方式。它是一种哲学行为。在这样的哲学思想传统中，哲学与实践合二为一。

竹简背面信息与竹简编联
——以清华简整理为例

刘国忠*

20 世纪以来，有关简牍的发现层出不穷，简牍的研究已经成为一门独立的学科，并在很大程度上推进了文史哲相关学科的深入发展，对于思想史研究的促进作用，其成效也是有目共睹的。由于学者们对于许多重要简牍思想史文献的编排顺序存在较大的歧异，也在很大程度上影响了对这些简牍文献思想内容的理解、认识和分析。本文拟结合清华简的整理工作，对于清华大学出土文献研究与保护中心在清华简编联过程中所做的工作加以阐述，特别是对以往学者们比较忽视的竹简背面信息做较多的揭示，以说明竹简背面信息在竹简编联方面的作用。

* 作者为清华大学思想文化研究所教授。

一、清华简整理工作简介

2008年7月，清华大学抢救入藏了一批流失境外的古代竹简[①]。经整理统计，竹简总数约为2500枚（含残片）。经AMS碳十四年代测定，清华简的抄写时代为公元前305年±30年，相当于战国中期偏晚。由于清华简是一批以“经、史”类典籍为主的文献，涉及中国传统文化的核心内容，具有极高的学术价值，因此，自其入藏开始，就受到国内外有关专家的普遍关注，媒体也做了大量的报道。

清华简属于流散文物，当它运抵清华大学后，工作人员发现竹简已经出现了菌害霉变，处境十分危险，需要立即开展抢救性的清洗保护工作，因此，自2008年7月至10月初，科研人员通过三个月的紧张工作，全面清洗清华简表面的污物与霉点，最终把这批重要文物保护了下来。

在抢救性清洗保护清华简的过程中，科研人员发现，清华简全部是用竹材加工而成。在地下埋藏两千多年的过程中，竹简一直被水浸泡，在地下水、微生物、酸、碱等共同作用下，竹简吸饱了水分，强度降低，竹材内的纤维素、半纤维素大部分降解，竹简变得异常朽软脆弱，轻轻一碰就有可能毁坏断裂；清华简上的文字系用毛笔蘸墨书写，在两千多年的浸泡后，墨汁中的防腐剂和胶黏剂已经老化，上面的墨很容易脱落。清洗保护工作既要去除竹简表面上的污物，又不能让字迹损坏，加上竹简本身又极度朽烂，用力不当就会受到损坏，出现灾难性的后果。因此，对于竹简这样一种极度娇嫩的文物，清洗保护工作一定要倍加小心，它要求科研人员必须具有高度的责任心，全力以赴地投入工作，不能有任何的疏忽或闪失。在科研人员的精心努力下，清华简的清洗保护工作取

① 关于清华简入藏的有关情况，参见拙著《走近清华简》的有关论述，高等教育出版社，2011年。

得了圆满的结果，科研人员不仅很好地在不损坏竹简的前提下完成了对竹简的清洗保护，而且对于竹简上的一些特殊现象，如残留的丝线、编绳的痕迹等，也都想方设法予以保护，从而留下了许多珍贵的原始信息。随后，负责清华简整理、研究和保护工作的清华大学出土文献研究与保护中心又与清华大学美术学院的专业摄影师合作，完成了对清华简的拍摄工作。有了清华简的照片之后，对于清华简的释读、编联和研究工作也就提上了日程。

二、竹简正面信息与竹简编联

在清华简的释读、编联和研究工作过程中，竹简的编联可以说是一个十分重要的环节，只有把竹简编联得当，才可以很好地释读竹简的内容，分析研究竹简的学术价值，当然这三者本身也是密切结合的，编联过程本身也是对竹简内容和价值的一个分析研究过程。不过，由于编联过程可以结合竹简本身所反映的各种信息，自然比仅仅依据内容来释读研究更为全面，因此其重要性也更为突出。

由于清华简各篇的次序在流失的过程中早已散乱，竹简的编绳也大多朽烂，因此，摆在科研人员面前的是一堆杂乱无序的竹简。清华简的编联过程，实际上就是把所有的竹简加以分类、编排和缀合，这一工作有些像是在做拼图游戏。工作人员首先把所有的清华简照片按其原状一条条剪下来，写上编号，然后互相之间加以分析比对，再进行归类、编排、缀合，最后把这约 2500 枚竹简照片分成若干篇，每篇的前后顺序也要基本排定，有些能够缀合的竹简还要加以缀合，从而把清华简的无序状态变成有序，尽最大的努力恢复清华简原有的篇目情况。

科研人员在从事竹简编联这一工作时并不是胡乱猜测，一厢情愿地来处理竹简之间的关系，而是在充分了解了清华简的特点之后，试图通过对清华简中的各种信息进行综合分析，从而来编联竹简。实际上，竹简的正面已经包括了众多重要的信息，主要有：

1. 简的长短和宽窄。“清华简”最长的46厘米左右，最短的才10厘米，就像书本有16开、32开一样，同一篇文章，简的长、宽会基本一致，因此可以先根据竹简的长短、宽窄等信息进行大致的归类。

2. 编绳的位置。编绳类似于书本的装订点，不同的书籍编绳位置也会有所不同，找到编绳位置，进行对比研究，也有助于竹简的编排。

3. 版式。清华简出自多位抄写者之手，不同的抄写者风格不太一样，有些简的抄写者喜欢“顶天立地”，不留页眉页脚，如《保训》简就是顶头书写，没有留出页眉；有些人则偏爱留白，天头地脚空白较多。这些特点也可以帮助工作人员进行分类。

4. 字体和字符间距。清华简的不同抄写者书法也很不一样，有的简极其工整，有的则较为随意；有的简字写得很大，有的则写得非常纤细；有的简字与字的间距较大，有的则十分紧密。这些风格也是分类的重要依据。

5. 竹简内容。竹简内容是最重要的判断标准之一，以上所有的分类，最后都要根据内容来进行调整、印证，判断归类、编排、缀合是否正确。

三、竹简背面信息与竹简编联

在以往的简牍整理过程中，整理者也都十分重视对上述这些信息加以充分运用。不过，与以往的整理研究不太相同的是，清华简在整理编联过程中，特别注重对竹简的全部信息加以综合分析。清华大学出土文献研究与保护中心主任李学勤教授一再强调，竹简既是古代的文字载体，同时也是考古学的遗物。竹简的编联应当借鉴考古学中对出土文物的修复方法，综合出土遗物中的各种信息加以进行。鉴于以往的竹简编联比较看重竹简的形制和内容，而对于竹简的背面信息关注不够，清华简的编联整理工作有意纠正这一偏颇之处，因而在细心搜集清华简正面信息的同时，也非常注意搜集竹简的背面信息，并把竹简的背面信息和正面信息有机地结合起来。因此，科研人员在对清华简进行拍照时，就对竹简的正面和背面全部拍照留存，以便于日后的竹简编联工作。事实证明，竹简的背面信息确实能够在竹简的整理编联过程中发挥重要的作用。这些信息主要包括：

1. 篇题

清华简的背面常常保存有一些篇题[①]，如有一篇在简背题名为“周武王有疾周公所自以代王之志”，相当于传世的《尚书》中的《金縢》篇；还有三篇竹简简背有“傅说之命”的题名，正好能与早已失传的《古文尚书》的《说命》三篇相对应；记载周武王伐黎获胜而举行“饮至”典礼的一篇简文，也在最后一支简的简背写有“耆夜”这一篇题。类似于这样的简背篇题在清华简中还能找到一些。它们往往书写在简文最后一支简的下端，位于第二道编绳与第三道编绳之间。在有些简背，科研人员还发现竹简的抄写者会事先对书写篇题的位置进行刮削，以便于书写。

篇题对于竹简的整理具有重要的意义，这是从事简牍研究的学者所共知的。因此，简牍的整理者都会很留意找寻竹简背面是否有自己的篇题，不过也存在竹简背面原有篇题，但是种种原因致使整理者未能及时发现的例子。1975 年，湖北云梦睡虎地 11 号墓出土了大批秦简，其中《日书》《语书》《封诊式》等篇在简背也有篇名，但是其中的《语书》《封诊式》两篇的篇名都是后来才发现的。关于这方面的情况，《睡虎地

① 也有个别篇题写在最后一支简的正面，如《清华大学藏战国竹简（壹）》中所收的《祭公》篇，情形即是如此。

秦墓竹简》的《出版说明》中做了说明：

> 《语书》《封诊式》两书书题，都写在末一支简简背上端。出土时覆有一层物质，经长期浸泡除去，才得以发现。这两书过去曾由整理小组拟题为《南郡守腾文书》和《治狱程序》，现依原题改正。[①]

从已经出土的简牍材料来看，简牍背面的篇题有些位于简背的上端，有些位于简背的下端，位置并不固定。不过同一批简的简背篇题一般有较大的共同性，如清华简的简背篇题，就多位于简背的下端。简牍背面的篇题是否有一定的规律性，还值得我们进一步加以探讨。

2. 次序编号

在以往发现的简牍中，明确标明有次序编号的情况见于武威汉简。1959 年 7 月，甘肃省博物馆清理了武威磨嘴子 6 号汉墓，出土了竹木简 600 余枚，其中完整的有 385 枚，残简约有 225 枚。这些简中除少量为竹简外，多数为木简。其中的《仪礼》简长 54—58 厘米，宽 0.8—1 厘米，4 道编，这些《仪礼》简中，甲本《士相见之礼》、甲本《服传》、甲本《特牲》、甲本《燕礼》等各篇在简的正面底端写有顺序编号，背面写有篇题；甲本《少牢》等篇的正面下端没有次序编号，但在两支简的简背分别写有“少牢”“第十一”这一篇题，而且这两支简的背面下端还有“一”“二”两个次序编号[②]。除了这批武威汉简之外，在以往发现的简牍资料中，关于简牍背面是否有编号的报道就极为罕见了。

清华简中发现了较多的竹简次序编号，绝大部分都写在竹简背面[③]。

---

① 见睡虎地秦墓竹简整理小组所编《睡虎地秦墓竹简》的《出版说明》，文物出版社，2001 年，第 2 页。

② 见甘肃省博物馆、中国科学院考古研究所编《武威汉简》的有关图版，中华书局，2005 年。

③ 也有个别篇的竹简次序编号写在竹简正面的文字下端。

如收入清华简整理报告第一辑和第二辑的《尹至》《尹诰》《金縢》《皇门》《祭公》《系年》等篇，都有这些简背的次序编号。这些次序编号都写在竹节处，书写之前已将竹节做了刮削，这种做法是非常合理的。我们知道，简背实际上是竹子的篾青一面，表面有一层蜡质物，墨汁不容易沾上，而制作竹简时，由于竹节处凸起，需要加以刮削整治，正好要把此处的表皮去掉，这些整治过的区域用于书写简序显然再合适不过，因此古人把竹简的次序编号写在刮削后的竹节上，显然是深思熟虑后所采取的措施。

竹简背面的这种次序编号意义特别重大，它可以证明竹简的原始编联面貌，大大减少甚至消除对于竹简编联的怀疑。清华简第一辑和第二辑整理报告出版后，竹简的编联方面很少有学者加以怀疑，其中竹简背面的次序编号可以说是功不可没。

当然，竹简背面的这种次序编号并非万能的。因为不同篇章的竹简，其编号数字都是由小到大，有很多数字往往是重合的，因此属于不同篇章的竹简但却有相同简号时仍存在相混的可能性，需要结合其他的信息来加以裁断。比如收在《清华大学藏战国竹简（壹)》的《尹至》和《尹诰》两篇就存在这样的问题。对此整理报告的《说明》中已经指出：

> 《尹至》简同本辑下面收录的《尹诰》简，形制、尺寸全然相同，字体风格也出于一手，应为同时书写，因此编联殊费斟酌。现在的编联是在仔细观察简背痕迹，并参照《慎大》叙事次第后决定的。①

对比《尹至》和《尹诰》的简背，可以发现，《尹至》简的第 4、5 两支简和《尹诰》的第 1—4 支简是用同一段竹材加工而成，而且形制、

---

① 见清华大学出土文献研究与保护中心编《清华大学藏战国竹简（壹)》第 127 页，中西书局，2010 年。

尺寸、字体完全相同，简背数字又有重合，很难加以区分，从而造成了编联的困难，因此，必须结合竹简的内容和其他痕迹才能判断相互之间的关系。

另外，简背的次序编号也不是绝对正确的，有些次序编号也有可能写错，因此，在做竹简编联时，也不能过分地以竹简次序编号来定是非。清华简《系年》就是一个显著的例子。《系年》简在简背的竹节处写有次序编号，但是其中的编号 52 出现了两次，也就是说，第 52 支简的次序编号是正确的，但是本来应该是第 53 支简的次序编号也被错写成 52 号，造成这一支简以后的各支竹简次序编号都被写错。抄简人在写到编号 87（实际是第 88 支简）时，发现了竹简的错号问题，于是他在写下一支简（即第 89 支简）时没有写 88 号，而是直接写成了 89 号，以与实际的竹简次序一致，这就造成清华简的简背次序编号出现两个 52 号，同时又缺第 88 号的情况。经过这一调整，竹简的次序编号又重新与实际的简数相吻合。可是到抄写最后一支简即第 138 支简时，抄写者又忘了在简背写上编号，因此清华简《系年》虽然总共有 138 支简，但是实际编号只写到第 137 号，而且这中间还有错位的次序编号。因此，对于竹简次序编号上的这些问题，都需要结合具体实际情况，做到心中有数，才能够正确编联[①]。

3. 刻画痕迹

正如前面所说，由于以往的简牍整理报告很少提供竹简的背面信息，因此竹简的背面情况学者们很少能够了解，由于清华简有竹简背面的全套照片，科研人员在竹简整理编联过程中发现，竹简的背面上端往往还刻画有一些斜线，这些刻画痕迹并非无序的，很可能是竹简的制作者所加，其目的是担心竹简散乱后不易重新排列，因而有意在竹简上面做了

① 见清华大学出土文献研究与保护中心编《清华大学藏战国竹简（贰）》第 135 页，中西书局，2011 年。

一些人为的标记。因此，这些刻画痕迹也是排序时的重要参照。

在《清华大学藏战国竹简（壹）》中，清华简的《程寤》《耆夜》《金縢》等篇都在竹简背面上端刻画有一条斜线；而《清华大学藏战国竹简（贰）》所收的《系年》则有多达七条斜线，这些斜线皆位于竹简上半段，由左上向右下延伸，它的斜线划痕情况是：

第一条斜线跨 1 至 25 简（简文包括第一至第五章一部分）。

第二条斜线跨 26 至 44 简（简文包括第五章一部分至第七章）。

第三条斜线跨 45 至 71 简（简文包括第八章至第十四章一部分）。

第四条斜线跨 70 至 95 简（简文包括第十四章一部分至第十七章）。

第五条斜线跨 96 至 120 简（简文包括第十八章大部分至第二十二章一部分）。

第六条斜线跨 121 至 134 简（简文包括第二十二章大部分至第二十三章）。

第七条斜线跨 135 至 138 简（简文为第二十三章后四简）。

对于清华简中的刻画斜线情况，李均明先生曾分析说：

凡是篇章较短的，只划一条斜线足矣，如《程寤》《耆夜》所见。篇幅长者则需要多条斜线，如《系年》所见有七条斜线。《金縢》所见 2 号简简背上端编痕压在刻画线之上，说明斜线是在编联简册之前刻上的。一般来说，简背斜线能否对应，可印证排序之是否准确，典型者如《系年》无“八十八”序码，但第 88 简（序码“八十七”）与第 89 简（序码“八十九”）正面内容连贯契合，简背斜线亦合理连接，说明其间并无脱简，而是漏写了序码“八十八”。①

① 见李均明、赵桂芳《清华简文本复原——以〈清华大学藏战国竹简〉一、二集为例》，美国芝加哥大学等举办的“文本中国”国际学术研讨会论文，2012 年 5 月。

正如李均明先生所指出的那样，清华简简背的斜线有一定的规律性，如果篇幅较小，一般只刻画一道斜线，其位置往往是从第一支简的上端开始，向斜下方刻画，贯穿全篇的所有竹简，一直刻画到最后的一支简上，其结束位置一般不会到达竹简的第二道编绳处。由于所刻画的斜线穿过第一道编绳，可以肯定这些刻画斜线是在竹简编成简册之前就已刻好，至于是在竹简书写之前抑或是在竹简书写完成之后，则不好断定；长篇的简文则需要刻画多道痕线，如《系年》简即刻画了 7 道斜线，这些不同的斜线之间基本上是平行的，但是它们的起始位置和结束位置并不太一致，有些刻画斜线从第一道编绳下方开始刻画，但也有一些是从竹简背部的顶端开始。所有刻画斜线的结束位置距离第二道编绳都有一段距离，因此这些刻画斜线全部都位于竹简的上端。其中第 70、71 两支简因为正好位于上一道斜线的结束位置和下一道刻画斜线的起始位置，因此一支简上同时有两道刻画斜线。

需要说明的是，除了清华简的简背有这些刻画痕迹外，近年北京大学所藏的西汉竹简的简背也有刻画斜线。对于这方面的情况，北京大学出土文献研究所撰写的《北京大学藏西汉竹书概说》曾介绍了发现经过：

> 简背划痕现象，最早是由北京大学考古文博学院 09 级本科生孙沛阳同学于 2010 年 1 月参加北京大学藏秦简牍整理工作时发现的。他还观察到包山楚简和上博楚简也存在类似的墨线和划痕，并推测这类痕迹与竹简编联相关。①

关于北大简划痕的具体情况，整理人员介绍说：

> 从测量数据看，划痕全部位于简的上部，一般每简各有一道，少

① 见北京大学出土文献研究所《北京大学藏西汉竹书概说》一文的注释［1］，《文物》2011 年第 6 期，第 55 页。

> 数简可见有两道划痕，或未见划痕。根据对这批简所做编联释读工作中掌握的情况，可知这种划痕应是竹简编联成册时为防止散乱而有意留下的标记，其分布有一定规律。……在此次北大西汉竹书各篇的编联工作中，已将划痕作为简序复原的参考。①

据介绍，北大简的大多数划痕既浅且细，肉眼在适宜光线下仅勉强可以观察到。不过这些划痕非常有特色，例如北大西汉竹书中简序有传世文本依据的《老子》，经验证发现其简背划痕确有一定规律。每道划痕均从接近此道划痕之首简顶端处开始，向右下方斜行，经过 13~18 枚简不等，划至此道划痕之末简中部或稍下方结束，然后再从头端开始另一道划痕；划痕之间基本平行，下一道划痕开始的首简与上一道划痕的末简有时会重合，使这枚简出现上下两道划痕。在北大竹书《苍颉篇》中，这种有两道划痕重出的简是两枚，即下一道划痕开始的前两枚简与上一道划痕末尾的两简重合。接近竹简顶端的划痕多经过编绳所在位置，故可推测，划痕应是在简册编联前划出的。②

从北大简的介绍中我们可以发现，竹简背面的划痕现象并非清华简所独有，很可能在很多竹简背面都有这样的处理。当然它们之间还是有所区别的，其中最主要的区别是划痕的末端位置不同，清华简的划痕一般都在竹简的上端，而北大简的划痕能够到达竹简的中部或稍下方。尽管具体情况有所不同，但这些划痕本身说明当时的人们在制作竹简过程中，也非常担心竹简的丝线一旦断开，会给竹简的编排造成很大不便，并因此在竹简背面刻意做了一些记号，以便重新恢复竹简时不会搞乱。这些刻画痕迹是我们对于古人制作竹简的工艺方面所获得的新认识。

---

① 见北京大学出土文献研究所《北京大学藏西汉竹书概说》，《文物》2011 年第 6 期，第 53 页。

② 见北京大学出土文献研究所《北京大学藏西汉竹书概说》一文的注释［3］，《文物》2011 年第 6 期，第 55 页。

4. 其他信息

竹简背面还有很多其他信息，也会对竹简编联起很好的帮助。

竹简加工时，同一个竹筒加工出来的竹片一般都在一起，因此抄写竹简时，同一篇简文所用的竹片往往关系非常密切。由于竹简的背面正好是竹子的篾青那一面，可以很好地体现竹子的本来面目，因此，科研人员可以通过观察竹简的背面特征来更好地看出各支竹简之间的相互关联。

有时候竹简背面的黏附物也会对竹简编联有很好的作用。在清华简编联过程中，科研人员发现，有一篇简文的背面黏有很多已朽烂的丝线，并在许多枚简上留下了痕迹。由于清洗过程中科研人员非常细心，这些朽烂的丝线都得以完好保存。竹简拍照后，科研人员根据照片中所见的这些丝线残留物在各枚竹简中的相互位置，尝试以此为依据，重新将其编联。最后的结果是非常令人振奋的，科研人员根据这些丝线残留物的方位关系所编联出来的竹简，其顺序完全合理，并且纠正了原来仅靠竹简文字内容加以编联所带来的一些问题，这一成功案例，更使我们认识到竹简背面信息所蕴含的重大价值。

四、简短的结语

从以上的分析中我们可以看出，竹简背面确实有非常丰富的信息，可以在竹简的编联过程中发挥重要的作用。以往整理公布的竹简照片，往往只关注竹简正面的内容，对于反面的信息一般很少予以关注，也没有提供相关的照片情况，这对于竹简的编联是很不利的，尤其是一些对于思想史研究有重大影响的简帛文献，如郭店简、上博简等，学者们对于其编联存在着不小的差异，如果能够借鉴这些简背面的信息，可能会使学者们对它们的认识更为全面。因此，今后有关单位如果能进一步公布这些竹简背面的信息情况，或许会对这些简的重新编联发挥重要的作用。

补记：本文写作于2012年上半年，最近几年，随着竹简背面信息提取技术的大幅提高以及学者们认识水平的不断深入，当前对于竹简背面信息的研究与认识又有许多新的进步，比如有学者指出，在竹简中经常有反印墨迹的存在，对于竹简的编联和字迹的辨认都具有重要作用；又比如竹简背面的水渍形状，也有助于我们判断竹简在墓葬中的相互关系。这方面近期的成果，可参看贾连翔《反印墨迹与竹简编连的再认识》(《出土文献》第6辑，中西书局，2015年)、萧芸晓《清华简〈算表〉首简简序及收卷形式小议》(《简帛》第10辑，上海古籍出版社，2015年)等文。竹简背面各种信息对于编联工作的重要意义，还有待于今后做出更多的探讨。

非常道考

夏含夷（Edward L. Shaughnessy）*

《老子·道经》第一章头两句话是中国思想史上最有名的言语，“道可道，非常道；名可名，非常名”，意思是某件事情玄妙到不能利用语言来说明的地步。众多《老子》读者都知道这个意思。从早在《老子》第一个注解，即《韩非子·解老》篇，到最近发表的白话和英语翻译几乎都采取这个意思。然而，本人读《老子》时候，一直觉得这种常识未得《老子》之深义。“名可名，非常名”当然和语言有关系，但是意思并不玄妙。“道可道，非常道”与语言根本没有关系，而只是说一种恒久不变的道路不会导致行人到目的地，任何的道路都要转来变去以便避免大自然的和人为的障碍。以“道”引申为“道理”的意思，大义相同，是说没有一个道理或者一个办法能够永远解决世界上所有的问题；《商君书·更法》所谓“治世不一道，便国不必法古”就是这个意思。

---

* 作者为芝加哥大学东亚语言及文化系讲座教授。

一、“道”为讲说之义

“道可道，非常道”第一个“道”是一个名词，原意是“道路”，可是在先秦诸子百家文献上普遍引申为先天地生，宇宙万物之原本功能。于此，大多数注疏家就采取引申意义，把它解释为“道理”或“道法”之道，亦即“办法”的意思。第二个“道”是一个动词，大多数的注疏家释之为古书上相当罕见的“讲说”之意思。如此，“道可道”的意思就成了“能够利用语言来讲说的道理或者道法”。“非常道”的“道”又是一个名词，和第一个“道”相同，可是根据大多数注疏家的理解，与之也根本不同。这个“道”乃是“常道”，也就是说为先天地生之物，无法以人为的逻辑或语言去描写宇宙万物的本原。“道可道”第一个“道”因为是指一个“能够利用语言来讲说的‘道法’”，也就是说一个片段有限制的事物，那么作为名词的两个“道”就完全不一样。第二句话“名可名，非常名”按照一般的解释，有相同意义：第一个“名”是名词，意思是人为的名称；第二个“名”是动词，意思是“安名”；第三个“名”又是名词，意思是永久不变之名称，也就是“道”。[马王堆帛书《道经》出土以后，学者们发现“非常道”原来写作“非恒道也”，为了避免汉文帝刘恒之名讳“恒”改为意义相同（但是并不完全一样）的“常”，现在大家都知道，然而与本文大义没有多少影响，于此可以不去管它。]

因为中国古籍注解的传统常常是分章分句的，对某一句话的意思不易做直接比较，所以为了反映上述解释的普遍性，最方便的方法可能还是引用外国的某些权威翻译。下面引用十几名较为权威的西方汉学家对《老子》第一章“道可道，非常道；名可名，非常名”的翻译[①]。

---

① 下列《老子》译文是“公密部”（Bureau of Public Secrets）所收集的：Lao Tzu：*Tao Te Ching*（175+ Translations of Chapter 1）； 见 http：//www.bopsecrets.org/gateway/passages/tao-te-ching.htm。

Stanislas Julien（1842）:

La voie qui peut être exprimée par la parole n’est pas la Voie éternelle ; le nom qui peut être nommé n’est pas le Nom éternel.

Lionel Giles（1904）:

The Tao which can be expressed in words is not the eternal Tao ; the name which can be uttered is not the eternal name.

Richard Wilhelm（1910）, English by H.G. Ostwald（1985）:

The DAO that can be expressed
is not the eternal DAO.
The name that can be named
is not the eternal name.

Léon Wieger（1913）, English by Derek Bryce（1999）:

The Principle that can be enunciated is not the one that always was. The being that can be named is not the one that was at all times.

Arthur Waley（1934）:

The Way that can be told of is not an Unvarying Way ;
The names that can be named are not unvarying names.

Derke Bodde（1937）:

The Tao that may be called Tao is not the invariable Tao. The names that can be named are not the invariable names.

Robert Henricks（1989）:

As for the Way, the Way that can be spoken of is not the constant

Way；

As for names，the name that can be named is not the constant name.

Michael LaFargue（1992）：

The Tao that can be told is not the invariant Tao；

the names that can be named are not the invariant Names.

Livia Kohn（1993）：

The Tao that can be told

Is not the eternal Tao.

The name that can be named

Is not the eternal name.

Richard John Lynn（1999）：

The Dao that can be described in language is not the constant Dao；the name that can be given is not its constant name.

Ralph D. Sawyer and Mei-chun Lee Sawyer（1999）：

The Tao that can be spoken of is not the ineffable Tao.

The name that can be spoken is not the ineffable name.

Roger T. Ames and David L. Hall（2003）：

Way-making that can be put into words is not really way-making，

And naming that can assign fixed reference to things is not really naming.

这个翻译方法并不是西方学者们创造的。根据相当详尽的检索，得知几乎每一个中国人（按照拼音姓名）做《老子》英文翻译，包括著名学者与文人诸如林语堂、陈荣杰、刘殿爵和任继愈等，也都采取同样的理解。

Lin Yutang（1942）:
The Tao that can be told of
Is not the Absolute Tao；
The Names that can be given
Are not Absolute Names.

D.C. Lau（1963）:
The way that can be spoken of
Is not the constant way；
The name that can be named
Is not the constant name.

Wing-Tsit Chan（1963）:
The Tao that can be told of is not the eternal Tao；
The name that can be named is not the eternal name.

Ren Jiyu 等（1993）:
The Tao that can be spoken of is not the eternal Tao；
The name that can be named is not the eternal name.

早在现存第一个《老子》注解，亦即《韩非子·解老》篇，这个理解已经说得很清楚：

《韩非子·解老》:

凡理者，方圆、短长、粗靡、坚脆之分也。故理定而后可得道也。故定理有存亡，有死生，有盛衰。夫物之一存一亡，乍死乍生，初盛而后衰者，不可谓常。唯夫与天地之剖判也具生，至天地之消散也不死不衰者谓常。而常者，无攸易，无定理，无定理非在于常所，是以不可道也。圣人观其玄虚，用其周行，强字之曰道，然而可论，故曰："道之可道，非常道也。"

按照这个解释，第一个"道"指"定理"，亦即"方圆、短长、粗靡、坚脆之分也"，也是"有存亡，有死生，有盛衰"。第三个"道"乃是"无定理"，也就是说没有包括在死衰的限制内。作为动词的第二个"道"是圣人"强字之"的意思，也就是在论语之内。

韩非子死于秦王政（即后来自称为秦始皇帝）十四年（公元前233年）。他去世一百年以后，《淮南子》奉给汉武帝，此书对《老子》含有许多解说，引用"道可道，非常道"不止二三次而已：

《淮南子·本经训》

晚世之时，帝有桀、纣，为琁室、瑶台、象廊、玉床。纣为肉圃、酒池，燎焚天下之财，罢苦万民之力，刳谏者，剔孕妇，攘天下，虐百姓。于是汤乃以革车三百乘伐桀于南巢，放之夏台。武王甲卒三千破纣牧野，杀之于宣室。天下宁定，百姓和集，是以称汤、武之贤。由此观之，有贤圣之名者，必遭乱世之患也。今至人生乱世之中，含德怀道，拘无穷之智，钳口寝说，遂不言而死者，众矣。然天下莫知贵其不言也。故道可道，非常道；名可名，非常名。着于竹帛，镂于金石，可传于人者，其粗也。五帝三王，殊事而同指，异路而同归。晚世学者，不知道之所一体，德之所总要；取成之迹，相与危坐而说之，鼓歌而舞之，故博学多闻，而不免于惑。

《淮南子·道应训》

桓公读书于堂，轮人斲轮于堂下，释其椎凿而问桓公曰："君之所读者，何书也？"桓公曰："圣人之书。"轮扁曰："其人在焉？"桓公曰："已死矣。"轮扁曰："是直圣人之糟粕耳！"桓公悖然作色而怒曰："寡人读书，工人焉得而讥之哉！有说则可，无说则死。"轮扁曰："然，有说。臣试以臣之斵轮语之：大疾，则苦而不入；大徐，则甘而不固。不甘不苦，应于手，厌于心，而可以至妙者，臣不能以教臣之子，而臣之子亦不能得之于臣。是以行年七十，老而为轮。今圣人之所言者，亦以怀其实，穷而死，独其糟粕在耳！"故老子曰："道可道，非常道。名可名，非常名。"

《淮南子·泛论训》

诗、春秋，学之美者也，皆衰世之造也，儒者循之以教导于世，岂若三代之盛哉！以诗、春秋为古之道而贵之，又有未作诗、春秋之时。夫道其缺也，不若道其全也。诵先王之诗、书，不若闻得其言；闻得其言，不若得其所以言。得其所以言者，言弗能言也。故道可道者，非常道也。

这三段解释虽然各有不同重点，但是对"道可道，非常道"的解释都完全一致。无论是"相与危坐而说之，鼓歌而舞之，故博学多闻，而不免于惑"，或者"今圣人之所言者，亦以怀其实，穷而死，独其糟粕在耳"，或者"言弗能言也"，都强调"道可道，非常道"的意思是无法利用语言来描写永久之道。汉代以后的大多数注疏家也都采取同样的解释，在此无法一一赘述。

二、道为导致之导

《淮南子》还有一篇提到"可道"之事，却与上面三段均谓"道可道，非常道"为无法利用语言来描写永久之道，意义显然不同。

《淮南子·泰族训》：

德足以教化，行足以隐义，仁足以得众，明足以照下者，人之俊也。行足以为仪表，知足以决嫌疑，廉足以分财，信可使守约，作事可法，出言可道者，人之豪也。守职而不废，处义而不比，见难不苟免，见利不苟得者，人之杰也。

“豪人”可以给老百姓作为仪表，也就是一个模型，他“作事可法，出言可道”是说老百姓可以模仿他所做的事，可以循导他所说的话。“出言可道”虽然句头提到“出言”，可是于此“道”并没有讲说的意思，而应该读为“导”，即“导致”的“导”。中国话很多与交通有关系的动词，诸如“买”和“卖”、“受”和“授”、“借给”的“借”和“借来”的“借”、“说明”的“明”和“明白”的“明”，都有双方的意义，既可以反映主动者的立场，又可以反映受动者的立场，“导”也有两个相同可是相反的意义：从一边看，意思是“导致”，从另外一边看，意思是“从导”。于此，“可道”和前一句话的“可法”并行。“可法”的意思是老百姓可以模仿豪人所做的事。同样，“可道”的意思是老百姓也可以循从豪人所说的话。

《淮南子》这一段文字与下列《文子·上礼》篇一段文字显然有同一个来源：

《文子·上礼》：

智过万人者谓之英，千人者谓之俊，百人者谓之杰，十人者谓之豪。明于天地之道，通于人情之理，大足以容众，惠足以怀远，智足以知权，人英也。德足以教化，行足以隐义，信足以得众，明足以照下，人俊也。行可以为仪表，智足以决嫌疑，信可以守约，廉可以使分财，作事可法，出言可道，人杰也守职不废，处义不比，见难不苟免，见利不苟得，人豪也。英俊豪杰，各以大小之材处其位，由本流末，以重制轻，上唱下和，四海之内，一心同归，背贪鄙，向仁义，其于化民，若风之靡草。

虽然《文子》说“作事可法，出言可道”的人是“人杰”而不是“豪人”，但是意思和用词几乎一模一样。众所周知，《淮南子》和《文子》之间有不少段落相同。从唐代末年，大多数学者都以为这些地方通常是伪造的《文子》抄引了《淮南子》的。然而，近来也有不少学者以为可能是《淮南子》抄引《文子》。也有另外一个可能，就是这两个文献同样利用另外一个文字根源。无论如何，似乎不可简单地将《文子》视为伪造品而弃置不管。譬如说，关于《老子》“道可道，非常道；名可名，非常名”，《文子》可以提供一种与别的解释不同的宝贵理解。

上引《淮南子·泰族训》和《文子·上礼》那段文字尽管没有提到“道可道，非常道；名可名，非常名”，可是《文子·上礼》篇前一段文字对之有直接解说，不但对“可道”也采取“可以导致”的解释，并且对“非常道”提出一个与一般的解释完全不同的读法。

《文子·上礼》：

老子曰：古者被发而无卷领以王天下。其德生而不杀，与而不夺。天下非其服，同怀其德。当此之时，阴阳和平，万物蕃息，飞鸟之巢可俯而探也，走兽可系而从也。及其衰也，鸟兽虫蛇，皆为民害，故铸铁锻刃以御其难。故民迫其难则求其便，因其患则操其备，各以其智去其所害，就其所利。常故不可循，器械不可因。故先王之法度，有变易者也。故曰：名可名，非常名也。五帝异道而德覆天下，三王殊事而名后世，因时而变者也。譬犹师旷之调五音也，所推移上下无常，尺寸以度，而靡不中者，故通于乐之情者能作，音有本主于中。而知规矩钩绳之所用者能治人，故先王之制，不宜即废之，末世之事善即着之。故圣人之制礼乐者，而不制于礼乐；制物者，不制于物；制法者，不制于法。故曰：道可道，非常道也。

根据这一段文字，“道可道，非常道（也）”和“名可名，非常名（也）”的基本意义是时间和习惯一直在改变，五帝三王所以有名是因为他们“因时而变”，也就是说他们都按照他们自己时代的条件来治世，并不认为有一个永久的“常”可以解决所有的要求。某一时代制定的习惯过时以后，不一定对后代有所便利。因此，“先王之制，不宜即废之”。像师旷调音那样，没有固定的音可以满足每一首乐曲的需要；换句话说，“上下无常”。语言也不例外。商代甲骨卜辞满足了当时的政治和宗教要求，但是到战国时代已经远远不够，更不用说应对当今21世纪的语言环境。这一段文字最后一句话写得非常恰当，“圣人之制礼乐者，而不制于礼乐；制物者，不制于物；制法者，不制于法”，是说每一个圣王都会创造他自己时代所需要的礼乐物法，他不会受古代前例的限制。

这一段文字意思很清楚，就是以“先王之法度，有变易者也”来解释《老子》的“道可道，非常道（也）”。这个解释也对《老子》这句话的两个关键词提出新的读法。“道”是什么意思？应该就是文中所说“五帝异道”。关于“常”，它的说法更直接：“常故不可循，器械不可因”的“常故”就是那些不可循道的永久不变之前例。按照这个读法，“道可道，非常道”的意思是“一个可以导致（或循道）的道路（或道法）不是永久不变的道路（或道法）”。换句话说，一个能够满足各个不同的时代和各个不同的环境的道路（或道法）是一个一直在演变的道路（或道法）。

《文子·上礼》这一段文字与上引《淮南子·本经训》虽然在用词上有所相同，但是意义上仍然不同。《淮南子》说“五帝三王，殊事而同指，异路而同归”似乎暗示同一个意思，但是《淮南子》接着说“晚世学者，不知道之所一体，德之所总要，取成之迹；相与危坐而说之，鼓歌而舞之，故博学多闻，而不免于惑”就完全不一样，强调“道”之“一体”和“德”之“总要”，这与《文子》迥然不同。《文子》对“道可道，非常道；名可名，非常名”的理解似乎是一致的，几乎每一段解释都与《淮南子》有不同的重点[①]。于此，简单地引用三篇不同的段落：

《文子·上义》：

老子曰：治国有常而利民为本，政教有道而今行为古，苟利于民，不必法古，苟周于事，不必循俗。故圣人法与时变，礼与俗化，衣服器械，各便其用，法度制令，各因其宜，故变古未可非，而循俗未足多也。诵先王之书不若闻其言，闻其言，不若得其所以言，得其所以言者，言不能言也，故“道可道，非常道也，名可名，非常名也”。圣人所由曰道，犹金石也，一调不可更，事，犹琴瑟也，每终改调。故法制礼乐者，治之具也，非所以为治也，故曲士不可与论至道者，讯寤于俗而束于教。

《文子·道原》：

老子曰：夫事生者应变而动，变生于时，无常之行。故“道可道，非常道也，名可名，非常名也”。书者言之所生也，言出于智，智者不知，非常道也；名可名，非藏书者也。

《文子·上仁》：

文子问治国之本。老子曰：本在于治身，未尝闻身治而国乱，身乱而国治也。故曰：修之身，其德乃真。道之所以至妙者，父不能以教子，子亦不能受之于父，故道可道，非常道也，名可名，非常名也。

这三段文字虽然提到“言”和“书”，说明道不可传授，但是其重点都在

---

① 唯有《文子·靖成》篇载有与上引《淮南子·本经训》相同的段落好像和《淮南子》读法没有两样，即：

《文子·靖成》：

老子曰：振穷补急则名生利起，除害即功成。世无灾害，虽圣无所施其德。上下和睦，虽贤无所立其功。故至人之治，含德抱道，推诚施无穷之智，寝说而不言。天下莫知贵其不言者，故“道可道，非常道也，名可名，非常名也”。著于竹帛，镂于金石，可传于人者，皆其粗也。三皇五帝三王，殊事而同心，异路而同归，末世之学者，不知道之所体一，德之所摠要，取成事之迹，跪坐而言之，虽博学多闻，不免于乱。

强调时间之不同。无论是《上义》篇之“圣人法与时变，礼与俗化，衣服器械，各便其用，法度制令，各因其宜，故变古未可非，而循俗未足多也”，还是《道原》之“夫事生者应变而动，变生于时，无常之行”，对“无常”都有肯定的意义。

三、“道可道，非常道；名可名，非常名”之语法分析

要分析“道可道，非常道”的语法构造和意义，也许应该从读法比较一致的“名可名，非常名”开始。历来注疏家对“名可名，非常名”的基本语法分析大概没有多少分歧。关于“名可名”，他们都理解第一个“名”为名词，意思是“名称”，第二个“名”是动词，意思是“安名”。“名可名”的意思是“可以安名的名称”，也就是说人家可以创造的词汇。“非常名”复杂一点。关键问题是“永久名称”有积极的还是消极的意义。换句话说，“非常名”应该分析为“非——常名”还是“非常——名”。一般的注疏家和翻译者都采取第一个读法：“非——常名”的“常名”就是永久不变的名称或者原则。从语法分析来说，这当然没有问题。然而，按照逻辑，这个读法和这个句子前一个段落不平衡，等于说“名—非—常名”，它的哲学意义并不很深。“名—非—常名”，亦即“名不是常名”，等于说“红不是粉红”。这没有错，但是仅是一个语言的游戏。和这个读法不同，“名可名，非常——名”在第一个“名”和第三个“名”之间可以画一个等号，“名”是“名”。问题是，人家可以创造的名称到底是什么样的名称，在什么条件之下能够说“名”是“名”才有哲学意义。这是说能够安名的名称是“非常”的名称，也就是说是按照时间演变的名称。这样的语法比较平衡。

“道可道，非常道”的意思，和“名可名，非常名”并行，语法和

逻辑分析应该相同。“道可道”第一个“道”是名词，第二个“道”是动词，这是大家都同意的读法。然而，虽然作名词的“名”和作动词的“名”有明显的关系，是一个词的两个功能，但是如上面所述，注疏家对两个“道”字往往提出不同的解释，以为第一个“道”是“道路”或“道法”的意思，而第二个“道”是“讲说”的意思。在古书上，“道”为讲说的用法相当罕见。但是，更重要，这个意思和“道”的基本意义，即“道路”，也就是第一个“道”的意思，没有明显关系，可以说是两个不同的词（既然用一个字来写）。如果两个“道”字像两个“名”字那样相关，而作名词的第一个“道”有“道路”的意思，那么作动词的第二个“道”应该反映“道路”的动词功能，亦即“循道”或者“导致”的意思。在汉代以后普通中国文字用法上，“道”的这个功能是由“導”（即“导”的繁体字）书写的。然而，“道”和“導”显然是古今字，也就是说两个字有同一个根源。在古书上“導”的意思往往是由“道”字书写的，这是古文字学常识，不用举出例证。那么，“道可道”最基本的意思应该是“可以循道的道路”。

弄清楚“道可道”的意思以后，再进一步探讨“非常道”的意思，应该没有多少问题。如上面所述，“非常道”的意思也和“非常名”并行。也如上面所述，“非常名”应该读作“非常——名”，同样，“非常道”应该读作“非常——道”，也就是说“按照时间演变的道路（或者道法）。那么，“道可道，非常道”的意思应该是“可以循道的道路（或者道法）是按时演变的道路（或者道法）”。

关于这个读法还有两个问题要弄清楚。第一个问题是古代汉语对名词的用法比较模糊，不分单数和复数。在古书上，如果一个名词没有明显的数字，要知道是一个事物还是两个或两个以上事物，只能从上下文分析。不幸，“道可道，非常道；名可名，非常名”这句话位于《老子·道经》第一章开头，没有上文可以参考，下文虽然提出“此两者”，也许是指“道”和“名”，但是更可能是指“无名”和“有名”，更没有其他线索可以参考，所以无法知道作名词的“道”和“名”应该指单数道路（或者道法）和名称或者多数道路和名称。第二个问题相似，就是古代汉语不用冠词，更不用说分定冠词（像英语“the”）和不定冠词（像英语“a”）。“道”既可以指“某一个”（或者“某些”）道路（或者道法），也可以指“这一个”（或者“这些”）道路（或者道法）。除非上下文说清楚意思，很难知道它确切的意义。这两个问题所以重要，是因为不少注疏家和翻译者对作名词的两个“道”字和两个“名”字采取不同的读法，说第一个作名词的“道”（即“道可道”的第一个“道”）是指任何一个或某些道路或者道法（像英语“a way”或者“ways”），而说第二个作名词的“道”（即“非常道”的“道”）乃是唯一不二的宇宙万物的根源（就像英语经常翻译的“the Way”或者“the Dao”，不但利用“the”指明，并且以大字来写）。按照汉语的这样用法，我们可以给“道可道，非常道”设想四种不同的读法，即：

1. 一个能够循道的道路是一个按时演变的道路（意思是说任何一个道路是这样的）

2. 能够循道的大道是一个按时演变的道路（意思是说唯有大道是这样）

3. 一个能够循道的道路是按时演变的大道

4. 能够循道的大道是按时演变的大道

这样分析可能过于玄妙，很可能最妥当的读法也是最不确定的读法。其实，很多中文注解，包括白话翻译在内，可以避免这样的分析，“道”就是“道”，“名”就是“名”，无须多说。然而，作外文翻译之时，特别是翻成一个印欧语系的语言，必须确定名词是单数还是复数的，是定冠词的还是不定冠词。这样的分析只好按照翻译者自己的语感。我自己翻译古代汉语时候，通常采取最不制定的表现。如果需要的话，按照我这样的理解，“道可道，非常道”可以翻译成英文：

A way that can lead is an inconstant way.

或者，可能更妥当是根本不用冠词（按照英文语法，只有复数名词可以不带冠词：

Ways that can lead are inconstant ways.

应该说明，我自己的学术领域并不是中国思想史。我虽然读过了《老子》以及某些《老子》注解和翻译（包括白话文和外文翻译），但是我也不可能掌握《老子》诠释史的一切。也许本文所提出的读法，早已有别人提出了，但是处于我目力所及范围之外。对此，我只能致以诚挚的歉意。

早期《老子》《周易》“文本”的演变及其与“思想”之相互作用[*]

丁四新[**]

早期中国古典文本是如何演变而趋于定型的？文本的改变又是如何导致思想或经义的变化的？反之，思想或经义的变化又是如何导致古典文本的演变的？近四十年来大量简帛书籍（特别是子籍和经籍）的出土，为我们深入地思考相关问题提供了可能条件。笔者近年从事相关文献的校注工作，[①] 对于这些问题业已形成了一些自己的看法，今不揣拙陋，以《老子》《周易》两大经典文本来阐明相关问题。

---

* 本文刊于《中国社会科学》2013 年第 2 期，发表时有删节。初稿写于 2011 年年末至次年年初。

** 丁四新，武汉大学哲学博士，现任清华大学哲学系教授；研究方向：先秦两汉哲学、出土简帛文献与周易经学。

① 丁四新《郭店楚竹书〈老子〉校注》，武汉大学出版社 2010 年版；丁四新：《楚竹书与汉帛书〈周易〉校注》，上海古籍出版社 2011 年版。为避免烦琐，凡引小书的成果，本文一般不再加注。另外，笔者十多年前即已接触和思考《老子》在古典时期的文本演变问题。参看丁四新《郭店楚墓竹简思想研究》第一章，东方出版社 2000 年版，第 1—84 页。

一、早期《老子》文本的演变及其思想变动

（一）早期《老子》文本的篇章重组与思想主题的改变

《老子》是子部典籍的突出代表。最近四十年，先秦至西汉的《老子》古本出土了四种。[①]这四种本子分别为郭店楚简本、马王堆帛书甲乙本和北大藏汉简本，[②]它们大抵反映了从战国中期到西汉中期《老子》一书的形成、演变，直到基本定型的过程。楚简本有三组，它们是三种不同的抄本，字数仅为今本的三分之一，且其篇章组合和划分，与帛本、今本也基本不同。楚简本大抵反映了《老子》文本的原生状态，而五千言的《老子》本子是一开始即有的，还是逐步发展、集合起来的？这确实是一个有待回答的问题。不过，可以肯定，韩非所据本已经是一个五千言的足本了。从《韩非子·解老》《韩非子·喻老》引《老子》来看，韩非所据本的章段次序及构成与帛本、今本相差巨大，至于上下篇的具体章段构成也应当与帛本、今本有异。帛书二本，与汉简本、今本的文本编联顺序大体相同，只不过它们的抄写分篇而不分章，其《德》篇、《道》篇次序与今本互倒。汉简本是一个基本定型的本子，它的分章非常清晰，共有七十七章，上经四十四章，下经三十三章，分别对应于今本之《德》篇和《道》篇。而八十一章本及《道》先《德》后的次序，据宋人谢守灏《混元圣纪》（载《正统道藏》）引《七略》，乃由刘向校中秘书时所裁

---

① 此外，还有在北齐后主高纬武平五年（公元574年）出土的项羽妾冢本。此本，唐以后即已不传，不过，它有部分内容或因素被傅奕本所吸收和保留。

② 北大藏汉简本相关信息，参见韩巍《北京大学藏西汉竹书本〈老子〉的文献学价值》，《中国哲学史》2010年第4期，第16—22页；韩巍《北大汉简〈老子〉简介》，《文物》2011年第6期，第67—70页。本文凡引述汉简本《老子》内容，均参见此二文，下文不再加注。

定。[①]顺便指出，刘笑敢所谓“王弼本分为八十一章当在明代后期或清代”的意见，[②]这很难说是正确的。总之，我们很容易看到，早期《老子》文本确实经历了一个章段聚集、离合、重组以及篇章调整的复杂演变过程。

而为何早期《老子》文本会产生如此复杂的演变过程？原因有多个方面，不过与“思想”的因素关系最为密切。[③]

首先，可以看到，构成早期《老子》文本之篇第的章段不同，导致其思想主题发生了重大变化；反之，也可以说，传《老》者在其思想主题的理解上发生了巨大变化，从而导致其篇第上下及其章段之具体构成也产生了巨大的差别。一般说来，人们通常认为《老子》的思想主题即是“道德”二字。其实，这是汉人建立起来的主流看法。司马谈《论六家要旨》称“道家”为“道德”，而他本人即曾“学道论于黄子”（《史记·太史公自序》）。这里，所谓“道家”“道论”，实即“道德家”“道德论”之省语。在《史记·老子韩非列传》中，司马迁说：“老子修道德。”又曰：“老子乃著书上下篇，言道德之意五千言而去。”严遵《老子指归·说二经目》亦云：“昔者《老子》之作也，变化所由，道德为母。”皆为其证。而汉人的这种看法，在出土的汉代《老子》诸本中得到了印证。帛书二本、汉简本在章段构成上不但以“德”“道”为核心观念来聚

---

① 笔者曾有详细的论述，可以参看。丁四新《郭店楚竹书〈老子〉校注》，第209—210页。

② 刘笑敢《老子古今——五种对勘与析评引论》上卷，中国社会科学出版社2006年版，第6、110页。

③ 刘笑敢曾使用“思想聚焦”一语来说明《老子》文本具有“增加核心概念”和“调整段落文句”的现象，但他主要是就二千多年的不同版本对勘，并做单纯的语文学考察来说的，与笔者将“思想”本身看作文本变动的内在基础及其动力颇为不同。参见刘笑敢：《老子古今——五种对勘与析评引论》上卷，第23—35页；丁四新《申论〈老子〉文本变化的核心观念、法则及其意义》，《哲学动态》2002年第11期，第12—15页。

合上下篇之文本，而且均以《上德不德》《道可道》二章分居二篇之首，[①]甚至在帛书乙本上下篇末，抄手即直接题署了“德”“道”的篇名。[②]

与帛本、汉简本等相较，楚简本所显示的思想主题却大不一样。楚简本《老子》甲组分为上下篇，[③]上篇以“道恒无为”为纲要，下篇以“返也者，道动也；弱也者，道之用也”为重心（并包括了部分谈论道之本体特性和含德修身等内容的文本）。从此上下篇所包含的章段来看，楚简本甲组的文本与帛书、今本大殊；而从具体内容来看，老子谈论本体之道的章段在楚简本中亦大多缺失。其时，传《老》者很可能还没有将“道”“德”作为《老子》一书最为基础、实质的两个概念澄明出来。据此，无论是从上下篇之首章，还是从其整体篇意来看，楚简《老子》均无法直接称为《德道论》或《道德论》。反观帛本，它很可能是传《老》者根据“思想”的原则而有意重新编组和整合《老子》文本的结果。在此，可以看到，《老子》文本的演进或改变，与其在思想上的编辑理念是大体相应的。

其次，传《老》者编辑理念的改变及早期《老子》文本的演变、思想主题的重新呈现，与从战国至汉初的思想运动密切相关。先秦儒家各派均以“仁义”的价值观念作为实质内容贯穿其学说，这样，道家在剽剥儒家仁义学说的过程中也就必须把握和呈现自己的核心观念，以与之相抗。就《老子》来说，崇老者也即是要收束和凝聚自身的思想主旨，将“道德”阐明为核心概念，特别是将道家的多种思想内涵收束在

① 严遵《老子指归》上经亦以《上德不德》章起篇，下经残。严本亦当为《德》先《道》后的顺序。

② 需要指出，汉代虽以“道德”为《老子》之主题，并且上下篇可以题名《德》《道》，但是在整个西汉，《老子》一书仍未称名为《道德经》或《道德》。《汉书·艺文志》所列相关经注，皆以《老子》为称，无以《道德》或《道德经》称名者。《老子》称名为《道德经》，当在刘向校书、颠倒上下篇次第以后。

③ 根据第32、39号简各有一个“乚”字符号（又称钩识符号），作“ ”形，（参见荆门市博物馆编：《郭店楚墓竹简》，文物出版社1998年版，第5、6页。）可知楚简本《老子》甲组当分为上下篇。

此二概念的统摄之下，而这与周末至汉初诸子百家在观念上的自我聚焦趋向也是相一致的："无为"无疑是道家思想所着力宣扬的主旨，同时也是道家区别其他诸家的界限所在，然而随着时代的发展它必须在"道德"的名目下获得思想阐释的竞争平台。实际上，"道德"观念也正是在传《老》及道家之理论发展的过程中被逐步拣择和明晰出来的：从先秦至汉代，《老子》具有逐步向"道""德"等重要概念凝聚，并进而凸显这些观念的文本特征。这一点，除上文所举例证之外，在文本上还有更为具体、明确的证据。例如，楚简本甲组"域中有四大"的顺序作"天大，地大，道大，王亦大"，汉简本、《淮南子·道应》引《老》与之相同；帛书二本则作"道大，天大，地大，王亦大"，通行本加以继承。这种将"道大"置于"四大"之首的做法，就直接在文本抄写顺序上突出了所谓《老子》思想的主旨。此一例也。"古之善为士者"，见于楚简本甲组，通行本同之；帛书乙本"士"作"道"（帛甲残），傅奕本同之。此二例也。[①]"物或恶之，故有欲者弗居"，帛本二见，而通行本"欲"作"道"。此三例也。最后，刘向干脆将《德》前《道》后的篇第变更，而以《道》前《德》后为上下篇之次，在文本上就空前强化了"道"这一概念。关于"德"，楚简本《老子》"德"字总计 11 见，甲组 1 见，其余 10 例（包括 3 例缺文）均在乙组。乙组包含此 10 例"德"字的文本，帛本、今本则都在《德》篇；甲组之 1 例见于《含德之厚》章，通行本属于第五十五章，亦在《德》篇。如此，可知《含德之厚》一章是后来才被人们编入《德》篇的。而《老子》文本依观念聚合在一起，乃是一种古已有之的现象。进一步，"德"字在通行本下篇中凡 35 见，在上篇中则只有 8 见。这种"德"字高度集中的文本现象，从楚简本来看虽然起源很早，但是也未尝不是后人有意聚焦此一观念而重组《老子》文本的

① 在此需要指出，文本的传承和演变是比较复杂的，未必一蹴而就：当时传《老》者虽众，然未必人人趋时，以"道大"置于句首为务。因此，这里通行本亦作"士"，不作"道"，实不足奇怪。

一种结果。

最后，早期《老子》文本的演变和思想主题的呈现，还与秦汉之际的时代背景及汉初的经学化运动密切相关。在早期诸本中，帛书甲本对于《老子》定本的形成无疑起了十分关键的作用。当然，从一个角度来看，这是汉初以秦亡为鉴，重视黄老，并要求其经学化的必然结果。《汉书·艺文志》载有《老子邻氏经说》《老子傅氏经说》《老子徐氏经说》三书，又有《黄帝四经》一书，可为印证。《老子》称“经”，大概始于文景时期。武帝时期的汉简本即题名为《老子上经》《老子下经》，将《老子》称“经”的时间下限明确化。[①] 在抄写形式上，此本与楚简本、帛本《易经》相仿：简帛本《周易》经文皆以一卦为独立的抄写单位；而汉简本《老子》亦以一章为抄写单位，与上下章均不共简。这一现象，在楚简本、帛本《老子》中却是看不到的。

（二）早期《老子》文本的局部移动、改变与思想变化

早期《老子》文本的局部移动或改变，有时会引起其思想的变化，反之亦然。这里所说的“局部”，既包括章段内部（相应于今本章段的划分而言）的文本分合和文字更改，也指文本在不同章段之间的迁移和组合。同时，这种局部意义上的文本变动，也或多或少地间接影响着《老子》文本的整体变化及其上下篇思想主旨的确定。这方面的例子很多，例如，今本第四十五章后段“躁胜寒，静胜热，清静为天下正”，与第五十四章文本异处，然而在楚简本乙组中，它们是抄连在一起的。笔者认为，此二段文本原本当共章，其章旨为“清静为天下正”；而下文“善建者不拔”诸语（即今本五十四章）实际上都是从“德”的角度来谈论

---

① 稍后，严遵亦有“上、下经”之称。《老子指归·说二经目》：“上经配天，下经配地。……以五行八，故上经四十而更始。以四行八，故下经三十有二而终矣。”严遵《老子指归》，王德有点校，中华书局 1994 年版，第 1 页。

修身的，“德”者得也，而所谓“修之身”即是将此“清静为天下正”之原理获之于身也。反过来看，没有此一原理作为论述的前提，今本第五十四章文本就会失去依托，飘浮无根。而帛书本将它们隔离开来，分作两处抄写，这直接导致了后来的注者对于第五十四章思想的误解。这是一个由文本章段的误移而导致对章旨发生误解的例子。又如，今本第五十七章“法令滋章”，“法令”，楚简本甲组作“灋物”，河上公本作“法物”，帛乙存“物”字、残“法”字（甲本二字俱残）。今按，“法”即“灋”字省文。据简帛二本对照，可知《老子》原本当作“法物”。所谓“法物”，据帛书《二三子》《后汉书·光武帝纪》及李贤《注》，乃大驾、卤簿、仪式之属，皆为行礼用乐之器物或仪制。而通行本作“法令”，很可能是汉人的改作。“法令”与“法物”的含义差别较大。《淮南子·道应》《史记·酷吏列传》《文子·道原》《后汉书·东夷传》均引作“法令”。大概，文本的改易发生在西汉文景时期，其时诸家均在反思秦亡，而将其聚焦在“秦法”上面。可以看出，此处文本的改易与时代思潮互为表里。再如，今本十六章：“致虚极，守静笃。”帛乙作：“至虚，极也；守静，督（笃）也。”（帛甲有异字，但不异读。）楚简本作：“至虚，亙（恒）也；兽（守）中，管（笃）也。”从文本的演变顺序来看，简帛本的句读无疑是可据的。而王弼《注》云“言之虚物之极”，河上公《注》云“至于虚极”，皆将“虚极”二字连读，且“极”依如字为训。今天看来，魏晋以来的句读及解义当是不正确的。严遵《指归》云“空虚为常”，司马谈《论六家要旨》云“虚者，道之常也”，与楚简本作“至虚，亙（恒）也”大意一致。据此，楚简本作“亙（恒）”字当为原本，帛书二本作“极”字，乃因形近致讹。由字误，句读误，而至于经义迥殊，这也是早期《老子》文本演变中的一个较为典型的例子。

总之，《老子》在从战国到西汉的演变过程中，文本的改变会引起其思想的变化，反之思想的改变也会引起文本的变动。这里，所谓“文本”，既针对全书、上下篇的构成和演进而言，也针对一些章段、词句的组合和变化来说；而所谓“思想”，首先是指文本的思想，其次指向其所关涉的时代思潮及传《老》者个人的思想倾向，因素较为复杂。需要提醒的是，《老子》作为一个思想性的文本，在旧文本章段的分解、离析和破坏，以及新文本章段的重组、连缀和生成的过程中，不是由传抄者个人随意处置的结果，而是由“思想单位”（具有确定思想内涵的文本单元）这一因素来奠定其迁移、变化的基础的。我们应当看到这一点，否则，早期《老子》文本的历时性变动就会被完全看作人们随意处置的主观产物，从而让其丧失了文本演变之“道”（即“确定性”）。[①] 而刘笑敢在叙述《老子》文本的变化现象（“版本歧异”“文本改善”“文本趋同”“语言趋同”等）时，[②] 主要将其看作编者的主观裁断和重构的结果，笔者认为，这只是看到了问题的表面。

二、早期《周易》文本的变动与经义的改变

在早期古典文本的演变中，如果说《老子》是子书文献的代表，那么《周易》无疑是经籍文献的代表。近四十年来，《周易》出土多次，这包括马王堆帛书本、阜阳汉简本和上海博物馆藏战国楚竹书本。[③] 汉简本

① 关于早期《老子》文本的演变法则，笔者曾有详细的论述和概括，参见丁四新《申论〈老子〉文本变化的核心观念、法则及其意义》，《哲学动态》2002 年第 11 期，第 13 页；丁四新《从简、帛、通行本比较的角度论〈老子〉文本演变的观念、过程和规律》，载《楚地出土简帛文献思想研究（一）》，湖北教育出版社 2002 年版，第 125—151 页。

② 刘笑敢《老子古今——五种对勘与析评引论》，第 4—42 页。

③ 另外，晋武帝时，在汲冢还出土了《易经》二篇（参见《晋书·束皙传》、杜预《春秋经传集解后序》），同于今本，可惜早已丧失不存。

较帛书本稍晚，但都是汉初的抄本；[①] 楚简本的抄写，大概与郭店楚简的墓葬时间接近。[②] 早期《周易》文本的变动具有什么特点，而文本的变动与经义（思想）之呈现具有什么关系？这是梳理和思考早期《周易》文本变动时应当注意到的两个基本问题。

（一）出土《易经》文本的特点及其经学、思想意涵

首先，出土《周易》诸本在抄写形式上具有高度的一致性，这很可能包含着《周易》早已称“经”的学术意涵。楚简本的抄写，以一卦为相对独立的单位，每一卦之首尾与前卦均不共简。[③] 帛本、汉简本大体上也保持了同样的抄写体例，具有高度的一致性。与此相对，子书文献的抄写一般无此特征；而《老子》在汉代通过经学化也模仿了此一抄写体例——这当是《老子》文本得以定型的基础。据此，可以断定，至少在实质的意义上《周易》早已称“经”，且已形成相当稳固的传授源流。长期以来，学界曾认为《周易》称“经”很晚，甚至认为先秦无《易经》，[④]

① 汉简本《周易》于1977年出土于阜阳双古堆汉墓，墓主夏侯灶卒于文帝十五年（公元前165年）。马王堆帛书《周易》抄写于文帝之前，比阜阳汉简本稍早。参见安徽省文物工作队等《阜阳双古堆西汉汝阴侯墓发掘简报》，《文物》1978年第8期，第18页。

② 湖北省荆门市博物馆《荆门郭店一号楚墓》，《文物》1997年第7期，第47页；马承源《前言：战国楚竹书的发现、保护和整理》，载《上海博物馆藏战国楚竹书（一）》，上海古籍出版社2001年版。

③ 其例，先画卦画，然后抄写卦名、彖辞、爻题及爻辞，并在卦名下及上爻末一般画有首符和尾符，且尾符之下，竹简若有多余部分，则均留白不书。帛本沿袭了楚简本的体例，基本未做改变，而汉简本大概也是如此。不过，汉简本有一点例外，在每条卦爻辞之下连抄卜辞。这一现象表明，汉初不仅保留了卜筮并用的传统，而且仍然遵从《周礼·春官·太卜》“先筮而后卜”的顺序。

④ 参见陈玉森、陈宪猷《先秦无〈易经〉论》，《中山大学学报（哲社版）》1986年第1期，第91—98页。另外，李镜池曾认为爻题是在战国末、秦汉间加入的。这一看法也是不正确的，已被楚竹书本证伪。李镜池《周易探源》，中华书局1978年版，第66页。

现在看来，这完全不合实际。

其次，帛本卦序之不同，导致六十四卦文本先后抄写顺序的不同，而卦序的不同又体现了其组织原则和哲学观念的不同。今本六十四卦卦序，因为有《序卦》的存在而相传不误。孔颖达《序卦正义》曾将今本卦序的组织原则概括为"二二相耦，非覆即变"[①]，这即内在地包含了相耦对待与错综流行的哲学观念。帛本六十四卦抄写在同幅的丝帛上，卦序很明确，属于八宫卦序，与今本大异。关于它的生成原理，大多数学者认为见于帛书《衷》篇的一段话："天地定立（位），〔山泽通气〕，火水相射，[②]雷风相榑（薄），八卦相厝（错），数往者顺，知来者逆，故《易》达数也。"这段话包含两层意思：一是六十四卦是由八卦相重而来的，二是八卦的相重是建立在相耦对待和交错流行之观念的基础上的。虽然由于编绳的朽烂，楚简本的卦序已无法真实还原，但是根据六种涂上红黑二色的首符和尾符，学者们对此本的卦序做了一些推论，并认为其中也包含了"阴阳"、"对待"和"变化"的观念。[③]总之，自战国中期以后，传《易》者是在"阴阳"、"对待"和"流行"的哲学观念的指导下来认识和构造六十四卦的排列顺序的。这也即是说，六十四卦的排列次序彼时一定要被看作客观理性的某种形式化的表达。

最后，单个的卦爻符号本身即代表了一种观念，人们对于卦爻符号之内涵的理解可能在战国早期已实现了从筮数到哲学观念的转变。三十

---

① 阮元校刻《十三经注疏（清嘉靖刊本）》第1册，中华书局2009年版，第199页。

② 据《说卦》，帛本"火水"乃"水火"之倒，而《说卦》之"不"字殆为衍文。参见周立升：《帛〈易〉六十四卦刍议》，《文史哲》1986年第4期，第25页；李学勤：《周易溯源》，巴蜀书社2006年版，第303页。

③ 参见濮茅左释文注释《周易》，载马承源主编：《上海博物馆藏战国楚竹书（三）》，上海古籍出版社2003年版，第259页。这些看法具有一定的参考价值，当然是否可靠，还值得探讨。

多年前，张政烺先生提出“数字卦”的设想[①]，这是非常富有启发性和建设性的。不过，帛本、汉简本的卦画是不是数字卦？[②]这就有商榷的必要了。阳爻（为方便计，这里权且如此称谓），楚简本、帛本、汉简本、汉石经与今本无异，均画作“—”。阴爻，楚简本、汉简本作“八”，帛本作“⅃L”，汉石经、今本作“--”。笔者认为，前二者实与后者同意，“--”乃“八”“⅃L”二形之简化。帛书《衷》篇云：“《易》之义谇（萃）阴与阳，六画而成章。曲勾焉柔，正直焉刚。”“萃”者，聚也。这段话明确地以“曲勾”“正直”之形来描绘二爻，以“刚”“柔”之名来指称二爻，而不认为爻画即是所谓的数字！《同人》九五《象传》：“同人之先，以中直也。”《困》九五《象传》：“‘乃徐有说’，以中直也。”“直”，在二《象》辞中很显然是就刚爻之形来说的。这是两条非常有力的证据。此外，从《说卦》“观变于阴阳而立卦，发挥于刚柔而生爻”（帛书在《衷》篇）二句来看，“曲勾”与“正直”之二爻在观念上是用来表达地道之刚柔特性，而六画卦则是用来表达阴阳变化之理的。这就将卦爻的来源和生成，上升到哲学的高度来认识。应当说，这是解释观念上的重大转进。反过来说，今本和帛本《易传》在观念上皆不认为“—”、“八”（或画作“⅃L”“--”）是所谓的数字，而是表达刚柔观念的抽象符号。实际上，根据汲冢竹书有《易繇阴阳卦》和《阴阳说》二篇，战国中期，人们很可能已将“—”“八”分别称名为阳爻和阴爻了。而历代正是在阴阳观念的主导下，通过注疏等形式，《周易》发挥了最大的解释效力。

---

① 参见张政烺《试释周初青铜器铭文中的易卦》《易辨——近几年根据考古材料探讨〈周易〉问题的综述》，载《张政烺论易丛稿》，中华书局 2011 年版，第 6—29、44—63 页。

② 参见李零《中国方术考（修订本）》，东方出版社 2000 年版，第 260—271 页；韩自强《阜阳汉简〈周易〉研究》，上海古籍出版社 2004 年版，第 87—95 页。

(二)《周易》文字的变化与经义的理解

出土及今传《易经》文本有两大变化：其一为卦序的不同（从而导致六十四卦文本的抄写顺序不同），其二为卦爻辞之字句的不同。其中第一种情况，上文已说。至于卦爻辞之不同，单就字形来看，其文字变化较大。不过，其中大部分属于音近通假之异形字，一部分属于近义或同义之换字，而只有少量异形之字会引起辞义或经义的变化。这也即是说，《周易》文字虽然从楚简本到今本产生了很大的变异，然而其中可判断为真正引起卦爻辞含义变化的，其实不多。这是一种很重要的文本现象，与《老子》等子籍文献的流传特征不同。这里，仅就后者略举一例。《比》卦辞，楚简本云“备（邍）簭（筮）”，“备”，帛本、今本均作“原”。“原筮”，虞翻、俞樾俱解为“再筮”（《周易集解》卷二、《群经平议·经一》），孔颖达《正义》、李鼎祚《集解》释“原”为“原穷”“原究”，均依“原”字作解。现在看来，这个字当据楚简本为训。“备”从“邍”省，“邍”为“邍（原）野”字。“邍（原）筮”即“邍（原）野之筮”。而“原”与“邍”本不同字，“原”为“水泉本”，后人以“原”代“邍”字，遂至经义大变。另外，文本的增字、脱字也可能导致句读的不同，而句读的不同又进而引起辞义、经义的变化。例如，《晋》初六爻辞，今本作：“晋如摧如，贞吉。罔孚，裕，无咎。”帛本作：“溍（晋）如浚（摧）如，贞吉，悬（悔）亡。复（孚）浴（裕），无咎。”两相比较，可知文字及句读皆当从帛书本，而二本之经义大殊，一览即知。

出土诸本及今本《周易》存在大量音近之异字，它们既是人们产生误解的前提，同时也是探寻其“本意”（理论上的）的基础。这里，存在“读法”（即“如何理解”）的张力问题。而张力的消解，既需要相关历史条件和因素的积极参与，也需要依据字形、声音和辞义的恰当性及经义训解的延续性来做出综合判断。例如，《蛊》之卦名，帛本作“个”，学者或即据《说文》“个，竹枚也”而引申之，云“本指筮占所用的工具”，于是爻辞“干父之个”就被翻译为“向父亲学习画卦记爻的方法”。[1]其实，这是矫持同音之异字而故为别解的结果，显然是不正确的。今据楚简本作“蛊”，与今本作“蛊”同字，可知帛本作“个”，实为一通假字。又，“蛊”字故训，陆德明《释文》做了集录，云：“事也，惑也，乱也。《左传》云：‘于文，皿虫为蛊。’又云：‘女惑男，风落山谓之《蛊》。’”今按，单就字形来看，“于文，皿虫为蛊”的分析是正确的；但是，医和的用意乃在于借助这一训解来发挥“惑乱”之义，并以之去解释《周易》经文，这是不恰当的。训诂之体，一字兼有数义。以“蛊”之“惑乱”义去解释经文，这与《蛊》之卦爻辞并不相合。顺便指出，这种训诂错置现象，正是历代解《易》者经常要弄的一种注解手法。王引之《经义述闻》卷一云“蛊”者，故也，“故”者，事也。[2]辨之颇详，可以参看。本卦名，帛书《衷》篇作“故”，与王引之说正相应。总之，对于《周易》卦爻辞之经义的理解，本字的确定是第一步，其次是字义的确定，而本字及字义的读法都必须深入到传统注疏（包括清人训解）之中去反复循环，并根据语言的历史性、社会性和系统性三大法则来做出综合判断。

毫无疑问，经义的显现其实也是人们之理解活动的一种反映。《周易》尤其如此，甚至可以说“解释”在此先于“文本”而存在。不过，某一种理解是否正确，经义的阐释是否真实、恰当，这在《周易》思想的理解过程中往往是需要检讨的。而这种检讨，由于文本的异常简略，所以通常落实在对各种训解的甄别上——即便是汉魏古注，存在的错误也不在少数。如今本《晋》上六“维用伐邑”、《解》六五“君子维有解”，“维”，虞翻即据“坎为心”之象，而定其本字为“惟”（《集解》本从之，经文即作“惟”），并训为“思”，其例多见。其实，这种训解乃虞

---

① 参见邓球柏《帛书周易校释（修订本）》，湖南人民出版社 2002 年版，第 152、153 页。

② 王引之《经义述闻》，凤凰出版社（原江苏古籍出版社）2000 年版，第 16—17 页。

氏臆说。此字，帛本作“唯”，不作“惟”。“维”“唯”“惟”三字常通用，在这些例子中均为“发语词”，参见王引之《经传释词》卷三“惟”条。在《周易》中，“象”与“辞（言）”之间当然是有关联的，但是虞翻执“象”以训“辞”，甚至由此更改经文，此不仅见讥于王弼诸人，而且一经与出土诸本相校，则显得更为荒唐和拙劣。其实，语言自身的问题仍应当着重以语言学的方法来加以理解和解决。虞氏所谓求象以训诂，对于疏通辞义而言，只具备或然的旁证作用。顺便指出，今人尚秉和《周易尚氏学》及于省吾《双剑誃周易新证》二书，都存在类似虞翻《注》的毛病。

（三）帛本、今本《易传》与《易经》的哲学阐释

从“经”到“传”，这是《周易》经学的一次大转变；而“传”同时具备方法论的意义，充当解释者，“经”则成为被解释者。就解释系统而言，《传》最为突出的贡献表现在卦爻结构、解《易》体例和哲学观念的构设三个方面，帛本和今本《易传》俱是如此。就哲学观念来看，无疑阴阳原理最为重要。帛书《衷》引“子曰”云：“《易》之义谇（萃）阴与阳。”帛本、今本《系辞》均有“一阴一阳之谓道”一语，从总体上对《周易》经义做了高度的概括。大概在战国中晚期之交，阴阳范畴已成为《周易》最根本的哲学解释观念。[①] 这个解释观念，本源于人们对于天道的理解，在经过说经者的认同、吸纳和转化之后，就被应用到《周易》的卦爻结构之认识和具体经文的解释之中了。通过效法阴阳之原理，乾坤二卦集中地体现了包含在《周易》六十四卦、三百八十四爻之中的“天道”（宇宙原理）——“对待”与“流行”。对于乾坤二卦的含义和作

① 《庄子·天下》云“《易》以道阴阳”，《史记·太史公自序》曰“《易》着天地阴阳四时五行，故长于变”，而汲冢出土竹书亦有《阴阳说》一篇，无不与帛书《衷》篇相应。

用，帛书《系辞》《衷》《二三子》均有专门的论述，与今本《易传》相同。当然，我们也应该看到，这种以《传》所推明的原理来解释《经》的观念，在正当性上本身即存在疑问：一方面人们很难抛弃以《传》解《经》的传统，另一方面又意识到《传》毕竟不是《经》！有鉴于此，朱熹曾以“本义”的观念为指导，而力主“《易》本卜筮之书”，[①] 认为不应当将伏羲易（八卦之画）、文王易（《易经》）与孔子易（《十翼》），乃至伊川易混同起来，并由此反复批判了程颐解经的指导观念及指明《伊川易传》的训解错误。现在，由于古汉语语言学的蓬勃发展及“历史的”“客观的”学术观念深入人心，今人对于《周易》卦爻辞的含义具有一些崭新的理解。例如，经文“贞”字，传统注疏一般以“正固”为训，并依道德性的原理来做说解，然而随着甲金文研究的开展，其实“贞”在卦爻辞中应当训为“占问”。[②] 这不但证明了朱熹“《易》本卜筮之书”的观点，将《周易》经传进一步撕裂开来，而且对于《周易》经学的解释和发展无疑将带来深远影响。

三、申论两种性质的古典文本与对 20 世纪相关学术观念的反思

大抵说来，在刘向校定书篇之前，中国经典的形成情况比较复杂，

---

① 参见黎靖德编《朱子语类》卷 66，中华书局 1994 年版，第 1620—1633 页。

② 参见罗振玉《殷墟书契考释三种》，中华书局 2006 年版，第 154 页；王国维《史籀篇疏证》，载《王国维遗书》，上海古籍书店 1983 年据商务印书馆 1940 年版影印，第 23 页；何琳仪：《战国古文字典——战国文字声系》上册，中华书局 1998 年版，第 794 页。高亨、李镜池等将甲骨学者的研究成果，应用到《易经》“贞”字的理解上。这个意见，逐渐得到了人们的普遍认同。参见高亨：《周易古经今注》（重订本），中华书局 1984 年，第 134 页；李镜池：《周易探源》，中华书局 1978 年版，第 26—31 页。

经历了一个漫长的演变过程。与此相关，古书之所谓“作者”，亦与今日所谓“作者”概念相差很大。在这两个问题上，余嘉锡先生已有比较精辟、中肯的见解，① 可以参看。不过，余先生的意见在当时几乎没有引起学者们的足够注意。现在，由于简帛书籍的大量发现，人们可以更为深入、具体地探讨古书的形成等问题，而由此产生的新视野，已远非余先生当时可比。

首先，我们应当将《五经》文本与子书文本区别开来，它们是两种性质不同的经典文本，其文本的生成和思想（或经义）的展开方式是不同的，不能将二者混同，甚至等同起来。《老子》为子书系统的代表，其文本的生成和演变呈现出历时性的特征，“文本”与“思想”之间的相互作用和关联是非常直接的：文本的实质性变化（包括文本构成及其含义）即展现在其思想的改变上，而思想的改变即呈现在文本的实质变化上。比较而言，《易经》文本与《老子》颇为不同。单纯从文字来看，《周易》经文的实质性变化古今很小，这充分体现了“经”之为“经”的特性：文本具有高度的同一性和权威性，不是可以随意更改的。② 由此，人们似乎可以得出“文本”与“经义（思想）”之间几乎呈现为静止不动之关系的结论，然而在三千年的发展史中，这二者之间实际上充满了张力，《周易》经学的解释历程十分悠久曲折、变化多端，而极富活力。究其原因，《易经》本身即是一个多元、开放的文本，而不只是由单纯的文字（卦名

① 余嘉锡《古书通例》，中华书局 2007 年版，第 208—209、287—288 页；余嘉锡《余嘉锡论学杂著》，中华书局 2007 年版，第 567—568 页。

② 就通假例而言，《老子》与《周易》的文字变化都非常巨甚；然而从实质的文本变化而言，前者远甚于后者。从出土诸本来看，《易经》其实早已形成了非常稳定的文本形态，这一点与史载《周易》在先汉具有悠久、稳固的传授源流的事实完全相印证。孟喜、梁丘贺、施雠同为汉初易学大师博士田王孙的弟子，田王孙去世，众人举荐孟喜继任，然而“上闻喜改师法，遂不用喜”（《汉书 · 儒林传》），由此可见汉初传《易》，非常强调学统和正统，而这附带也使得文本的一致性得到了有力的保障。《汉书 · 艺文志》又曰：“刘向以中古文《易经》校施、孟、梁丘经，或脱去‘无咎’‘悔亡’，唯费氏经与古文同。”足见《易经》文本至于西汉末年在诸家之间也保持了高度的一致性。

及卦爻辞）所构成的。这个文本是由意、象、卦、辞、占五者组成的，它们之间的关系非常复杂：[①]“占筮”既是“卦画”形成的实践性来源，同时也是其得以应用的主要途径；“卦画”进一步展现为“象”，而“象”与“辞”的蕴义均不可拘执以解。《周易》文本的这种组织特点和表达形式，决定了“解释”是其内在本性，甚至可以说它先于“文本”而存在。比如，卦爻符号从数字到刚柔或阴阳的观念化，以及帛书六十四卦序的巨大变动，皆是解释观念（“思想”）影响文本根本含义及引发其变动的结果。同时，也可以看到，在抄本传承和经义解释的双重脉络中，《周易》文本在形式和内容上呈现出了同一性与变异性、静止性与开放性高度统一的辩证特征。而且，由于《周易》文本的特殊性，其中任何一字的形体变化（包括同音异形现象），也有可能导致其经义解释产生很大的分别。这也即是说，《周易》文字在实质意义上的权威性和同一性，其实往往只具备理论上的意义：这个看似十分权威而高度同一的文本，在解释实践中却呈现出悖谲不同而精彩纷呈的演义景象。东汉诸儒解经尚异，或执异文为说，或由一己之私见而变易经文，以及宋儒解《易》的殊途百虑，皆为同出而异时之解释效应。总之，我们不应当将《周易》与《老子》文本混同起来，对于它们之“文本”与“思想”（或“经义”）间的关系也应当区别对待，特别是对《周易》文本在结构上的复杂性及其解释本性更应当引起高度重视。

与此相关，还有两点值得特别注意。第一，重新评价汉儒解经的得失，需要以充分尊重《易经》文辞自身的确定性和稳固性为前提，而检讨近人及今人的训解，同样应当如此；否则，极易惑于彼此，而导致相对主义解释观的流行。第二，今人习惯于将《周易》当作子书、史书文本等来读，而对于在传统中所形成的“经书”界限本身未能做到起码的

① 《周易·系辞上》：“子曰：书不尽言，言不尽意。然则圣人之意，其不可见乎？子曰：圣人立象以尽意，设卦以尽情伪，系辞焉以尽其言，变而通之以尽利，鼓之舞之以尽神。”

尊重，这固然是当今的学科知识分类使然，但是由此所产生的教训和失误，尤为深刻和沉重。例如，顾颉刚和闻一多先生等就曾分别将《周易》当作历史故事书和上古社会学材料来读。[①] 为了达到目的，二人都在一些卦爻辞的训解上做了大胆突破，闻氏尤甚。至于现代新儒家熊十力、牟宗三先生，则大体将《周易》当作子书、哲学书来读，[②] 于经文本身颇为疏离，甚至将其干脆抛却一边。总之，虽然学术风气的巨大转变及哲学、历史学等学科的分立是当今学界的现实，但是对于解释观念的错置而导致对传统经典产生的种种臆解和误释，人们也应当保持高度的警觉。

其次，早期老学研究的重心，应当将文本与思想的双重变化紧密结合起来；而对于《易经》的理解，则要着重从辞义训解及其文本结构（辞、象、占、意）的相互循环等方面来进行。目前，学者对于《老子》是否在思想主旨上随着文本的变化也产生了相应的变动这一问题，尚处于模糊的意识之中。其实，这一点是毋庸置疑的，即使在《老子》定型之后，王弼通过注解将《老子》的主旨做了改变，成为人们清谈“崇本息末”的话语场所。杜道坚《玄经原旨发挥》卷下说不同朝代有不同宗旨的《老子》，“汉人注者为汉《老子》，晋人注者为晋《老子》，唐人、宋人注者为唐《老子》、宋《老子》”，[③] 这即是说，文本随着注者视角的不同而产生了差异（这里需要区别“作为书写载体呈现的文本”与“在

---

① 参见顾颉刚《周易卦爻辞中的故事》，载《古史辨》第 3 册，上海古籍出版社 1982 年影印，第 1—44 页；闻一多《周易义证类纂》，载《闻一多全集乙集 · 古典新义》，开明书店 1948 年。

② 参见熊十力《新唯识论》《十力语要》《读经示要》等书，载萧萐父、郭齐勇主编《熊十力全集》，湖北教育出版社 2001 年版；牟宗三《牟宗三先生全集》第 1、31 册，台北联经出版事业有限公司 2003 年版。

③ 杜道坚《玄经原旨发挥》卷下《章句章十一》云：“然道与世降，时有不同，注者多随代所尚，各自其成心而师之。故汉人注者为汉《老子》，晋人注者为晋《老子》，唐人、宋人注者为唐《老子》、宋《老子》。言清虚无为者有之，言吐纳导引者有之，言性命祸福兵刑权术者有之，纷纷说铃，家自为法，曾不知道德本旨，内圣外王之为要。由是不能相发，而返以相戾。惜哉！”参见《道藏》第 12 册，文物出版社等 1988 年版，第 773 页。

解释中的文本”两个概念)。对于《周易》经文的理解，与《老子》相较要困难得多。如何理解《周易》文本，把握经义？从目前的实际来看，第一，应当结合出土诸本，尽可能准确地训解卦爻辞之字义和经义。出土简帛诸本为我们提供了文本还原的坚实基础，这不仅为纠正东汉诸儒的妄说和回归文本的同一性提供了有利条件，同时为鉴别和批判今人的训诂成果创造了良好环境。例如,《豫》六二“介于石”,“介”字，汉魏古注有四种本子和训诂。现在，根据简帛本，可以判断经文本字当作“介”，训“坚硬”，其他皆为借字或误文；而“介于石”之经义，其实并不难解释。今天,《周易》经文的解释再也不能走汉人自是其意、破碎文本的老路。不仅如此，当20世纪《周易》经学从官学的崇高位置上跌落下来的同时，今人的研究观念和心态在时代的崩解中也发生了巨大转变，一些所谓诂经著作也纷纷效从新潮观念，导致许多说解纰缪百出而不自觉，已与乾嘉朴学所崇尚的“实事求是”的精神发生了根本的舛离，甚至走向反对，徒有皮相之近似而已。例如,《复》初九爻辞“无祇悔”,“祇”字素号难训。其实，清人已辨明,“祇”乃后人刻误，原字当作“祇”。然而高亨先生根本不理睬清人成果，仍以“祇”字为据，读作“衼”，训为“大”。[①] 今按,“祇”为支部字,“祇”为脂部字。段玉裁在《说文解字》“祇”字《注》中及王引之在《经义述闻》卷一“无祇悔”条中，都已从音理上说明支、脂二部之字不得轻言相通。[②] 现据帛本作“提”，帛书《要》篇作“萛”，汉简本作“智(智)”，三字均为支部字，足证今本当作“祇”，而高说之误已不待言之矣。总之，出土简帛诸本为我们改变观念，重返雅正的经解传统提供了十分有利的条件，同时也为将来《周易》经学之哲学解释提供了坚实的文本基础。第二，应当从“辞—象—占—意”的文本整体中来理解辞义或经义。如果经义的理

① 高亨《周易古经今注(重订本)》，中华书局1956年版，第230页。

② 参见段玉裁《说文解字注》，上海古籍出版社1981年版，第3页；王引之：《经义述闻》，江苏古籍出版社2000年版，第20—21页。

解仅以“辞—意”为循环结构，无疑将《周易》经学拖入了“沉沦”状态。实际上，乾嘉以来的《周易》经学研究即是以此循环结构为理解前提，而以语言学的研究为基本导向的。但是，语言学的研究仅可能解决卦爻辞的表层含义，而对与“象”“占”等因素相关联的深层经义，它是无法触及的。第三，《周易》文本构成的复杂性决定了解释的复杂性和统一性，但也正是这种内在的紧张性，最终导致了经义解释的分裂和殊途（《系辞》所谓“《易》有四道”是也）。这是一种包含自我否定特性的文本解释活动。而当前经义（或思想）的新发和推阐，虽然并不排斥以分途殊类的学科研究为基础，但是更应当强调研究的整体性和综合性的一面，因为《周易》文本结构的复杂性在很大程度上即已预先决定了解释的复杂性和歧义性，及经义新阐的正当性和可能性。总之，我们不能将《周易》看作一个死寂不动，而应当看作一个充满无限生机的开放文本：通过“解释”活动对于“内在张力”的释放，文本的同一性在朝向经义的歧异性中做出无穷多的延展。

最后，既然《老子》从先秦到西汉末年是一个高度流动、变化的文本，那么对于此期子书的形成问题，人们就应当持“发展”“演变”的观念。古史辨派的观念十分深刻地影响了20世纪的中国学术活动和进程，其成绩有目共睹，但是也有重大的失误。与当时的历史背景相应，这些先生抱着“疑古”的信念，在学术上尽力将先秦子书及其作者的历史实在性加以消解；而如果无法做到这一点，那么他们就将经典其书其人的制作、生活时代尽量往周末或汉初拖移，从而在一定程度上消解经典及其内涵的神圣性。这里面最典型的论战例子就是《老子》。[①] 从文化运动及政治手腕来看，古史辨派的文本考证在后果上无疑是十分成功的，但是从求真及学术反思的角度来看，他们对待子书及其作者的一些根本观念

① 参见罗根泽编著《古史辨》第4册，上海古籍出版社1982年影印，第217—519页；罗根泽编著《古史辨》第6册，上海古籍出版社1982年影印，第387—685页。

确实值得商榷。一些古史辨派的骨干成员对于先秦子书的所谓考证，乃是以一种僵化、静止不动的观念去看待和分析经典文本的，即将已定型了的文本看作一开始即已如此完整存在的东西。不能不说，他们在考证的前提上出现了大问题。其实，从先秦到刘向定编之前，子书文本一直是在不断发展和变化的。从出土诸本及今本的对照来看，《老子》是一个典型的案例。并且，我们还发现，文本抄写的相距时间愈近则其差异性愈小，愈远则其差异性愈大。帛本《老子》甲乙本的抄写时间相距甚近，其差异性即很小；楚竹书《缁衣》《天子建州》《郑子家丧》《君人者何必安哉》《凡物流形》二本，及郭店楚简《性自命出》与上博楚简《性情论》等，皆同此例。楚简本与汉简本《老子》的抄写时间相距甚远，其差异性即很大；楚简《民之父母》与《礼记·孔子闲居》、《孔子家语·论礼》，楚简《内礼》与《大戴礼记·曾子立孝》，楚简《中弓》《君子为礼》《弟子问》《颜渊问于孔子》与《论语》，及简、帛《五行》等，皆同此例。因此，很容易推知，20 世纪的主流学术关于先秦子籍的成书及其作者的问题，有许多材料的使用不当，甚至出现使用子虚乌有的材料的情况，有许多观点和看法实际上如同海市蜃楼，并不真实。至于他们就子书去思考史学的问题，而不能用“子书”观念本身去阅读子书，这种读法当然是受限于当时的学术风气，今天看来，似乎不必苛责；不过，对于经典文本，我们今天不仅仍有尊重“子书”身份的必要，将其适当返本归位，而且更应当从“文本考证学”转进到“文本解释学”的立场上来！

银雀山汉墓竹简《论政论兵之类》考释

［日］汤浅邦弘*

一、序言

1972年，中国山东省银雀山发现了前汉时期的墓葬，其中一号墓中陪葬有大量的竹简。这就是给中国古代思想史研究带来巨大冲击的银雀山汉墓竹简。竹简内容为《孙子兵法》《孙膑兵法》等古代兵书。1985年，以《银雀山汉墓竹简［壹］》（银雀山汉墓竹简整理小组，文物出版社）的形式进行了公开。

不过，收录在此第一辑中的，仅是银雀山汉墓竹简中的《孙子兵法》《孙膑兵法》《尉缭子》《晏子》《六韬》《守法守令等十三篇》①。当然，这些都是银雀山汉墓竹简的中心文献，但据《银雀山汉墓竹简［壹］》的说明，此外还将在第二辑中收录“佚书丛残”，在第三辑中收录“散

---

* 作者为日本大阪大学大学院教授。

① 《守法守令等十三篇》，是《银雀山汉墓竹简（壹）》的编者（银雀山汉墓竹简整理小组）基于篇题木牍上列举的篇名所起的假称。但其在认定中有一些问题，笔者认为实际上应该是十二篇。关于此点，请参考拙著《中国古代军事思想史的研究》，研文出版，1999年。

简”“篇题木牍”“元光元年历谱”。

其后在中国大陆及台湾地区，学者们主要以《孙子兵法》《孙膑兵法》为主进行研究，分别于1975年出版了《孙膑兵法》（银雀山汉墓竹简整理小组，文物出版社）、《竹简兵法》（台湾·河洛图书出版社编辑部，河洛图书出版社），1976年出版了《孙子兵法》（银雀山汉墓竹简整理小组，文物出版社），1984年出版了《孙膑兵法校理》（张震泽，中华书局），1996年出版了《孙武孙膑兵法试说》（邵斌、宋开霞，齐鲁书社），2002年出版了《孙膑兵法解读》（杨玲，军事科学出版社），2005年出版了《银雀山兵学》（银雀山兵学研究会·银雀山汉墓竹简博物馆，解放军出版社）①

受银雀山汉墓竹简公开的影响，日本于1976年出版了《孙膑兵法》（金谷治，东方书店）；另外，致力于研究银雀山汉墓竹简诸文献的拙著《中国古代军事思想史的研究》（汤浅邦弘，研文出版）于1999年出版。

在2010年1月，《银雀山汉墓竹简（贰）》（银雀山汉墓竹简整理小组，文物出版社）终于出版了。虽然在第一辑中曾经进行过预告，但第二辑却是在几乎没有事先通知的情况下，突然出版。这已经是在银雀山汉墓竹简发现三十七年之后，《银雀山汉墓竹简（壹）》出版二十四年之后的事情了②。

其内容，正是在第一辑中预告过的“佚书丛残”，全体分类为“论政论兵之类”“阴阳时令·占候之类”“其他”等三个部分。

本稿的目的，是对其中的“论政论兵之类”的成立时期和思想特征进行考察。

---

① 其他，还有刘心健，《孙膑兵法新编注译》，河南大学出版社，1989年，《〈孙膑兵法〉白话今译》，荣挺进、李丹译注，中国书店，1994年。

② 据《银雀山汉墓竹简（贰）》的“后记”记载，第二辑的定稿完成于1981年。则从其定稿到出版共计二十八年。

二、《论政论兵之类》十二篇的体系性

《银雀山汉墓竹简（贰）》收录的第一部《论政论兵之类》共由五十篇组成。所谓《论政论兵之类》，只是编者（银雀山汉墓竹简整理小组）所起的一个简便名称，竹简自身并未有记载。但是，如下文所述，因为这些均为有关政治、军事的各种论述，所以这个假称并没多大的问题。

不过，在此想关注的，是其整体的体系性问题。整个五十篇中是否形成一定的体系？篇与篇的前后关系是否有更深的意义？这些都是疑问。众所周知，银雀山汉墓竹简的发现过程中发生过一个意外。即农民们把竹简误认为竹笼的残骸，而将其胡乱搬出了墓外，因此造成了很多残简。第二辑所收录的文献也正如其统称为“佚书丛残”一般，在体系性和排列方面有很多不明确的地方。

然而，据编辑说明，将收录在第三辑的篇题木牍残片中记载有篇名。而其篇名则相当于收录在第二辑《论政论兵之类》的第一到第十二篇的篇名。也就是说，《论政论兵之类》第一到第十二篇，姑且可以推定为一系列相关的文献。具体上即为“将败”“【将失】”[①]“兵之恒失”“王道”“五议”“效贤”“为国之过”“务过”“观卑”[②]“持盈”“分士”“三乱三危”等各篇。

当然，这是不是一系列相关的文献，还有待于对内容的分析。可是，曾经《孙子兵法》《守法守令等十三篇》就是基于篇题木牍的记载而得以复原的，因此，认为这些是有一定相关性的文献一点是极为重要的。在

---

① 虽竹简的篇题部分缺损的篇名无法确认，但是编者（银雀山汉墓竹简整理小组）根据文章的内容，进行了补充。“【 】”为对原文中没有文字进行补充的符号。在此从其所记。以下省略“【 】”符号。

② 原文为“观庳”。编者（银雀山汉墓竹简整理小组）将其释读为“观卑”，在此且从其意。

篇题木牍中列举篇名，至少可以表明在记录篇题木牍时，曾强烈意识到这些是一系列相关的文献吧。

以下，将从别的角度来探讨一下这十二篇是否为有体系性的文献。

首先，概观十二篇全体的篇名就可以发现，与政治或军事的“失”“乱”有关的内容较多。“将败”“将失”“兵之恒失”“为国之过”“务过”“三乱三危”等，只从篇名即可马上推测到其内容。在论述政治和军事时，极端地说，有如此则必胜的论述方法和如此则必败的论述方法，这十二篇可以说在以后者的论述为基调一点上是一致的，比起成功来更要留意失败，在这一点上有着内容的共同性。

第二点要注意的是，分条写的文风，比如将败篇中，开头为“将败，一曰……，二曰……，三曰……”，最后一直延续到“廿曰……”。同样，将失篇也是从“将失，一曰……，二曰……，三曰……”开始，一直分条写下去，最后终于“卅二曰……”。

兵之恒失篇，虽不是以“一曰”“二曰”开头，但在文末却统一为“……，○兵也”“……，○兵也”，这也还是分条写的文体。王道篇首先宣称“王道有五”，接下来，记载了从“一曰……”“二曰……”到“五曰……”等五条。五议篇也是同样，开始为“有国之五议”，接下来，记载了从“一曰……”“二曰……”到“五曰……”等五条。效贤篇几乎全部残缺，内容不详，但是如果从残简部分可以确认的“……国贤之二效也”进行推测的话，其也可认为是“一效”“二效”……进行列举的篇章。

为国之过篇，是很明显的分条写。首先在各条之前均记有“·”，接着分别以“一，为国之过……”“二，为国之过……”“三，为国之过……”等开头，最后一直记到“十五”。务过篇与五议篇相同，开头记有“有国之务过”，以下，分别记载了从“一曰……”到“三曰……”等三条。观卑篇的竹简有残缺，共有几条不详，但继“有国之观卑”，其文体为“一也，……”“二也，……”，一直到“八也……”还留在竹简上。三乱三危篇的竹简残缺非常严重，具体内容未详，但从篇名也可得知，是将国的“三乱”“三危”各分三条进行列举①。

如上所述，《论政论兵之类》十二篇在分条写的文体上，有着共同的特点。把政治、军事的失败加以整理并提示出来的意识相当浓厚。有关内容，将在下一章加以探讨，但至少根据以上的考察结果可以认为，这十二篇可推测为具有一定相关性的文献。

三、十二篇的时代性

那么，如果这十二篇具有一定相关性的话，其时代性又如何呢？是否存在有从内容即可判别的共同的时代性呢？接下来就这一点进行探讨。

首先，来探讨一下将失篇②：

·将失。一曰，失所以往来，可败也。二曰，收乱民而还用之，止北卒而还斗之，无资而[九九五]有资，可败也。三曰，是非争，谋事辩讼，可败也。四曰，令不行，众不壹，可败也。五曰，[九九六]下不服，众不为用，可败也。六曰，民苦其师，可败也。七曰，师老，可败也。八曰，师怀，可[九九七]败也。九曰，兵遁，可败也。十曰，兵□不□，可败也。十一曰，军数惊，可败也。十二曰，兵道[九九八]足陷，众苦，可败也。十三曰，军事险固，众劳，可败也。十四【曰，□□】□备，可败

① 其他，持盈篇因竹简残缺，内容几乎无法确认。另外，分士篇也因竹简残缺严重内容未详，但似为由“汤王”与“伊尹”的问答体所构成，也许仅有此篇为唯一例外的文体。不过，伊尹的发言的内容具有分条列举的可能性。

② 以下在引用原文时，参考《银雀山汉墓竹简（贰）》的释文以及注释，最后以笔者确定的文章为准。“九九五”“九九六”等数字，为原释文中所记竹简号码。□为因竹简缺损而无法判读的文字，【 】为对原文中不能确认的文字进行的补充。另外，就本章中后述的重要部分则标以下画线，在下章以后言及的重要部分则标以浪纹线。

也。十五[九九九]曰，日暮路远，众有至气，可败也。十六曰，自私自乱，可败也。十七曰，卑垒无其资，[一〇〇〇]众恐，可败也。十八曰，令数变，众偷，可败也。十九曰，军淮，众不能其将吏，可败也。廿曰，[一〇〇一]多幸，众怠，可败也。廿一曰，多疑，众疑，可败也。廿二曰，恶闻其过，可败也。廿三曰，与不[一〇〇二]能，可败也。廿四曰，暴露伤志，可败也。廿五曰，期战心分，可败也。廿六曰，恃人之伤[一〇〇三]气，可败也。廿七曰，事伤人，恃伏诈，可败也。廿八曰，军舆无□，可败也。廿九曰，群[一〇〇四]下卒众之心恶，可败也。卅曰，不能以成阵，出于夹道，可败也。卅一曰，兵之前行后[一〇〇五]行之兵，不参齐于阵前，可败也。卅二曰，战而忧前者后虚，忧后者前虚，忧左[一〇〇六]者右虚，忧右者左虚。战而有忧，可败也。[一〇〇七]

此篇，曾被分类在《孙膑兵法》中的一篇。其后，由于重视篇题木牍的记载，此次从《孙膑兵法》中分离出来，重新编入了《论政论兵之类》之中。在这里，就有了排除《孙膑兵法》的成见，重新探讨其时代性的必要性。

在将失篇中，如“二曰，……无资而有资，可败也”等重视兵站，如“二曰，收乱民而还用之，止北卒而还斗之”或“九曰，兵遁，可败也”等担心人民的大量动员或逃跑。另外，如“七曰，师老，可败也”“十五曰，日暮路远，众有至气，可败也”或“十三曰，军事险固，众劳，可败也”等，以长距离进攻或构筑坚固的要塞等为念，设想着长期作战。这种兵学性质的记述，是以较《孙子》稍晚的战国时期为前提的吧。

另外，在兵之恒失篇中，还重视以下几点：

· 兵之恒失，政为民之所不安为……[一〇〇九]
· 欲以敌国之民之所不安，正俗所……之兵也。欲以国【兵[一〇一〇]

之所短】，难敌国兵之所长，耗兵也。欲强多国之所寡，以应敌国之所多，速屈[一〇一一]之兵也。备固，不能难敌之器用，陵兵也。器用不利，敌之备固，挫兵也。兵不[一〇一二]称，内疲之兵也。多费不固□[一〇一三]……【兵不能】长百功，不能大者也。兵不能昌大功，不知会者也。兵失民，不知过者[一〇一四]也。兵用力多功少，不知时者也。兵不能胜大患，不能合民心者也。兵多悔，信[一〇一五]疑者也。兵不能见祸福于未形，不知备者也。兵见善而怠，时至而疑，去非而[一〇一六]处邪，是是而弗能居，不能断者也。[一〇一七]……使天下利其胜者也。[一〇一八]

在此，如“欲以国兵之所短，难敌国兵之所长，耗兵也”“欲强多国之所寡，以应敌国之所多，速屈之兵也”等，是以“（本）国”和“敌国”的对峙为前提。同时，又有“使天下利其胜者也”等，存在着面向全“天下”的视野。从此也可推测其为战国时期，特别是以战国后半期为前提的记述。

接下来，看一下王道篇中的记述：

王道有五。一曰能知为君为国之致。二曰能以国家□【□□□】【邻】[①][一〇二四]国之君亲，远方之君至。三曰能神化。四曰能除天下之共忧。五[一〇二五]曰能持尚功用贤之成功。[一〇二六]

在此，论述“王道”是以“能知为君为国之致”为其条件的。另外，还论述了与“邻国之君”“远方之君”之间亲密交往的关系。并且，是以全“天下”的“共忧”为问题的。这样就有必要设想，其时代也是与兵之恒失篇差不多为同一时期。

如此把“国”与“天下”一起论述的例子，在五议篇中也可见到。

① 《银雀山汉墓竹简（贰）》中，对这部分留有空白，从前后的句意来考虑，加入“邻”字的可能性较高。

·有国之五议。一曰，百言有本，千言有要，万言有总。能总言，能知言之所至者也。一〇二八能知言之所至，能为有天下有国者定治之高卑。不能知言之所至，【不能为有一〇二九天】下有国者定治之高卑。有国之一议也。一〇三〇

·【二曰，□□□□□能知知之所】至者也。能知知之所至，能为有天下有国者定可与一〇三一不可。不能知知之所至，不能为有天下有国者定可与不可。有【国之二议也】。一〇三二

·三曰，言用行，行而天下安乐，能极得。能极得，万民亲之，天【地与之，鬼神相】一〇三三助。不能极得，万民弗亲，天地弗与，鬼神弗助。有国之三议也。一〇三四

·四曰，天不言，万民走其时，地不言，万民走其财。能知此，知治之所至【者也。能知治】一〇三五之所至，能不以国乱，能不以国危。不能知治之所至，不能不以国乱，不能不以国一〇三六危。有国之四议也。一〇三七

【·五曰】……【能知极不可乱】之治也。能知极不可乱【之治，能不以国惑】，一〇三八能不以国怠。不能知极不可乱之治，不能不以国惑，不能不以国怠。有国之五一〇三九议也。五议，有国之所以观……一〇四〇

如上所示，“有天下”和“有国”并记在一起。而且表明了对“万民”和“国乱”“国危”的忧虑。

接下来想注目的是为国之过篇。

【·一】、为国之过，欲下之上合，民之上亲也，而法令不行，其下易得而进也，易得【而退】一〇四五也，其民易得而利，易得而害也。故其下无道上合，民无道上亲。一〇四六

·二、为国之过，欲士之用，民之固也，而国利所在失宜。故其士无以□一〇四七……

【·三、为国之过】，欲民之易牧也，不定国风，而欲徒以名数·连伍·刑罚牧之。故其民一〇四八……数，遯伍，行奸，避事一〇四九……

·四、为国之过，欲民之和劝，不可与虑它也，而民无恃上之心，不固而轻变。故其民一〇五〇易动，可与虑它。一〇五一

·五、为国之过，欲士卒之辑睦□□也，而其劳佚人也不等等进一〇五二……不如无辩，赏罚不信，功不贵，劳不利。故其士卒以远敌去危避劳为故，其吏便以为一〇五三重利。一〇五四

·六、为国之过，欲国之富，有大事可以持久也，而以厚使。厚使则民相隔。民相隔也，则所有一〇五五□物见者病，匿者利。所有□物见者病，匿者利，则损于田畴，损于畜长，损于树艺，损于畜积，损于器一〇五六【用】。五者曲损，则国贫，有大事不可以持久，其吏便以为重利一〇五七。

·七、为国之过，欲吏之毋获民利也，而其所以使民之势易奸也，不可以应大事，一〇五八有大事必畏，其吏便以为重利。一〇五九

·八、为国之过，欲其吏大夫之毋进退禁令以相为，驱以为重利也，而无以审其吏治之一〇六〇失。故其吏大夫多进退禁【令以】相为，驱以为重利。一〇六一

·九、为国之过，欲吏之廉忠毋【□】官也，欲民之毋行奸要利也，而无以论其吏大夫之士非一〇六二士。故其吏大夫多不矜节，民多奸。一〇六三

·十、为国之过，欲下之尽智竭能也，而无数以知合与不合，中与不中。故其下无道一〇六四为上尽智竭能。一〇六五

【·十】一、为国之过，欲国之治强也，而其所贵非君之所以尊也。其所富非国之所以富一〇六六也。故其国乱弱。一〇六七

·十二、为国之过，欲国德之及远也，而骄其士曰“士非我无道贵富”。其士骄其君曰“国一〇六八非士无道安强”。其君至于失国而不悟，其士至于饥寒而不进。上下不合，国德无【以及远】一〇六九……。

·十三、为国之过，其所欲与其端计相诡也。何以言之。以城量财

物以易其国，端计[一〇七〇]无予者，而人君之所以侵民者之为财物也不央，如以城量之，而人君以亡其国，故其[一〇七一]……。

·十四、为国之过，欲有国之长久也，而不务其所以取尊安于民。万民之有君而共[一〇七二]尊之安之也，求得治焉也。夫君万民而以豢畜之，故其[一〇七三]……。

·十五、为国之过，欲有国之长久也，而行速失之道。其所以然，务过也。何谓务过。圣[一〇七四]王明君之为国也，务不可夺，故人莫之务取。失国者之为国也，不务[一〇七五]不可夺，而务察夺，不[一〇七六]……□守戦。何谓不可夺。圣王明君之为国也，下上合，民上[一〇七七]亲，孰能取之。[一〇七八]

在此，列举了执行政治之际失败的原则，其中，如“三、……徒以名数·连伍·刑罚牧之”，有以连坐制或刑罚的施行为前提的记述。从篇名来看，此篇常念及“国”的存亡，特别是，“五、……其士卒以远敌去危避劳”的态度就是以“国”和“敌”的对峙状况为前提的吧。另外，也可见如“十二、……其君至于失国而不悟”等，念及“失国”即一国的衰亡的论述。这些均是以因战争胜败而不断引发各国合并与分裂的时代为前提的吧。

这样的倾向，在务过篇中也可以见到。

有国之务过。一曰，不知城之不可以守地。[一〇八〇]

二曰，不知治之不可为万民先者。[一〇八一]

三曰，不知民之不可以应坚敌。[一〇八二]

在此，论述了本国和“坚敌”的关系。

同样，观卑篇，也是以与敌国征战而带来国家衰亡的危机感为前提的。

> 有国之观卑。一也，不见亡地。二也，不见亡理。三也，不见将亡之[一〇八四]国。四也，不见忘民之国。五也，不见【□□，六也】，不见危国。七也，[一〇八五]不见亡国。八也，[一〇八六]不见失俗之[一〇八七]……

“将亡之国”“危国”“亡国”等词语，正体现了这样的危机感。

如上所述，《论政论兵之类》十二篇，基本上是以本国和敌国的对峙状态为前提，同时，又有着全“天下”的视野，在一定场合，还抱有本国也许会“亡国”的危机感的文献。综合考虑其内容，作为这十二篇之前提的时代性，可以说正是战国时期的后半期才是最为相符的吧。

不过，如将视野扩大到《论政论兵之类》全体的五十篇时，还可发现更为重要的论据。比如，第十四的客主人分篇中，可见“带甲数十万”的语句。这比《孙子》作战篇中的“革车千乘，带甲十万，千里馈粮，内外之费，宾客之用，胶漆之材，车甲之奉，日费千金，然后十万之师举矣”，以及用间篇的“凡兴师十万，出兵千里，百姓之费，公家之奉，日费千金”等“十万”的数值较大，正好反映了战国中期以后的时代面貌。

另外，第二十八的选卒篇中有“秦四世以胜”。这种表达方式在《荀子》议兵篇中也能见到。是论述战国中期以后秦国（孝公、惠王、武王、昭王的时代）常胜情况的内容。

这些不但没有与上述探讨结果相抵触，反而可以认为是在对其进行旁证的表达方式和内容。不过，因为篇题木牍中似乎没有记载十二篇以后的篇名，所以在当前，原则上仅限定在十二篇之内就其时代性进行探讨。

四、兵学思想史上的性质

如上所述，《论政论兵之类》十二篇在文体、内容、时代性上没有较大的冲突，正如篇题木牍所记载的一样，推测为具有一定相关性的文献比较妥当。

那么，下面将从思想性特征方面来对这一点进行考证。在此想强调的是，作为十二篇兵学思想的特征。

《孙子》是当时比较突出的具有合理性思考的，论述以权谋术数为宗旨的兵学。《吴子》《孙膑兵法》《尉缭子》等，其本上也是继承了这样的兵学思想，后来这些都被称为“兵权谋”的兵法。不过，作为一个思想潮流，在此不能忽视的是“兵阴阳”。所谓“兵阴阳”，《汉书》艺文志中定义为“阴阳者，顺时而发，推刑德，随斗击，因五胜，假鬼神而为助者也”，是一种咒术性很高的兵法。这样的兵法，在战国时期有很强的影响力。

在此，先总结一下其他的兵书对于“兵阴阳”持有什么样的态度。首先，《孙子》《孙膑兵法》《吴子》《司马法》《三略》等古代兵书，均论述了基于人为和权谋的兵学思想，其中，几乎不含有“兵阴阳”的要素。春秋战国时期，开战时占卜吉凶，用种种的占卜术来预测胜败是理所当然的行为。对此，如上所述的兵书，几乎不含有这样的咒术的要素，将合理性思考贯彻始终。

其次，虽说同为合理性思考，稍呈不同样态的是《尉缭子》。《尉缭子》立足于人为主体的思想基础之上，表明了极为现实的富国强兵思想。另一方面，对“兵阴阳”思想展开激烈的批判是其一大特征。比如“举贤任能，不时日而事利。明法审令，不卜筮而事吉。贵功养劳，不祷祠而得福”（《尉缭子》战威篇）。也就是说，如采用有能力的人才，即使不依日时的吉凶，也必定对事业有利。如明确法令的话，即使不依靠卜筮，事业也能为吉。如尊养有功绩者，即使不祈祷也能得福等，明确否定了“时日”“卜筮”“祷祠”等。《尉缭子》把“兵阴阳”这样具有咒术性质的兵法，看作放弃人为努力的欺瞒和诈术，进行了严厉的批判。

但是，这反过来也暗示了，“兵阴阳”的兵法在当时的影响力是如何之强大，并且，痴迷于其中的君主和将军是如何之多。在这一点上可参考的，是《韩非子》的论述：

> 龟筴鬼神不足举胜，左右背乡不足以专战。然而恃之，愚莫大焉。（《韩非子》饰邪篇）

所谓“龟筮鬼神”，是根据龟卜或筮竹进行占卜，是鬼神的祭祀。而“左右背乡”，是我军和敌军的位置关系，从左右逆顺等空间位置来判断吉凶。对依靠这些的世上的将军们，《韩非子》认为非常愚蠢并加以嘲笑。《韩非子》不是兵家之书，但是如同兵权谋的兵书一般，始终贯穿着彻底的合理主义思想。兵阴阳的兵法，遭到了这些站在合理主义立场上的思想家的严厉批判。另外，也必须设想在当时有着《尉缭子》和《韩非子》不得不进行大声批判的现实环境[①]。

那么，在“兵权谋”和“兵阴阳”如此尖锐对立中，《论政论兵之类》十二篇，采取了怎么样的思想立场呢？

首先，将败、为国之过、务过、观卑各篇中，完全见不到“兵阴阳”的要素。这些篇章，列举了政治和军事，还有将军的过失，但是，均是以《孙子》流派的合理的思考为基础进行的论述。

而且，还有否定“兵阴阳”要素的地方，比如，在将失篇中，把将军的失败论说如下：

> 廿曰，多幸，众怠，可败也。廿一曰，多疑，众疑，可败也。

这里指出的“幸”“疑”中，不正是包含有祈祷和占卜等要素的吗？

---

① 有关“兵权谋”和“兵阴阳”的思想对立和发展状况，详细请参考拙著《战いの神—中国古代兵学の展开—》（研文出版，2007 年）。

将败篇指出，如果这样的求神保佑或心理上的不安如果在军队中蔓延开来的话，则必败无疑。

同样，在兵之恒失篇中也就“疑”做了如下论述：

兵多悔，信疑者也。

这里所说的“疑”中，也是包含有由咒术得来的不可靠的信息吧。于是警告道，如果信这些东西的话，则必定会后悔的。

此外，“天”和“地”的言语，在具有人格神的性质，能给予人们祸福的意义上，有时也在“兵阴阳”的兵法中起到重要的作用。但是，十二篇中说的天地，却不是这样的意思：

四曰，天不言，万民走其时，地不言，万民走其财。（五议）

在此，天和地均被作为“不言”的存在。而且，尽管天地不言，民却被作为辨时宜、谋理财的存在。倒不如说，在此可以看到置重心于人为的想法。

但是，也有两三个需要注意的词语。例如，王道篇中，有“三曰，能神化”。这个“神化”如果按照字面意思来理解的话，就是咒术的兵法。但是，王道篇全体绝不是在论述咒术。此处所谓的“神化”，是指贤德的王者的治世，从人民的眼里看上去，会呈现出神妙变化的意思吧。这是与《孙子》虚实篇的“神乎神乎，至于无声”相近性质的词语。这个“神”不是字面意思的神仙。使用了“神”这个字，是因为如此至尊无上的军队的行动，对于敌人来说已经超过了人智理解的范围。到底是天命还是偶然，敌人对其败北的原因终因过于神秘而百思不解。此处也正是这种意义上的“神化”吧。

现在要注意的一点是，五议篇的“鬼神”。在五议篇中，“不能极得，万民不亲，天地弗与，鬼神弗助。有国之三议也”。的确，所谓“兵阴阳”的兵法，就是欲借鬼神之力来取得胜利。但是，这里所说的鬼神，不一定就是带来军事胜利的超越性的存在，只不过是在说如果不实行恰当的政治，就会万民不亲，不能得到天地的恩惠，就连祖先灵魂的帮助也无法得到，并不是表示要放弃人为的努力，一味地祈祷鬼神。

如此概观十二篇全体，其兵学思想的特征也就非常明确了。《论政论兵之类》十二篇，在“兵权谋”和“兵阴阳”的尖锐对立当中，很明显是在论述“兵权谋”类型的思想。

不过，《银雀山汉墓竹简（贰）》中所收录佚书的第二部中有“阴阳时令・占候之类”。因此，《银雀山汉墓竹简（贰）》全体的思想性格，还有重新探讨的必要。但是，作为《论政论兵之类》总结在第一部的诸篇，特别是篇题木牍中列举有篇名的十二篇，可以认为是具有统一的思想性格吧。这十二篇中，如将败篇、将失篇，曾被介绍为《孙膑兵法》中的一篇。之所以对此说法没有过太大的异议，是因为把其作为《孙子兵法》其中一篇的想法没有任何不自然之处吧。这十二篇，就其思想倾向而言，与《孙子》《孙膑兵法》之间并未感觉到有太大的龃龉。

五、十二篇的意义

最后，就《论政论兵之类》十二篇的意义总结如下。

此次作为《银雀山汉墓竹简（贰）》公开的《论政论兵之类》是具有五十篇的长篇。这些篇章具有把政治，军事的要诀以分条写的形式总结在一起的，这样一个文体上的特色。特别是，篇题木牍上列举有其名称的十二篇，具有共同的文体以及思想特征。因此，至少在记录篇题木牍时，就已经意识到这些文献是具有一定相关性的文献了吧。

其思想倾向，大致上与《孙子》《孙膑兵法》相同，而其内容则更为丰富。估计是在战国时期诸多战争体验的基础上，整理出从具体的战例中得到的经验教训，并将其归纳后以分条写的形式总结出来的吧。很明显，在战国时期，除了所谓“武经七书”以外，还存在有诸如此类的许多兵学著作。这是其意义之一。

另外，古代兵书中的一大特征，是具有把政治和军事视为一体的倾向。《孙子》自不待言，《司马法》亦然，并提出了“国容”“军容”的概念，认为平时的内政和危急时的战斗是表里一体的[①]。《论政论兵之类》就是这样的一个文献。显示了战国时期的政治思想和军事思想的密切关系。这是其意义之二。

六、结语

如上所述，本稿就《银雀山汉墓竹简（贰）》收录的《论政论兵之类》五十篇中在篇题木牍上列有篇名的十二篇做了考察。这些文献无论从文体，还是从思想性质等观点上，均可推测为具有一定相关性的文献。其作为反映战国时期政治思想、军事思想状况的重要文献应该给予重新评价。

只是，《论政论兵之类》中也曾有编入《孙膑兵法》的篇章。在《孙膑兵法》出版之际（1975 年），对于为何将其编入《孙膑兵法》，曾有过若干的疑问。至少，没有确实的证据。但是据此次公开的《银雀山汉墓竹简（贰）》的说明，《论政论兵之类》中十二篇，在篇题木牍中列举有

① 有关这一点的详情，请参考拙著《中国古代军事思想史的研究》（研文出版，1999 年）。

其篇名。很明显，这是初期编入阶段时发生的错误。至少有数篇已经判明并不是《孙膑兵法》。

如果是这样的话，这十二篇之外，曾被作为《孙膑兵法》介绍的篇章（例如，第十四的客主人分篇、第十五的善者篇、第十八的奇正篇等），就有必要加以重新考察。必须排除属于《孙膑兵法》的成见，重新进行分析。另外，对于《孙膑兵法》，也有了重新考察的必要性。曾经作为《孙膑兵法》的数篇其实是不同文献《论政论兵之类》的一部分。因此，将这部分排除以后，重新考察《孙膑兵法》的体系性和思想特征的工作就变得非常有必要。

只有进行这样的重新考察，中国古代兵学思想史的研究才会取得进一步的发展。

从“礼乐”的分合与特性论《性自命出》“道”四术或三术的迷思
——兼论相关学者的研究方法

林素英*

一、前言

由于郭店楚墓竹简整理小组以客观呈现原简为主，在释文之外，仅以“裘按”之方式对相关考订做扼要之说明，因而《性自命出》“凡道，心述（术，以下都以此通用字表示）为主。道四术，唯人道为可道也。其三术者，道之而已”以及“所为道者四，唯人道为可道也”①所载，虽然各界都同意“人道”是全篇中最为重要的部分，②然而其内涵究竟如何，彼

---

* 作者为台湾师范大学国文系教授。

① 荆门博物馆编《郭店楚墓竹简》《性自命出》，文物出版社，1998 年 5 月，第 179、180 页。以下全文若有引用《性自命出》释文，而无须多加解释者，皆见于第 179—181 页，不另加注。

② 有关“人道”思想之探析，其详参见林素英：《“人道”思想探析——以郭店儒简与〈礼记〉之〈王制〉〈哀公问〉为讨论中心》，2011.10.28—30 日由中国人民大学国学院主办，香港中文大学、台湾大学中文系共同协办，于中国人民大学举行的“机遇与挑战：思想史视野下的出土文献研究”研讨会会议论文。

此所见却不尽相同。尤其有关“道”、“人道”、“道四术”与“其三术者”之指谓为何，“《礼》《乐》”或“礼乐”之分合或内涵与《性自命出》全篇之关系都极为密切，在整理者无说之情况下，于是继起之研究者分别从各自之角度，提出多种异说，令人颇为无所适从。不过各种说法是否周延恰当，仍有再行商榷之必要与空间。

回顾学者正式对上述问题发表看法，可以2001年11月《上博一》之问世为分隔点。因为《性情论》之出现，已为《性自命出》取得极其重要之对照组，经过两篇简文之相互对比，将可促进相关研究迈向另一重要之阶段，同时还因为负责《性情论》整理研究之濮茅左所做的说明与疏释，因而将上述有关《性自命出》“道”之问题讨论，转向与《礼记》《王制》“乐正崇四术”之记载一并讨论，遂将讨论之重点带至另一新焦点，而诸如此类之说法是否恰当，都有待一并加以讨论。

二、学者对于“道”相关问题的讨论及研究法运用之反思

由于《性情论》之公布是区分《性自命出》中有关“道”问题讨论之重要分水岭，以下即分别就此两阶段而论述之，借此以观各学者不同意见间之出入何在，其相关研究法有何不同，以及此相关研究之发展脉络：

（一）《性情论》未公布前

《性情论》未公布前，已有李零、赵建伟、刘昕岚以及陈来四人，对《性自命出》中有关“道”问题公开表达意见。以下分别论述之，并对其使用方法提出反思：

1. 李零之说法

《郭店楚墓竹简》1998 年 5 月出版后，李零是最早从事“校读记”之工作者。李零之《郭店楚简校读记》，自述初稿写于 1998 年 8 月 28 日，修订于 1998 年 10 月 30 日，刊出则已在 1999 年 8 月。该校读记中，将《性自命出》全篇分为 21 章，上述有关“道”之段落即为第 8 章。不过该章之校读记录中，仅有“道之而已”之“道”，疑亦读“导”之简单一句，且将与此问题极为密切，简文原本紧接于“凡道”一小段之下的“诗书礼乐”部分另立一章。①

2. 赵建伟之说法

1999 年第 2 期《中国哲学史》，刊出一篇赵建伟的《郭店竹简〈忠信之道〉〈性自命出〉校释》。该篇采取分条校释之方式，在第 8 条“凡道，心术为主”之条目下，指出“《管子》《文子》《庄子》《礼记 · 乐记》《荀子》等都有“心术”一词，指用心之道或曰用心的具体方法。“术”是“道”的形下概念，是道的具体落实和应用（《贾子 · 道术》也说“道者所以接物也，其末者谓之术”）。下文“道四术”即是说“道”具体落实为四种，这就是《黄帝四经》《易传》等所谓的天、地、人、鬼神四道”。又对第 9 条“道四述，唯人道为可道也。其三术者，道之而已”提出“‘可道’之‘道’犹《老子》‘道可道’之‘道’，谓表述、研讨。‘三术’指天、地、鬼神三道。‘道之而已’的‘道’用为‘导’，谓遵循；此三道难以言说，但遵循而已”之说法。②

---

① 李零《郭店楚简校读记》，收入陈鼓应主编：《道家文化研究——郭店楚简专号》第 17 辑，生活 · 读书 · 新知三联书店，1999 年 8 月，第 455—542 页，其中，《〈性自命出〉之校读》，第 504—511 页。

② 赵建伟《郭店竹简〈忠信之道〉〈性自命出〉校释》，《中国哲学史》1999 年第 2 期。

3. 刘昕岚之说法

在1999年10月“郭店楚简国际学术研讨会”上，刘昕岚公开发表《郭店楚简〈性自命出〉篇笺释》，对《性自命出》全篇做较详细之释义，会后论文集则在2000年5月出版。刘氏在注释“凡道，心术为主”的“心术”时，首先引《礼记·乐记》“应感起物而动，然后心术形焉”而郑玄注“术，所由也”为例，说明此之“心术”，盖心志、心知之所由焉。注释“道四术”之“术”，则引《说文·行部》：“术，邑中道也。”徐锴《说文系传·通论》：“邑中道而术，大道之派也。”说明“术”为大道之分派、分支，因此道之四术，即指“道”之分支有四。至于“四术”所指，则可依据《尊德义》之内容，释为治民之道（人道）、行水治水之道、御马之道、蓺地务农之道，因为上古中国社会，以政治、水利、交通、农业为主要问题，应是很合理的。注释“唯人道为可道也”之“可道也”，则以此“道”音“导”，其义有二：一为训教之意，二为治理之意。注释“其三术者，道之而已”之“道”，则不同意李零疑读为“导”之说法，而认为其义应仍同“群物之道”之“道”字，作名词用。刘氏并于此一小段之注释后，加入《荀子·解蔽》“人何以知道？曰：心。心何以知？曰：虚壹而静”之一大段资料，说明荀子思想中“心”与“道”的关系，主要还是从“人道”立论。刘氏还续引《解蔽》“心不可以不知道；心不知道，则不可道而可非道。……心知道，然后可道；可道，然后能守道以禁非道”以及《正名》“心也者，道之工宰也。道也者，治之经理也。心合于道，说合于心，辞合于说，正名而期，质请而喻”等资料为之佐证。[①]

---

① 其详参见刘昕岚《郭店楚简〈性自命出〉篇笺释》，收入武汉大学中国文化研究院编：《郭店楚简国际学术研讨会论文集》，湖北人民出版社，2000年5月，第335—336页。

4. 陈来之说法

陈来在《郭店竹简儒家记说续探》中，针对《尊德义》中“禹以人道治其民，桀以人道乱其民。桀不易禹民而后乱之，汤不易桀民而后治之。圣人之治民，民之道也。禹之行水，水之道也。造父之御马，马之道也。后稷之蓺地，地之道也。莫不有道焉，人道为近。是以君子人道取先”一段进行说解时，认为“作（做）任何事情都有其“道”，君子是以“人道”为最要紧和切近的”，且指出“这个思想似可概括为“道四术，人道为近””。同时说明其所以将该段概括为“道四术，人道为近”，乃参照《性自命出》“道四术，唯人道为可道也。其三术者，道之而已”以及“所为道者四，唯人道为可道也”之记载。然而“《性自命出》“道四术”何所指，并无交待；而本篇（《尊德义》）所说，正是四种道，这解释了何谓“道四术”。其中水之道、马之道、地之道，应即是所谓“其三术者，道之而已”。而《性自命出》所谓“唯人道为可道”，也就是本篇所说“人道为近，是以君子人道取先”。所以，本篇的此段是对《性自命出》中的论述的铺垫，没有此段，我们就无法知道“道四术”的所指”。①

5. 对上述四位学者说法之反思

概括上述四位学者对于《性自命出》中有关“道”问题之讨论，彼此虽然互有异同与详略，然而由于上述文章公开宣读或正式出刊之时间相隔不甚远，作者若无直接指明同意或反对某人之说法，旁人实在极难推测其彼此之间是否具有因承转化之关系。例如：从刘昕岚明白表示不同意李零以“道之而已”之“道”为“导”，当然可以确定刘氏看过李氏之说法。相对于此，李零仅仅简略地以“道之而已”之“道”为“导”，而未曾说明理由，因此赵建伟虽也有相同之说法，却因为两篇文章出刊之时间

① 陈来《郭店竹简儒家记说续探》，收入《中国哲学》第 21 辑《郭店简与儒学研究》，辽宁教育出版社，2000 年 1 月，第 73—74 页。

极为接近，以至难以断定谁为这种想法之创始者，当然也不能因为赵氏所说较详，即认定赵说因袭李说而继续发展，然后再推进一步说明“导”之意思为“遵循”。因为以“道”为“导”之说法，乃古来已有的陈义，所以也无法排除两人乃各自思索，而产生“英雄所见略同”之现象。至于刘昕岚与陈来对于“道四术”与“其三术者”不但有相同的看法（虽然说明有详略），而且同样都从对照《尊德义》之内容而来，不过因为两篇文章之时间也极接近，因而也无法断定此两人是否有因承关系。

固然无法确知四位学者对于上述有关“道”之看法的前后因承转化关系，不过由上所述，可知在《性情论》公布之前，学者已注意到“凡道”之“道”，“心术”“道四术”“其三术者”“道之而已”之“道”，等等与全篇内涵相关之问题，而尝试提出一己所见。无论同不同意“道之而已”之“道”为“导”，或者以“导”为遵循之义，都属于就全篇文章上下文之文义脉络而有的推论。至于刘氏与陈氏对“道四术”与“其三术者”之解读，由于《性自命出》全篇之中的确缺乏足够之线索以说明各自之内容为何，因而只能向外求索，于是转从与《性自命出》关系最为接近的资料下手以为推理之依据。如此推理所循之路径，实合乎一般研究应遵循之通则。既遵循研究通则，刘、陈二人遂于郭店竹简中，选择从同属儒家简，且其性质又与《性自命出》相近之《尊德义》中寻找线索，于是发现该篇当中有排列相当整齐的“四种道”，而且巧的是该“四种道”又都合于治民应以“人道”为主、为近之说法，因此刘、陈二人乃都以《尊德义》的“四种道”以解释《性自命出》“道”的“四术”与“其三术者”之问题。然而赵建伟，并未说明其何以不先从郭店竹简的内容中寻找解释依据，而是直接跳脱于郭店竹简的内容之外，径行选择与郭店竹简所代表之时代相当接近，同属于战国时期的《黄帝四经》《易传》之中寻求解答。由于赵氏认为“道四术”即是“道”具体落实为四种，而《黄帝四经》《易传》正好有天、地、人、鬼神四道之说法，于是赵氏即以天、地、人、鬼神四道为“道”之四术。检验赵氏研究所依据之法则，虽亦属于有效推论之一种方法，不过在层次上，实稍远于刘、陈二人使用的采取同批简文以为推论之依据。

倘若经由两种或近或远的数据进行检证，而可以获得相同之结论，则该结论之信度与效度都将提高；然而不巧的，上述两种依据不同研究法则所进行之推论结果并不相同。如此一来，此不同的结论，即可能为一正一误，但也可能两者都不成立，因而都需要做更进一步的精密观察与讨论。首先，先行反省刘、陈二人对于“道四术”之说法：

虽然在《尊德义》“圣人之治民，民之道也。禹之行水，水之道也。造父之御马，马之道也。后稷之蓺地，地之道也”[①]中，的确出现相并列的民之道、水之道、马之道以及后稷蓺地之道等四种以“道”为称的不同“道”，然而在“凡见者之谓物”[②]的基本前提下，究其实，此四种“道”都只是“物”之道的一种。倘若要再进行区分，亦只能归属为“人”与“非人”之两类：其一，乃代表“人”的“民之道”；其二，不论为治水、御马以及蓺地，其实都同样属于杂然纷呈的“群物”之一。故而此处简文乃举治水、御马以及蓺地之例，以说明各种不同的“物”都各有其所归属的“物之道”，此即《性自命出》所言“道者，群物之道”[③]的意思，并不在论说“道”有四个“分支”。

换言之，《尊德义》虽出现形式极为整齐的四种并列之“道”，仍须再行检验其内涵是否果真为各自独立，且互不相摄之小类；然后更应思考综合此四种并存之“道”，其属性是否果能完全穷尽更上一层级之大类的概念及内容。倘若不能同时满足上述两种条件，即使形式如何整齐，从逻辑而言，在统与类之归属上都只能是不周延的无效分类法。故而《尊德义》此处所言，民之道、水之道、马之道、地之道，虽然形式整齐，然而其内涵却多有属性相同者，可见其并非要进行“类”与“属”的逻辑

① 荆门博物馆编《郭店楚墓竹简》《尊德义》，第 173 页。
② 荆门博物馆编《郭店楚墓竹简》《性自命出》，第 179 页。
③ 同上注。

分类，其义也不在于对位居上层的“道”进行穷尽之分类，而是举当时人所熟知的历史事例，诸如禹之治水、造父御马、后稷蓺地等具体存在而无所争之实例，以说明“群物”都各有其“道”之事实。不过透过紧接此一小段之上下记载，则可整合全段之内容，而得知其论述重点在于“人道”。因为该小段乃上承“教非改道也，教之也。学非改伦也，学己也。禹以人道治其民，桀以人道乱其民。桀不易禹民而后乱之，汤不易桀民而后治之”而来，且又下启“莫不有道焉，人道为近。是以君子，人道之取先”[①]之所载，故知此整段之论述重点，明显在于“人道”。然而“人道”之名虽同，其实指则不尽相同。由于禹虽有其认可之“人道”，然而桀与汤亦都各有其认可之“人道”，但因为禹、桀、汤对于“人道”内容之认知与实践进路不同，遂造成“治”或“乱”之天壤之别。因而在此大段落之开始，简文即已指出“教非改道也，教之也。学非改伦也，学己也”之重要总提，说明为政者务在“教”民而使知“人道”之正，人民则应努力“学”之以尽“民伦”之要，此即是“圣人”为政之要务。简言之，为政者应率行合理之“人道”以教化万民，且使人民能各尽其伦。为求具体展现合理之“人道”如何，故而简文之作者举禹之治水、造父御马、后稷蓺地，都必须随顺各“物”之“性”的实例，而衬托合理之“人道”亦应随顺人之“性”而行。又因为“性自命出，命自天将。道始于情，情生于性。始者近情，终者近义”[②]，因而又必然从随顺人之“性”，而走向“尊德义”之要求，也使得《性自命出》与《尊德义》之内容具有极密切之相关。由于《尊德义》通篇之要义，都落在开宗明义的“尊德义，明乎民伦，可以为君”的主旨下，因而通篇所言乃一以“人道”为主，而水道、马道、地道则都为比况之辞。由于简文之义本不在于论说“道”之具体“分化”为四种支脉，因而不宜因形式与数量之相同，遂简单化约此

① 其详参见荆门博物馆编《郭店楚墓竹简》《尊德义》，第 173 页。
② 荆门博物馆编《郭店楚墓竹简》《性自命出》，第 179 页。

“四种道”为“道四术”，并将治水之道、御马之道、埶地之道视为“其三术者”。

其次，再来检证赵建伟对于“道四术”之说法：

由于赵建伟并未在《郭店竹简〈忠信之道〉、〈性自命出〉校释》一文中说明取证数据之原典所在，只能自行搜索相关书籍。经查，所言《易传》部分，或者应为《谦·彖》所载之“谦，亨。天道下济而光明，地道卑而上行。天道亏盈而益谦，地道变盈而流谦，鬼神害盈而福谦，人道恶盈而好谦。谦尊而光，卑而不可踰，君子之终也”[①]。虽然《易传》的确在同一则记载中同时出现“四种道”，然而该传文之义，乃旨在说明君子之道该如何。《彖辞》透过天地自然之道均有“亏盈而益谦”之现象，说明鬼神与人之道亦有“恶盈而好谦”之类似现象，于是得到君子应以“谦”为尚、为终，方可永享其“亨”通之结论。由此可知上述《谦·彖》所言之“道”，乃有所专指的“君子之道”，并非全称之“道”。此外，此处貌似并列的天、地、鬼神、人的“四种道”，其实借为比况之用，而尤为要者，乃是天与地、鬼神与人为两组相并列，且具有同类反应的两对照组，都是用来支持与形成最后结论的理由，而不在于表示“道”之“具体落实为四种”分支之关系。至于《黄帝四经》之部分，则该书虽然多有言及天地之道与人事之理者，亦间有言及神明或鬼神者，然而并未见将四者并列一处之记载。若勉强言之，则或许为《十大经》之“古之贤者，道是之行。知此道，地且天，鬼且人。以居军■，以居国其国昌。古之贤者，道是之行”[②]。不过此处所言，应指贤者治国应“遵循”地、天以及鬼、人两组阴阳对立又相合之“道”而行。其所谓“道是之行”的“道”，为动词，表“遵循”之义；“知此道”的“道”，为名词，分别代表两组阴阳对

① 《易·谦·彖》，见于魏·王弼、韩康伯注，唐·孔颖达等正义：《周易正义》，收入《十三经注疏（附清·阮元校勘记）》，艺文印书馆，1985年12月，第47页。

② 《黄帝四经·十大经》，收入《帛书老子》，台北：河洛图书出版社，1975年，第222页。

立，却又彼此相合之“道”。该说之中，地与天虽然代表自然之道，但又可借代表阳之“天”以统阴之“地”；鬼与人虽然代表人事之道，但又可借代表阳之“人”以统阴之“鬼”。故而此处虽然可满足“道”最后分为四种“道”之形式要件，然而并非指“道”之直接落实为“四种”的关系。揆其要旨，此处所言之“道”，其旨相当明确，乃指具体的“治道”，而非凌驾于各具体之道的最高“道”体。故知《黄帝四经》此处所言，乃在于说明为政者应该同时兼顾自然与人事两部分，因而较严谨的说法，应指为政之道应注意两组两层次的重要问题，因而是两组层次有别的“一分为二”之概念，并非“一”直接下分为“四”之概念。

由此可见无论是刘、陈之说，或者赵氏之说，其共同面临之关键问题，都在于以“偏称”特指之“道”为“全称”之“道”，此乃是从事逻辑推理时经常会疏忽，而理应绝对避免之处。然后又因为为文者借由排比、对仗之美，以增强文章论述之强度，且因为“以三为多”为生活中的惯用现象，以至在举例说明时，即可举三例之多，以表示“余不列举”之义，因此在以三事例辅助说明受释之主体时，又会造成“四”之数字“巧合”的现象，倘若不十分小心，即可能形成简单化约式之推论，也是从事逻辑推理时经常容易使人误入歧途之处。

（二）《性情论》公布后

《性情论》未公布前，因为《性自命出》能提供的数据不多，且学者又多以条目校释之方式为之，在“文献不足征”之局限下，对于篇中与“道”相关简文之讨论始终是零零星星的。逮及《性情论》公布后，因为产生极重要之对照数据，所以讨论逐渐增加，牵涉的范围与深度也日渐扩大。由于《性情论》之内容几乎与《性自命出》重同，因此学者对于

《性情论》之讨论，亦可视为对《性自命出》之相关研究。[①] 故而在《性情论》公布后，对于《性自命出》原来有关"道"之相关问题之讨论，按照论文出刊之顺序，较重要的，依次可以濮茅左、陈丽桂、李零、陈伟以及李天虹五人为代表，分别论述如下：

1. 濮茅左之说法

濮茅左于整理《性情论》后，正式将有关"道四术"之问题与《礼记·王制》之"乐正崇四术"相提并论，遂将先前赵建伟、刘昕岚之讨论内容，转入与《王制》所崇"四术"之对应上，且直接明指"其三术者"为《诗》《书》《礼》，而《乐》则独立于"三术"之外。

濮氏于《性情论》篇题后之"说明"，对全文有关"道"之问题提出重要之概说。由于此一部分之说法与其对于第8简具体简文之疏释有所出入，故将其重要处录之于下：

> 本文所说的"道"是指人道，所以这个道始于情。"道始于情，情生于性。"（第二简）与《郭店楚墓竹简·语丛二》"情生于性，礼生于情"句相类，"道始于情"对应"礼生于情"，可见简文所言的"道"也就是"礼"，"礼者，人道之极也"（《荀子·礼论》）。天道远，人道迩，人道，人之所为也。正因如此，本文提出了"道四述（术）也，唯人道为可道也"（第八简）的说法。"四术"即《诗》《书》《礼》《乐》四种经术总称。术是道路之名，《诗》《书》《礼》《乐》是先王的道路，《诗》言志，《书》言事，《礼》言行，《乐》言和。《礼记·王制》指出："乐

① 其详参见上海博物馆编《上海博物馆藏战国楚竹书（一）》《性情论〉，上海古籍出版社，2001，第230—232页。由于《性自命出》与《性情论》之内容大体相同，濮茅左整理《性情论》之最重要参考依据即是《性自命出》，且《性情论》中与本文最直接相关的"人道"文句之缺漏，即根据《性自命出》而补字，因而濮氏对于《性情论》之说明与疏释，基本上可视为对《性自命出》之相关研究。

> 正所崇四术，立四教，顺先王《诗》《书》《礼》《乐》以造士”，“顺此四术，而致以成是士也”。人道是以礼为主体的，可以通过“四术”来引导。[①]

濮氏上述之重点说明，显然将《性情论》所论之“道”，完全等同于“人道”，且明白指出“人道是以礼为主体的”；然而在第八简之疏释中，却稍有歧出之说。虽然在疏释“道四述（术）也，唯人道为可道也”之时，仍维持篇题下原来“说明”之说法，认为“人道是以礼为主体的”，且还举出《礼记·王制》之郑注、孔疏以为补充证据，并且另引《文王世子》的相同之说，都有增加论证强度之作用。此外，还另引《郭店楚墓竹简》之《五行》《尊德义》《语丛一》，《荀子·非相》，《礼记·丧服》等篇中有关言“人道”之材料，再次肯定“人道是以礼为主体的”，可以通过《诗》《书》《礼》《乐》这“四术”来引导。不过，在疏释“其三述（术）者，道之而已”时，却又直截了当地说：

> 所谓“三述”当指《诗》《书》《礼》；而《乐》，孔子曰“成于《乐》”，《礼记·王制》“乐正崇四术，立四教”，孙希旦集解：“而四述之教，惟《乐》为尤深，其声容舞蹈，审音识微，非专其业者不能精，而亦非一人所能尽，故使乐官之长率其属以掌学政，而专司教乐之事焉”，特别强调《乐》的重要和特殊，与其他三述不同，需有专门的训练。道，读作“导”。[②]

由于濮氏先找出传世文献以及郭店简文中，多篇有关“人道”以及《诗》《书》《礼》《乐》之“四术”的记载，因而确定“礼”为“人道”之主体。但在解读“三述（术）”时，原本属于“人道”主体的“礼”，却又不之为

① 上海博物馆编《上海博物馆藏战国楚竹书（一）》《性情论》，第217页。
② 上海博物馆编《上海博物馆藏战国楚竹书（一）》《性情论》，第231页。

何只能列入“其三述（术）者”之一，而将《乐》视为最特别者，并独立于“三术”之外。濮氏前后的转换极快，除却引孙希旦之说法外，并无其他补充说明，何以位居“人道”主体的“礼”被并入“其三述（术）者”，前后显然有所扞格，不免启人疑窦。

2. 陈丽桂之说法

濮氏之说法，直接引发陈丽桂撰写《〈性情论〉说“道”》之专文进行讨论，针对濮说之前后扞格以及启人疑窦之处，做极为详尽之论辩。陈文在罗列《性情论》（含按照《性自命出》所作之补字）所有含有“道”之简文后，分别从道即“德”，“道”即“礼”，以“义”为制，“四术”与“三术”进行论辩，然后得出最后的结语。陈氏认为“礼”内以对治其情、性、心、志，外以交人、治众，《荀子》之《礼论》因此说“礼者，人道之极也，功名之总也”，而《性情论》之以“礼”为“道”，正是承继此观点。“礼”讲求节度分寸，在四经之术中，尤应为终极之术；其余《诗》《书》《乐》三经之术，正以佐导其事。

陈文最重要而精彩之处，应在于对于“四术”与“三术”之讨论，其论点有二：一、主要从儒家与道家关怀之重点为立论基础，认为《性情论》（《性自命出》）“道也者，群物之道”之中的“群物之道”所指的“道”应等同于“理”，“群物之道”就是“群物之理”。同时又引《尊德义》中的民之道、水之道、马之道、地之道，认为可移以诠解所谓“群物之道”。但是儒家不同于道家，儒家关切之焦点在“人”而不在天地万物。相关于“人”之道，才是儒家所要深入探索关切的。“人道”又须从“心”着手对治，即“凡道，心术为主”之义。至于对治之方，则在于培育情、志，陶冶心、性，而“礼”正是这种培育情、志，陶冶心、性之方的总称，也就是简文“唯人道为可道”之义，也是濮说“人道是以礼为主体的”意思。因此认为《王制》之“乐正崇四术”，则可将《性情论》所着重的

“道”（亦即所谓可道的“人道”）之主体解释为“礼”，则既可符合《性情论》本文“道始于情”“礼生于情”之说法，也与传统儒学之教相合。二、驳正濮说引孔子“成于乐”、《王制》“乐正崇四术，立四教”、孙希旦“四述之教，惟《乐》为尤深”之说。分别首从章句之法，以言濮说前后之扞格。次以孔子所言“兴、立、成”乃指诗、礼、乐各教内容、质性之难易、深浅而言，而无轻重主从之意味，因此认为“礼”才是最重要的，《诗》《书》《乐》才是“其三述（术）者”。三从简文将《礼》《乐》合而论述为“有为举之”，显见《性情论》作者原本视《礼》《乐》为一体。然而从礼、乐二者在《性情论》之篇幅与思想的比重来看，“礼”皆比“乐”来得重，因此濮说以“乐”为终极之教，而以《诗》《书》《礼》为“导之”之“术”的说法，确有问题。[①]

3. 李零之说法

李零将其原有的《郭店楚简校读记》加以增订，并提出自己对与“道”相关问题之看法，且也已注意到“礼”与“乐”具有复杂而微妙的关系。

李零之说，直接以简文之“凡道，心术为主”为“道四术”中的第一术，认为是心理感化的方法，属于“人道”；其他三术，即“诗”“书”“礼乐”，它们都从心术派生，并受心术指导。至于简文对于“诗”“书”“礼乐”之“有为为之”“有为言之”“有为举之”的“有为”，即“有为也者之谓故”的“有为”，是指有为而设，即按照一定的目的来设计，“故”就是“诗书礼乐”。简文强调人性的教化是靠“道术”（心术、诗、书、礼乐），特别是其中的“心术”，但又把对“心术”之讨论放在下篇。简文之第八

---

① 其详参见陈丽桂《〈性情论〉说“道”》，收入上海大学古代文明研究中心、清华大学思想文化研究所编：《上博馆藏战国楚竹书研究》，上海书店出版社，2002年3月，第140—151页。

章主要是讲"礼"，第九至十二章则讲"乐"（此为李零之分章），根本没谈"诗""书"。李零认为作者如此安排，乃是"礼乐"，特别是"乐"，最能打动人心，和"情"的关系最直接。简3.4"道始于情，情生于性。始者近情，终者近义。知〔情者能〕出之，知义者能入之"，即从"情"入手，以求取后面的"性"，然后又把"义"融入"性"，使"性"规范于"义"。至于简文之下半篇，则专论"心术"，一是强调知情伪（即由情取心，由心见性），二是强调身主心（即以仪容举止见其心性）。①

4. 陈伟之说法

陈伟一反濮茅左、陈丽桂以及李零三人或重或轻都以"礼"与"乐"之问题为讨论之核心，毅然跳出"礼"与"乐"之纠葛，而从不同之角度以思考此一令人争议的"道"之"四术"或"三术"问题。

陈伟根据《说文》"术，邑中道也"以及《广雅·释宫》"术，道也"之说法，认为"心术"即"心道"，"心术为主"，与前文"凡性为主"相近。对于"道四术"之问题，则以"四术"即"四道"，并提出疏释：

> 在通常的天、地、人之外的一道，当是前述"群物之道"。先秦时往往将天、地、物、人四者并列，如《礼记·礼器》云："是故天时有生也，地理有宜也，人官有能也，物曲有利也。"《荀子·天论》云："在天者莫明于日月，在地者莫明于水火，在物者莫明于珠玉，在人者莫明于礼义。"简书自开篇至此反复谈性与物、主体与客体的关系，又明确提到"群物之道"，这里所谓道之四术，似不致将其排除在外。可导，可以引导、疏导、教导。"心术"与"人道"相涉（前者似应是后者的主要部分），"为主"与"可道"对应。②

① 李零《郭店楚简校读记（增订本）》，北京大学出版社，2002年，第118—119页。

② 陈伟《郭店竹书别释》，湖北教育出版社，2003年，第185页。

陈伟从先秦典籍中找出“天、地、物、人四者并列”之文例，可谓重要之旁证，可惜在主体疏释上，又仅有“开篇至此反复谈性与物、主体与客体的关系，又明确提到“群物之道”，这里所谓道之四术，似不致将其排除在外”之简单说明，而并未做充分之说明，故而仍有待深入查考其说是否妥当。

5. 李天虹之说法

李天虹在对《性自命出》进行集释时，于“道四术”之词下，仅简单列有刘昕岚、陈来、赵健伟、陈伟四人之说法，而不载濮茅左、陈丽桂与李零之说法，而在“按语”中明言对“四术”之所指存疑，且认为《礼记·王制》虽有“四术”之语，然而其内涵则与简文不同。[①] 李氏之说虽短，却明白剔除三位学者之说法，其说是否允当，同样需要详加分辨。

6. 对上述五位学者说法之反思

总括上述五位学者对于“道”之四术或三术的不同说法，让人有莫衷一是之感。虽然最后的李天虹没有具体指实之意见，然而却可能导致前三位学者的两种重要说法破局，因此都需要一一详加讨论。其中，濮茅左与陈丽桂之说法，应视为认同将“道四术”与《王制》“乐正崇四术”相提并论的同类之说，其别则在两人说法不周延与周延以及论述详略之差异。李天虹虽然未提出确切之实说，然而其质疑，则直接指向濮茅左与陈丽桂持论之基本前提不可靠，倘若其质疑成立，则可以剪断濮氏所联系的诠释管道，因而李氏之说其实可视为濮、陈之说的反论，而合并于一处做讨论。至于李零与陈伟，则又明显是各自申述己说，因此应该

---

① 李天虹《郭店竹简〈性自命出〉研究》，湖北人民出版社，2003年，第148页。

另行讨论。不过虽说李零之说乃自别于濮茅左与陈丽桂之说，然而彼此之间又同有聚焦于礼乐之主从或分合等纠葛之问题。换言之，礼乐的分合特性隐然可谓直接或间接关系“道”之四术或三术的说法，因此下文另有专节针对此问题详加讨论。

虽然李天虹之反论，仅有“《礼记·王制》有“四术”之语，但内涵与简文不同”之一句断语，并未再做详细说明，但不失为重要论断，不可等闲视之。盖乐正本为隶属于执掌邦礼的春官系统底下，负责执掌太学教育之的大司乐部门下的核心官员，其专职乃以《诗》《书》《礼》《乐》四“经术”之内容为教化太学生，其目的即在于培养优秀的为政人才，因而的确是以“人道”之养成为重要指标，也是先王为政最亟须推行的要道，其设计本来就与“道”之整体概念无关，因而无法直接对比借用。由于乐正归属于春官执掌邦礼的系统，故而在此四“经术”之中，也的确应以“礼”为主体而非以“乐”（详见下节专论），方可使“人道”有具体落实之着力点。然而此重要的四“经术”却只是“人道”，只为“道”之一隅，而不能径称为“道”。追溯将此“人道”等同于“道”，以“特称”为“全称”的混同现象，实自濮茅左在《性情论》篇题后的“说明”中开始，但是明显违反“类”之归属的逻辑概念。或许因为此一混同说明显然不合逻辑，以致李天虹认为说明二者之内涵不同即已足够，而不必详做说明。陈丽桂因有鉴于濮说对于以“人道”等同于“道”之说的不周延，因而尝试从儒、道关怀重点之差异现象以补濮说之不足。然而尽管儒、道关切之焦点不同确是实情，简文也明确有“唯人道为可道也”之断语，然而此处简文是否与儒、道之别有关，实为仍需大费周章，而未必能有效证明的难解习题。即使能证明此为“儒家”之论点，也不能因“人道”极为重要，而将简文明确所言“道四术”之前提，直接跨越“唯人道为可道也”而向后飞渡，而与其下正好有《诗》《书》《礼》《乐》之“四经术”相联系，使其可以“巧妙地”将“人道”等同于“道”。更巧的是，陈氏也相当细心地看到简文在此“四术”之后，还有紧接其后的“《诗》，有为为之也。《书》，有为言之也。礼乐，有为举之也”排比整齐，而极可能为“三术”之部分，且已警觉地主动说明简文作者原本视《礼》《乐》为一体之现象。由于“四”与“三”的数字与内容之双重巧合，因此一时之间，将《诗》《书》《礼》《乐》视为“道四术”，而将《诗》《书》《乐》视为“其三术者”的说法，似乎已是再好不过的选择。然而陈氏如此“跨渡式”之补充说明，却始终没有解释《礼》《乐》何以既能分又能合之问题，甚且倘若《礼》《乐》既已为一体，又如何再将“一体”切而为二，而成为“‘礼’为道”，而《诗》《书》《乐》为“其三术者”？这些都需要详加解说。

相对于濮茅左与陈丽桂的说法所存在之不圆满，李零可谓返回简文之文本，而将《诗》《书》与礼乐合为“其三术者”，而将“四术”所缺之一术，以简文在“道四术”稍前之“凡道，心术为主”之“心术”补足。李零此一“改良式”之说法，认为“心术”为“道四术”之第一术，其他三术则为《诗》《书》与“礼乐”，且“三术”乃从“心术”派生，并接受“心术”指导。[①] 李氏此说之优点在于能尊重简文“凡道，心术为主”之说，且特别注重“人心”之动与“人性”之互动关系，因而连带特别注重“情”与“礼乐”，而特别是“乐”最能直接打动人心，故而其说实能与“道始于情，情生于性。始者近情，终者近义”紧密连结。揆度李氏之说，乃紧扣“凡道，心术为主”之说法，又因“道四术”中，“唯人道为可道也”，所以再直接顺推为“心术”属于“人道”。待此一最重要之“人道”确立为“心术”后，再依简文以下诗、书、礼乐三分而并列言之方式，遂合法地将其视为“其三术者”。正因为“礼乐”特别重要，所以简文之第八至十二章紧接着论说“礼乐”之问题，而将最重要之归属“人道”的“心术”问题置于下半篇讨论。乍看之下，李氏如此回归文本之“改良法”，似乎最能照顾文本，且又能自圆其说，同时还是遵从“同篇内证”

---

① 李零《郭店楚简校读记（增订本）》，北京大学出版社，2002年，第119页，

之最上乘研究法则而来；然而事实是否果真如此，则仍然有待仔细思量。

因为李氏如此说法，不免有些"取巧"，因为相当有趣的是李氏在其所谓第九、十两章言"乐"之部分，对于《赉》《武》《韶》《夏》之乐曲都有明确之篇章标示符号，然而在"诗书礼乐"与"诗、书、礼乐"，关系学者讨论"四术"或"其三术者"最激烈之处，却以四两拨千斤之方式，省略可能滋扰麻烦的标点问题，更妙的是，李氏也已注意到第八至十二章中，简文"根本没谈'诗''书'"，然而他显然已经忘记该为"诗，有为为之也。书，有为言之也"提出一些"合理"之说明，而非简单地将有关"诗书"之说视同"衍文"而不予置评。因为客观来说，简文既不将"诗书"删除，且还与最重要之"礼乐"并列言之，则不将其视为无用枝蔓的立场应该相当明显。尤为重要的，则是其对"诗书"之说法，又与传统以来对于重要经典《诗》《书》之内涵认定有关，则该处简文不但不该被视为"衍文"而废弃之，而且应该连同以下之"礼乐"，都该深入探讨其实质内涵如何。因而简单来说，李说除却必须为上述有关"诗书"之问题提出更合理之解说以外，还必须正面响应以下两大问题：其一，对于简文合起来说"诗书礼乐，其始出皆生于人"以及排比整齐地分开来说的"诗，有为为之也。书，有为言之也。礼乐，有为举之也"之极重要说法，不但应该重新加以详细标点，且还应合理地加以解说，而不应简单"滑过"。其二，"道四术"虽然不排除可以有"主从"之别，然而同属四术之一，"心术"与其他三术之间的内容落差极大，是否为最妥当之说法，似乎仍可考虑。尤其重要的是，对于"凡道，心术为主"之解读，是否仅有"'心术'为'道四术'之'第一术'"的唯一解读法？"心术"是否应解为"心理感化的方法"？《性自命出》下半篇之内容，是否可视为专论"心理感化的方法"？诸如此类之问题，都是相当重要之实质问题，都不应简单带过。对于"凡道，心术为主"之解读，是否也有可能为分段"总提"之说法？其意在于说明"心也者，道之工宰也。道也者，治之经理也”[①] 之相互关系，倘若不言“道”则已，若欲言之，则首先必须注意“用心之道”，若不能以“虚壹而静”之心进行思虑，[②] 则将陷入“心不知道，则不可道而可非道。……心知道，然后可道；可道，然后能守道以禁非道”[③] 之状态。“心术”是否可如荀子所言，是对于“虚壹而静”之“大清明心”的掌握方法？此外，《性自命出》通篇所讨论者，乃心性与外在之物的交感、互动、反应等相对待之关系，一旦心不在焉，则无法“动”而与外在所有可见之物产生各种“交感”现象，则进一步的逆、交、厉、绌、养、长等不同反应亦无从发生，当然，也无法回归于最后始源的“道”。《乐记》即言“夫民有血气心知之性，而无哀乐喜怒之常，应感起物而动，然后心术形焉”。此之所谓“术”，郑玄以为“所由也”。[④] 由此可见此之所谓“心术”，若将其视为与“道”并存的“心与外在所有事物交感之管道”者，或许来得更为切近事理，基于“心”与“道”此一特殊关系，可见“心”是人能否知“道”，能否上达于“天”所降命之“道”的关键所在，因而简文才会说“凡道，心术为主”。换言之，“心”能否与外界顺利交感互通，乃是决定天命之“道”能否被感知与实践的前提，因而“心术”之地位不但应居于与“道”并立之地位，而且应该高于其下较具体的“术”为“邑中道”之概念。[⑤] 至于《性自命出》下半篇之内容，是否可视为针对人之心、性、情、志的教化之道进行专论更为接近事实？

以上濮茅左、陈丽桂以及李零三位学者之说的共同症结点，都围绕

---

① 《荀子·正名》，见于清·王先谦：《荀子集解》，艺文印书馆，1988 年 6 月，第 687 页。

② 《荀子·解蔽》，第 651—652 页：虚壹而静，谓之大清明。万物莫形而不见，莫见而不论，莫论而失位。坐于室而见四海，处于今而论久远。疏观万物而知其情，参稽治乱而通其度，经纬天地而材官万物，制割大理而宇宙里（杨倞注：“里”当为“理”。）矣。恢恢广广，孰知其极？睪睪广广，孰知其德？涫涫纷纷，孰知其形？明参日月，大满八极。夫是之谓大人。

③ 《荀子·解蔽》，第 647—649 页。

④ 《礼记·乐记》，第 679 页。

⑤ 汉·许慎撰，清·段玉裁注：《说文解字注》第 4 卷《二篇下》（台北：兰台书局，1972），第 78 页：术，邑中道也。

在“礼”与“乐”之纠葛上，它不但涉及“人道”之内涵问题，也关系“道”之实质问题。虽然从研究进路上，此三人有使用出土文献与传世文献互证之“二重证据法”与“同篇内证”等研究法之不同，然而都同属极佳之研究法，不过却也同样面临一些无法解答之难题。因此，倘若不从“礼”与“乐”之实质内涵上加以深究，实在无法解开其纠结之处。

至于陈伟所提出之说法，乃跳开《性自命出》之文本，而从其他时代相近、性质相关之文献中寻找证据。虽然其研究所得，可谓找到极重要之“文例”以为旁证，然而由于该记载都未明白与“道”相连结，因而若不能有效说明先秦典籍中并列之“天、地、人、物”与“道”之密合且穷尽之关系，则其所言亦只能称为旁证而已。巧的是，“天、地、人、物”与“道”之关系，其实亦可以从“礼”与“乐”之实质内涵上获得解套。以下即尝试从“礼乐”之分合特性以解读《性自命出》有关“道”的问题：

三、从“礼乐”之分合特性以解读《性自命出》的“道”

无论在传统文献与郭店儒简之资料中，有关“礼”与“乐”的部分虽然常有分别出现之状况，但也时而可见二者连用之现象，到底二者之间为并列式之分项独立存在，抑或为合义式之整合性结构，其实兼而有之，兹分别论述于下：

（一）从“六经”与“六艺”并列以论“礼乐”之“分”

传统文献中，最早提及“六经”并列者，当推《庄子·天运》“丘治

《诗》《书》《礼》《乐》《易》《春秋》六经，自以为久矣，孰知其故矣"[①]之记载，并于《天下》有"《诗》以道志，《书》以道事，《礼》以道行，《乐》以道和，《易》以道阴阳，《春秋》以道名分"[②]之载，以概括"六经"之功能。固然过去学界均以该数据出自外、杂篇，而对其内容采取保留之态度，然而在郭店简文之不同篇章中也同样出现"六经"之内容后，廖名春已对该问题做详细之辩证，说明大约在战国中期以前已有"六经"并列之现象。[③]至于《礼记·经解》，不但清楚并列"六经"之教的功能，记录施行"六经"之教可能导致的缺失，且还言及深于"六经"之教而无其失者。[④]其他重要文献，例如《荀子·儒效》《春秋繁露·玉杯》《史记·太史公自序》等，[⑤]皆有相关记载。凡此所载，都将《礼》与《乐》视为各自独立之典籍，彼此有特定之内容，不必多做说明。

至于以"六艺"而言，传统文献中，最早明载"六艺"者，当在《周礼·大司徒》之职掌，其文云：

---

① 《庄子·天运》，见于清·郭庆藩集释：《庄子集释》，贯雅文化事业有限公司，1991），第531页。

② 《庄子·天下》，第1067页。

③ 其详参见廖名春《论六经并称的时代及疑古说的方法论问题》，《孔子研究》2000年第1期，第47—58、65页。

④ 其详参见《礼记·经解》，见于汉·郑玄注，唐·孔颖达等正义：《礼记正义》，收入《十三经注疏（附清·阮元校勘记）》，艺文印书馆，1985年12月第845页。

⑤ 其中，《荀子·儒效》，第282页："圣人也者，道之管也。天下之道管是矣，百王之道一是矣。故《诗》《书》《礼》《乐》之道归是矣。《诗》言是其志也，《书》言是其事也，《礼》言是其行也，《乐》言是其和也，《春秋》言是其微也。"《春秋繁露·玉杯》，见于清·苏舆：《春秋繁露义证》（北京：中华书局，1992年12月），第35—36页："君子知在位者之不能以恶服人也，是故简六艺以赡养之。《诗》《书》序其志，《礼》《乐》纯其美，《易》《春秋》明其知。六学皆大，而各有所长。《诗》道志，故长于质。《礼》制节，故长于文。《乐》咏德，故长于风。《书》着功，故长于事。《易》本天地，故长于数。《春秋》正是非，故长于治人。"《史记·太史公自序》，见于日·泷川龟太郎：《史记会注考证》（台北：洪氏出版社，1977年10月），第1370页："《礼》以节人，《乐》以发和，《书》以道事，《诗》以达意，《易》以道化，《春秋》以道义。""六经"之排列顺序虽稍有不同，不过对于"六经"之性质与功能，虽有重要之概括。

以乡三物教万民而宾兴之：一曰六德，知、仁、圣、义、忠、和；二曰六行，孝、友、睦、姻、任、恤；三曰六艺，礼、乐、射、御、书、数。……以五礼防万民之伪而教之中。以六乐防万民之情而教之和。①

在大司徒掌理邦教之职掌中，明显可见其以关乎个人内在德性修养之“六德”，行诸于外而影响他人的“六行”，以及攸关处理各项事务的技艺能力之“六艺”，共同组成教化万民之“乡三物”内容。其中尤以“五礼”与“六乐”最为核心，②且以达到人之情性臻于中和为目标。然而“六艺”之内容，在此并无进一步解说，只能参照《保氏》所载教养国子以“六艺”与“六仪”之内容以推知：

乃教之六艺：一曰五礼，二曰六乐，三曰五射，四曰五驭，五曰六书，六曰九数。乃教之六仪：一曰祭祀之容，二曰宾客之容，三曰朝廷之容，四曰丧纪之容，五曰军旅之容，六曰车马之容。③

由于“礼”与“乐”分别列于“六艺”的前两项，而与射、驭、书、数共同组成“六艺”，可见每一艺都有其独立的内容。至于“五礼”之内容，即是大宗伯所掌之吉、凶、军、宾、嘉五类礼仪制度，而“六乐”则指大司乐所掌以教导国子者，包含黄帝、虞、舜、夏、商、周六个时代的《云门》《大卷》《大咸》《大韶》《大夏》《大濩》《大武》等乐舞。由此可见“五礼”与“六乐”不但都各有其专属之技艺内容，还与所有的礼仪制度密切相关，故而能位居“六艺”的前两项，所以将“礼”与“乐”分别

① 《周礼·地官·大司徒》，见于汉·郑玄注，唐·贾公彦疏：《周礼注疏》，收入《十三经注疏(附清·阮元校勘记)》(台北：艺文印书馆，1985)，第160—161页。

② 其详参见林素英：《〈周礼〉的礼教思想——以大司徒为讨论主轴》，台湾师范大学国文学系《国文学报》2004年12月，第36期，第9—14页。

③ 《周礼·地官·保氏》，第212页。

并列也是恰当的。

至于《性自命出》之所载，的确在简文第14至35简（李零自行分章之第八至十二章）之间，分别论述属于“人道”思想重要内涵之“六艺”中的“礼”与“乐”之内容。简文第50至59简前半（李零之第十六章），则从礼乐之本质在于人情写起，说明“道始于情，情生于性。始者近情，终者近义”之根本要义，且将生于性的情，透过礼的节制作用，而使人发诸外之行为皆能近于义。故而简文从第59简后半至篇末（李零之第十七至二十章），则为有关于人表现于外，合于礼节度之“仪”，且明显对于攸关士庶生活的祭祀之容、宾客之容以及丧纪之容，都有相当扼要的礼仪讲求。

（二）从“礼乐相须为用”之立场以论“礼乐”之“合”

固然在“六经”与“六艺”并列之部分，无论为典籍或技艺，“礼”与“乐”都可以独立存在；不过这些独立存在，其实主要因为理论知识之数据讲求客观呈现，既然所属领域不同，当然会以“分”之方式在文献中出现，且成为乐正所崇的“四术”中之主体内容。然而“礼”与“乐”在实际操作上，往往在礼仪的进行中相须为用，因而彼此又是合而为一的。例如大宗伯在执行吉、凶、军、宾、嘉五类礼仪制度时，除却因为吉凶不相干之原因，导致丧礼不用乐以外（然而亦有挽歌），所有礼仪制度之进行，都与不同之“乐”合并呈现。尤其在吉（祭）礼之进行时，更明显地与大司乐、乐正等所职掌之工作互相配合，[①]且因为祭祀对象之不同，而使用各种不同之音乐。此现象《大司乐》所载最清楚，录之如下：

---

① 其详参见林素英《“人道”思想探析——以郭店儒简与〈礼记〉之〈王制〉〈哀公问〉为讨论中心》，有关“《王制》崇四术以尽人道”之讨论。

以六律、六同、五声、八音、六舞大合乐，以致鬼神示，以和邦国，以谐万民，以安宾客，以说远人，以作动物。乃分乐而序之，以祭，以享，以祀。乃奏黄钟，歌大吕，舞《云门》，以祀天神。乃奏大蔟，歌应钟，舞《咸池》，以祭地示。乃奏姑洗，歌南吕，舞《大韶》，以祀四望。乃奏蕤宾，歌函钟，舞《大夏》，以祭山川。乃奏夷则，歌小吕，舞《大濩》，以享先妣。乃奏无射，歌夹钟，舞《大武》，以享先祖。凡六乐者，文之以五声，播之以八音。

凡乐，圜钟为宫，黄钟为角，大蔟为征，姑洗为羽，雷鼓雷鼗，孤竹之管，云和之琴瑟，《云门》之舞；冬日至，于地上之圜丘奏之，若乐六变，则天神皆降，可得而礼矣。凡乐，函钟为宫，大蔟为角，姑洗为征，南吕为羽，灵鼓灵鼗，孙竹之管，空桑之琴瑟，《咸池》之舞；夏日至，于泽中之方丘奏之，若乐八变，则地示皆出，可得而礼矣。凡乐，黄钟为宫，大吕为角，大蔟为征，应钟为羽，路鼓路鼗，阴竹之管，龙门之琴瑟，《九德》之歌，《九韶》之舞；于宗庙之中奏之，若乐九变，则人鬼可得而礼矣！①

周代在天神、地祇、鬼三系并列的祭祀系统中，祭礼的举行不但配合不同的祭祀对象而选择不同的乐奏旋律，也搭配不同的乐舞与歌诗一并进行。例如《周颂》之诗即多为宗庙祭礼而作之歌诗，而乐舞之内容则多与《大雅》之相关史诗有关。此外，另有祭祀山川百神而作之歌诗，例如《载芟》《良耜》《丝衣》一组诗，即与籍田礼有关，而为春祈秋报之乐舞用诗。至于《楚茨》，不但应是以《丝衣》为本所做的更具体、充实而生动之描写，李山还认为它是对《载芟》“为酒为醴，烝畀祖妣，以洽百礼”的具体描述，②对于理解祭礼进行之全貌极有帮助。

---

① 《周礼·春官·大司乐》，第 338—342 页。

② 其详参见李山《诗经析读》，南海出版公司，2003 年 3 月，第 308—311、451—453 页，有关《载芟》、《良耜》、《楚茨》之析读。

虽然《诗》之乐谱业已失传，然而以《大司乐》对于祭礼用乐的记载，配合《楚茨》之相关记载，对于祭礼用乐的情形亦可窥其轮廓。透过诗中“祝祭于祊，祀事孔明。先祖是皇，神保是飨。……工祝致告，徂赉孝孙。……礼仪既备，钟鼓既戒。孝孙徂位，工祝致告。神具醉止，皇尸载起。鼓钟送尸，神保聿归。……乐具入奏，以绥后禄”[①]对于祭礼之具体描述，至少可见以下现象：从“钟鼓既戒”，可知典礼中使用乐器之盛大；再从“工祝致告”之配以乐工，以及明载“鼓钟送尸”，则可推知不论请神、送神、进献祝词、颁赐嘏辞，都应有乐奏或歌诗相伴；然后，待祭祀之礼成而撤馔，则从“乐具入奏”，将相关之乐具由庙而移于寝，转而为同姓族人合食共饮之乐奏配备，则可见整场祭礼在专属音乐的协奏下，不但可以传达敬天礼地、尊祖敬宗、和谐神人之心意，还可以进而达到敦睦亲族感情之作用。

从古圣先王将大司乐安置在执掌邦礼的春官系统的规划下，已可说明从礼仪之实际操作层面言，“礼”与“乐”原本是相须为用，合为一体，其隶属于“人道”是毫无疑问的。不过，“礼”与“乐”在礼仪的操作层面之外，又另有其超越礼仪的层面，而达到跨入“礼乐之原”的“道”之形上层次。

（三）从“礼乐”之形上特性以论《性自命出》“道”之内涵

“礼”与“乐”在实际操作上具有相须为用的特性，然而此乃重在礼仪呈现之形式要件而言，为政者倘若不能寻其本，理解“礼乐之原”的“道”之形上层次，则易流于孔子所云“礼云礼云！玉帛云乎哉？乐云乐

① 《诗·小雅·楚茨》，见于汉·毛亨传，郑玄笺，唐·孔颖达等正义：《毛诗正义》，收入《十三经注疏（附清·阮元校勘记）》，艺文印书馆，1985 年 12 月，第 458—459 页。

云！钟鼓云乎哉？”[①]徒有其表之现象。故而重要的是能深入理解“礼”与“乐”之性质，知道二者虽有阴阳对立相反之一面，然而却也彼此相辅相成，以成“中和”之大用的。此从《郊特牲》之“乐由阳来者也，礼由阴作者也，阴阳和而万物得”，[②]已可说明礼乐必须兼备，始能因阴阳和合而万物皆有所得。此一现象尤以《乐记》中之相关记载最为明显而丰富，举其大者而言，则有如下所云：

> 乐者为同，礼者为异。同则相亲，异则相敬。乐胜则流，礼胜则离。合情饰貌者，礼乐之事也。礼义立，则贵贱等矣；乐文同，则上下和矣。
>
> 大乐，与天地同和；大礼，与天地同节。和，故百物不失；节，故祀天祭地。明则有礼乐，幽则有鬼神。如此，则四海之内，合敬同爱矣。礼者，殊事合敬者也；乐者，异文合爱者也。礼乐之情同，故明王以相沿也。故事与时并，名与功偕。
>
> 乐者，天地之和也；礼者，天地之序也。和，故百物皆化；序，故群物皆别。乐由天作，礼以地制。过制则乱，过作则暴。明于天地，然后能兴礼乐也。
>
> 天高地下，万物散殊，而礼制行矣。流而不息，合同而化，而乐兴焉。春作夏长，仁也；秋敛冬藏，义也。仁近于乐，义近于礼。乐者敦和，率神而从天，礼者别宜，居鬼而从地。故圣人作乐以应天，制礼以配地。礼乐明备，天地官矣。[③]

上述四段论述中，首先论述乐与礼同样源自天地自然之本质，其差异所在，则乐主和同，而礼重别异，并顺此而衍生相亲与相敬之两种不同行

---

① 《论语·阳货》，见于魏·何晏注，宋·邢昺疏：《论语注疏》，收入《十三经注疏（附清·阮元校勘记）》，艺文印书馆，1985年12月，第156页。

② 《礼记·郊特牲》，第484页。

③ 上述四段资料分别见于《礼记·乐记》，第667、668、669、671页。

为之趋向，二者若有所偏，则各有不敬与不和之流弊，因而最理想之状态，即是礼乐兼备并重。礼乐之此种特质，乃源自于天地之间本有一团和气，且以爱成就万物之特性；但相对于此，同时也有因物制节以区分天地万物之特性，因而必须严明天地间此两种相反对立却又相辅相成之差异存在，方可在二者之间拿捏得当，而彰显天地之大美。然而欲彰显如此天地之大美者，又唯有圣人方能体会天地大化流行之道理，理解兼含消长、启闭、生杀两种不同之实然状态者，即是天地兼含仁义二气之自然发用，因而制礼作乐即是回应天地自然之安排。由于礼乐本于天地自然所兼含的仁义二气，于是《乐记》更论述能深入礼乐之本者，将可上达于天地神明之情，其文云：

> 乐也者，施也；礼也者，报也。乐，乐其所自生；而礼，反其所自始。乐章德，礼报情反始也。
>
> 乐也者，动于内者也；礼也者，动于外者也。故礼主其减，乐主其盈。礼减而进，以进为文：乐盈而反，以反为文。礼减而不进则销，乐盈而不反则放；故礼有报而乐有反。礼得其报则乐，乐得其反则安；礼之报，乐之反，其义一也。
>
> 礼乐偩天地之情，达神明之德，降兴上下之神，而凝是精粗之体，领父子君臣之节。是故大人举礼乐，则天地将为昭焉。天地欣合，阴阳相得，煦妪覆育万物，然后草木茂，区萌达，羽翼奋，角觡生，蛰虫昭苏，羽者妪伏，毛者孕鬻，胎生者不殰，而卵生者不殈，则乐之道归焉耳。[1]

由于“礼乐”之道最注重具体实践，然而在实践之同时，又必须深入其本源于天地自然理序之最终原理，因而也是人情施报之道的最终依循准则。

① 上述三段资料分别见于《礼记·乐记》，第 684、684、699 页。

所谓“乐”之施，亦即《易·系辞下》“天地之大德曰生”[①]之义，能穷究此“生生之德”，方可谓之穷本知变，以“盈”为本，借收广生、益生之效；然而又忌讳盈而不知反其本，因而必须警戒其流于放荡之失，庶几可得“乐”之情实。至于“礼”，则本于品物流形，各有其别之特色，因而讲求以“减”为本，分辨群物之异以各尽其理，彰显天道之诚而去其人为造作之伪，回报天地万物各有其自然之理。此即《中庸》所谓“唯天下至诚，为能尽其性；能尽其性，则能尽人之性；能尽人之性，则能尽物之性；能尽物之性，则可以赞天地之化育；可以赞天地之化育，则可以与天地参矣”[②]。能至于此，则能尽于“礼”以回报、尊重群物之殊性，且又能反于“乐”之统同、盈施天道之大情，而达到天地昕合、阴阳相得，万物煦煦然化育并生之状态，真正成就《中庸》所谓“致中和，天地位焉，万物育焉”[③]，而全天下共得安乐之大义。

经由上述之数据，可以显示为政者若能深入理解礼乐之本质，即能由自尽其性，推而能尽天地万物之性，而可以随顺天地万物之性，使能各遂其生，因而孔子在回答子夏问何谓“民之父母”时，即以“夫民之父母乎，必达于礼乐之原，以致五至，而行三无，以横于天下。四方有败，必先知之。此之谓民之父母矣”[④]相对之。故知理想的为政者，乃是能达于礼乐之原的“民之父母”。然而要达于礼乐之原的先决条件，又在于应深明天地大化流行与万物孕育化生之终极道理，然后始能行合理之“人道”。换言之，综合上述数据即可知为政固然重在推行“人道”，然而要使“人道”顺利推行，则在顺应众所周知的地道、天道之外，尤须注意群物之道，不可违逆之。此一重视群物之道的数据，其实在《大司乐》记录

① 《易·系辞传下》，见于魏·王弼、韩康伯注，唐·孔颖达等正义：《周易正义》，收入《十三经注疏（附清·阮元校勘记）》，艺文印书馆，1985年，第166页。

② 《礼记·中庸》，第895页。

③ 《礼记·中庸》，第879页。

④ 《礼记·孔子闲居》，第860页。

祭祀天神、地祇、人鬼各有不同之音乐时，亦已有相应之记载。其文云：

> 凡六乐者，一变而致羽物及川泽之示，再变而致蠃物及山林之示，三变而致鳞物及丘陵之示，四变而致毛物及坟衍之示，五变而致介物及土示，六变而致象物及天神。①

盖祭礼之举行，其旨乃在于自尽其敬，以期和谐人与天地万物之关系。由于内求自尽其心，遂透过最能深入人心、感动万物之音乐的演奏，而使祭祀者虔诚之心意与天地万物之神产生共鸣，达到请神降临接受祭享之初衷，以至祭祀固然不以祈福为主要目标，然而由于能秉持敬重天地万物之诚心，则所行皆能顺达天地万物之理，故而相应之福报亦随之而来。故而《中庸》即载有天地万物之道云：

> 天地之道，可壹言而尽也。其为物不贰，则其生物不测。天地之道，博也厚也，高也明也，悠也久也。今夫天，斯昭昭之多，及其无穷也，日月星辰系焉，万物覆焉。今夫地，一撮土之多，及其广大，载华岳而不重，振河海而不泄，万物载焉。今夫山，一拳石之多，及其广大，草木生之，禽兽居之，宝藏兴焉。今夫水，一勺之多，及其不测，鼋鼍、蛟龙、鱼鳖生焉，货财殖焉。②

基于天地极广大悠久之特性，因而可以覆盖、承载以及裁成万物，是故生于天地间之人，乃可以仰赖天地所蕴藏之货财宝物而顺利成长；故而人亦当遵行天地无不持载、无不覆帱之特性，顺应四时变化之原理，使

① 《周礼·大司乐》，第 341 页。

② 《礼记·中庸》，第 896—897，904 页，阮元《校勘记》，载“及其广大”之“大”，以惠冻校宋本以及宋监本、古本、足利本等等，“大”均作“厚”，而闽监毛本，则将“厚”误作“大”。

万物并育而不相害，以回报天地万物之德。因此圣人为政之道，即在于秉持天地至诚无息之大道，把握天气下降、地气上腾、草木萌发、动物繁殖之时机，善相丘陵阪险、原隰土地之各有所宜，以为五谷杂粮等不同作物之耕种繁殖，不妨碍鸟兽虫鱼之繁衍，且能多行教化以引导人民之心性与行为，使毋变天之道，毋绝地之理，毋妨群物之生，毋乱人之纪，[①]则天地大生、广生之德乃得以顺利执行。

同时，透过考古发现的原始社会之祭坛，已可说明在相当于夏之时期，天、地、人形成重要三角关系的雏型业已建立。[②]倘若再回顾上古时期曾经长期使用物候历之现象，则可以想见古人对于群物之观察是非常清楚而细微的。基于此对于外界环境由来已久之认知，因而有识者视天、地、人、物为群物之一种，各有其所属之存在原理，亦各有其所属之"道"，而成为最终始源之"道"的一项分支之说法，应是经久发展而逐渐确立的，此即《性自命出》"道者，群物之道"的言简意赅之概括。

然而在所有群物之中，天地由于具有无所不覆盖以及无所不承载之特殊地位，因而成为"群物"生存之本源，于是可以独立于群物之外；人则因为具有特殊的主体能动性，"群物"则仅为单纯之"物"而已，于是人也可从群物独立而出，因此简文即云"天生百物，人为贵"[③]，《礼运》也说人位居天地之德与天地之心，故为天地之间最贵者之道理。[④]原本同样归属于"群物"之一的天、地、人，因为各具特殊之属性，而分别从"群

---

① 其详参见《礼记·月令》，第288—289页。

② 其详参见冯时《中国古代的天文与人文》，中国社会科学出版社，2006，第二章第一、三、四节。冯时《中国天文考古学》，中国社会科学出版社，2007，第三章第二节以及第七章第二节。林素英：《〈周礼〉祭祀系统在思想史上的意义》，山东师范大学齐鲁文化研究中心，《齐鲁文化研究》总第8辑，2009年12月，第105—121页。

③ 荆门博物馆编《郭店楚墓竹简·语丛一》，第194页。

④《礼记·礼运》，第432页："人者，其天地之德，阴阳之交，鬼神之会，五行之秀气也。"第434页："人者，天地之心也，五行之端也，食味别声被色而生者也"。

物”之中独立出来，故而可与“群物”并称，以至天、地、人与群物之道，即可以合称为“道四术”。在此“四术”之中，由于“天道远，人道迩”[①]，天道者，实为尊而弗可及者；只有“人道”才可以透过教化之途径而给予适当之引导。其他，如地道虽相对于天道为近与亲，然而因地有九州，幅员广阔，且各有其自然状态，亦绝非人力所可主导而改变；至于其他天生群物，更是各有其则，在物性各有不同之情况下，也非人力所可主导而使其改变者。由于总括此道之“三术”，皆无法由人力主导而使其改变者，因而圣王只能彻底理解之运行轨道，而努力以政策配合遵循之，因此简文即明言“唯人道为可道也”，而不须多做申述。

四、结论

本文乃综合各家对于《性自命出》有关“道”之说法，就研究方法与其所涉及之问题一一加以讨论。经过以上论述，认为若就研究方法而言，各家皆能遵循一般研究之法则，虽然所说有异，却也不失各有所据；然而若从实质内容而言，则除却陈伟、李天虹之说法外，其余各说都多少存在一些无法解决之问题。陈伟从文献中找出天、地、人、物并列之文例，可谓已提出“道四术”之重要旁证，可惜缺乏实质论证，因而也只能是一说而已，终究是信者自信，疑者自疑。本文则从礼乐之本质，将有关“道”之问题，做有系统的实质论述，以为陈说做补证。至于李天虹之说法，则以《性自命出》之“道四术”与《王制》“乐正崇四术”之内涵不同，遂于集释之中并不采纳濮茅左、陈丽桂以及李零之说法，亦难辞

① 《左传》《昭公十八年》，见于晋·杜预注，唐·孔颖达等正义：《春秋左传正义》，收入《十三经注疏（附清·阮元校勘记）》，艺文印书馆，1985年，第841页。

有厚薄不等之不公现象。因为尽管濮氏等三人之说都各有困难之处，然而却也对更接近“道四术”之内涵做出一些贡献：濮氏能发现《王制》之重要参照资料，且将重点放在“礼”与“乐”而加以解说，陈氏能补充“礼”之重要性，李氏能看出“心”的重要性，都对于深入解读“人道”之内涵具有贡献。

当然濮氏等三人共同的缺失，则仅知“礼”与“乐”对于推行“人道”的价值，而不知其所以能成为“人道”思想的核心，乃在于其上通天道，下达地道，且周遍于人道与群物之道的形上特性。倘若能再从较具体的“人道”层面更向前推进一步，则“道四术”与“其三术者”之问题，亦可以清楚可辨。

总而言之，上述各家对于《性自命出》之“道”的相关问题进行研究，皆能依循一般之研究法则，先从寻找同篇内证下手外，其次，则旁及其他时代相近、性质接近之传世文献或出土资料以为参考。从研究方法上而言，都是合法而有效的；然而却得出不同的结论，可见在遵循一般之研究法则外，恐怕还有最重要的实质问题必须加以深究。凡所研究，都必须深入各种数据之实质内容加以分析，以免仅因为形式、数量之接近或相同，径自产生简单之模拟对应，而不问实际之困难。尤其传统中国之文化向来以礼乐为核心，当面临礼乐问题之纠葛时，若不能深入礼乐之形下与形上等不同层次以做完整之探讨，实难以窥其全豹，而得其整体观的。

竹帛《五行》关于德性和谐的思想研究

[美] 李晨阳*

学界对竹帛《五行》篇的研究已经取得了不少可喜的成果，但是人们对《五行》篇有关德性和谐的思想及其意义的研究似乎重视不足。本文试图从德性伦理哲学[①]的角度，在早期儒学的发展脉络中，对《五行》篇中的德性和谐的思想做一些探索，目的是深化我们对这方面有关问题的认识，也为《五行》篇研究中存在的一些难题提供一种解决途径。

一、德性和谐问题在哲学史中的重要性

我认为，《五行》篇中最值得重视的思想是其德性和谐的思想，以及围绕这个命题所展开的论述。《五行》曰："德之行五，和谓之德，四行

* 作者为南洋理工大学的哲学教授。

① 这里我用"德性伦理哲学"（moral philosophy of virtue）来广泛地指称讨论德性的哲学理论，以区别于一般讲的"德性伦理学"（virtue ethics）。因为后者作为专用名词有其特定的所指。我们通常不把柏拉图包括在德性伦理学的行列里，但是柏拉图无疑有他的关于德性的哲学。

和谓之善。善，人道也。德，天道也。”陈来对“德之行”和“行”的重要区别做过精辟分析。他认为，“德之行”指德性（virtue），而“行”指德行（moral conduct）[①]。从这样的理解看，“善”就是做好事的意思。人要做好事，就要照着仁义礼智这四种行为规范，和谐地做事。这是人之道。当一个人不但能做这一类的好事，而且能把这些道德行为内在化，再和谐地结合了“圣”的德性，他就是一个有德性的人，就体现了天之道。在解释这一段时，人们注意到“和”出现了两次，也都认识到在实现“善”与“德”时，各种德性或各种德行之间的和谐关系。在这一方面，一般处理是点到为止，很少对“和”进一步做深入的分析。

其实，对于讲德性的伦理哲学而言，各种德性之间的关系是一个不可回避的，而且非常重要的问题。在西方，人们很早就提出了所谓“德性的整全性 / 统一性”（the unity of virtues）的问题。伦理学家提倡人的各种德性，就不能不说明这些德性之间的关系。单一的德性能不能独立存在？还是必须跟有关的德性联系在一起存在？所以，德性之间的关系问题很早就被古代思想家提出，并加以讨论。在西方，最早注意到这个问题的人包括柏拉图和亚里士多德。在柏拉图看来，世界上存在着四种主要的德性，即所谓的“四主德”：智慧、勇气、节制与正义。按照柏拉图的解释，前三个德性与人的灵魂中的三个因素（或者方面）存在一一对应的关系。智慧相对于理智，勇气相对于精神（spiritedness），节制相对于欲望。正义虽然是最高的德性，但是它并不是任何单一的、与任何因素相对应的概念。它通过其他三个德性的正确的关系而体现出来。这种正确的关系是和谐关系。在《理想国》里，柏拉图强调说，作为人之德性的正义不是通过外在的行为实现的。正义是通过灵魂内部的和谐关系而实现的（443d）。他说，一个正义的人“使自己有秩序。他把自己灵魂

① 陈来，“竹简《五行》篇与子思思想研究。”http：//www.jianbo.org/admin3/2006/chenlai002.htm

的三种成分和谐化。就像把音阶中的高中低三个音符结合在一块儿一样，他灵魂中的三种成分合成一个整体，变成一种有节制的、和谐的整体”（443e）[①]。所以，在柏拉图那里，正义是一个关系概念。正义是各种德性之间的一种合适的关系。这种合适的关系并不是任意的、可以创造的，而是按照理性的先验原则实现的。永恒不变的理性为灵魂中三个成分的合适关系提供了唯一的正确的尺度或标准。柏拉图在这里用音乐来比喻这种关系是很恰当的。正像毕达哥拉斯所证明的那样，音乐的音阶以及各音阶之间的关系是既定的（given）、不变的。这种关系本身就是和谐的关系。一个好的音乐家的表演必须符合这种关系。我曾经把这种和谐的观念称作“符合式的和谐”概念[②]。在柏拉图的《高尔吉斯》（*Gorgias*）对话篇中，这种观念表现地更加明显。柏拉图说，一个好的灵魂必须实现“一种结构与秩序（a certain organization and order）（504b）”。从以上所述，我们可以为柏拉图总结出两点：其一，合乎道德的生活必须通过各种德性的和谐结合而实现；其二，这样的和谐必须以先验的理性为唯一尺度。在柏拉图那里，虽然和谐不直接是四主德之一，它却是实现最高主德的必然途径。在一定意义上，我们可以说正义即和谐。

在亚里士多德那里，和谐不是一个被刻意彰显的概念。但是，它却是我们理解亚里士多德伦理学的一个不可缺少的概念。亚里士多德的伦理学是一种德性伦理学。它强调有德性的理想生活（eudemonia）。这样一种生活必须是许许多多、各种各样的德性和客观条件的有机综合体。如何能使这些因素结合到一起是一个必须解答的问题。按照当代美国著名的亚里士多德学者理查德·克劳特（Richard Kraut）的解读，亚里士多德深受柏拉图关于和谐人生的理想的影响。他说：

---

① Plato’s *Republic*, trans. G.M.A. Grube. Indianapolis : Hackett Publishing Company. P. 107.

② Chenyang Li, “The Ideal of Harmony in Ancient Chinese and Greek Philosophy,” *Dao : A Journal of Comparative Philosophy*（VII.1）2008 : 81—98.

> 在这方面，柏拉图对亚里士多德的影响特别明显。《理想国》中的一个中心理念是一个好的人生是和谐的人生，其他的各种生活都在不同程度上从这种理想生活有所偏离①。

克劳特认为，亚里士多德也是把各种不理想的生活看作从和谐的理想生活的偏离。这包括强行节制的生活（continence）、不节制的生活（incontinence）以及恶（vice）的生活。它们都是由于“缺乏内在和谐（lack of internal harmony）”的结果。亚里士多德认为，不道德的人的内心是不和谐的（“at variance with themselves,” *Nicomachean Ethics*）（166b）。在他的眼里，不节制的生活和恶的生活当然不好，即使强行节制的生活也不可取。过强行节制的生活的人有着强烈的非理性的欲望。他们有很好的自制力，可以成功地控制自己的欲望，而避免做不道德的事情。但是这种生活不是和谐的生活。有德性的人则不同。由于具有好的修养，有德性的人没有强烈的非理性的欲望，可以过和谐的生活。打个比方，珠宝商店里有诱人的珠宝。第一个人看到了就偷或者抢。他根本就没有道德意识。他是一个恶人。第二个人有同样的欲望，但是知道不对，又控制不了自己，结果犯案。他是一个不节制的人。第三个人也有同样的欲望，但是知道不对，经过一番思想斗争，能成功地控制自己。他是一个能强行节制自己的人。第四个人平常有很好的修养，所以当看到商店里的珠宝时，内心平静而“不动心”，根本就没有想偷或者抢的念头。他是一个“有节制（temperance）的”、有德性的人。能强行节制自己的人与“有节制的人”都可以做同样的事情，但是他们有很大不同：能强行节制自己的人有着很强的、不好的欲望；有节制的人则没有这类的欲望（*Nicomachean Ethics*，1146a9-15）。在有节制的人那里，对可欲性的修养和判断能力跟他的节制的德性处于一种和谐的关系之中。

---

① 见 http：//plato.stanford.edu/entries/aristotle-ethics/。

跟柏拉图一样，亚里士多德也重视理性在道德生活中的作用。但是二人又有很大不同。在柏拉图那里，只要理性的驭手能制服欲望这匹奔腾的野马，就可以达到和谐的生活。亚里士多德则不认为用理性强行节制的生活是和谐的。他也不认为道德生活可以像算算术那样，靠一套简单明了的公式就能从原理中推导出来。他清楚地意识到人们希望找到正确的理性的标准，但是他自始至终没有明确地给出一个什么是确切的标准的答案（参见克劳特）。亚里士多德充分认识到道德生活的复杂性。他强调各种因素对实现理想生活的作用。在这方面，跟我们所讨论的和谐问题有直接关系的，其中两个主要方面特别值得重视：第一，亚里士多德强调现实生活不能用任何固定的框架去硬套，而需要“实用智慧”（practical wisdom）。实用智慧是一种通过经验和修养而得来的道德能力。它不仅包括识别是非的能力，还包括根据具体情况、审时度势的能力，思考、分析、预测（或评估）、应对的能力，以及实施计划的能力。也就是说，有实用智慧的人能够达到“运用之妙，存乎一心”。第二，亚里士多德提出了“中庸”的原则。所谓“中庸”就是既不过分又无不及。这并不是说要简单地在两极之间取一个平均值。因为其一，不同的人和事情会有不同的程度的两极，要根据实际情况才能确定。其二，有时候，貌似极端的举动可能是最好的举动。跟儒家的中庸观相似，就其本质和定义而言，亚里士多德的中庸是不“过”与不“不及”，就其善和优越的性质而言，它又是极端（Nicomachean Ethics，1107a6-8）。实用智慧和中庸的结合要求我们在诸多繁杂的、互相有张力的因素之间找到一个合适的综合点和平衡点。这种哲学体现到一个人的身上，就意味着寻求和谐的方式。在这种和谐的模式下，各种优秀素质或者德性能够集于一身，并行不悖。

二、从孔子“仁”为统摄性德性到“和”的发展

和谐无疑自始至终都是儒家传统的一个重要理念。但是在孔子那里，和谐虽有提及，它并非孔子所着力强调的理念（至少在《论语》里面如此；但是孔子强调了和谐理念中最重要的方面，即“和而不同”）。在《中庸》里，和谐则是一个中心理念[①]。这说明儒家在对和谐理念的重要性的认识有一个发展的过程。在这个过程中，我认为《五行》代表了重要的一个阶段。《五行》为这个重要的发展过程提供了一个关键的环节。

在《论语》里，各种德性的关系之问题已有凸显。一方面，孔子似乎认为不同的德性可能分离。他说，勇者不必有仁(《论语·宪问第十四》)。另一方面，他又试图找到各种德性之间的联系。《论语》里的中心理念是仁。孔子不止一次地用某种具体德性解释仁。比如他说，仁者爱人；又说，仁者不忧。同时我们也要看到，在《论语》中仁的概念里，已经存在各种理念的集合。在回答樊迟问仁时，孔子说，“居处恭，执事敬，与人忠。虽之夷狄，不可弃也”。“仁”里面包含了恭、敬、忠三种德性。子张问仁时，孔子说，能行五者于天下者为仁，即恭、宽、信、敏、惠五种德性。他说，“恭则不侮，宽则得众，信则人任焉，敏则有功，惠则足以使人”。这五种德性之间是一种什么样的关系呢？孔子没有讲。虽然孔子认识到并强调由仁所统率的各种德性在同一个人身上的集合之必要，他并没有触及这些德性之间的关系。这也许是因为由“仁”为纲，其他德性皆是从属的关系。从处理各种德性之间的关系看，孔子那里有以“仁”代“和”的迹象。所以，在强调“仁”的核心意义的同时，就没有必要专门强调“和”的主导作用。首先，在“仁”的概念下

① 有兴趣的读者可参见 Chenyang Li, “Zhongyong as Grand Harmony-An Alternative Reading to Ames and Hall’s Focusing the Familiar,” *Dao*：*Journal of Comparative Philosophy*（3.2）2004：173—188.

面，其他诸德性得以集中而“合”。其次，在孔子眼里，这些德性无疑是并行不悖的，也可以说是配合得当，即“和谐”的。

但是，以“仁”代“和”有其局限性。第一，在孔子那里，“仁”并不是一个绝对超越“礼”的概念。所以，二者关系的问题总是存在。到了孟子那里，“仁”则变成几乎是与“义”“礼”“智”平行的概念。“仁”更加无法发挥其既作为四德之一又和谐统摄与其他三德之间关系的作用。第二，“仁”的概念自身需要和谐来规范与表述。比如，孔子也说到，“唯仁者能好人，能恶人”。仁者应该好恶分明，即通过好善与恶恶得其公正（见朱子集注）。这与基督教里宣扬的有“爱”而“无恨”非常不同。作为两种情感，“好”与“恶”之间一定存在紧张关系。因为所适用的对象不同，两者可以和谐并行。进一步说，在孔子那里，德性的紧张关系表现突出的是“仁”与“礼”的关系。仁与礼同属孔子的（核心）理念。但他对两者的关系有不同的表述，以至孔子后学在这个问题上有不同解读。最明显的是孟荀之间的分歧。孟子哲学以仁为中心，以礼辅之[①]。荀子哲学则重视礼，讲仁较少。这种分歧源于《论语》的论述。孔子一方面说，“克己复礼为仁”；另一方面又说，“人而不仁如礼何？”这就不免让人疑惑。如果照着礼去做就可以到达到仁的话，又怎么可能会有“礼而不仁”的情况呢？这个问题困扰学界已久[②]。其实，杜维明先生在四十多年前已经对这个问题做出了经典的解释。他认为，在孔子那里，“仁”与“礼”之间存在着一种“创造性地紧张关系”。这种关系实际上是一种“互相依存的”关系。我们应该在动态的情势下把握两者之间的“平衡”，或曰和谐。按照我的理解，这就意味着“仁”与“礼”之间的关系（至少首先）

---

① 这并不一定说在思孟学派里完全如此。比如，《中庸》讨论“礼”比“仁”更多，值得进一步研究。

② 有关这方面的讨论，可参见 Kwong-loi Shun（信广来），“Ren and Li in the Analects,” in Bryan W. Van Norden，ed. *Confucius and the Analects*：*New Essays*. New York：Oxford University Press，2002. Chenyang Li，“Li as cultural grammar：on the relation between li and ren in Confucius’Analects.” *Philosophy East & West.* 2007.7.

不是孰先孰后的关系，而是一种互为因果、互相彰显、互相诠释的关系。杜维明说，孔子用音乐的形象来表达二者之间的“完美的和谐”[①]。也就是说，虽然孔子没有明确说“仁”与“礼”之间是和谐的关系，通过对这些概念的分析和联想，我们可以得出二者之间和谐关系的结论。

如果上面的理解能够成立的话，那么，在孔子那里，各种德性之间的和谐关系虽然没有得到明确的表述，但也已经是呼之欲出的观念了[②]。至少，孔子学说的继承人已经不能不直接面对各种德性之间的关系问题。从这个角度看，对于《五行》明确提出各种德性之间的和谐关系，从而试图解决德性的整全性问题，这也就顺理成章、水到渠成了。

竹帛《五行》中“和”字出现多次，尤其是帛书《说》部，“和”字跟与“和”有直接联系的讨论频繁出现。这说明《五行》作者要突出“和”的理念。我们可以从《五行》作者频繁讲“乐”来证明这一点。所谓“五行”乃指“仁”“义”“礼”“智”“圣”。这本身并不包括“乐”。但是“乐”字却一再出现。这是什么原因呢？我认为，这是由于“乐”与“和”关系密切，“乐”是“和”的象征。《五行》作者以“乐”释“和”，以“乐”弘“和”，必然要频繁谈“乐”。值得注意的是，无论在中国还是西方，“乐”是与“和”关系最为密切的概念。在中国，就有古人晏子以乐释和（说文：和，相应也；和，调也）。在古希腊，“和”（Ἁρμονία）也是以音乐为模型来定义的[③]。这说明，在很大程度上，“乐”“和”同根。《礼记·乐记》有“乐由天作，礼以地制”之说。似乎把“乐”置于高于

---

① Tu Weiming, “Creative Tension between *Jen* and *Li*,” in *Philosophy East And West*, April, 1968.

② 安靖如提出，儒家里面没有一个最高的理念，所有的是各种理念的和谐。见 Stephen Angles, “No Supreme Principle：Confucianism's Harmonization of Multiple Values,” *Dao：A Journal of Comparative Philosophy*（7.1）2008：35—40.

③ 有兴趣的读者可参见 Chenyang Li, “The Ideal of Harmony in Ancient Chinese and Greek Philosophy,” *Dao：A Journal of Comparative Philosophy*（7.1）2008：81—98.

“礼”的位置。鉴于“乐”跟“和”的关系，可以说《乐记》的说法跟《五行》中的“五行→和→德→天道”之说一脉相承。

竹帛《五行》以“乐”释“和”，以“乐”弘“和”，主要表现在四个方面。其一，直接以乐释德。曰：“金声，而玉振之，有德者也。”“金声，善也；玉音，圣也。善，人道也；德，天道也。唯有德者，然后能金声而玉振之。”“大成也者，金声玉振之也。唯金声而玉振之者，然后己仁而以人仁，己义而以人义。”在这些讨论中，作者直接将德与音相比附，以说明“和者，有犹五声之和”的道理。在《五行》中，德通过“和”而实现。

其二，在谈到“五行之和”时，作者说“和则乐，乐则有德，有德则邦家举”。“和”“乐”“德”三者紧密相连。刘钊先生把这里的“乐”解释成“快乐”。他说：“和就会快乐，快乐就有德，有德邦家就会振兴。”[①] 从现代语法的角度，这种解读无可厚非。但是说快乐就会有德似乎有问题，至少说得不充分。魏启鹏先生没有直接注释竹简《五行》中“和则乐，乐则有德”一句。但是他对上文的“不安不乐，不乐亡德”一句的解释是“乐，指礼乐之乐”，并且以《左传·襄公十一年》中“乐以安德”相佐证[②]。“乐则有德”无疑是跟“不乐亡德”相对而言的。如果后者的“乐”指礼乐之乐，我们有理由说“和则乐，乐则有德”一句中的“乐”也是礼乐之乐。(“圣，智礼乐之所由生也，五行之所和也。和则乐，乐则有德，有德则邦家兴。”寻上下文，后面的“和则乐”的“乐”与前面的“礼乐”很密切的联系。) 如此而言，“和则乐，乐则有德”应该读作“和则乐（yuè）之，乐之则有德”。按照《乐记》的解释，“乐”跟“音”之不同，在于“乐者，通伦理者也”，所以“唯君子为能知乐”。又说，“比音而乐之”，“治世之音安以乐”。当然，音乐之“乐”跟快乐

① 刘钊《郭店楚简校释》，福建人民出版社，2003 年，第 81 页。

② 魏启鹏《简帛文献〈五行〉笺证》，中华书局，2005 年，第 19 页。同时，魏启鹏对帛书《五行》的《说》部的“乐 而后有德”以及“乐者和”也均读作礼乐之乐。可作参考。第 93、121 页。

之“乐”也是不可分离的。也就是《乐记》说的“乐者乐也”。后面一个“乐”字指快乐，但是与音乐紧密相连，指那种通过音乐到达和谐而表现出来的其乐融融的效果。如此理解，“和则乐，乐则有德”中的“乐”主要起到强调“和”的本意、从而突出“和”之重要性的效果。

其三，竹帛《五行》的作者直接把“乐”加入、并列到对“四行”与“五行”的讨论之中。曰“圣，知（智）礼乐之所由生”。“智”与“礼”本在四行五德之中。用二者释“圣”乃理所当然。作者特地把本不属于四行五德的“乐”加进来，说明在作者心中“乐”之特殊地位。这也间接说明作者凸显“和”的用意。

其四，竹帛《五行》的《经》跟帛书《五行》的《说》皆以“乐”“德”结束。这也很说明问题。竹简《五行》结尾曰，“闻道而乐者，好德者也”；帛书《五行》的《经》结尾曰，“闻而乐，有德者也”；帛书《五行》的《说》结尾曰，“闻道而乐，有德者也。道也者，天道也，言好德者之闻君子道而以夫五也为一也，故能乐。乐也者和，和者德也”[1]。鉴于“乐”跟“和”的紧密关系，三处结尾都以“乐”收尾，也说明《五行》强调各种德性之间的和谐关系的深刻用意。这说明，各种德性之“和”是《五行》作者自始至终关注的中心问题。

竹帛《五行》明确提出各种德性之“和”的问题，并明确地把各种德性之间的和谐看作达到“人道”与“天道”的最高道德成就。也可以说，和即天道（《乐记》“大乐与天地同和”，正与此相应）。这是有针对性地解答了孔子思想中呈现出来的问题，乃为孔子思想的重大发展。此后，和谐的思想在《中庸》里得到了进一步的发挥和定位。从而明确地把和谐定义为“天下之达道”，确定为儒家最高的理想[2]。

---

① 按照魏启鹏的解读，此处“乐”读作“快乐”之乐。见魏启鹏，第 121 页。

② 关于这方面的讨论，有兴趣的朋友可以看 Chenyang Li，“Zhongyong as Grand Harmony-An Alternative Reading to Ames and Hall’s Focusing the Familiar,” *Dao：Journal of Comparative Philosophy*（3.2）2004：173—188.

三、以“和”为主线解决《五行》中的若干问题

和谐的思维模式是中国古代思想家的主要思维模式。通过对中西比较哲学研究，郝大卫与安乐哲认为中西思维模式的不同在于，西方思想的基本模式是理性的、逻辑的（rational and logical），而中国的思维模式主要是“美学的”（aesthetic）[①]。前者是线性的、抽象的，后者则是整全性的、具体的。美国社会心理学家理查德·尼斯柏特在研究中也指出了类似的差别[②]。这当然不是指西方人的人种差别，而是文化差别。尽管学界对这些学者的研究有不同看法，对它们的可信度和适用性存在疑问，但是我觉得他们的研究至少反映了中国传统思想的一个重要特色，即“阴与阳”的思维模式的特色[③]。按照这种模式，不同的事物或者力量之间存在着一种互补、互利又互相制衡的关系。从认识论的角度看，不同事物之间存在互相诠释、互相说明的关系。在“阴与阳”的模式里，问题不是哪个好、哪个坏，而是它们之间能不能保持平衡。这跟西方通行的“好”（good）与“坏”（evil）绝对相对立的模式有着根本的区别。把这种“阴与阳”的思维模式推广应用到世间众多事物之中去，就是我这里说的“和谐”的思维模式。和谐是整全性的。跟逻辑的线状性相比，它更像是网状的。线状性的、逻辑的思维一个主要特点，是其基础性的（foundationalist）、循序渐进式的方式。在整全性的、网状的结构中，各个部分互利而互制。从认识论方面说，各个部分互相彰显而又互相诠释。把这种认识方式用到对各种德性的梳理认识中，就会更注重各种德性之

---

① David Hall and Roger Ames，*Thinking Through Confucius.* State University New Pork Press，1987.131—138 页。

② Richard Nisbett，*The Geography of the Thought.* Free Press，2003.

③ 对阴阳思想的系统探讨，读者可见 Wang，Robin R.，*Yinyang*：*The Way of Heaven and Earth in Chinese Thought and Culture.* New York：Cambridge University Press，2012.

间的互相彰显而又互相诠释的功能，而不那么强调它们之间可能具有的基础性的关系。

理解了德性之和谐的意义之后，我们就可以更好地理解《五行》中的一些似乎难解的问题。许多学者（如陈来和李存山等）已经指出了帛书《五行》与竹简《五行》的不一致的地方[①]。当然，造成这些不一致的原因可能有多种。原作者意见不同，或者抄写错误，都有可能。但是，我们能不能找到一种更好的解释办法呢？比如，帛书《五行》曰：

> 见而知之，智也。知（智）而（安）之，仁也。安而行之，义也。行而敬之，礼。仁义，礼智之所由生也。

按照字面的顺序，见而知之方有智；知而安之方有仁；安而行之方有义；行而敬之方有礼。也就是说，仁以智为前提，义以仁为前提，礼以义为前提。所谓仁以智为前提即"不智不仁"。《说》部解释道，"不知所爱则何爱？言仁之乘知而行之"。如此，为什么又会接下来曰"仁义，礼智之所由生也"？我认为，一个可行的解释可以在和谐的思维模式里找到答案。从"和"的角度看问题，我们不应该对以上各德性之间的关系做简单的线性的、孰先孰后的理解，而是各种德性互为因果、互相制约，又互相促进、彰显。从一方面看，A 以 B 为前提，为支点；从另一个角度看，则是 B 以 A 为前提，为支点。对"仁义，礼智之所由生也"帛书《说》部解释如下：

> 言礼智生于仁义也。四行之所和。言和仁义也。和则同。和者，有犹五声之和也。同者□约也，与心若一也。言舍夫四也，而四者同于

---

① 李存山《"郭店竹简与思孟学派"复议》，《儒家文化研究》第一辑，生活·读书·新知三联书店，第 56—71 页。

善心也。同，善之至也。

也就是说，我们应该从“四行之所和”的角度理解“礼智生于仁义”。“所生”的意思在这里最多是“助生”，而非“派生”。在“助生”的意义上看，这里有“和”仁义的意思。所谓“和”犹如五声之和。五声之音有其顺序。五声之“和”则没有在优先性或者滞后性意义上的顺序。从“和”的角度看，各种德性同属一个联系体，即“和则同”，即“与心若一”。所以，“礼智生于仁义”并不是说先有了仁义，再从二者生出了礼智，而是说礼智“和”（作动词）仁义，“言舍夫四也[①]，而四者同于善心也。同，善之至也”。

在这种意义上理解，帛书《五行》所言“礼智生于仁义”跟所言“礼乐之生于仁义”并不矛盾。帛书《五行》所言“仁义，礼智之所由生也”跟竹简《五行》所言“圣，知礼乐之所由生也”（或“圣知，礼乐之所由生也”），以及“仁，义礼所由生也”（或“仁义，礼所由生也”）也不矛盾。按照和谐的思维方式看，通过“助生”的方式，不同事物可以“互生”。

又如，竹简《五行》中有“和则乐，乐则有德”。帛书《五行》的《经》曰：“□□□□□□□□□□□□□□□则乐，乐则有德”。这里“则乐”与前面的“安而敬之，礼也”之间脱落十五字。而这恰恰跟竹简《五行》此处的“圣，知，礼乐之所由生也，五行之和也。和”十五字吻合。所以，我们有理由认为帛书《五行》的《经》部也是说“和则乐，乐则有德”。如此，则跟《说》部结尾所言“乐也者和，和者德也”不一致。但是，如果我们按照本文所推崇的和谐的思维方式，此处的矛盾就会迎刃而解。因为“和”与“乐”之间不是单一的线性逻辑的关系，而是互释互彰显的关系。所以，我们可以毫无疑问地说，和则乐，乐则和。

又如，竹简《五行》中的“不仁不智”一般读作“不仁又不智”。二

---

① 《说文》：市居曰舍。此宜作安置解。

者为并列关系。魏启鹏先生疑此句“当属紧缩复句，言人若不仁则不智也”[①]，把二者做因果关系处理。若此，则与文中下面的“不智不仁”相反。一般看来，根据上下文，“不仁不智”读作“不仁又不智”比起“不仁则不智”更顺当一些。但是，即使按照魏先生的读法，从和谐的、本文互释的角度来看，这两句也不矛盾。“仁”与“智”之间不是单一线性的从属关系，而是互为推动、互相彰显的关系。

如果我们了解了以和谐的关系来理解各种德性之间的关系，把这种思维方式推广出去，我们也可以解答一些与其他概念的关系相联系的问题。比如，学界对竹简《五行》经6“三思三形”的论述也有不同解释。经6曰：

> 仁之思也清，清则识，识则安，安则温，温则悦，悦则戚，戚则亲，亲则爱，爱则玉色，玉色则形，形则仁。智之思也长，长则得，得则不忘，不忘则明，明则见贤人，见贤人则玉色，玉色则形，形则智。圣之思也轻，轻则形，形则不忘，不忘则聪，聪则闻君子道，闻君子道则玉音，玉音则形，形则圣。

这里，每一段分别以“仁”、“智”及“圣”开始，又以这三个字结束。那么，在每一段里，开头的概念跟结尾的概念是什么关系呢？庞朴先生把“仁之思”解释成“求仁之思。”他说，“所谓“仁之思”，说的是求仁之思，是使天道仁成形于内之思；智之思、圣之思亦然”[②]。庞先生这样的解释似乎跟上文的“不仁，思不能清”相矛盾。首先，如果“仁之思”是指求仁之思，那么，与其相对应的“不仁，思不能清”应该指“不求仁之思（不能清）”。而“不求仁之思（不能清）”很费解。庞先生解释说：

---

① 魏启鹏：《简帛文献〈五行〉笺证》，中华书局，2005年，第9页。
② 庞朴：《五行》补注。http：//www.china-review.com/sao.asp?id=4218

所谓的“不仁，思不能清”，其直叙式的句子无非是：必先有求仁之忧（或求仁之志），然后始能有求仁之清思（即求仁之智）。

这种解释说服力不大。只是把问题变了一个形式，并没有解决问题。其次，至少从字面上看，把“仁之思”与“不仁之思”读为“仁人之思”与“不仁（的）人之思”似乎更顺当一些[①]。

跟庞先生相比，陈来和梁涛的读法似乎更接近原文。他们二人都把“仁之思”里的“仁”读为德性之仁，从而把“仁之思”读作有仁之德性的人之思，而非“求仁之思”。而且，他们都把经6读作描述一个“仁”由内向外“形”化的过程。他们的不同之处，是关于前面的“仁”从何而来。梁涛认为：

这里所表达的乃是仁自我扩充、发展、实现的具体过程。其中，“仁之思”与“形则仁”中的仁虽然都是仁，但具体内容是显然不同的，前者是仁潜存的、“形于内”的状态，后者是仁已实现，“形”也即彰显于外的状态，而在这一过程中，仁的内容无疑得到充实和丰富。……。因此，仁、圣、智实际就是由潜存状态到实现状态的发展过程，而且只有在它们实现、完成的意义上，才能真正算是有“德”，否则便是“无德”。[②]

① 在《竹帛〈五行〉篇校注及研究》（台北万卷楼图书有限公司，2000年）一书中，庞朴先生对所谓“三思三形”做了进一步的讨论。他说，“这一套办法和过程，看起来似不清醒，且不无神秘之处。其实真正‘神秘’还不在此，而在如何去做到这里提出的第一步，即如何使得思精、思长和思轻”（该书第161页）。庞先生把这一段与另一段相比较。他引用〈经5〉：“不仁，思不能精；不智，思不能长。不圣，思不能轻。”然后他分析说，“一处说思精则仁，一处说仁则思清；圣智亦然。这种循环论证的做法，不仅是逻辑上的悖论，也使人陷入神秘的气氛。只是这个悖论，唯有从思辨理性看来才是存在的；对于已是建立行为特色、习惯于天人合一知行合一的古代中国学者来说，这种互为因果、不可穷诘的关系，正如天在人心、人为天心一样，是本来如此，十分自然的”（同上，161—162页）。庞先生进一步解释说，“思精则仁，是从人之得道方面说的；仁则思清，是从道之成德方面说的；这是同一的两个过程。既然同一，自然是互为前提的。于是，这个似乎神秘的倒成了真正辩证的，这是我们不应忽视之处”（同上，162页）。我这里表达的想法，与庞先生这些想法有一致之处。

② 梁涛《郭店竹简与思孟学派》，中国人民大学出版社，2008年第196页。

按照我对这一段话的理解，前面的“仁”（以及“圣”和“智”，下同）只是生于人心之中的潜在之“端”，后面的“仁”则是实现出来的真正的“德”。从这个角度出发，梁涛说，《五行》里的这一思想影响到了后来的孟子。

梁涛的解读把《五行》与孟子联系起来读，有助于我们从历史的发展线索来理解《五行》。但是，梁涛把前一个“仁”解读成孟子式的潜存之“端”，似乎跟《五行》一开始就讲的“形于内”不相符。作为潜存之“端”的仁是“无德”的“仁”。处在潜存阶段的这种“仁”应该既不是成“形”的，也不是没有“形”。但是，《五行》明确讲“形于内”。这样的“仁”似乎更像是“形于内”的“德性”，即“形入内”的“德”。

在陈来看来，仁形于内，是指“仁”内化为德性。他说：

> 竹简《五行》所强调的是，人不仅要在行为上符合仁义礼智圣，更要使仁义礼智圣成为自己的内在的德性，这样的人才是真正的君子。所以，竹简《五行》的开篇主题是对于“德”的内在性的强调，其注意力主要不在道德行为，而在道德德性。行为是外在的，德性是内在的，只有具有了内在的德性，道德行为才有稳定的基础和保障。所以，德一定要和内心有关，否则只是行为而已……。由此可见，所谓“五行”，在直接意义上就是指仁、义、礼、智、圣五种德行。德行的内在化是《五行》篇的主题①。

“德行的内在化”是说在履行道德行为的基础上，表明的行为转化为内在的德性。只有在具有了内在的德性之后，人才是君子，即道德之人。

陈来认为，从“仁之思也精”到“形则仁”，这是一个内在德性外发的过程。在这个意义上，陈来的理解与梁涛相似。所不同的是，在陈来

① 陈来：《竹简〈五行〉篇与子思思想研究》。http：//www.jianbo.org/admin3/2006/chenlai002.htm

看来，“仁之思”的“仁”已经不是潜存的“无德”的“仁”，而是通过道德教化而成就出来的“德性”。陈来的解读似乎更加符合《五行》篇的本文。但是，陈来并没有明确解释是什么是“思”。他说，“仁、智、圣各自代表一种思的类型或属性，这里的思并不是单纯的思考，而包括内心的种种活动状态和活动趋势”（同上）。这里所谓的“内心的种种活动状态和活动趋势”无疑是指人的内心的种种活动状态和趋势。如此而言，所谓“仁之思”应该是指“仁者之思”，“不仁之思”应该是指“不仁者之思”才对。“仁”本身不能“思”。具有“仁”之德性的人则可以“思”。同样的理解也适用于“智之思”与“圣之思”。

按照这样的理解，“仁之思”既不是“求仁之思”，也不是作为潜存之“端”的仁之思，甚至也不是作为德性的“仁”所“思”，而是具有“仁”之德性的君子所“思”。“三思三形”的上下文讲“君子”和“贤人”，正可为佐证。

如果把“仁之思”理解为“仁者之思”，该如何理解“形则仁”呢？难道“仁者”本身就没有“形”吗？如果已经有“形”了，为什么还要经过一系列的过程来实现“仁之形”呢？其实，这是一个从单一的线性逻辑的角度看才有的问题。从和谐的思维方式看，则根本不成问题。在和谐的认知模式里，不同的、彼此联系的因素可以互为因果、互相诠释。比如，好人做好事。如果问：是因为他是好人，所以才总做好事，还是他总做好事才成为好人？我们可以说，他是好人，所以总做好事。也可以说，他总做好事，所以是好人。同样道理，仁之德“形于外”则仁，同时也可以说，仁之行“形于内”则仁。一方面，仁者则爱人。另一方面，克己复礼则为仁。从和谐的思维方式来看，两者都说得通[①]。

---

① 何繁在本文的修改过程中提供了很好的意见。作者在此致谢。

郭店竹简《六德》《五行》关于仁义之际的一组词汇

黄冠云*

在1993年出土于湖北荆门的郭店墓、时代大约是公元前4世纪末的《六德》写本中，有一个大约一百六十字长的段落，其内容和形式都跟同出一墓的《五行》关系十分密切。①这个段落有多字不能确识，在理解上还存有许多问题。对于通读郭店竹简并且将之置回古代思想史的脉络的工作而言，无疑是一大障碍。本文拟针对此段文字，提出一全面的讨论，首先在内容方面，指出此段文字属于《六德》简26—33一个起讫明确的完整段落，涉及“仁”“义”两种行为准则之间的可能冲突；接着在形式

---

* 作者为香港城市大学中文、历史学系助理教授。

本文的初稿写于2007年，历年来在台北、香港、芝加哥、上海、新竹的多个学术场合上做过口头报告，经过三次幅度较大的改动，最后发表于《中国文化研究所学报》第59辑（2014年），第53—86页。此次再版，作者在个别处调整了论述的顺序，增加了相关的文献证据，并做了有限程度的文字修饰。

① 郭店竹简的照片和释文皆见于荆门市博物馆：《郭店楚墓竹简》（北京：文物出版社，1998年）。关于《六德》一段文字的研究情形，近来李家浩有详细的介绍和评论，并且包括作者自己的许多重要意见，请参看李家浩：《关于郭店竹书〈六德〉“仁类蔑而速”一段文字的释读》，载中国文化遗产研究院（编）：《出土文献研究》第10辑，中华书局，2011年，第42—55页。

方面，指出此段文字最关键的“酞之为言也，猷（犹）酞＝（酞酞）”一语，实际上是一种形式特殊的声训，具体的表现是在词义上联系一对音近的单音词和重迭词。以上两点在过去的研究中都已获得揭示，但进一步的申述有助于确定《六德》一段文字的主题与性质。在此基础上，本文将提出对《六德》一段话的新说，最主要是将“酞酞”释作见于《诗经·大雅·抑》的“荏染”，附带也将两个疑难字“蒯”、“弁”分别读作“桡”“廉”。借着讨论这些问题，本文希望为《六德》一段文字的内涵带来新的认识，在郭店竹简各篇之间建立新的联系，并且为深入探讨郭店竹简与年代更早的经典文献，提供新的线索。为了推进学术研究，文章在最后写出《六德》一段文字的释文，以就正于学者专家。

一、《六德》简“26—33”的段落

作为本文讨论中心的《六德》一段文字，始于简 26，终于简 33，因为首尾均有明确的标示符号而自成一个单位。这段文字虽有几个意义不甚明确的疑难字词（下文将着重讨论），但从大致的内容上看，它的主旨是对“仁”“义”做出区分，所谓“㤙（仁）内也，冡（义）外也”，仁指的是基于宗法的人伦感情，以父子之间的关系以及在家族中占有主导地位的夫作为代表；而“义”指的是无关宗法的公共准则，以君臣之间的关系以及在家族中扮演附属角色的妇作为代表。两者之间有一些共通之处，所以我为父亲、为国君可以穿戴同样的丧礼服饰，为家族兄弟、为妻子也一样，为宗族、为朋友亦然。然而一旦两者之间出现冲突，比如我的父亲和国君同时举办丧礼，我就应该以父、昆弟、宗族为优先，此即“为父𢇍（绝）君，不为君𢇍（绝）父；为昆弟𢇍（绝）妻，不为妻𢇍（绝）昆弟；为宗族疞（杀）弸（朋）晉（友），不为弸（朋）晉（友）

爪（杀）宗族”。此处“绝”“杀”都是跟礼仪制度有关的术语，意指丧服的穿戴因为不同的情况而终止或削减的行为，在《仪礼》《礼记》等书中多见。[①] 然而它们在《六德》一段文字中显然也具有比喻性质的用法。以此段文字亦有的“斩”字为例，“綻（疏）斩”之“斩”即不缝衣旁与下边之丧服，作为动词有“服斩衰”的意思（比如《礼记·丧服小记》“庶子不为长子斩，不继祖与祢故也”），然而《礼记·杂记下》引述县子云：“三年之丧如斩，期之丧如剡。”按照郑玄注，却是“言其痛之恻怛有浅深也”[②]，亦即心如刀割的意思。类似的比喻用法也见于《六德》下文的“门内之纟台（治）纫（恩）弇冡（义），门外之纟台（治）冡（义）斩纫（恩）”。综合起来，“绝”“杀”“斩”等词既有丧服制度的专门意思，又有人际关系的比喻含义，它们要表达的无非就是《六德》一段文字所说的“人又（有）六悳（德），厽（三）新（亲）不剆（断）”，亦即基于宗法的仁要比无关宗法的义来得更加重要。

如同过去许多学者已指出的，《六德》一段文字对仁、义所做的区分，还见于《礼记·丧服四制》以及对应的《大戴礼记·本命》等处。[③]

① 关于此处读“杀”的“爪”字，近来郭永秉对古文字中的用例有全面的考察，主张应释作“丽”，而《六德》一例则可读“离”，见郭永秉《补说“丽”、“瑟”的会通——从〈君人者何必安哉〉的“琓”字说起》，《中国文字》新第38期（2012年），第73—90页。不过，如同郭永秉在文中指出的，“离”“杀”的声音并非无涉，两者在我看来都是“爪”字释读的可能。下文即将提到，“杀”和“绝”、“斩”等词语一样，同时具有丧服制度和人际关系两方面的含义，相较于“离”更符合《六德》的上下文。仔细玩味《六德》的遣词用字，我为父亲断“绝”国君，为兄弟断“绝”妻子，因为我对国君、妻子都有一定的义务和责任，如不得已只有截然断绝之。相较之下，我与朋友之间并没有必然的联系，如果需要为了宗族而舍弃朋友，我与朋友的关系只会逐渐削弱。郭店《五行》简33“悉（爱）父，丌（其）杀悉（爱）人，急（仁）也”，说的也是我对父亲与对待他人的不同：对于他人，我的感情只会出于相识的程度或其他原因而逐渐淡化。相较之下，“杀”比“离”更能表现出这些不同关系之间的微妙差异。

② 两段《礼记》文字分别见《礼记正义》，李学勤（主编）《十三经注疏》，北京大学出版社，2000年繁体字本，第1405—1409、1124页。

③ 《礼记正义》，第1951—1958页；黄怀信《大戴礼记汇校集注》西安：三秦出版社，2005年，第1363—1392页。

它也跟《礼记·檀弓》以下的文字有关："事亲有隐而无犯，左右就养无方，服勤至死，致丧三年；事君有犯而无隐，左右就养有方，服勤至死，方丧三年。"[①]按照《檀弓》的论述，子女奉养父母时，应在必要时隐匿其过失，与此相对的是"事君有犯而无隐"，意即臣属服侍君主，即使有所冒犯也应直言不讳。此处所谓"隐""犯"的含义都可以和《六德》"门内之治恩弇义，门外之治义斩恩"的"弇""斩"互相发明。至于"左右就养无方"，郑玄注"左右，谓扶持之；方，犹常也；子则然，无常人"，意即子女奉养父母应竭其所能，亦可和《六德》简26—33一段话最后的"舍（舍）其志，求羕（养）新（亲）志（之志），害亡（无）不㠯也，是㠯（以）敀也"互相参照。所谓"害亡（无）不㠯也"，过去已有学者指出"害"可读"盖"，而"㠯"即"以"，"无不以"即"无所不用"，并引用《吕氏春秋·求人》加以佐证："先王之索贤人，无不以也，极卑极贱，极远极劳。"[②]对此可以补充《吕氏春秋·本味》的以下文例："故贤主之求有道之士，无不以也；有道之士求贤主，无不行也；相得然后乐。不谋而亲，不约而信，相为殚智竭力，犯危行苦，志欢乐之，此功名所以大成也。"[③]又如《文子·自然》："官无隐事，国无遗利，所以衣寒食饥，养老弱，息劳倦，无不以也。"[④]几处的"无不以"或"无不以"都有"尽其所能"之意，从《文子·自然》一例看来最为清楚。《六德》的"害（盖）亡（无）不㠯（以）也"也应作如是解。至于《吕氏春秋·本味》和《求人》的两段话，"无不以"分别和"求""索"等动词相应，相对于《六德》先说"求养亲之志"，再说"盖无不以也"，用法可谓相当一致。

---

① 《礼记正义》，第196—198页。同一段话还说："事师无犯无隐，左右就养无方，服勤至死，心丧三年。"

② 陈奇猷《吕氏春秋新校释》，上海古籍出版社，2002年，第1523—1524页。相关讨论见陈伟：《郭店竹书别释》，武汉：湖北教育出版社，2002年，第129页。

③ 陈奇猷《吕氏春秋新校释》，第744页。

④ 王利器《文子疏义》，中华书局，2000年，第371—372页。

除了《礼记·檀弓》，我们也可以取《六德》一段文字和现存文献中的一些传闻轶事互相比较，借此阐述此段文字所涉及的仁、义之冲突。首先可以提到的是《论语·子路》第十八章："叶公语孔子曰：'吾党有直躬者，其父攘羊而子证之。'孔子曰：'吾党之直者异于是。父为子隐，子为父隐，直在其中矣。'"[①] 此事在文献中多有讨论，部分细节虽不尽相同，但始终围绕着名叫"直躬"的人如何取舍于私爱与公义之间的问题，与《六德》《礼记·檀弓》都有一些相通之处。[②] 其中特别值得注意的是《吕氏春秋·当务》的相关记载："楚有直躬者，其父窃羊而谒之上，上执而将诛之。直躬者请代之。将诛矣，告吏曰：'父窃羊而谒之，不亦信乎？父诛而代之，不亦孝乎？信且孝而诛之，国将有不诛者乎？'荆王闻之，乃不诛也。孔子闻之曰：'异哉！直躬之为信也，一父而载取名焉。'故直躬之信，不若无信。"[③] 这段记载复述了直躬之事，但多了直躬请求代父受罚的情节。跟《子路》第十八章一样，它也记录了孔子对此事的评论，也有一些不以为然的意思。这些评论背后的原因十分耐人寻味。

仔细考虑《吕氏春秋·当务》一段话，孔子对直躬的行为表示怀疑，主要的原因并不是直躬愿意代父受罚。事实上，直躬为了保护父亲，情愿代为承担责任，这无疑是奉养父母的一种极致表现，和《六德》"盖无不以也"的意思并不矛盾。相反，孔子说"直躬之为信也，一父而载取名焉"，意思是直躬为了坚守自己的诚信，首先举报父亲，后来又因为自愿受罚而声名大噪，考虑最多的始终是自己而不是父亲，也因此获得不该有的利益。如此的行为，无论对于孔子或者《当务》的作者来说，都

① 程树德《论语集释》，中华书局，1990年，第922—926页。

② 包括《韩非子·五蠹》，见陈奇猷《韩非子新校注》，上海古籍出版社，1986年，第1104—1108页；《庄子·盗跖》，见王叔岷：《庄子校诠》，"中央研究院"历史语言研究所，1988年，第1199页；《淮南子·泛论》，见何宁《淮南子集释》，中华书局，1998年，第952页；《文子·道德》，见王利器《文子疏义》，中华书局，2000年，第244页。

③ 陈奇猷《吕氏春秋新校释》，第603页。

是不可取的。[①]《六德》一段话说“求养亲之志”，紧接在前的是“舍其志”，意即放弃私欲，我认为在这一点上也跟直躬一事有相通之处。如果直躬知道要“舍其志”，他就不会只顾虑自己的诚信，一再地利用其父而暴得虚名。

《论语·子路》第十八章与《吕氏春秋·当务》虽然都记载直躬一事，主旨也有许多共通之处，但两书内涵也有所不同。《当务》虽然没有明确指出，但从“上执而将诛之，直躬者请代之”的表述看来，所涉及的事态显然相当严重（否则直躬也无须代父受罚了）。这一点和其他文献关于直躬一事的记载一致，比如《韩非子·五蠹》：“楚之有直躬，其父窃羊而谒之吏，令尹曰杀之，以为直于君而曲于父，报而罪之。”[②] 此外亦可参考《吕氏春秋·高义》《韩诗外传》《新序·节士》《史记·循吏列传》等书所载有关石渚（亦作石奢）之事，反复叙述的都是石渚之父杀人、石渚身为官员应如何处理的故事。[③] 这样戏剧化的情节并不令人意外。可以想象，讨论仁、义之间的可能冲突，如果冲突越尖锐、涉及的事态越严重，两者之间的紧张关系就越能够凸显出来。不过，我认为这样的情节代表的是这个主题的一个后来的发展。《论语》所谓攘羊虽是一法律所不容许之事，但此事所提出的问题应是一奉守公义如直躬之人，是否能够容忍其亲人所犯的轻微过错；是仁、义之间的可能冲突，而不是两者之间的绝对对立。在这一点上，我认为以下即将论及的《五行》更符合此议题的原意。

---

① 《左传·昭公十四年》有叔向“三数叔鱼之恶”事（叔鱼即叔向之弟），在叙述的最后记录了孔子的评论，可与此处所论互相参照，见《春秋左传正义》,《十三经注疏》本，第 1541—1543 页。《孔子家语·正论》有相关文字，见杨朝明《孔子家语通解——附出土资料相关研究》，万卷楼图书股份有限公司，2005 年，第 483—485 页。

② 陈奇猷《韩非子新校注》，第 1104—1108 页。

③ 陈奇猷《吕氏春秋新校释》，第 1256 页；许维遹《韩诗外传集释》，中华书局，1980 年，卷 2，第 48—49 页；石光瑛《新序校释》，中华书局，2001 年，第 949—953 页；泷川资言、水泽利忠《史记会注考证附校补》，上海古籍出版社，1986 年，卷 119，第 6—7 页。此事和直躬一事的背景都是楚国，值得注意。

《孟子·尽心上》有一段关于舜的故事，也出现了上述的尖锐冲突："桃应问曰：'舜为天子，皋陶为士；瞽瞍杀人，则如之何？'孟子曰：'执之而已矣。''然则舜不禁与？'曰：'夫舜恶得而禁之？夫有所受之也。''然则舜如之何？'曰：'舜视弃天下，犹弃敝蹝也。窃负而逃，遵海滨而处，终身欣然，乐而忘天下。'"①舜为了保护父亲，以至于连他尊贵崇高的地位也甘愿放弃，这当然就是"盖无不以也"的行为。除了"弃天下"，舜还"终身欣然，乐而忘天下"，由衷地自我放逐（而不仅是一时的权宜之计），正好是"舍其志"的一种表现。

跟《尽心上》一段文字有关，我们可以联系收藏在上海博物馆的战国写本《内礼》。《内礼》的主题虽然不是此处所关注的仁、义关系，却有关于子女应如何孝敬父母的许多论述，局部可和《万章》《六德》等文献互相印证。以下采用整理者的意见写出《内礼》简6—7的一段文字：

> 君子事父母，亡（无）厶（私）樂（乐），亡（无）厶（私）惪（忧），父母所乐=（乐乐）之，父母所惪=（忧忧）之，善则从（从）之，不善则止=之=（止之，止之）而不可，𨼆（隐）而任。不可，唯（虽）至于死，从之。孝而不谏，不城（成）[孝，谏而不从，亦]不城（成）孝。②

这段文字说子女和父母相处，父母对的时候，子女应该追随；父母不对时，子女应该阻止；如果"止之而不可"，应该"隐而任"，亦即隐匿父

① 焦循《孟子正义》，中华书局，1987年，第930—931页。

② 马承源（主编）《上海博物馆藏战国楚竹书（四）》，上海古籍出版社，2004年。关于《内礼》的编联和相关问题的讨论，可参考林素清《释"匮"——兼及〈内礼〉新释与重编》，载《南山论学集：钱存训先生九五生日纪念》，北京图书馆出版社，2006年，第18—23页；林素清《上博四〈内礼〉篇重探》，载《简帛》第1辑，上海古籍出版社，2006年，第153—160页。对于简6—7的编联，福田哲之有表达肯定的专门讨论，见福田哲之《上博楚简〈内礼〉的文献性质——以与〈大戴礼记〉之〈曾子立孝〉、〈曾子事父母〉比较为中心》，载《简帛》第1辑，第161—175页。

母的过错而承担相关的责任。[1] 此处“任”字如果联系《尽心上》“窃负而逃”的“负”字,《尽心上》正可视作《内礼》的一戏剧化表现：舜正是因为承担父罪才弃位逃遁。更重要的,《内礼》关于“隐”的表述跟上引《檀弓》的“事亲有隐而无犯”相符，接着说的“不可，虽至于死，从之”，意即父母虽然犯错、虽然不采纳子女的谏告，但子女依旧不弃不舍，跟随在旁，也令人想到《檀弓》的“服勤至死，致丧三年”，说的都是子女对父母的全心奉献，虽死也在所不惜。[2] 事实上,《内礼》一段话开首的“君子事父母，无私乐，无私忧，父母所乐乐之，父母所忧忧之”，无非就是《六德》“舍其志，求养亲之志”一语的含义。子女正是因为放下了自己的欢乐、忧愁及其他追求，才能全力孝敬父母，以父母的感受为优先考虑。以上几点都说明《内礼》一篇和上自变量段文字之间的密切联系。它们都应该放置在同一语境中理解。

综上所述,《六德》简 26—33 一段文字首先揭示了仁、义两种行为准则之间的可能冲突，最后“舍其志，求养亲之志，盖无不以也”一语也可以在此背景下得到充分的解释。下面论及的几个疑难字词都可以在同一语境中结合相关文献一起考虑。

---

① 此处的标点根据上引的林素清文。如同许多学者指出的,《内礼》一段话和《大戴礼记·曾子立孝》的关系密切，尤其后者“可人也，吾任其过；不可人也，吾辞其罪”一语，过去戴震认为应校订作“不可入也，吾任其过；可入也，吾辞其罪”，意思是如果我的谏告不被父母采纳，我就承担起父母的罪过；如果采纳，我就请他们原谅我的冒犯抵触，现在从《内礼》看来，实堪卓识。见黄怀信《大戴礼记汇校集注》，第 513—523 页。所谓“任其过”和《内礼》“隐而任”的意思是一致的。

② 当然,《檀弓》说“事君”“事师”也要“服勤至死”，但这和此处所说并不矛盾。

二、《六德》的声训

《六德》一段话最费解的地方，也是问题的最核心，就是“酘之为言也，猷（犹）酘＿（酘酘）也”一语，对应的是《五行》简40的“匿之为言也，犹匿（匿匿）也”。池田知久注释帛书《五行》，已指出这是一种形式特殊的声训，并引《春秋繁露·王道通三》为证：“阴，刑气也；阳，德气也。阴始于秋，阳始于春。春之为言犹偆偆也，秋之为言犹湫湫也。偆偆者，喜乐之貌也；湫湫者，忧悲之状也。是故春喜、夏乐、秋忧、冬悲，悲死而乐生。以夏养春，以冬藏秋，大人之志也。”[①] 李家浩也肯定这个意见，并引《礼记·乡饮酒》“西方者秋，秋之为言愁也，愁之以时，察，守义者也”下郑玄注“察犹察察肃杀之貌也”为例说明。[②]对此我可以再补充几个阅读所及的例子：

《吕氏春秋·圜道》：云气西行，云云然冬夏不辍。[③]

《管子·白心》：薄乎其方也，韕乎其圜也，韕韕乎莫得其门。[④]

《说苑·修文》：庶人以鹜为贽；鹜者，鹜鹜也，鹜鹜无它心，故庶人以鹜为贽。贽者，所以质也。[⑤]

《公羊传·隐公元年》：及者何？与也。会、及、暨，皆与也。曷

---

① 苏舆《春秋繁露义证》，中华书局，1992年，第330—332页。《风俗通义·祀典》有相关文字，作“春者，蠢也，蠢蠢摇动也”，见王利器《风俗通义校注》，中华书局，1981年，第382页。池田知久的意见见池田知久著、王启发译《马王堆汉墓帛书五行篇研究》，中国社会科学出版社，2005年，第368—369页。

② 李家浩《关于郭店竹书〈六德〉“仁类蔑而速”一段文字的释读》，第48页。《乡饮酒》的文字见《礼记正义》，第1910页。

③ 陈奇猷《吕氏春秋新校释》，第174页。亦可参考《释名·释天》：“云，犹云云，众盛意也”，见王先谦《释名疏证补》，中华书局，2008年，第16页。

④ 黎翔凤《管子校注》，中华书局，2004年，第800页。

⑤ 左松超《说苑集证》，“国立”编译馆，2000年，第1219—1222页。

为或言会，或言及，或言暨？会，犹最也；及，犹汲汲也；暨，犹暨暨也。及，我欲之。暨，不得已也。[①]

《公羊传·僖公五年》：世子贵也，世子犹世世子也。[②]

《白虎通·号》：唐虞者，号也。唐，荡荡也；荡荡者，道德至大之貌也。虞者，乐也。言天下有道，人皆乐也。[③]

《说文解字》：勿，州里所建旗。象其柄，有三游。杂帛，幅半异。所以趣民，故遽称勿勿。[④]

此外，《淮南子·天文》[⑤]《史记·律书》[⑥] 等书都有多个与上述相类的文句。清钱大昕在《十驾斋养新录》“以重言释一言”条下指出了不少见于《诗经》毛传和郑笺的例子，而俞樾《古书疑义举例》“以重言释一言例”又在钱大昕的基础上补充了更多例子，都可以参考。[⑦]

结合以上的文例看来，这一类文句的确有前人所谓“以重言释一言”的情形，最明显的就是《公羊传·僖公五年》“世子犹世世子也”，但更多应理解作一对音近的单音词和重迭词，其中《白虎通·号》：“唐，荡荡也”，唐、荡虽然字形无涉，但上古音都属定母、阳部，前者可构拟作 *g-lang，后者可构拟作 *lang”，声音相近，最能表现出此类文句的性质。[⑧] 无论如何，此类文句跟《六德》《五行》的形式十分一致，无非就是习见

① 《春秋公羊传注疏》，《十三经注疏》本，第 16 页。

② 同上注，第 253—254 页。

③ 陈立《白虎通疏证》，中华书局，1994 年，第 59 页。《论衡·正说》有相关文字，见黄晖《论衡校释》，中华书局，1990 年，第 1144 页。

④ 《说文解字》1873 年刻本，中华书局，1963 年影印，卷九下，第 13 页。

⑤ 何宁《淮南子集释》，第 165—310 页。

⑥ 泷川资言、水泽利忠《史记会注考证附校补》，卷 9，第 9—18 页。

⑦ 《嘉定钱大昕全集》第 7 册，江苏古籍出版社，1997 年，第 21—22 页；俞樾等《古书疑义举例五种》，中华书局，1956 年，第 18—19 页。

⑧ 本文关于上古音声母与韵部的分类皆依据郭锡良《汉字古音手册》，北京大学出版社，2010 年第 2 版，构拟则依据 William H. Baxter（白一平）的 *Handbook of Old Chinese Phonology*（Berlin：Mouton de Gruyter，1992）。

于《说文》《释名》等古代小学类著作的声训，不同处仅在于它们联系的并非两个或更多的单音词，而是一对单音词和重叠词。如同寻常的声训，这些文句表现的都是一种语言的游戏，利用两个词在声音上的相近或相同而试图在词义上也建立联系。就上引诸例而言，这样的做法，一方面扩大了各个单音词的词义范围，另一方面对那些词义原本难以捉摸的重叠词，也借由如此的联系而确定了它们的词义。值得注意的是，上引诸例许多都跟经典及经典诠释有关。这是《六德》几个疑难字词究竟应如何释读的重要线索。

附带一提，除了上述“以重言释一言”诸例和一般单音词对单音词的声训，古书中还有所谓“同字相训”的例子，比如《易·剥·象》：“剥，剥也。”[①] 从《六德》《五行》等出土文献所揭示的书写情形看来，这一类训释中的后一字也有可能是一音近或音同词，与前一字所记的词语有别。在传承过程中，或许相关的说明亡佚了，或许其他的原因，这一对词语之间的区分被遗忘了，才导致后人做出所谓“同字相训”的现象描述。

三、《六德》《五行》的重迭词

确定了《六德》“酦之为言也，猷（犹）酦＿（酦酦）也”一语以及对应的《五行》“匿之为言也，犹匿（匿匿）也”的性质，下面我们可以对“酦”“酦酦”“匿”“匿匿”等词语进行考释。先说本文的结论：“匿”可以按本字读作有“隐藏”义的“匿”，“酦”可以分析作从“而”声，同样读“匿”。至于“酦酦”“匿匿”可以一并读作“荏染”或一有同源关系之词。考虑到“荏染”一词的内涵比较复杂，下面的讨论就先从“荏

① 《周易正义》，《十三经注疏》本，第127页。

染”开始，然后再回到《五行》《六德》的相关部分。

“荏染”一词见于《诗经》的两个出处。《诗·小雅·巧言》：“荏染柔木，君子树之；往来行言，心焉数之。”毛传：“荏染，柔意也。”郑玄：“此言君子树善木，如人心思数善言而出之；善言者，往亦可行，来亦可行，于彼亦可，于己亦可，是之谓行也。”[①]按照郑玄的理解，就如同君子种植树木时，选择的是荏染柔木，在立言时他也择取良善的言辞。郑玄如此联系“荏染柔木，君子树之”与“往来行言，心焉数之”，或许是因为他注意到了“树”（*djos）、“数”[*skrjo（k）]在声音上的相似，在古音都是侯部。除此以外，可以特别留意的是郑玄关于“人心”的讨论，所谓“此言君子树善木，如人心思数善言而出之。”相似的讨论也见于郑玄在《诗·大雅·抑》“荏染柔木，言缗之丝。温温恭人，维德之基”下的注释。[②]对于此句，毛传云：“缗，被也；温温，宽柔也。”而郑玄则说：“柔忍之木荏染然，人则被之弦以为弓。宽柔之人温温然，则能为德之基止。言内有其性，乃可以有为德也。”最后一句所说的“内有其性”可以比附于《巧言》下的“人心”。虽然《抑》的原文没有表明，但郑玄认为所谓“荏染柔木”是弓的素材，可以将丝线施加其上，就如同“温温恭人”是道德的基础一样。结合《抑》和《巧言》看来，“荏染”显然是一种具有正面意涵的特质。下面在进行关于“荏染”的更多讨论以前，首先可以看一下几个跟“荏染”相关的词语。

第一是见于《楚辞·九章·哀郢》“外承欢之汋约兮，谌荏弱而难持”的“荏弱”。王逸注：“言佞人承君欢颜，好其谄言，令之汋汋然，小人诚难扶持之也。”[③]此处王逸的注释将原文对于君王的焦点转移到了“佞人”或“小人”上，以至他的转述与原文并不一一相对。不过大致的意

---

① 《毛诗正义》，李学勤（主编）《十三经注疏》本，北京大学出版社，2000年繁体字本，第887页。

② 《毛诗正义》，第1379页。

③ 洪兴祖《楚辞补注》，中华书局，1983年，第135—136页。

思还是清楚的：君王虽然因为被周遭的佞臣所取悦，在外貌上汋然焕发，但他的内心却是柔弱不堪的。这里要强调的是以“荏弱”描述的内心状态不仅不为人知，而且可能与外貌相左。

跟《哀郢》“荏弱”密切相关的是“荏”一词，见于《论语·阳货》第十二章：“色厉而内荏，譬诸小人，其犹穿窬之盗也与？”关于“荏”的含义，除了孔安国注“荏，柔也。谓外自矜厉而内柔佞。为人如此，犹小人之有盗心也”[①]，还可以参考《礼记·表记》：“君子不以色亲人；情疏而貌亲，在小人则穿窬之盗也与？”[②] 所谓“以色亲人”“情疏而貌亲”显示孔子的批评针对的除了小人内、外并不一致的情形以外，还包括他们对于外貌的过度重视。这可以从《说苑·修文》如下的一句话得知：“夫外厉者必内折；色胜而心自取之者，必为人役。”[③] 这句话的后半部分说的是有一些人如何因为过度重视外貌而被肤浅的事物所吸引；这些人没有自主的心志，一定为他人所役使。[④] 至于同一句话的前半部分则明显和《阳货》第十二章相关。此处“折”“荏”的对应很值得注意，和下文

---

① 程树德《论语集释》，第1217—1218页。

② 《礼记正义》，第1745页。

③ 左松超《说苑集证》，第1250—1251页。这句话根据的是颛孙子莫在上文的论述：“去尔外厉与尔内色胜而心自取之。”如同学者指出的，这里的讨论和司马迁在《史记·老子韩非列传》的论述有关：“去子之骄气与多欲，态色与淫志，是皆无益于子之身。”见泷川资言、水泽利忠《史记会注考证附校补》，卷63，第5页。两段文字虽然不一定一一对应，但“骄气”可以说明“外厉”，而“淫志”则可以作为“心自取之”的补充。

④ 跟此处的讨论有关，可以参考《春秋繁露·深察名号》“栣众恶于内，弗使得发于外者，心也，故心之为名栣也”，以及下文另外两处关于“栣”的讨论，“天有阴阳禁，身有情欲栣”、“是故阴之行不得干春夏，而月之魄常厌于日光……天之禁阴如此，安得不损其欲而辍其情以应天”。见苏舆《春秋繁露义证》，第293、296页。这些论述应该都是为了响应像《说苑·修文》一类的讨论，所以在提及心的志向的同时，它特别强调的是欲望应该被限制、控制的情形，而这个理解就反映在它对于“栣”这个“壬”声系字的定义上。其他“壬”声系字和心性相关的讨论还见于《白虎通·性情》：“心之为言任也，任于恩也”，相关的可能是《广雅·释亲》的“心，任也”，见陈立《白虎通疏证》，第383页；王念孙：《广雅疏证》，1796年刻本，江苏古籍出版社，2000年影印，卷六下，页十一上。

将讨论到的《说苑·杂言》“折而不挠，阙而不荏”相当一致。[①] 如果借用《诗经》关于植物的比喻，我们可以想象一棵树木，它的枝干可能因为弯曲而变形（“荏”），也可能因为韧性不够而断折（“折”），但无论如何，它都在无法承受压力的情况下还能维持它原来直挺的样貌。下面将指出，理想的树木应该是柔软但同时具有一定韧性的，或许就如同郑玄在《抑》下所说的弓。

放在一起考虑，上述的“荏染”“荏弱”“荏”在音、义上都有一定的联系，可以说共同构成一个同源词组。从声音上看，“荏”是日母、侵部，可以构拟声母 *n-，主要元音 *+；“染”是日母、谈部，可以构拟声母 *n-，主要元音则可能是 *a、*e、或 *o；而“弱”是日母、药部，可以构拟作 *njewk。“荏”“染”的声母相同，韵部则有较大的差距。“荏”“弱”之间的关系也一样。如果我们将“荏”理解作“荏染”或“荏弱”的“基式”，而“染”或“弱”是其“重迭成分”，[②] 那么“荏染”“荏弱”的基式音近，已提供足够条件将它们划作一个同源词组，甚至被认为是同一词的不同形式。在词义上，“荏染”“荏弱”“荏”都有“柔”意，都可以描述无论是“心”还是“性”的内在状态。这已满足同源词组的基本定义。当然，本文更关注的是这些词语之间的具体关系。上文已提到，“荏染”是一正面的特质，“荏弱”描述的是一懦弱的君王，而“荏”则与小人有关。这些词语究竟如何被使用在不同的语境中？

要回答这个问题，我们可以先将“荏染”等词语搁置一旁，进而考虑相关的“忍”。“刃”声系字在上古音多属于日母、文部，可构拟声母 *n- 与主要元音 *+，与“壬”声系字十分接近。上文已提到郑玄在《抑》下所说的“柔忍之木荏染然，人则被之弦以为弓”，显然“忍”就是“荏染”的声训。此外，下文将论及马王堆帛书《易之义》的一段文字：“是

① 左松超《说苑集证》，第 1100—1102 页。

② “基式”“重迭成分”等用语皆取自孙景涛《古汉语重迭构词法研究》，上海教育出版社，2008 年，第 3—4 页。

故柔而不玐，然后（后）文而能朕（胜）也；刚而不折，然而后（后）武而能安也。”此处“玐”“折”对举，跟《论语·阳货》第十二章“内荏”和《说苑·修文》“内折”互相对应的情形几乎完全一样。这都是“壬”声系字和“刃”声系字相通的证据。至于用法，“忍”和其他“刃”声系字也跟“荏染”等词语一样，都具有乍看之下似乎截然不同的词义。

一般而言，“忍”有“忍耐”甚至“残酷”义，与此相关的是刚、强等一系列含义。一个例子是《吕氏春秋·高义》，石渚向荆昭王坦承其父罪行：“杀人者，仆之父也。以父行法，不忍；阿有罪，废国法，不可。失法伏罪，人臣之义也。”[①] 此外，《吕氏春秋·去私》述及墨者腹䵍大义灭亲之事：“子，人之所私也，忍所私以行大义，巨子可谓公矣。”[②]《国语·晋语六》记载范文子反对晋国与楚国交战，指出攘外必先安内，而安内则需要在刑罚上对“大人”严惩、对“小民”宽免：“夫战，刑也，刑之过也[③]由大，而怨由细，故以惠诛怨，以忍去过。”[④] 最后，《新书·道术》“恻隐怜人谓之慈，反慈为忍”[⑤]，跟上述几处的“忍”字用法都十分一致。

然而，除了上述的情形，“忍”也有与刚强完全相反的柔弱义。《六韬·文韬·明传》：“柔而静，恭而敬，强而弱，忍而刚，此四者，道之所起也。”[⑥] 所谓“强而弱，忍而刚”，“强”“弱”正好相反，“忍”“刚”应该也一样。山东临沂银雀山汉墓出土的《君臣问答》有《文王与太公》一则（简 1353—1369），其中虽然载有和《明传》大致相当的文句，但可

① 陈奇猷《吕氏春秋新校释》，第 1256 页。
② 同上注，第 57 页。
③ “也”后原有“过”字，从王引之说删。
④ 徐文诰《国语集解》，中华书局，2002 年，第 391—393 页。
⑤ 阎振益、钟夏《新书校注》，中华书局，2000 年，第 303 页。
⑥ 刘殿爵、陈方正（编）《六韬逐字索引》，商务印书馆，1995 年，第 5 页。

惜"柔而……"部分已残，不知对应的是"忍而刚"还是"柔而静"。[①]

此外，有多个"刃"声系字也具有此处所揭示的柔弱义。马王堆帛书《易之义》有一段讨论刚、柔的不同属性的文字："是故柔而不玐，然后（后）文而能朕（胜）也；刚而不折，然而后（后）武而能安也。"[②]"玐"字不见于字书，从上下文看来，显然是一种过度柔弱的状态，就如同相对的"折"描述的是某物因为过度强硬而折毁的情形。《管子·地员》云："五粟之状，淖而不肕，刚而不觳，不泞车轮，不污手足。"过去虽有学者读"肕"为"韌"（"䩈"的异体，见《说文》，详下），但现在结合《易之义》的文句看来，"肕"也应是一种过度柔弱的状态。所谓"淖而不肕，刚而不觳"，意指五粟虽然柔弱，但不到不堪的程度；虽然刚强，但不到生硬的程度。[③]

"忍"和谐声之字同时具有刚强、柔弱两种含义，还可以以"韧"字说明。《诗·郑风·将仲子》："将仲子兮！无踰我园，无折我树檀。"毛传谓"檀"为"强韧之木"，[④]与《抑》"荏染柔木，言缗之丝"下郑玄说"荏染"是"柔忍之木荏染然"，正成对比，也说明"忍"和谐声之字既有柔意，又有刚意，具体的含义须从文本的上下文才能得到判断。

"忍"和谐声之字既有刚强义，又有完全相反的柔弱义，似乎自相矛盾。然而刚、柔本来就是相对的概念。某人、某事或某物如果不够刚强即是柔弱，如果太过刚强又有容易折毁、过度生硬等问题。刚、柔的分寸尺度实在见仁见智。对于上述《易之义》"是故柔而不玐……刚而不折"

① 《银雀山汉墓竹简》第 2 册，文物出版社，2010 年。原整理者怀疑《明传》文字有误，"忍"或读"韧"，都与我的理解不同。

② 帛书照片见张政烺《马王堆帛书〈周易〉经传校读》，文物出版社，2008 年，68 行上至 71 行下。相关文字还见于《易之义》紧接在下的段落，71 行下至 75 行上。

③ "觳"一般训作"薄"，有"贫瘠"义，不过这是以土壤是否适合种植的角度来考虑的。某片土地不肥饶，正是因为多石、土质太过坚硬等，和此处所说并不矛盾。此外，"淖"有"泥沼"义，但古音是泥母、药部（可构拟声母 *n-、主要元音 *a 或 *u），我认为应和"柔""橈""扰"等一系列词语结合考虑，详见下文。

④ 《毛诗正义》，第 331 页。

一段文字，过去张政烺读“玏”为“肕”，且引《通俗文》训作“柔坚”，虽然对于“玏”本身的含义不是很确切，但反映了整段文字的作用。[①] 同样地，《地员》一段文字也是针对此问题进行辨析，通过刚、柔和相关词语的并列比较，找到刚、柔最恰到好处的表现。下文还会提到《荀子·不苟》“坚强而不暴，柔从而不流”，也可以结合此处所说一同考虑。[②] 这些讨论表述的都是一种既柔且刚的状态，位于“柔”“坚”之间。

如果回到上文论及的《孟子·尽心上》，舜为了包庇其父的罪行而放弃自己崇高的地位，现在也可以结合此处所说，视作在仁、义的行为准则之间取得平衡。这或许是《论语·子路》第十八章“父为子隐，子为父隐，直在其中矣”的理想表现。所谓“直在其中”，意即直在隐中，暗示的同样也是义在仁中，仁是义的基础，而两者可能取得某种协调。

这些讨论允许我们回到“荏染”“荏弱”“荏”诸词的问题上。如上所述，这些词语都有“柔”意，但是柔有许多不同的程度。我们虽然都希望站在它的适当、正面的一边，但也有可能落到负面、过度的一边。对于《哀郢》的君王或者《阳货》第十二章的小人而言，他们还面临诸如被佞人围绕、过度重视外貌等其他问题。这些问题干扰他们对于心性的修养，使得他们柔弱的心性无法达到“荏染”一词所描述的既柔且刚的境界。要做到这一点，他们需要具备一定的能力，可以在任何情境下、在面对两种极端的同时，找到一个恰到好处的处理方式。这就是许多学者在讨论中庸之道时所强调的权或衡的概念，下面在论及《五行》时我

① 张政烺《张政烺论易丛稿》，中华书局，2010 年，第 214—216 页。注意此书与上述《马王堆帛书〈周易〉经传校读》编号不同，相关段落分别是第 6 行上至第 9 行下和第 9 行下至第 13 行上。

② 王先谦、久保爱、猪饲彦博、服部宇之吉等《荀子》，收入《汉文大系》第 15 卷，富服山房，1913 年，卷二，第 5 页。

还会提到。[①] 就此处所讨论的问题而言，另外一个意义在于“荏染”一词见于《诗经》，时代早于本文涉及的大多数文献，包括《六德》《五行》等出土的新材料。对于追溯中庸之道此概念的来源而言，这样的文献证据无疑具有十分大的意义。

“荏染”一词以植物的意象描述人的心性，令人联想到《公孙丑上》第二章“揠苗助长”、《告子上》第八章“牛山之木”以及《告子上》首章告子“性犹杞柳”的几个著名比喻，当然也包括所谓“四端”的讨论。[②] 这里我不打算将孟子、告子、郑玄或任何一位古代作者和本文所涉及的文献等同起来，只需指出他们在论述人的心性时，采用的都是以植物作为意象的共同修辞策略，而此做法同样可以追溯到《诗经》。换句话说，早至战国时期的作者从《诗》《书》等经典文献汲取的不仅是道德教训，还包括用来比喻或阐述这些教条的诗的意象。

这里附带可以提到和以上讨论相关的两则文献记载。《论语·颜渊》第三章：“司马牛问仁。子曰：‘仁者，其言也讱。’曰：‘其言也讱，斯谓之仁已乎？’子曰：‘为之难，言之得无讱乎？’”[③] 这段话的主旨是不仅以仁行事十分困难，就是据以论述也相当不易。关于“讱”字，《说文》“讱，顿也”，孔安国注“讱，难也”，但最有意思的是郑玄（转引自陆德明）的意见“讱，不忍言也”，以“讱”“不忍”相对，所谓“讱”就是因为于心不忍、因为心怀仁慈而处处为人着想，以致出言有碍。此处郑

① 可以参考金谷治极具启发性的讨论，见 Kanaya Osamu，“The Mean in Original Confucianism，” in Philip J. Ivanhoe，ed.，*Chinese Language*，*Thought*，*and Cutlure*：*Nivison and His Critics*（Chicago：Open Court，1996），pp. 83—93。

② 焦循《孟子正义》，第 187—220、775—778、732—735 页。关于《孟子》数章，包括《孟子·滕文公上》第五章在此认识下所可能做的新解释，我的想法多受惠于 Jeffrey Riegel（王安国）2013 年 9 月 26 日在新竹“清华大学”所做的演讲：*One Heart Divided*，*Others Not*：*A Note on Mengzi 3A5*，以及后来发表的正式论文：*A Root Split in Two*：*Mengzi 3A5 Reconsidered*，*Asia Major* 28.1（2015）：37—59。

③ 程树德《论语集释》，第 826—827 页；泷川资言、水泽利忠《史记会注考证附校补》，卷 67，第 42 页。

玄关于“忍”的理解与上引《高义》《去私》《晋语》《道术》等一般用法并无不同，而如此定义的目的正是要强调“讱”与“忍”的不同指向。过去注释《论语》的学者认为此即“义相反而成也”，正是通过忍与不忍、仁与义的对比来呈现道德的基本内涵。[①]

另外一则与上述有关的文献记载是《孟子·尽心下》：“人皆有所不忍，达之于其所忍，仁也。人皆有所不为，达之于其所为，义也。”[②]此处孟子关于仁的定义是将仁慈之心从“有所不忍”处扩充至“其所忍”处，两者的对比不仅和郑玄“讱，不忍言也”的训释相似，更令人想到《六德》“门内”“门外”在空间上的划分。当然，关于仁、义以及其根源的认识，孟子与《六德》（也包括郭店竹简的其他篇）有明显的差异，这一点我将留在本文的结论中讨论。这里只需要提到孟子在《齐宣王上》第七章关于“推恩”的论述。[③]上述《尽心下》一语和这个孟子思想的核心概念有关，这是《孟子》的读者都熟悉的。请注意“恩”一词也见

① 与此相关，《广雅》“纫，擘也”，王念孙认为可以校订作“纫、擘，韏也”，见王念孙：《广雅疏证》，卷五上，第 24 页。《方言》“擘，楚谓之纫”，过去段玉裁、王国维以及华学诚等学者都认为“擘”字误衍，而此句实属《方言》上文“擱、剿，续也；秦晋续折谓之擱，绳索谓之剿”一句下；见华学诚：《扬雄方言校释汇证》，中华书局，2006 年，第 477—479 页。按照我的看法，上述的几种意见都可以成立，“纫”“擘”皆可训“韏”，而《方言》二句也可以连读；但是我们不应该太快否定“纫”“擘”之间的联系，包括《方言》认为两者是方言差异的意见。如同王念孙指出的，《庄子·田子方》云：“心困焉而不能知，口辟焉而不能言。”见王叔岷《庄子校诠》，第 779 页，意思是“心”“口”都可能因为遭受干扰而无法发挥作用。这里“辟”可以按照王念孙说训“韏”，亦即嘴巴因为卷曲的动作而无法像平常一样用来说话，而“心困焉”可以和《论语·颜渊》第三章的“讱”字联系，亦即心思因为考虑太多而无法透彻贯通。当然，《田子方》的“困”是一种受到干扰的情形，而“讱”则是因为心怀仁慈而于心不忍，两者的差异不能够完全抹杀。不过，这样平行的情形显示“纫”“擘”并非无涉。关于上述文献的不同理解，请看陈剑《说石鼓文的“橐”字》，《人文科学》第 97 辑（2013 年），第 118—120 页。

② 焦循《孟子正义》，第 1007—1010 页。此外，在《公孙丑上》第六章和《离娄上》第一章，孟子都提到“不忍人之心”和“不忍人之政”，前处的文字以此为“仁之端”的定义，都是学者十分熟悉的；见同书，第 232—236、475—490 页。

③ 焦循《孟子正义》，第 75—96 页。

于《六德》简26—33一段文字，写作“纫”，从“纟”从“刃”，和上述“忍”“讱”“玐”“肕”“韧”等字正是谐声关系。

在以上讨论的基础上，现在我们可以看看《六德》“酘之为言也，犹酘酘也”以及《五行》（简40）对应的“匿之为言也，犹匿匿也”。首先可以讨论在字形上并无可议之处的《五行》。关于“匿”，《五行》一篇除了上述的文句，还有简38“又（有）少（小）辠（罪）而亦（赦）之，匿也”的讨论，与此相对的是同一简上的“又（有）大辠（罪）而大豉（诛）之，柬（简）也”。关于处理重大罪行的“柬（简）”，下文会有更详细的讨论。就“匿”而言，这些文句明确地说明在《五行》中，单音的“匿”和轻微过错的赦免有关，可以读如本字，训作“隐藏”。这跟上文讨论《六德》所提及的《礼记·檀弓》“事亲有隐而无犯”、《论语·子路》第十八章“父为子隐，子为父隐”、上博简《内礼》“止之而不可，隐而任”等论述，无疑都是相符的。

至于“匿匿”，我在过去的讨论中，曾主张“匿匿”是见于《诗经》的一个重迭词。[①] 现在按照此思路，我认为“匿匿”和上述的重迭词“荏染”有关，具体地说是和“荏染”有同源关系的一个词语，在声音上有密切关系，词义也相近。[②] 从声音上看，在声母方面，“匿”是泥母，和同属日母的荏、染一样，都可以构拟作 *n—。在韵部方面，“匿”是职部，也可以和侵部的“荏”一同构拟主要元音 *+。至于“染”，上文已提到它是“荏染”一词的“重迭成分”，所以虽然它的韵部（谈部）距离较远，但这样的差异并不影响“匿匿”和“荏染”的联系。

它的韵部虽然距离较远，但这样的差异并没有特别大的影响的。

匿和荏声音相通，虽然没有直接的通假例证，但若声系字和刃声系字有关，而如同上文提到的，刃声系字可以跟壬声系字通假。“匿”和刃

① Kuan-yun Huang，*Warring States "Echoes" of the Past*（Ph.D. dissertation，University of Chicago，2010），Chapter 3.

② 《毛诗正义》，《十三经注疏》本，第1379页。

有关，见于《左传·隐公元年》"不义不昵"，《说文》"䵒"字下引作"不义不䵒"，而《说文》又收有"䵒"的异体"<U+2AFB2>"。①

就形式而言，匿匿和荏染的差异在于一个是完全重迭，一个是所谓的"音变"或者"顺向重迭"。②类似的情形见于《诗·召南·甘棠》"蔽芾甘棠"。③毛传说"蔽芾"是"小貌"，而《说文》"蔽"字下曰"蔽蔽，小艹也"④，显然"蔽芾"和"蔽蔽"的关系密切，两者也是"基式"相同，"重迭成分"存在差异。⑤此外，《诗·大雅·棫朴》"勉勉我王，纲纪四方"有"勉勉"一词⑥，在《荀子·富国》、《韩诗外传》卷五等处被引作"亹亹"⑦，又跟"闵免""黾勉""僶俛""勉焉"等用字差距甚大的形式有关。⑧最后，上文提到《楚辞·九章·哀郢》的"汋约"，而王逸在其注释中则以"汋汋"代称，也是同样的情形。

从词义上看，《五行》"匿之为言也，犹匿匿也"，如果按照以上的讨论将"匿匿"读作一与"荏染"相关之词，而"匿"读如本字，则此句的作用是针对隐匿过错的行为进行阐述，指出其基础虽是以维护亲人的慈爱为主，却仍然不失公义正直，同时具有刚、柔两种特质，就好像《孟子·尽心上》中舜秉持仁义的做法，又如同孔子在《论语·子路》第十八章说的"直在其中"。进一步说，《抑》"荏染柔木，言缗之丝"描述

① 《春秋左传正义》，第61页；《说文解字》卷七上，第20页。

② 孙景涛《古汉语重迭构词法研究》，上海：上海教育出版社，2008年，第3—4页。

③ 《毛诗正义》，第92页。"蔽芾"又写作"蔽茀"，见许维遹《韩诗外传集释》，第30页。

④ 《说文解字》，卷一下，第18页。

⑤ "芾""蔽"的古音都是帮母、月部，但按照William H. Baxter（白一平）的上古音系统，月部实应进一步区分为*et、*at、*ot三个韵母，"芾"可构拟*pjut，而"蔽"则是*bjets，两者的声母相近，但韵母则有距离。

⑥ 《毛诗正义》，第1174页。

⑦ 王先谦等《荀子》，收入《汉文大系》第15卷（东京：服山房，1913年），卷六，第6—8页；许维遹：《韩诗外传集释》，卷5，第178页；陈立《白虎通疏证》，第374页。

⑧ 王力《同源字典》，商务印书馆，1982年，第410—411页。

的是丝织物施加于柔软树木的情形，这个意象对于《六德》的上下文也很贴切。《六德》说“急（仁）頪（类）蓏（柔）而速（束），家（义）頪（类）弃（刚）而螸（绝）”（此处“柔”“刚”二字暂从一般释读），“束”“绝”都是适用于树木的动词：树木可以因为过度柔软而缠束，也可能因为过度强硬而断绝。下文还会指出，《抑》和《六德》的关系，可以通过《荀子·不苟》的一段文字再建立一个联系。有鉴于此，考虑到音、义两方面的因素，我认为《五行》“匿匿”可以视作一与“荏染”有同源关系之词，甚至就可以读作“荏染”，所依据的就是《抑》的出处。

与此相关，《五行》在简 26—30、简 30—32 的两个段落中，都有“智（知）而安之，急（仁）也”的文句，对应的《五行》“说”有如下的解说（283—284、289—290）：“知君子所道而谀然安之者，仁气也。”[①]此处“谀然”有副词的作用，修饰动词“安”，跟仁的讨论有关。此外，“谀”也出现在对应于《五行》简 36—37 的“说”（265—266）：“中［心］者，谀然者；外心者也，亓闆谢然者也。”此处“谀然”有形容词的作用，用来讨论“中心”，相对的是所谓的“外心”。[②]考虑到“匿”和“谀然”都出现在《五行》关于仁的讨论中，很有可能它们是相关的。在声音上，“谀”如果理解作与“陾”谐声，则“陾”见于《诗经》，在上古音属于日母、蒸部，可以构拟 *nj+ng，相较于“匿”在上古音属于泥母、职部，可以构拟声母 *n- 以及主要元音 *+，两者声音相近，可以相通。《周礼·地官·旅师》：“旅师掌聚野之锄粟、屋粟、间粟而用之。”郑玄注：“而读为若，声之误也。”[③]《方言》：“愝，愧也。”过去有多位

① 帛书两处都各有一些残损，但可通过互校而补足文意。关于“谀”，过去学者读作“臾”、“媆”或“煗”，相关讨论见于池田知久：《马王堆汉墓帛书五行篇研究》，第 298—299 页，帛书的照片见《马王堆汉墓帛书（壹）》，文物出版社，1980 年。

② 所谓“外心”云云不详，有待进一步研究。

③ 孙诒让《周礼正义》，中华书局，1987 年，第 1163—1165 页。

学者认为“慝”即“慝”，训“慚”。[①] 此外，“而”和“刃”相通，比如王褒《洞箫赋》“愤伊郁而酷䎡”，李善注引《苍颉篇》训“䎡”为“忧貌”，而此字可以分析作从“而”、从“忍”的双重声符。[②] 如同上文已指出的，“刃”声系字又分别和“若”声系字、“壬”声系字相通。就词义而言，如果我们尝试将“荏染”一词置入《五行》“说”的“谀然”的两个出处，似乎也不会造成矛盾。有鉴于此，我们可以说《五行》“说”的“谀然”是和“荏染”有同源关系的又一词语，甚至就是“荏染”一词的另一形式。如同上述的“蔽芾”“勉勉”“汋约”等例，这些例子都说明重迭词在书写形式上的变化多端。如果采用比较严格的标准，我们可以说它们具有同源关系，在音、义上都有相当的联系。如果宽松以待，径将这些不同的形式等同起来，认为它们记录的都是同一词语，我认为也未尝不可。无论如何，在阅读时，只要不拘泥文字，同时注意到基式与重迭成分的区分，我们就能够在目前释读仍存在许多缺陷的出土文献中，辨识出这些实际上是征于古书的重叠词语。

现在说到《六德》“呅之为言也，犹呅呅也”。如果上文所述的观点可以成立，《五行》一语可以读作“匿之为言也，犹匿匿（荏染）也”，那么《六德》对应的文句该如何理解？关键的“呅”字在《六德》一段文字中出现四次（见下图），全都从“口”从“攴”；至于位于左上的偏旁，第三例较其他三例多了一个横画，近似于“丙”的写法。过去整理者或许即因此将《六德》一字隶定作从“丙”的字，虽然“丙”字在目前的古文字资料中，还没有看到第一、二、四例的写法。李家浩指出此偏旁是“内”，在字形上虽较释“丙”更具说服力，但在声音上则与“匿”有

① 华学诚《扬雄方言校释汇证》，中华书局，2006年，第141—143页。此外，若声系字、而声系字都分别和下文将要提到的刃声系字有关，也可以为两者音近提供佐证。

② 《文选》，上海古籍出版社，1986年，第785页。

相当距离。[1] 以上两说都各自在字形、声音上有一些可疑之处，此不一一检讨。考虑到《五行》“说”的“谀”字，有没有可能《六德》一字的左上偏旁，实际上是“而”？在战国秦汉文字中，“而”有一种写法，和《六德》一字的偏旁相似。见于上海博物馆《缁衣》简1的一例，上端只有一个横笔，下端像“人”的笔画不突出紧接在上的横画，和《六德》一字的第一、二、四例的左上偏旁最为相似。

《六德》“敵”字的四个字形

简32

简32

简32

简33

战国秦汉文字“而”字的一种写法

郭店《语丛一》简4

郭店《语丛一》简31

上海博物馆《缁衣》简1[2]

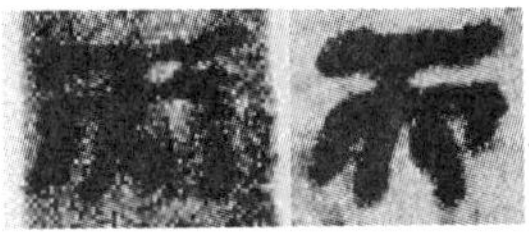
马王堆帛书[3]

至于《六德》一字的第三例，我认为此字的左上偏旁亦是“而”，而多出

---

① “内”在上古音属于泥母、缉部（*nups），与泥母、职部的“匿”（声母 *n-及主要元音 *+）在韵部上距离较远。对此问题李家浩有其解决办法，见李家浩：《关于郭店竹书〈六德〉“仁类蔑而速”一段文字的释读》，第44页。

② 马承源（主编）《上海博物馆藏战国楚竹书（一）》，上海古籍出版社，2001年。

③ 引自陈松长（编）《马王堆帛书文字编》，文物出版社，2001年，第388—389页。

其他三例的横笔，并非一般所谓“羡笔”或“饰笔”，更不是与“而”有别的另一全不相同字的笔画，实际上是一个区别词性的笔画，作用是将第三例所写的“酎 _（酎酎）”与其他三例所写的单音之“酎”区分开来。这样的区分在古文字书写中并不多见，但林素清曾举过一些例子，比如上海博物馆藏《孔子诗论》的简 7，“命”字的动词用法写作“命”，而名词用法则在“命”的基本字形下多写了两个横画，可隶定作“䇹”；或者《孔子诗论》的“文”字，也有专有名词（“文”）与非专有名词（“旻”）的区分。[①] 如果以上的比附不误，则《六德》“酎”字可以分析作从“而”声、从“口”、从“支”，而记录重迭词的第三例可以严格隶定作“酎”，较其他三例多出一个笔画。

《说文解字》在“耏”字下记有异体作“耐”。[②] 考虑到“又”“寸”“支”在古文字中有“自由变异”的情形，颇疑《六德》一字或许即与“耐”有关，可以分析作从“耐”、从“口”，是“耐”的一个异体。“耐”字从“而”，在声音上和“荏染”之“荏”以及“匿”“忍”等字有关，已见上述。《广雅·释言》“忍，耐也”，在词义上也说明两者的关系。[③] 此外，《汉书·高帝纪》“春，令郎中有罪耐以上，请之”，如淳注“耐犹任也，任其事也”；《文帝纪》“刑者及有罪耐以上，不用此令”，苏林注“耐，能任其罪也”。[④] 两处“耐”指的都是秦汉时期的一种刑罚，而如淳、苏林在注释中提到“耐”和“任”的关系，显然有一定的语言根据。[⑤]

以上从几个不同方面论证《五行》“匿匿”和《六德》“酎酎”的释

---

① 林素清《释吝——兼论楚简的用字特征》，《“中央研究院”历史语言研究所集刊》第 74 本第 2 分（2003 年 6 月），第 293—305 页。

② 《说文解字》，卷九下，第 14 页。

③ 王念孙《广雅疏证》，卷五上，第 27 页。

④ 王先谦《汉书补注》，上海古籍出版社，2008 年，第 98、166 页。

⑤ 关于“耐”作为一种刑罚的具体含义，过去包括段玉裁等学者多从《说文》“颊旁之毛”的训释理解。从湖北云梦睡虎地出土的秦律令看来，此字较清楚反映的是一种伴有劳动但轻于肉刑的处罚，和如淳、苏林所说并不矛盾。相关情形请看富谷至著、柴生芳、朱恒晔译《秦汉刑罚制度研究》，广西师范大学出版社，2006 年，第 10—13 页。

读。根据第一部分对于“荏染”和相关诸词在《诗经》等文献中的含义，本文的第二部分指出“酘酘”“匿匿”可以视作一与“荏染”有同源关系之词，甚至就可以读作“荏染”。相较于旧说，本文的释读更能表现出《六德》一段文字在遣词用字上的细腻处，使得“酘酘”或“匿匿”的词义可以跟“薊（柔）而束”“弁（刚）而绝”等用语结合起来，也可以联系《五行》“说”过去被学者所忽略的“谟然”一词的含义。

四、《五行》的相关文字

现在我们可以看一下《五行》关于义的讨论，尤其《五行》简39—40“柬之为言，猷（犹）练也”一语。“柬”在《五行》反复出现，是和义有关的一个关键词，也见于《六德》一段文字，相关的文例可列举如下：

1.《五行》简34—35：不㠯（以）少（小）道害（害）大道，柬（简）也。

2.《五行》简38：又（有）大皋（罪）而大豉（诛）之，柬（简）也。

3.《五行》“说”238行：间（简）者，不以小害大，不以轻害重。

4.《五行》“说”259—260行：间（简）者，不以小［爱害大］爱，不以小义害大义也。

5.《五行》“说”295行：［简者，言］人行之大。

关于“柬”字，过去学者认为可读作“简”，有“简大”之义。[①]对此我毫无异议，只希望下面再做进一步的阐述。至于“练”的释读则需要较多的说明。如同上文有关“匿匿”的讨论，“练”的正确理解也应该考虑到《五行》或《五行》“说”本身的证据，尤其《五行》“说”（298 行）将“简之为言，犹练也”的“练”写作“衡”的情形。

在进入相关讨论前，可以先看《荀子·王制》的一段文字：

> 听政之大分，以善至者待之以礼，以不善至者待之以刑。两者分别，则贤不肖不杂，是非不乱。贤不肖不杂，则英杰至；是非不乱，则国家治。若是，名声白[②]，天下愿，令行禁止，王者之事毕矣。凡听，威严猛厉，而不好假道人，则下畏恐而不亲，周闭而不竭。若是，则大事殆乎弛，小事殆乎遂。和解调通，好假道人，而无所凝止之，则奸言并至，尝试之说锋起。若是，则听大事烦，是又伤之也。故法法而不议，则法之所不至者必废；职而不通，则职之所不及者必队。故法而议，职而通，无隐谋，无遗善，而百事无过，非君子莫能。故公平者，职之衡也；中和者，听之绳也。其有法者以法行，无法者以类举，听之尽也；偏党而无经，听之辟也。故有良法而乱者，有之矣；有君子而乱者，自古及今，未尝闻也。传曰：“治生乎君子，乱生乎小人。”此之谓也。[③]

这段话说当政者对待他人，有“待之以礼”与“待之以刑”两种做法，虽然没有使用仁、义的词语，但从“凡听，威严猛厉，而不好假道人，则下畏恐而不亲，周闭而不竭”与“和解调通，好假道人，而无所

---

① 李家浩《关于郭店竹书〈六德〉“仁类蔑而速”一段文字的释读》，第 49 页。

② “名声白”原作“名声日闻”，从王念孙说改。

③ 王先谦等《荀子》，卷五，第 3—5 页。关于《王制》一段话和《五行》的关系，池田知久亦有相关论述，见池田知久《马王堆汉墓帛书五行篇研究》，第 368—369 页，是以下讨论的基础。

凝止之，则奸言并至，尝试之说锋起”两句话的对比看来，显然描述的就是两种治事的态度：一个是严厉正义的，一个是宽厚仁慈的。我认为也涉及仁、义两种行为准则，尤其是两者之间究竟有何关系的问题。深入一点看，《王制》描述“待之以刑”的做法，说“若是，则大事殆乎弛，小事殆乎遂”，杨倞注：“殆，废也；遂，因循也。”王念孙认为“遂”可读作“坠”，并且联系《王制》一段话下文“故法法而不议，则法之所不至者必废；职而不通，则职之所不及者必队”之“队”，对此我的想法稍有不同，下面借着提出的机会连带阐述《五行》的相关内容。

在我看来，《王制》一段文字中的“遂”既非杨倞注之“因循”，亦非王念孙之“坠”，实应理解作“顺遂”“完成”之义。所谓“待之以刑”云云，意指当政者如果太严厉，下属就会战战兢兢而不敢承担责任，结果是大事无法全力以赴，小事反倒力求完善。这样舍本逐末的情形是当政者不愿看到的。相同的意思还可以参考《荀子·大略》：“推恩而不理，不成仁；遂理而不敢，不成义。”[①] 真正的义并不只是“遂理”，将“理”发挥到极致就完成了，事实上还需要和仁达到平衡。这就是《王制》所谓“故公平者，职之衡也；中和者，听之绳也”，也是《大略》另外提及的“处仁以义”。[②] 至于王念孙提示的《王制》下文“故法法而不议，则法之所不至者必废；职而不通，则职之所不及者必队”，此句的两个部分分别呼应更后面的“其有法者以法行，无法者以类举”，说的是一个公正平稳的当政者的行为，“队”和紧接在前的“废”相当，的确有“坠落”之义，但与先前的“遂”在理解上应该分开。[③]

比较《荀子·王制》一段话和《五行》，首先可注意“遂”是后者的

① 王先谦等《荀子》，卷十九，第7—9页。

② 《大略》还提到仁、义之间的平衡需要由“礼”来维持，此处就不节外生枝了。

③ 关于“故法法而不议，则法之所不至者必废”中的“议”，可参考《礼记·表记》“是故君子议道自己，而置法以民”，见《礼记正义》，第1717页；以及《吕氏春秋·先己》“欲论人者必先自论”，见陈奇猷《吕氏春秋新校释》，第147页。

一个关键词，和义的讨论有关，见于简 34“悳（直）而述（遂）之，逯（肆）也”以及《五行》“说”对应的解说。《五行》的“直”即“正直”，“肆”训“肆意”，而“遂”则有“完成”之义。[①] 同样，上文引用了《五行》“不以小道害大道，简也”等文句，提到《五行》对于重大罪行与轻微过错的不同处理方式，这也可以和《王制》对于“大事”“小事”的讨论相比。《五行》简 39—40 说“简之为言，犹练也”，所谓“简”的含义无非就是秉持大是大非的原则，在看待不同行为时做有效的拣取分辨。对于那些发生频率不高（“大而晏（罕）者也”）但事关紧要的重大罪行，尤其不能掉以轻心，此即“不以小道害大道，简也”“有大罪而大诛之，简也”；至于丛脞的轻微过错（“少而访〈诊〉〈轸〉者也”）则可以从宽赦免，甚至隐“匿”。有鉴于此，如果我们按照《王制》“故公平者，职之衡也；中和者，听之绳也”，而将“简之为言，犹练也”之“练”读作“衡”，应该说有一定的根据。[②] 理想的公正持平并不是对一切都一视同仁，相反，必须衡量评估事物的大小轻重。

“衡”的概念与“权”基本相当，而“权”在《孟子》数见，尤其《齐宣王上》一段文字[③]，更是紧接“推恩”的讨论之后，这一点不仅可以结合上文《荀子·大略》“推恩而不理，不成仁；遂理而不敢，不成义”一起考虑，更和上文论及“荏染”一词所提到的《论语·子路》第十八章、《孟子·尽心上》等文献相关，可以互相发明。下面再举几个以司法刑责作为主题的文例，同样涉及的也是“衡”“权”或相关概念。

一、《管子·心术上》有“简物小未一道、杀僇禁诛谓之法”一语，过去裘锡圭已指出与《五行》关于义的论述有关，并且按照《五行》校

---

① 关于“直”“肆”的讨论，参见沈培：《说郭店楚简中的“肆”》，载《语言》第 2 卷，首都师范大学出版社，2001 年，第 302—319 页，尤其 308—309 页。

② 《管子·水地》说水“唯无不流，至平而止，义也”，见黎翔凤：《管子校注》，第 814 页，也说明义和“衡”的联系并不偶然。

③ 焦循《孟子正义》，第 75—96 页。

订作“简轸小大一道、杀僇禁诛谓之法”。① 有意思的是，《心术上》原文的解说对上述一句有“故事督乎法，法出乎权，权出乎道”的说明，其中“权”以“道”为据，实现于“法”，可以作为“简之为言，犹练（衡）也”的一个补充。

二、《荀子·成相》：“水至平，端不倾，心术如此象圣人；而有埶，直而用抴必参天。”其中“直”“抴（肆）”都是《五行》中和义有关的词语，而“水至平，端不倾”当然就是“衡”的另一描述。②

三、《新书·道术》讨论理想的治理方式，特别强调“虚”的概念，以下的文字尤其跟《王制》相似：“镜义而居，无执不臧，美恶毕至，各得其当；衡虚无私，平静而处，轻重毕悬，各得其所。”③ 上述文例都是将“简之为言，犹练也”之“练”读作“衡”的旁证。

从形式上看，如同“匿之为言也，犹匿匿（荏染）也”，“简之为言，犹练（衡）也”也是声训：“简”在古音是见母、元部，可构拟 *kran，而“衡”在上古音是匣母、阳部，可构拟 *grang，两者都是牙音声母，韵部的主要元音相同。④ 当然，“简之为言，犹练（衡）也”联系两个单音词的做法是和一般声训无二的。从内容上看，上文指出“匿匿（荏染）”意指一种既刚且柔的心性，是刚、柔两种特质的调和。相对于“练（衡）”有均衡、持平的意思而言，两者可以说是相互呼应的。

在上文两个小节的讨论中，本文针对《六德》《五行》的两个文句，根据两组不同的证据，提出了两个虽然各自成立但基本一致的结论。这

① 黎翔凤《管子校注》，第 759、770 页。裘锡圭《马王堆〈老子〉甲乙本卷前后佚书与“道法家”——兼论〈心术上〉〈白心〉为慎到田骈学派作品》，载《裘锡圭学术文集》第五册，复旦大学出版社，2012 年，第 281 页。亦可参考林志鹏：《宋钘学派遗著考论》，万卷楼图书股份有限公司，2009 年，第 221—224 页。

② 王先谦等《荀子》，卷十八，第 16—18 页。

③ 阎振益、钟夏《新书校注》，第 302 页。

④ “练”在马王堆《五行》（204 行）还有“贺”的异文，但“贺”按本字不易解释，应该也根据《五行》“说”读“衡”。“贺”在古音是匣母、歌部，可构拟 *gajs，声母与主要元音都和“衡” *grang 相当一致。

样的结果绝非偶然。除了为两个部分的论证可以互相检验、互相印证提供了一定的方便以外，也增强了彼此的说服力。

五、剩余问题的讨论

现在针对《六德》一段文字剩下的几个问题做一些简单的讨论，主要的对象是上文已论及的“仁类蔨而束，义类丗而绝”，尤其“蔨”“丗”二字的释读。如上所述，学者一般将二字分别读作“柔”“刚”。对于《六德》一段话的内容而言，这样的理解是合理的；二字无论竟作何读，都应该有“柔”“刚”一类的意思，分别和仁、义有关。不过，下面也要指出，这两个字的释读并非如此简单。如果我们径将《六德》二字等同于“柔”“刚”，恐怕会湮没《六德》一段话在遣词用字上的微妙处，并且忽略《六德》与郭店《性自命出》之间存在的一个联系。

首先，关于“丗”字，此字下从“廾”，上面的笔画却不易辨识。整理者认为是“止”，而李家浩则认为是“亡”的讹误，或者实际上就是“亡”的另一种写法，可以读“刚”。[①] 细察图版，此字紧接在“廾”上的弧形笔画，无论如何都很难等同于“止”或“亡”的字形。相反，倒是可以和几个“弁”或从“弁”之字互相比较。下图的前三例皆引自李家浩的一篇著名论文《释“弁”》。[②] 例一右从“马”，例三是倒书，下似不从“廾”而从“火”，皆为人名；至于例二在文例中则与“改”并举，可以读“变”。比较几个字形，可以看出《六德》一字的上部不见其他数例

---

① 李家浩《关于郭店竹书〈六德〉“仁类蔨而速”一段文字的释读》，第48—49页。

② 李家浩《释“弁”》，载《古文字研究》第1辑，中华书局，1979年，第391—395页。

皆有的竖笔，也没有“向左右伸出的对称短笔”的“弁”字特征。[1]然而此字和“弁”的联系，可以从下图所引的《磬室所藏玺印》一例得知。此字记录的是专名（文例作“弁严之印”），其写法是在“廾”上出现两个拉平的横画。除此之外，在“廾”上出现仅有一个横画的“弁”字在秦汉玺印文字中相当常见，这里只引在江苏徐州狮子山墓发现的一枚铜印“弁（卞）之右尉”为例。[2]附带还可以提到马王堆帛书的三例，见于《五十二病方》的文例作“以职（膱）膏弁”“并以职（膱）膏弁”，见于《养生方》的文例则作“以邑枣之脂弁之”。整理者在第一个出处下将“弁”字作“调和”解，并怀疑可能和后世的“拌”字有关。以上排列几个“弁”或从“弁”的字并进行推衍，仅是为了帮助理解，并不是重构历史演变的发展过程。在此基础上，我认为“弁”字的几个不同写法，皆属于同一系统，上承甲骨文字，下接《说文》“覍”字。[3]至于《六德》一字就应该释作“弁”。以下再从音、义两方面说明此字可读作“廉”。

附图：“弁”和从“弁”之字

《殷周金文集成》4.2469[4]

① 此语取自陈斯鹏《“史”、“弁”续辨》，《古文字研究》第27辑（2008年），第400—406页。不过，陈斯鹏也指出有相当数量的“弁”字并不具此特征。

② 更多例子可以在几种常用的工具书中找到，比如黄德宽编《古文字谱系疏证》，商务印书馆，2007年，第2813—2814页；季旭升编《说文新证》，福建人民出版社，2010年第2版，第716—717页。参考赵平安《释甲骨文中的“”和“”》，载赵平安《新出简帛与古文字古文献研究》，商务印书馆，2009年，第3—9页。

③ 《说文解字》，卷八下，页四。请注意上引赵平安文认为“弁”“覍”分属两个系统，不能混为一谈。

④ 《殷周金文集成》，中华书局，2007年修订增补本。

《侯马盟书》16：17[①] 《殷周金文集成》17.11015

《六德》简 31 《罄室所藏玺印》[②]

《文物》1998 年第 8 期，页 45（17 号）

帛书《五十二病方》第 21 行[③]

《五十二病方》第 352 行 《养生方》第 79 行

从声音上看，“弁”是并母、元部，可以构拟作 *brjons，而“廉”是来母、谈部，可以构拟作 *C-rjem，似有相当距离。然而文献中有一定的证据，说明二字是音近相通的。《书·皋陶谟》云“直而温，简而廉”一语，郑玄注释《中庸》“君子之道，淡而不厌，简而文，温而理”，指出“简而文，温而理，犹简而辨，直而温”，正好以“廉”读与“弁”古音相同的“辨”。[④] 此外，“廉”“辨”二字都分别与“贬”通用。“贬”在上古音是帮母、谈部，可以构拟 作 *prjem，相关的使用情形可以概括如下：

“廉”与“贬”通用——《论语·阳货》：“古之矜也廉，今之矜

① 张颔、陶正刚、张守中《侯马盟书》，山西古籍出版社，2006 年增订本。

② 原书未见，此转引自上文注 88 赵平安文。

③《马王堆汉墓帛书（肆）》，文物出版社，1983 年。

④《礼记正义》，第 1705—1706 页。在古文字数据中，从“弁”的字多可读“辨”或与“辨”谐声的字，参上文注 86 李家浩文所举的长台观简例、注 87 陈斯鹏文所举的郭店《老子甲》例。

> 也忿戾。”《经典释文》：“鲁读廉为贬。”①与此相关，《逸周书·武称》：“既胜人，举旗以号②，命吏禁掠，无敢③侵暴，爵位不谦，田宅不亏，各宁其亲，民服如化，武之抚也。”孔晁注训“谦”为“损”④，而《史记·乐书》：“故礼主其谦，乐主其盈。”对应的《礼记·乐记》“谦”作“减”。⑤朱骏声认为《武称》《乐书》两处的“谦”都可以读作“贬”或“歉”。⑥
>
> “辨”与“贬”通用——《礼记·玉藻》：“立容辨卑，毋謟。”郑玄谓“辨”读“贬”。⑦《周礼·秋官·士师》：“若邦凶荒，则以荒辩之灋治之，令移民、通财、纠守、缓刑。”郑玄注：“辩当为贬，声之误也。”⑧
>
> 关于“贬”，还可以提到《说文》“甹”字下“杜林说以为贬损之贬”的意见。⑨赵平安认为此字和《说文》“皃”是一字的分化，这又是“贬”和本文所说的“弁”有关的证据。⑩

根据以上的讨论，既然“廉”可以直接读“辨”，“廉”“辨”又有分别和“贬”通用的情形，则《六德》过去隶定作“卉”一字，现在可以因为释

---

① 程树德《论语集释》，第1224页。

② “举旗以号”下原衍“令”，从王引之说删。

③ “敢”原作“取”，从王念孙说改。

④ 黄怀信、张懋镕、田旭东《逸周书汇校集注》，上海古籍出版社，2007年第2版，第93—94页。

⑤ 泷川资言、水泽利忠《史记会注考证附校补》，卷二四，第53—54页；《礼记正义》，第1331页。

⑥ 朱骏声《说文通训定声》1851年刻本，艺文印书馆，1975年影印，卷四，第2页上。

⑦ 《礼记正义》，第1080页。

⑧ 孙诒让《周礼正义》，第2789—2790页。

⑨ 《说文解字》，卷六下，第4页。

⑩ 赵平安《从甹的释读谈到甹族的来源》，载《新出简帛与古文字古文献研究》，第27—36页。赵平安与我对于“皃”“弁”的关系有不同的理解，上文已经提到了。

“弁”而读作“廉”。①

将“弁”读作“廉”的一大好处，就是可以结合文献中的许多证据，现在择要列举如下：

1.《尚书·皋陶谟》：宽而栗，柔而立，愿而恭，乱而敬，扰而毅，直而温，简而廉，刚而塞，强而义，彰厥有常吉哉。②

2.《说苑·敬慎》：柔者，纽而不折，廉而不缺，何为脆也？③

3.《荀子·法行》：夫玉者，君子比德焉，温润而泽，仁也；栗而理，知也；坚刚而不屈，义也；廉而不刿，行也；折而不桡，勇也；瑕适并见，情也；扣之，其声清扬而远闻，其止辍然，辞也。④

4.《管子·水地》：夫玉之所贵者，九德出焉。夫玉温润以泽，仁也。邻以理者，知也。坚而不蹙，义也。廉而不刿，行也。鲜而不垢，絜也。折而不挠，勇也。瑕适皆见，精也。英华光泽，⑤并通而不相陵，容也。叩之其音清抟彻远，纯而不杀，辞也。⑥

---

① 在 *A Handbook of Old Chinese Phonology* 一书中，William H. Baxter（白一平）根据《诗经》用韵的证据，将“贬”构拟作 *prjem（第747页），但同时指出“贬”也可能根据谐声系列的证据而构拟元音 *a（第540—541页）。至于“弁”，白一平构拟的是 *brjons，但同时也提出所谓“rounding diphthongization”（圆唇的复元音化）的一个音变假说。比如元部的“变”，原作 *prjons，后来发展作 *prjwans（又因为所谓“w-neutralization”亦即 w 的中和的变化而发展作 *prjans）。这个情形使得元音 *o 和元音 *a 产生了合韵的可能，比如《诗·猗嗟》叶韵的就是“娈”“婉”“选”“贯”“乱”等以 *-on 为韵之字，以及以 *-an 为韵的“反”，第364—366页。这些讨论都可以为此处所述提供另一角度的思考。“弁（辨）”“廉”“贬”等字的会通，或许是因为它们一则可以构拟元音 *a，一则与元音 *a 发生接触。根据白一平的看法，既然所谓“圆唇的复元音化”在《诗经》中就可以看到，或许早在春秋时期就已发生了。这一观点和上海博物馆《孔子诗论》（简22）以“弁”写《猗嗟》的“反”是不矛盾的。参《上海博物馆藏战国楚竹书（一）》。

② 《尚书正义》，《十三经注疏》本，第125页。《史记·夏本纪》有相关文字，见泷川资言、水泽利忠《史记会注考证附校补》，卷二，第35页。

③ 左松超《说苑集证》，第628—630页。

④ 王先谦等《荀子集解》，卷二十，第20—21页。

⑤ “英”原作“茂”，从王引之说改。

⑥ 黎翔凤《管子校注》，第815页。

5.《说苑·杂言》：玉有六美，君子贵之。望之温润，近之栗理，声近徐而闻远，折而不挠，阙而不荏，廉而不刿，有瑕必示之于外，是以贵之。[①]

6.《说苑·修文》：诸侯以圭为贽；圭者，玉也，薄而不挠，廉而不刿，有瑕于中，必见于外，故诸侯以玉为贽。[②]

7.《说文解字》"玉"字下：石之美有五德，泽润以温，仁之方也；䚡理自外，可以知中，义之方也；其声舒扬，专[③]而远闻，智之方也；不桡而折，勇之方也；锐廉而不技，絜之方也。[④]

8.《春秋繁露·执贽》：君子比之玉，玉润而不污，是仁而至清洁也；廉而不杀，是义而不害也；坚而不硻，过而不濡。视之如庸，展之如石，状如石，搔而不可从绕，洁白如素而不受污，玉类备者，故公侯以为贽。[⑤]

9.《荀子·不苟》：君子宽而不僈，廉而不刿，辩而不争，察而不激，直[⑥]立而不胜，坚强而不暴，柔从而不流，恭敬谨慎而容，夫是之谓至文。[⑦]

10.《礼记·聘义》：夫昔者，君子比德于玉焉。温润而泽，仁也……廉而不刿，义也。[⑧]

11.《韩诗外传》：君子易和而难狎也，易惧而不可劫也，畏患而不避义死，好利而不为所非，交亲而不比，言辩而不乱，荡荡乎其义不可失也，磏乎其廉而不刿也，温乎其仁厚之光大也，超乎其有以殊于世也。[⑨]

---

① 左松超《说苑集证》，第 1100—1102 页。
② 同上注，第 1219—1222 页。
③ "专"原作"尃"，从段玉裁说改。
④《说文解字》，卷一上，第 7 页。
⑤ 苏舆《春秋繁露义证》，第 421 页。
⑥ "直"原作"寡"，从王念孙说改。
⑦ 王先谦等《荀子集解》，卷二，第 5 页。
⑧《礼记正义》，第 1948—1949 页。
⑨ 许维遹《韩诗外传集释》，第 52—53 页。

12.《韩诗外传》：汤作《护》……闻其商声，使人方廉而好义。闻其角声，使人恻隐而爱仁。①

13.《礼记·乐记》：宽而静、柔而正者，宜歌《颂》……正直而静、廉而谦者，宜歌《风》。②

14.《荀子·荣辱》：直立而不见知者，胜也；廉而不见贵者，刿也……此小人之所务而君子之所不为也。③

15.《老子》第五十八章：是以圣人方而不割，廉而不刿，直而不肆。④

16.《淮南子·泛论》：方正而不以割，廉直而不以切，博通而不以訾，文武而不以责。⑤

17.《文子·上义》：方而不割，廉而不刿，直而不肆，博达而不訾，道德文武不责备。⑥

18.《文子·道德》：文子问政。老子曰："……损而执一，无处可利，无见可欲，方而不割，廉而不刿，无矜无伐。"⑦

此外，"廉"也见于上文所述的石奢逸事，比如《史记·循吏列传》说石奢"坚直廉正，无所阿避"，而《韩诗外传》卷二则记录他本人的言论曰："不私其父，非孝也；不行君法，非忠也；以死罪生，不廉也。"⑧这些论述显然跟《六德》"弁（廉）"字的语境相符。

综合以上所列的文献证据来看，"廉"即"棱角"，继而引申出"方

① 许维遹《韩诗外传集释》，第301页。

② 此段文字多从郑玄说改，见《礼记正义》，第1336—1337页。

③ 王先谦等《荀子集解》，卷二，第20—21页。

④ 岛邦男《老子校正》，东京：汲古书院，1973年，第176—177页。

⑤ 何宁《淮南子集释》，第966页。

⑥ 王利器《文子疏义》，第484页。

⑦ 同上注，第243—244页。

⑧ 泷川资言、水泽利忠《史记会注考证附校补》，卷一一九，第6—7页；许维遹《韩诗外传集释》，第48页；又见石光瑛：《新序校释》，第952页。

正”“廉直”等含义，或许还包括“考察”“查访”。郑玄就是根据上述“廉”可能有的最后两个意思，再加上“廉”和“辨”在声音上的相似，才将《书·皋陶谟》“直而温，简而廉”一语读作“简而辨，直而温”。在“廉而不刿”“锐廉而不技”“廉而不杀”“磏乎其廉而不刿也”“方而不割，廉而不刿”等表述中，各家对于“廉”的理解都专注在其最具体的“棱角”义上（通常和玉的形态相关），反复表达的都是在严厉与宽柔之间取得平衡的要旨。这样对“廉”的理解不仅对于“义类弁而绝”一语十分恰当，就是和《六德》一段文字的几个主要动词，比如“斩”“杀”“断”等也都相当一致。①

至于“⿱艹⿰丱刂”字，关于此字的构形，陈剑认为下方的部件“⿰丱刂”像以刀断草，是“荛”的表意初文，对上方的部件则无说。②李家浩根据郭店残简5所载的一个明显相关的字形，认为此字下方是“止”的讹变，而上方（包括陈剑理解作像“刀”的笔画）是“⿱艹罒”，亦即“梦”“薨”“瞢”“甍”等字所从的部件，最后将此字和郭店残简字都释作“蘉”。③

《六德》“⿱艹⿰丱刂”字和相关字

《六德》简31 《六德》简32 郭店残简5

陈剑、李家浩二位对“⿱艹⿰丱刂”字的理解有明显不同，究竟孰是孰非？两位都根据《五行》的互文、根据郭店残简5的文例将此字读作“柔”，下面还有进一步的讨论。假设读“柔”无误，从声音上看，陈剑说“⿱艹⿰丱刂”

① 附带一提，郭店《语丛二》简2有一“⿰兼攵”字，裘锡圭的按语怀疑读“廉”，但此字出现的上下文尚有许多有待厘清之处，需要深入研究。裘锡圭说如属实，此字或许可以看作“廉”一词在郭店简中的另一写法。

② 陈剑《郭店简〈六德〉用为“柔”之字考释》，载《中国文字学报》第2辑，商务印书馆，2008年，第59—66页。

③ 李家浩《关于郭店竹书〈六德〉“仁类蘉而速”一段文字的释读》，第42—44页。

从“𠰓”声，“𠰓”即“莠”，有十分强的古音证据支持读“柔”。至于李家浩说“䒨”字从“𦭝”声，以“𦭝”得声的“梦”是明母、蒸部，可构拟作 *mj+ng（s），和日母、幽部的“柔”（*nju）距离较远。对此李家浩在文章中举了一些通假的例证。最关键的，在韵部方面，他指出幽部的“贸”有蒸部的异文“瞢”；在声母方面，“柔”从“矛”声，而“矛”也是和“梦”一样的明母。① 这说明李家浩的意见也有一定的古音根据。

要调停二说，一个可能的办法是将“蕕”分析作一个有双重声符的字，既从李家浩所说的“𦭝”声，又从陈剑所说的“𠰓”声。William H. Baxter（白一平）曾提出一个涉及历时语音变化的假说“rounding dissimilation”（圆唇的异化），亦即圆唇的元音可以因为唇腭音声母的影响而发展成 *+（*+ 就是 *i，是一个非圆唇的高央元音）。比如“逵”（*gwrju）、“轨”（*kwrju）在上古音都可以构拟幽部，圆唇的元音 *u，而此元音在较早的时期先发展成 *+，后来才在中古音发展成具有元音 i 的脂韵、旨韵。白一平指出，从 *u 到 *+ 的变化在西汉时期的押韵现象中就可以看见。② 根据《六德》，我推测在较早的时期，诸如“薨”（*hm+ng）等词或许有圆唇的元音 *u，以至“薨”所从的声符“𦭝”可以记录“柔”如此一个同样有元音 *u 的词。到了较晚的时期，因为所谓的“圆唇的异化”，“薨”的声音变成了蒸部的 *+，这使得“𦭝”不再适合记录“柔”，必须以另一个声符代替。在此情况下，原本写作“䒨”的字形在理解上就产生了变化，“𦭝”的部分笔画和“止”的部件被声符化为“𠰓”，最终成为现见于《六德》的字形。以上只是根据几位学者所提出的意见，尝试做一些整合。此说若无误，不仅可以调停陈、李二位对于《六德》一字的不同意见，还可以为白一平的音变假说找到一个时代较早的证据。

附带提到，《新书·道术》有“心兼爱人谓之仁，反仁为戾；行充其

---

① 见《吕氏春秋·介立》“喀喀然遂伏地而死”一句下的高诱注，见陈奇猷《吕氏春秋新校释》，第 635、637—638 页。

② Baxter，*A Handbook of Old Chinese Phonology*，p. 570.

宜谓之义，反义为懜”一语，其中“懜”字位于和“仁”大致相当的位置，显然和《六德》一字有关。[①]按照以上所述，可以认为《道术》此字保存了时代较早的语言讯息，或许就应该连同“葥”一样读作“柔”或相关之字。

根据以上的分析，现在可以讨论《六德》“葥”字究竟该作何读，是否就从陈、李二位读“柔”？上文指出此字的声符（无论是“𠁁”或“𠛱”）可读“柔”，而此方案不仅从《六德》一段文字的文意看来，就是比较《五行》简 41“𢏹（刚），义之方；矛（柔），悬（仁）之方也”、郭店残简 5“弫（刚）䒷皆▨”等文句，都显得十分合适。对此我并无异议，但是我认为“柔”的释读只是讨论《六德》“葥”字的开始，而不是结束，可以简单说明如下。

上文在讨论“荏染”和相关的刃系声字时，曾提到“柔”作为一个概念涵盖几个不同但相关的意思，包括“柔软”“柔弱”“柔顺”“柔和”。以上诸义都与“刚”的含义相反成对，但它们的分寸尺度却见仁见智。这样的理解有助于我们理解“荏染”一词的含义，对于“葥”字亦然。如果在阅读《六德》时，我们仅将“葥”字读“柔”而不去考虑在同时期已有相当数量的相关论述，它们对于“柔”的不同含义和相应的微妙差异已进行了仔细的辨析，这样恐怕只会重新埋没《六德》和其他出土文献所承载的宝贵讯息。

具体而言，我们可以在文献中找到相当丰富的词汇，用以论述仁、义或柔、刚的各种属性。读者如果现在回到上引文献的 1—8 条，会注意到与“廉”“义”诸字相对的“扰”、“纽”、“桡”（或“挠”）等一系列

---

① 阎振益、钟夏《新书校注》，第 303 页。“戾”作为“义”的同义词，又见于《庄子·大宗师》“吾师乎！吾师乎！齑万物而不为义，泽及万世而不为仁，长于上古而不为老，覆载天地、刻雕众形而不为巧，此所游已”，对应的是《庄子·天道》“吾师乎！吾师乎！齑万物而不为戾，泽及万世而不为仁，长于上古而不为寿，覆载天地、刻雕众形而不为巧，此之谓天乐”；见王叔岷：《庄子校诠》，第 264、475 页。比较两段文字，“义”“戾”的位置相当，词义大略相同，可为《道术》一语提供佐证。

字。这几个字在声音上关系密切（见下表），出现的语境也大致相当，都和仁的讨论有关。[①] 它们显然都属于一个和“柔”相关的同源词组，各自所记录的“驯顺”“系结”“曲从”的词义，代表的是“柔”作为一个词语或概念的不同层面。[②] 在此基础上，我认为“柔”“扰”“纽”“桡”等词都是《六德》“葪”一字应作何读的可能。无论最终选择为何，这个决定都不应该从此词组中被孤立出来理解。

与“柔”相关诸字的上古音

	声母	韵部	构拟[1]
柔	日	幽	*nu
扰	日	幽	*nau ?
纽	泥	幽	*nrâuh
桡	泥	宵	*nru?
挠	泥	宵	*nrâuh

如果说《六德》“葪”一字读“柔”并非错误，我认为改读作有“曲从”义之“桡”会更加准确。所谓“仁类葪（桡）而束，义类弁（廉）而绝”，说的是仁、义两种行为准则各自的属性：仁是柔软的，所以它像具有韧性的树木一样可以弯曲，可以缠束；义是刚硬的，所以它有棱角的方正，可能在遭受压力时断折。事实上，回到郭店残简 5“弜（刚）萓皆□”的残句，此处“萓”字虽然读“柔”无疑，但字形与《六德》“葪”字却有明显差异。上文论及李家浩的分析是将二字看作一字的异体，而陈剑则无说。如果《六德》“葪”字是读作一个与“柔”相关却又不尽相同之词，这跟字形所提供的讯息是不矛盾的，甚至我们可以说，

① “柔”可以分别和“扰”“纽”“桡”等声系通假，参高亨《古字通假会典》，齐鲁书社，1989 年，第 745 页。需要提到，西周金文中有多个确定可读“柔”之字，有学者认为甚至有甲骨文字的来源，详细情形虽已超出本文的讨论范围，但可想而知，此处所揭示的同源词组可以为相关问题提供许多线索。

② 参王力《同源字典》，第 236—237 页。

“䓍”“䕆”在字形上的差异就是要分辨“柔”与“桡”的不同。以上意见还有三条文献的支持。

第一是上文已提到的马王堆帛书《易之义》，其中有如下关于《坤》卦的文字：“[武人]又(有)㭪(弼)，文人有辅，㭪(弼)不桡，辅不绝，何不吉之又(有)？”说的是无论文人或武人受到他人辅佐的功效。[①]此句以“桡”“绝”并举，说明《六德》一字如读作“桡”，“仁类䕆(桡)而束，义类弁(廉)而绝”，和《易之义》的表述就十分一致。

第二是郭店《性自命出》简58—59：“门内之绐(治)，谷(欲)丌(其)𩩍(宛)也；门外之绐(治)，谷(欲)丌(其)梮(折)也。”[②]所谓“门内”“门外”，呼应的无疑就是《六德》“门内之治恩弇义，门外之治义斩恩”一语。至于“宛”“折”等词语，李天虹认为应该分别理解作“屈曲”“断折”。[③]按照此说，《性自命出》所使用的词汇虽然与《六德》的“䕆(桡)”“绝”稍有不同，但词义是相当的。事实上，《性自命出》所指涉的也有可能就是树木所有的刚、柔两种属性，甚至就是“荏染柔木，言缗之丝”的意象。

第三是《庄子·则阳》：“夫楚王之为人也，形尊而严；其于罪也，无赦如虎。非夫佞人正德，其孰能桡焉！”[④]此处“桡”亦作“曲从”解，与之相对的是楚王在刑罚上的严厉，意思是唯有佞人或正德之人才能说服他采用比较宽松的处置方式。这样的语境跟本文所述的仁、义或者刚、柔之间的冲突无疑是相似的。

以上根据一定数量的文献，将《六德》“䕆”“弁”两个疑难字分别读作“桡”“廉”，这些意见如果成立，我们可以反过来考虑《六德》和

① 张政烺《张政烺论易丛稿》，第219页，照片见于张政烺《马王堆帛书〈周易〉经传校读》。两书的编号不同。此处所说段落在前者是84行上至84行下，在后者则是22行上至22行下。

② 此句上博《性情论》的对应文字见于简26—27。

③ 李天虹《释𩩍、䛃》，《古文字研究》第24辑（2002年），第400—403页。

④ 王叔岷《庄子校诠》，第997—998页。

这些文献，尤其是和其中时代可能最早的《书·皋陶谟》的关系。关于这一点，首先可以提到《荀子·不苟》的一段话："君子宽而不僈，廉而不刿，辩而不争，察而不激，直[①]立而不胜，坚强而不暴，柔从而不流，恭敬谨慎而容，夫是之谓至文。"《诗》曰："温温恭人，惟德之基。"此之谓也。"[②]"宽而不僈，廉而不刿"云云，明显袭自《皋陶谟》，而最后"温温恭人，惟德之基"则引自《诗经·抑》。上文将《六德》"酟酟"读作见于《诗经·抑》的"荏染"，此处又联系《皋陶谟》和《六德》的其他词汇，这两种经典文献的并举和《荀子·不苟》的情形正好相符。

众所周知，《六德》是目前少数明确提及六经亦即《诗》《书》《礼》《乐》《易》《春秋》的先秦文献之一。对于这样一篇文献，除了承认经典文献的重要性，同时还借用或化用了经典文献的词汇或修辞策略，这应该无甚可议之处。同样，上文提到《六德》同时援引了《皋陶谟》和《抑》的做法，这应该也不令人意外；我们在郭店、上博和传世的《缁衣》中，看到的正是许多段孔子的言论，最后总结于《诗》和《书》的文句的情形。《六德》最独特之处，在于它以相当具体的方式，在时代较早的经典文献和时代较晚的战国著述之间，建立起一个联系。这说明后出的著述援引经典，并非只是表面地、肤浅地或无关要旨地拉拢在当时显然已受到相当瞩目的权威传统，而是忠实地接受这些文献、吸收其语言表述、阐述其内涵并将它们放置于一个新的上下文，借此赋予它们新的意义。

最后附带考虑一个相关的问题。《荀子·劝学》云"强自取柱，柔自取束"，过去王引之曾根据对应的《大戴礼记·劝学》("强自取折，柔自取束")以及其他证据，读"柱"为"祝"，有"断"义；所谓"强自取祝"意即"物强则自取断折，所谓太刚则折也"。[③]此说一向为学者广泛

① "直"原作"寡"，从王念孙说改。

② 王先谦等《荀子集解》，卷二，第5页。

③ 同上注，卷一，第8页；王念孙《读书杂志》1832年刻本，江苏古籍出版社，2000年影印，志八之一，3页下至4页上。

接受，但近来有多位学者提出“柱”应如本字读，“柱”作为动词有“做支柱”义，于是回到杨倞“凡物强则以为柱而任劳”的旧说。[①] 考虑到《六德》“义类廉而绝”的“绝”字，或者《性自命出》“门外之治，欲其折也”的“折”字，两处的文字都是仁、义或刚、柔相对，两处都强调刚强物的断绝，我认为“强自取祝”可以按照王引之说而联系最多的证据。事实上，在我目之所及的所有以仁、义或刚、柔相对的文献中，看到的都是“物强则自取断折”的观点：

1.《易之义》：是故柔而不切，然后（后）文而能朕（胜）也；刚而不折，然而后（后）武而能安也。[②]

2.《说苑·至公》：夫直士持法，柔而不挠，刚而不折。[③]

3.《文子·上仁》：夫太刚则折，太柔则卷，道正在于刚柔之间。[④]

4.《淮南子·泛论》：故圣人之道，宽而栗，严而温，柔而直，猛而仁。太刚则折，太柔则卷，圣人正在刚柔之间，乃得道之本。……夫绳之为度也，可卷而伸也，引而伸之，可直而睎，故圣人以身体之。夫修而不横，短而不穷，直而不刚，久而不忘者，其唯绳乎！故恩推则懦，懦则不威；严推则猛，猛则不和；爱推则纵，纵则不令；刑推则虐，虐则无亲。[⑤]

5.《淮南子·兵略》：将者必有三隧、四义、五行、十守……所谓五行者，柔而不可卷也，刚而不可折也，仁而不可犯也，信而不可欺

① 陈剑《郭店简补释三篇》，载郭店楚简研究(国际)中心(编)：《古墓新知——纪念郭店楚简出土十周年论文专集》，国际炎黄文化出版社，2003 年，第 121—125 页。

② 张政烺《马王堆帛书〈周易〉经传校读》，第 68 行上至第 71 行下。相关文字还见于《易之义》紧接在下的段落，第 71 行下至第 75 行上。

③ 左松超《说苑集证》，第 905—907 页。

④ 王利器《文子疏义》，第 451 页。

⑤ 何宁《淮南子集释》，第 934 页。

也，勇而不可陵也。[①]

6.《吕氏春秋·别类》：又柔则锩，坚则折。剑折且锩，焉得为利剑？[②]

7.《盐铁论·讼贤》：刚者折，柔者卷。[③]

8.《汉书·隽不疑传》：凡为吏，太刚则折，太柔则废，威行施之以恩，然后树功扬名，永终天禄。[④]

在上列文献中，第一条《易之义》在上文关于《六德》“酭酭（荏染）”的讨论中已涉及，第二条《说苑·至公》的“柔而不挠”和本节关于《六德》“蒉（桡）”的考释有关，第四条《淮南子·泛论》“可直而睎”的“睎”或许原作“希”，读“肆”，所谓“可直而希（肆）”可能和《五行》简21“不悳（直）不遙（肆）”等表述一致。[⑤]以上数点都说明这些论述和《六德》《五行》的关联，都可以作为王引之说的补充。

更进一步说，如果我们回到《荀子·劝学》一语的上下文，我们可以对王引之说更加确定：

物类之起，必有所始。荣辱之来，必象其德。肉腐出虫，鱼枯生蠹。怠慢忘身，祸灾乃作。强自取柱，柔自取束。邪秽在身，怨之所构。施薪若一，火就燥也；平地若一，水就湿也。草木畴生，禽兽群居，物各从其类也。是故质的张而弓矢至焉，林木茂而斧斤至焉，树成荫而众鸟息焉，醯酸而蚋聚焉。故言有召祸也，行有招辱也，君子慎其所立乎！

---

① 何宁《淮南子集释》，第1091页。
② 陈奇猷《吕氏春秋新校释》，第1651页。
③ 王利器《盐铁论校注》，中华书局，1992年，第284页。
④ 王先谦《汉书补注》，第4729页。
⑤ 此处《文子·上仁》对应的“布”也应做同样处理。关于“肆”一字的考释见沈培《说郭店楚简中的“肆”》，第302—319页。

这段话从“物类之起，必有所始”开始，后面“荣辱之来，必象其德”说的虽然是“荣辱”，但很明显重点在“辱”而不是“荣”，所以再下的“肉腐出虫，鱼枯生蠹”以及“怠慢忘身，祸灾乃作”描述的都是坏事的发生。在此上下文中，“强自取柱”作“物强则自取断折”解是相当合适的，就如同鱼肉会因为自身的腐坏而招惹蛀虫一样。后面“邪秽在身，怨之所构”也延续这个意思。此段落最后说“故言有召祸也，行有招辱也，君子慎其所立乎”，其中“辱”正呼应上文的“荣辱之来，必象其德”，更直接表明主题。以上都是对于王引之说的进一步申述。

最后，可以提到和《荀子·劝学》密切相关的《性自命出》（简8—9）的一段文字：

> 凡勿（物）亡（无）不异也者。刚之梪也，刚取之也。柔之约，柔取之也。四海（海）之内，丌（其）眚（性）弌（一）也。丌（其）甬（用）心各异，䜭（教）叓（使）肰（然）也。①

从《性自命出》的上下文来看，“刚之梪也”的“梪”如果读作“树”或读作“祝”，似乎都可以成立，不过考虑到上述文献无一不强调刚强物可能断折的特性，除非有其他的理由，否则此处“梪”也应该按王引之说读“祝”，才能联系其他的文献证据。

---

① 这段话上海博物馆《性情论》的对应文字见于简4。《性自命出》一段话可以联系《六德》，参冯胜君《郭店简与上博简对比研究》，线装书局，2007年，第208页，注1。此外，郭店竹简还有《语丛三》简46“强（强）之尌（祝）也，强（强）取之也”、《语丛二》简34—35“彊（强）生于眚（性），立生于彊（强），剸（断）生于立”，后者的“剸（断）”也呼应王引之说。

六、结论

以上的讨论针对《六德》简 26—33 的一个完整段落，提出了与过去学者不同的意见。除了确定《六德》“畒之为言也，猷（犹）畒＿（畒畒”一语是一种形式特殊的声训，本文对于《六德》一段话的几个具体问题都得到了新的认识，指出“畒畒”“蔄”“弁”等疑难字词，可分别读作“荏染”“桡”“廉”。在此基础上，《六德》一段话的不同部分都能够紧密地相互结合：直接取自《诗经·抑》的意象“荏染柔木，言缗之丝”，实际上在《六德》一段话中占有一个相当中心的位置；《六德》关于仁、义之不同属性的讨论，包括“桡”“廉”“束”“绝”等词语，即围绕着此意象而展开且相互交织。

按照《六德》所说，“㤅（仁）内也，宜（义）外也”，仁、义各有所指，仁是基于血缘的人伦感情，义则是无关血缘的公共准则。这是关于仁、义的一个具体的理解，而两者之间的差异也在它们可能发生冲突的一些情境中被凸显出来。这样的内涵可以和《孟子·告子》所记录的告子的观点互相比较。[①] 在孟子与告子的辩论中，告子在做出“食色，性也”的表述以后，紧接着就说“仁，内也，非外也；义，外也，非内也”，和《六德》几乎完全相同。过去学者讨论《告子上》这段文字，曾提出过一些十分有价值的意见。以下举倪德卫（David S. Nivison）、葛瑞翰（A.C. Graham）、史华兹（Benjamin I. Schwartz）三个例子：

> “色”……意味着我们被任何一种赏心悦目的东西（或人）所吸引……还会包括对其他人的所有生理上和心理上的基本感情。因此，它将包括仁，这种“仁”能够从告子所举的关心和爱护家人的例子中体现

---

① 焦循《孟子正义》，第 731—748 页。

出来。[①]

我们可以提问《孟子与告子》辩论中的“内”是否比“非身外”有更多的意涵。所谓“内”的事例包括仁、爱、敬、耆炙、饮食；所有这些都可以从行为上理解。但是，无论告子如何考虑这个问题，我们将讨论的人性学说（冠云按：指孟子学说），是明确将道德德性放置于内心的。[②]

这里所说的“仁”，如果赋予它《论语》中那种极其崇高的意义，反而有点令人困惑。在上下文中，它所指的似乎不过就是自然情感，不但可以和性的吸引力紧密关联，而且还可以延申至亲属关系的连系，而此连系我们终究也能在其他动物身上看到。[③]

三者在讨论中相当一致地指出，告子所谓的仁虽然内在于人，但实际上应理解作感情，具有对应的行为，而并非有道德内涵之“仁”。这样的认识对《六德》一段话的理解很有意义，可以申述如下。

过去学者讨论《告子上》一段话，已指出仁内义外的论述亦见于《墨子·经下》《墨子·经说下》《管子·戒》等处，在先秦思想中显然有

---

① David S. Nivison，“Problems in the Mengzi：6A3—5，” in idem，*The Ways of Confucianism：Investigations in Chinese Philosophy*（Chicago：Open Court，1996），p. 153；中文翻译见于倪德卫著、张海晏译《儒家之道：中国哲学之探讨》，南京：江苏人民出版社，2006年，第193页，但我对译文做了一些调整。

② A. C. Graham，*Disputers of the Tao：Philosophical Argumentation in Ancient China*（La Salle：Open Court，1989），p. 123；中文翻译见于葛瑞翰《论道者：中国古代哲学论辩》，中国社会科学出版社，2003年，第145页，但我对译文做了一些调整。此外，亦可参考同作者较早的文章：“The Background of the Mencian Theory of Human Nature，” in idem，*Studies in Chinese Philosophy and Philosophical Literature*（Singapore：Institute of East Asian Philosophies，1986），pp. 46—7；中文翻译见葛瑞翰《孟子人性理论的背景》，载江文思（James Behuniak）、安乐哲（Roger T. Ames）编《孟子心性之学》，社会科学文献出版社，2005年，第12—85页。

③ Benjamin I. Schwartz，*The World of Thought in Ancient China*（Cambridge：Belknap Press of Harvard University Press，1985），p. 264；中文翻译见史华兹著、程钢译《古代中国的思想世界》，江苏人民出版社，2003年，第264页，但我对译文做了一些调整。

相当的普遍性。[1]如今《六德》的发现使得此说在儒家思想中的位置成为一个更迫切的问题。简单地说，在早期儒家思想中，“仁”的内涵十分丰富，和几乎所有的道德价值和行为都有关。然而，一旦早期儒者开始思考道德究竟根源何在的问题，“仁”的意义就必须有更具体、严格的界定。在此前提下，因为“仁”和人伦情感的关系更加密切，“义”代表的更多是行为准则，“仁”即被视作内在，相对的是外在的“义”。于是，无论此说究竟肇始何处，在儒家思想的内部就有了出现仁内义外说的条件。

比较《六德》与同样出土于郭店的其他文献，可以为以上所说的观点找到一些根据。《性自命出》简18说“⾔（教），所㠯（以）生悳（德）于审（中）者也”，人性所固有之本质可以被理解作仅是道德的原料或基础，而真正道德的产生仍需外在力量的刺激。《性自命出》不说人性究竟本善或本恶，在此理解下和《六德》所说的仁内义外是互不抵触的。同样，郭店《五行》开首（简1—4）说仁必须“型（形）于内”才是“悳（德）之行”，以此与仅表现于外的“行”相对，乍看之下似乎与《六德》所说的仁内义外不甚一致。然而可以注意《五行》于此所区分的乃一般“行”为与真正德“行”：仁的德行原来是外在的，需要经历一番过程才能内存于心。和《性自命出》一样，《五行》并不预设人之本质有善恶之分，强调的也是外在力量对于道德的促成作用。[2]

众所周知，在现存文献中，对于仁内义外说保存最多讯息，同时也是讨论最多的记述，当然就是上文已提及的《孟子·告子》。在这一系列的辩论中，孟子对告子包括仁内义外的许多观点，逐一做出了反驳。事

---

① 孙诒让《墨子间诂》，中华书局，1954年，第331、391页；黎翔凤《管子校注》，第509—513页。《管子·戒》和郭店《唐虞之道》关系密切，值得深入研究，过去多位学者已指出了。

② 当然，细察《性自命出》《五行》等篇，也能够发现一些蛛丝马迹，暗示道德是否源自人心或人性的关注，但这是另外一个问题，此处就不多说了。

实上，虽然仁内义外的论述本身并不否定道德，但只有在孟子的思想体系中，仁以及义、礼、智等德行才一并被视为人性所固有，道德究竟根源何在的问题才得到充分的论证。于是，通过《六德》和郭店诸篇以及相关文献的仔细辨析，孟子思想的创新性及其对后世儒家思想的重大影响，就能够在此背景下获得比较充分的认识。

根据上文的讨论，以下写出《六德》简 26—33 一个段落的完整释文：

26　𢚩内也宜外也豊乐共也内立父子
27　夫也外立君臣妇也𦁎斩布寊丈为父也为君亦肰𦁎衰
28　齐戊林寊为昆弟也为妻亦肰袓字为宗族也为弸𥃝
29　亦肰为父𢇍君不为君𢇍父为昆弟𢇍妻不为妻𢇍昆弟为
30　宗族𤓰彊𥃝不为𤓰彊𥃝宗族人又六悳厽新不𠟭门内
31　之紿纫弇宜门外之紿宜斩纫𢚩頪𦿇而速宜頪弁
32　而𢇍𢚩𦿇而𨠬宜𢎘而柬𨠬之为言也猷𨠬＿也少而
33　貟多也𩓏其志求𢁍新志害亡不㠯也是㠯𨠬也

仁，内也；义，外也；礼乐，共也。内立父、子、夫也，外立君、臣、妇也。疏斩、布绖、杖，为父也；为君亦然。疏衰齐、牡麻绖，为昆弟也，为妻亦然。袒、免，为宗族也；为朋友亦然。为父绝君，不为君绝父。为昆弟绝妻，不为妻绝昆弟。为宗族杀朋友，不为朋友杀宗族。人有六德，三亲不断。门内之治恩弇义，门外之治义斩恩。仁类㮰而束，义类㢘而绝。仁，㮰而匿；义，刚而简。匿之为言也，犹荏染也，少而轸者也。舍其志，求养亲之志，盖无不以也，是以匿也。

楚简韵文分类探析*

［美］顾史考**

一、前言

近十几年来，从湖北一带出土了不少战国时代的楚国竹简文本，如今已面世者中，对中国古代思想史及文学史最重要的，即是荆门市附近发掘出的郭店楚墓竹简，及从同一带的古墓中被盗出而流至香港后又购回来的上海博物馆藏战国楚竹书，两批竹书的重大意义已为学者所熟知，自不待多言。其间有四篇文献主要皆是以韵文构成的，即郭店楚简的《语丛四》一篇，及上博楚竹书的《三德》《用曰》《凡物流形》三篇。此四篇的文学价值特别珍贵，值得专门研究。①

---

* 本文曾发表于复旦大学出土文献与古文字研究中心编《出土文献与古文字研究》第四辑，上海古籍出版社，2011 年 12 月，第 215—258 页。

** 作者为新加坡国立大学耶鲁国大学院教授。

① 《语丛四》的图版及释文，见荆门市博物馆编《郭店楚墓竹简》，北京：文物出版社，1998 年 5 月，第 103—107 及 215—219 页；此书的整理者即彭浩、刘祖信等人，另外又附以裘锡圭先生的按语。《三德》篇，见马承源主编，《上海博物馆藏战国楚竹书》第五册，上海古籍出版社，2005 年 12 月，第 11—12、125—148 及 285—303 页，李零释文考释。《用曰》篇，见同书第六册（2007 年 7 月），第 10—11、103—124 及 283—306 页，张光裕释文考释。《凡物流形》篇，见同书第七册（2008 年 12 月），第 8—12、76—132、220—300 页，曹锦炎释文考释。

《语丛四》篇，虽然命名与《语丛一》《语丛二》《语丛三》等相同，然性质则与之相殊，是以格言谚语为主，思想派别难以归类，而其最大特点则是其从头到尾皆成韵文，在郭店楚简中是独一无二的例子。《三德》一篇，是以天、地、人的关系探索人道之正及其该遵守的各种时令与禁忌，学术倾向或与所谓黄老思想相近，内容及形式亦与《管子·轻重》篇、《吕氏春秋》的部分篇章及马王堆《老子》乙本卷前的四篇古佚书皆有相类之处。[①]然而该篇最突出的特色，亦是全篇以韵文为主，在大部分的韵脚后，皆有符号以作为标示之用（本文称为“句末符”），尽管偶尔亦缺而并不规律，然仍是通读全文的有力线索。《用曰》一篇，最为独特，于每小节的陈述后皆有以“用曰”二字为冠的一两句短语作为小结论，多为劝诫性质的谚语或古语之类。此篇的“用曰”句以外的各章似亦皆成韵文，且“用曰”的各句本身假若归在一起，或许原来亦构成短篇韵文，只不过由于竹简残损而未可确知。[②]至于《凡物流形》一篇，以内容而言，很自然可以分为两半篇，其上半篇采用的是“问而不答”的形式，各章由相互押韵的若干疑问句组成，内容及体裁与《楚辞·天问》有相类之处，而其下半篇则主要是论述“察一”的概念，或可视作对上半篇所提各种疑问的某种回答。下半篇的句式或有较似散文论述者，然多半仍是以韵文为主，只是不如其上半篇规律而已。[③]

以上四篇均无章末符号，因而行文中章与章之间并无明确的界限，然而一般而言，循着韵律以诠释，即便可顺口分成许多自然的章节，且

---

① 《三德》与马王堆所谓《黄帝四经》的关系，可参曹峰《〈三德〉与〈黄帝四经〉对比研究》，收入曹氏著《上博楚简思想研究》，万卷楼，2006年，页173—192。

② 此“用曰”后句或原可连成一篇经文之说，参董珊，《读〈上博六〉杂记（续四）》，武汉大学简帛研究中心网站，2007年7月21日。

③ 关于此几篇详情，参下注所揭笔者各著的前言部分。下面韵式分析各篇所依照的简序，亦以笔者前作所采取为据。

各章皆是以相对固定的几个韵式而构成的。本文拟将四篇中所有构成韵文的章节加以分类，以便从中更加清楚地理解楚地韵文的特点及规律。通过此种分类研究，不但能对楚文修辞的方法乃至中国早期韵文的发展史等课题有较为深入的认识，而且对读通楚地此种文本本身有其不可缺少之用，因为一了解所采用韵式的常用模式，其何者为韵字乃将较容易地识出，因而对弄清其释读、句读甚至文意及简序等问题将有莫大的帮助。此外，假若四篇所反映的确实是楚地特色的雅言，那么对研究战国时代楚国方言的性质，自然亦将是意义重大的。

然而在此必须先说明的是，将此四篇视作楚地的韵文，只不过是种假设的前提，绝不能视之为定论。此四篇皆出自楚国一带，且是用楚国文字书写的，这是可以肯定的，然而其中或有从中原地区的原本抄下的，此一可能性亦不能排除。不过从另一方面论之，《凡物流形》的上半篇既与楚辞的《天问》相近，那么或者的确为楚地的产物；《语丛四》与《用曰》两篇的性质独特，传世文献中未见形式与之相同者，因而视之为楚地的特产至少亦无大碍；而《三德》所反映的思想，尽管或与被视为源自齐国稷下的黄老思想相近，然此种思想亦流行于楚地，与该篇形式最近的马王堆四篇佚书亦同为楚地之墓所出，因而此篇文本本身为楚国的作品可能性亦大。因此，将四篇视作楚地韵文来处理，虽然无法成为定论，然当作探试性的研究假设则确实有其道理，学者慎之即可。本文凡泛称“楚地韵文”时，皆以此为假设的前提，以下不复论之。

本文以笔者以前对此四篇的初步研究为基础，而不消说，笔者的研究本身又多是以其他学者的研究成果为据的。今由于篇幅所限，以下释文中凡不涉及韵脚或特别影响到韵式的种种释读及文意方面的问题，此一律不加以说明，详情皆在以前的五篇拙著当中，本篇恕无法赘论。[①]本文分论各种韵式时，乃按篇为序，而采取的均为同一个顺序，即《凡物》上、《凡物》下、《语丛四》、《三德》及《用曰》（虽以《凡物》分为上下篇来处理，然而还是笼统地将此几篇称为“四篇”）。之所以先论《凡物流形》者，是因为其简序大概已不成问题（有甲、乙两本可校对的），况且其上半篇的韵式在四篇中较为规整，因而其韵式分析该是最为可靠的；其下半篇虽然韵式较杂一些，然亦同属一篇，故次之于其后。《语丛四》的简序尽管尚无定论，然而还是相对稳定的，且全篇皆成韵，章与章间的界限仍是较清楚的，故又次之于《凡物流形》下。至于《三德》篇，用韵的习惯比较不规律，且竹简多有残损而简序无法完善地复原，因而韵式的分析便更难掌握，故又次于下。最后，《用曰》篇虽然用韵比《三德》规整，然而残损情况则格外严重，简序完全无法认出，各章的开头或结尾时而不明，韵式亦因此而多无法论定，因而将此篇置于最后。值得强调的是，由于四篇中的疑点过多，主观成分在所难免，因而从此分析所得出的结论，固然皆有弹性在，只能以其大致的倾向论之，而不能执于其细节。

在此亦该指出，郭店楚简的《老子》甲、乙、丙及《尊德义》等篇亦皆有韵文在内，然而《老子》的韵文多与散文相杂，《尊德义》更不是以韵文为主，性质与本文所分析的四篇不太一样。郭店《老子》与《尊

① 顾史考《从〈楚辞〉韵例看郭店楚简〈语丛四〉》，《先秦两汉学术》第五期，第 187—216 页，以下简称为“《从〈楚辞〉看〈语丛四〉》”；《上博竹书《三德》篇逐章浅释》，《屈万里先生百岁诞辰国际学术研讨会论文集》（台北：“行政院文化建设委员会”，2006 年 12 月），第 269—309 页，简称为“《三德》逐章浅释”；《上海博物馆楚简《用曰》章解》，《人文论丛》2008 年卷（北京：中国社会科学出版社 2009 年），第 717—770 页，简称为“《〈用曰〉章解》”；《上博简《凡物流形》初探》，《国立台湾大学哲学论评》2009 年，第 1—32 页，简称为“《〈凡物〉初探》”；《上博七《凡物流形》下半篇试解》，“出土文献与传世典籍的诠释——纪念谭朴森先生逝世两周年国际学术研讨会”论文（上海：复旦大学出土文献与古文字研究中心，2009 年 6 月），简称为“《〈凡物〉下篇试解》”；最后一文亦登于该研究中心的网站，纸本尚待正式刊发。

德义》固有其研究楚地韵文的价值，然而由于此性质不同及篇幅所限，本文不准备放在研究的范围之内。

二、韵式分析

本文对楚文的韵式分析，首先以各章之句数分为大题，即“四句章”、“六句章”、“三句章”，及“其他”四种。“四句章”与“六句章”又按韵式的大种类而分为类别，即所谓“双句相押类”、“隔句相押类”及“每句相押类”。本文所谓“双句相押类”即每两句互相押韵，如“aabb”或“aabbcc”等式；所谓“隔句相押类”则是每两句的第二句互韵，即“xbyb”或“xbybzb”等；而所谓“每句相押类”，顾名思义即“aaaa”等式。大题小类之中，又按照其他句子是否亦与其基本韵句相押而分为细类，例如“四句章”的“隔句相押类”又可细分为“abcb”“aaba”“abab”等类（韵脚按顺序情况而或以“a”或以“b”代之，凡相同者相押即是）。

本文所列韵部及凡云对转、旁转、通转及通韵、合韵等，皆以王力系统为准。据王力的定义，凡阴、阳、入三声“在元音相同的情况下，可以互相对转”者为“通韵”，凡“元音相近，或元音相同而不属于对转，或韵尾相同”者（即其所谓“通转”及“旁转”者）为“合韵”[1]。以下的释文中，韵部皆放在方形括号中，若所读成的字韵部与原字所属者不同，则另以圆形括号示读字之韵部。以下凡云“句”，皆指短句而

---

① 王力古音通假系统，见其《同源字典》，台湾版；台北：文史哲出版社，1991年10月，第12—20页。王力对通韵、合韵的定义，见其《诗经韵读》，上海古籍出版社，1980年12月，第28—36页。本文所言各字韵部，以唐作藩编著的《上古音手册》为据，江苏人民出版社，1982年9月。

言（以四字左右为常），即释文中的一横行；由较长的复合句构成韵句者将另加说明（多在《语丛四》一篇）。以下的分析当中，由于有残简、未释之字及竹简排序不明之处等问题，因而有几章的韵式乃至句数本身无法完全确定，而在此只是暂定的（《用曰》篇尤多）。疑点足多者皆记之，残缺过甚者则从略，以免损害分析的客观性。

I）四句章

A）四句章的“双句相押类”

此即以“aabb”为韵者（IA类）：

《凡物流形》从第1简开始有连续几章先用此式，如首章：

凸（凡）勿（物）流型（形）	〔耕部〕
累（奚）㝵（得）而城（成）?	〔耕部〕
流型（形）城（成）豊（体）	〔脂部〕
累（奚）㝵（得）而不死?	〔脂部〕（IA.1）

除了第四句多了一个“不”字外，基本上皆是四字一句，韵式较为严谨。其实《凡物流形》前几章不光都是如此的韵式，且第四句亦皆为五字句，如简1—2彼章末句加了一个似无意义的“之”字：

既城（成）既生	〔耕部〕
累（奚）寡（顾）而鸣?	〔耕部〕
既臬（拔）既槿（根）	〔文部〕
累（奚）逡（后）（1）之累（奚）先?	〔文部〕（IA.2）

《凡物流形》简2接着的一章，同样是“aabb”之韵，且末句亦多了一个“不”字：

侌（阴）昜（阳）（乙 1）之凥（处）　　〔鱼部〕
奚（奚）㝵（得）而固？　　〔鱼部〕
水火之咊（和）　　〔歌部〕
奚（奚）㝵（得）而不㘴（危〔诡〕）？　　〔歌部〕（IA.3）

到了下一节的头章，则韵式虽相同，然四句均为四字句（本节开头的“闻之曰”不算）：

䎽（闻 / 问）之曰：
民人流型（形）　　〔耕部〕
奚（奚）㝵（得）而生？（2）　　〔耕部〕
流型（形）城（成）豊（体）　　〔脂部〕
奚（奚）遊（失）而死？　　〔脂部〕（IA.4）

笔者曾论过，此一微小的变化或有深意：《凡物流形》首章言“万物”之“成”及其所“得而不死”，而此则言“民人”之“生”及其所“失而死”，从不死之理改成死去之由，似乎强调人类寿命之短暂。此种意义上的转折，或亦略有反映于韵式当中。然而本文所分析几篇楚国韵文中，某句中多加了一两个虚词甚至实词亦常见，一般并无特别意义，下文不一一记之。《凡物流形》此处或为例外，然较此字数方面远为明显的韵式转换，则是本章后接下的数章皆将改成“abcb”之韵，而彼一转换似亦更加带有深意，本文下节将论及。

《凡物流形》到了第 7 简，话题转到治国之要时，又出现“aabb”式的一章：

川（顺）天之道　　〔幽部〕
虗（吾）奚（奚）以为页（首）？　　〔幽部〕

虗（吾）（乙6）欲㝵（得）（7）百眚（姓）{之味（和）}〔耕部〕
虗（吾）奚（奚）事之敳（重）？　〔东部〕（IA.5）

此第三句的“之和”二字实为衍文，说见拙著《〈凡物〉初探》。末句最后一字，整理者原释为“敬”，然学者已指出其写法实与一般“敬”字不同。假若视之为“敬”字之讹变则恰与“姓”字同属耕部，兹姑释之为“敳”而读“重”，将末二句视作耕、东旁转合韵。

《凡物流形》下半篇简20—29亦有此式：

鼠（一）言（焉）而冬（终）不躳（穷）；　〔冬部〕
鼠（一）言（焉）而又（有）众；（20）{众}　〔冬部〕
鼠（一）（乙14b）言（焉）而万民之利∠　〔质部〕
鼠（一）言（焉）而为天墜（地）旨（稽）。　〔脂部〕（IA.6）

“众”字甲本误重。此章下两句脂、质对转通韵。“躳（穷）”字从复旦大学读书会释。①

《语丛四》亦有几处用的是“aabb”之式。

言以司（始），　〔之部〕
（情）以旧（久）。　〔之部〕
非（靡）言不（酬），　〔幽部〕
非（靡）悳（德）亡复（报）。　〔觉（/幽）部〕②（IA.7）

此章若以之、幽合韵看之，则尚可视为“aaaa”式。依笔者的简序，同篇

① 复旦大学出土文献与古文字研究中心研究生读书会.《〈上博（七）·凡物流形〉重编释文》。复旦大学出土文献与古文字研究中心网站，2008年12月31日。

② “报”为幽部，而“复”本字为觉部。

“aabb”式的下一例为简 27—7：

圣（听）君而会，　〔月部〕
视（朝）而内（入）。　〔物部〕[①]
之（时）至而（27）　（将），　〔阳部〕
流泽（滞）而行。┃（7）　〔阳部〕（IA.8）

本章含意详情参拙著《从〈楚辞〉看〈语丛四〉》。同篇另外有如简 8—9：

（窃）钩者（诛），　〔侯部〕
（窃）邦者为者（诸）侯。　〔侯部〕
者（诸）侯之门，　〔文部〕
义士（8）之所廌（存）。┃（9）　〔文部〕（IA.9）

同篇简 12—13 有一对四句章，前一章亦是“aabb”之式：

（早）与（举）（贤）人，　〔真部〕
是胃（谓）（抗）行。　〔阳部〕
（贤）人不才（在）昃（侧），　〔职部〕
是（12）胃（谓）迷惑。　〔职部〕（IA.10）

真、阳二部关系稍远，然亦属合韵的范围之内，而且因为“贤人”“抗行”亦各自为叠韵词，所以韵味仍很浓厚。本章与它下一章形式相同，然下一章韵脚则属“aaaa”之式，今归于该式下，见 IC.5 条。

---

① 此以“内”本字为说，视为月、物合韵；“入”则属缉部。

《三德》篇亦有几章以“aabb”为式。简 2 上段，如所缺字可断为阳部字的话，似便是一例：

敬者㝵（得）之▬	〔职部、之部〕
悥（急）者遊（失）之▬	〔质部、之部〕
是胃（谓）天棠（常）▬	〔阳部〕
天神之丨【享？】。▬	〔阳部（？）〕（IA.11）

前两句虚字“之”前的两字“得”“失”均为入声字，可视为通转合韵。同篇第 3 简亦有一章：

昜（阳）而幽▬	〔幽部〕
是丨胃（谓）大莪（戚）▬	〔觉部〕
幽而昜（阳）	〔阳部〕
是胃（谓）不恙（祥）▬	〔阳部〕（IA.12）

前两句以幽、觉通韵，后两句又以阳部相押。又同篇第 14 简：

天材（灾）纕＝（绲〔混〕绲〔混〕）	〔文部〕
弗殺（灭）不墮（陨）▬	〔文部〕
为丨善福乃坴（来）▬	〔之部〕
为不善禍（祸）乃或（惑）之	〔之部〕（IA.13）

此章末缺乏句末符号，难以确知最后一字是哪一个。今取“之”字，然“或/惑”为职部字，亦可与之部通韵。另外文部与之部复亦通转，或尚可视为两部合韵，然关系非近，终似不如看作“aabb”的韵式为佳。

此一式或亦见于下面的 IC.3 条，然今以其合韵情况而归为“aaaa”类。

B）四句章的“隔句相押类”

此类即四句章中第二、四两句相押者。其本式为“abcb”，若第一句又与之相押则为“aaba”式，而若是一、三两句互韵而不与二、四同韵者则为“abab”交韵之式。此外亦偶见较为特殊的“abbb”之式。今分述如下。

1）以“abcb”为韵（IB1 类）：

此乃楚文中特别常见的韵式。前面讲过，《凡物流形》的头几章均是“aabb”之式，然到了第 3 简以下，韵式突然变为“abcb”之类。运用此种韵式的头一章中，整理者原读“未知天地之请”为一句，标点似乎有误，笔者更正如下：①

又（有）导（得）而城（成）
未（乙2）智（知）左右　　〔之部〕
之请天埅（地）
立冬（终）立𢍁（始）　　〔之部〕（IB1.1）

此种韵式的突变，似乎亦有其深义焉。即是说，文章此处始言及人类秩序之成立：因为模仿天地原有的秩序，乃建立此种“左右”“终始”等对立面的概念。然与此同时，各章的韵式乃为之一变：从前面数章两两互韵之句，忽而变为二、四隔句相押，如此而将“左右”与“终始”更显得为相类的概念。从此章开始以下，连续数章均是此种韵式。下一章讲述“五度”“五气”：

天陛（降）五尾（度）
虐（吾）系（奚）（3）奥（衡〔横〕）系（奚）从（纵）？〔东部〕
五既（气）并至

① 笔者标点更正之说，见拙著《〈凡物〉初探》。然至今学者几乎皆是仍以原来的标点为是。学者对此章的种种说法，亦参拙著。

虗（吾）爰（奚）异爰（奚）同？　〔东部〕（IB1.2）

此章本可视为四字一句，只是其中多了两个“虗”字，下面几章亦见相同情况。此字或有读为“乎”而属上读者，则用法盖与《楚辞》中常见的“兮”字相近，可视为语气词。此一可能性确实存在，然下文中亦有其不可不读为“吾”之处，而笔者此处亦仍以读“吾”而属下为是，当作发问者某种代表人类本身的第一人称。① 接着的一章乃是纯以四字一句的“abcb”之式：

五言（/音）才（在）人
篙（孰）为之（乙3）公（/宫）？　〔东（/冬）部〕②
九囦（囿〔域〕）出誨（谋）
篙（孰）为之逢？　〔东部〕（IB1.3）

而其下面一章，除了前句又冠以“虗（吾）”而又加“而”字外，亦复如此：

虗（吾）既长而（4）或（又）老
篙（孰）为妖（箭〔荐〕）奉　？　〔东部〕
禵（鬼）生于人
爰（奚）古（故）神䁝（明）？　〔阳部〕（IB1.4）

此章笔者视为东阳二部合韵。然而另一种可能则是将前两句上属前章

① 读“乎”之说详李锐《〈凡物流形〉释读札记》，“2000—2001世纪孔子”网站“清华大学简帛研究”栏，2008年12月31日。读“吾”之理，见拙著《〈凡物〉初探》。

② “宫”乃冬部字，然而此一“或读”只是笔者的一个猜测，此仍以本字“公”归之东部。

（东部韵）之末，又将后两句视为下章（阳部韵）之首，将如此来的两章看作六句韵式。然其上下数章均为四句韵式，“吾既长而又老”句于意义上似又以下属本章为胜，今仍以“五言”至“其疆”十二句视作各自四句的三章韵文。其第三章如下：

骨＝（骨肉）之（乙4）既林（靡）
其智愈暲（彰）　　〔阳部〕
其夬_（慧）奚（奚）壹（适）？
篙（孰）智（知）（5）其疆　？　　〔阳部〕（IB1.5）

此章除了前句中多加“之”字外，同样是以“abcb”为式的四个四字之句。此种韵式，《凡物流形》接着的一章则稍加变化：

魂（鬼）生于人
虐（吾）奚（奚）事之？　　〔之部、之部〕
骨＝（骨肉）之既林（靡）
身豊（体）不见
虐（吾）奚（奚）自飤（食）之？　　〔职部、之部〕（IB1.6）

以韵脚而言，“事之”与“食之”双双通韵，主要的韵脚“事”与“食”为之、职对转。然主要的变化乃是其第三句下面亦多加了一句，韵式实可视为“abcdb”，成为破例。其所以如此，盖是为了加强语气，有强调尸体之不灵那种现实的作用，使得末句“吾奚自食之”的感叹有格外的疑问意味。接着一章是讲述鬼神之事的最后一章，同时又是此连续几章“abcb”之韵的最后一章：

其銮_（来）亡尾（度）（6）/（乙5）

虐（吾）奚（奚）旹（时）之寠（搜）？　　　　〔幽部〕
祭员《异〔祀〕》奚（奚）进（升）？
虐（吾）女（如）之可（何）思（使）（饱）？〔幽部〕（IB1.7）

从此以下话题一变，韵式亦暂时回到“aabb”之式，见本文 IA.5 条。然则前所述一整段基本上均是以“abcb”为韵的四句之章，其中除了或加“吾”及“而”“之”等虚词外，几乎都是以四字成句。

此外《凡物流形》的上半篇另有两章或可视为“abcb”之韵，如第10—11简的：

日之?（始）出
可（何）古（故）大而不惦嚣（炎）？　　　　〔谈部〕
其人《入》（10）审（中）_
奚（奚）（乙8）古（故）少（小）《而佳（丰）》暲（彰）〔阳部〕（IB1.8）

只是四句之长短不一，且以（姑读为）谈、阳两部通转合韵，韵式较为松散。[①] 此外简14的首章则与前面的四字句韵式较为一致，只是其末句增了二字：

夫雨之至_

箸（孰）（唾）（津）之？　　　　〔元（/真）部、之部〕[②]
夫吕（风）之至（至）_
箸（孰）飚（嘘）飘（吸）而进之？　　　　〔耕部、之部〕（IB1.9）

---

① 此章第二句“嚣”字未有确释，第四句读法亦不明，且“暲”是否其末字也未可知，因而本章是否实为谈、阳合韵亦无法完全确定。

② “”字从水从廌，盖读如元部的“荐”，而此处所读之“津”字则属真部。

值得注意的是,《凡物流形》使用此式者皆在上半篇，其下半篇并未用到。

《语丛四》亦见有此种韵式，如其第 2 简：

言（1）而狗（苟），　　　　([侯部])
(墙）又（有）耳。　　　　〔之部〕
往言（伤）人，
(来）言（伤）(己)。(2)　　　　〔之部〕(IB1.10)

若以侯、之视为合韵的话，则亦可视为“aaba”之式。

同篇第 16—17 简，或该以长句为单位而简单视为“aa”式的两句之韵，然今姑分为四句而看作“abcb”之式（“者”字不算入韵)：

利木（荫）者，
不折（16）其（枝)。　　　　〔支部〕
利其渚（潴）者，
不赛（塞）其（溪)。　　　　〔支部〕(IB1.11)

其下一章情况亦相同：

善（使）其下，
若（17）(蚈)(蛩）之足：　　　　〔屋部〕
众而不割（害)，
割而不仆（仆)。　　　　〔屋部〕(IB1.12)

同篇简 22—24 亦使用此式：

君又（有）（22）（谋）臣，
则壤（地）不钞（削）；　　〔宵（/药）部〕[①]
士又（有）（谋）（友），
则言谈不（23）勺（约）。　　〔药部〕（IB1.13）

《语丛四》的最后一章，似乎可以不必入韵，且月、阳二部通转合韵关系稍微疏远。然若可视为韵文，则亦属“abcb”之式，今仍录以备全：

（一）（25）言之善，
足以终（世）。　　〔月部〕
参（三）（世）之福，
不足以出芒（亡）。▌（3）　　〔阳部〕（IB1.14）

《三德》篇亦多用此式，如其第 2 简下段：

【□□□□】
皇天𤖯（将）舉（兴）之▬　　〔蒸部、之部〕
毋为𢡺（伪）虘（诈）
上帝𤖯（将）憎之▬　　〔蒸部、之部〕（IB1.15）

即以二、四两句相押。其头句残缺，不知是否与第三句相押，今且不视为入韵。此式亦见同篇第 3—4 简的一章：

敬＝之＝（敬之敬之）
天命孔明▬（3）　　〔东部、阳部〕
女（如）反之
必禺（遇）凶央（殃）▬　　〔东部、阳部〕（IB1.16）

① “削”字属药部，然“钞”本身属宵部，因而或该算作宵、药通韵。

本章“孔明”与“凶殃”恰好形成东、阳双韵的韵句，且一、三两句亦俱以“之”字收句，而第三句虽才三个字，然总的读起来较有韵味。[①] 又同篇第5简：

古（故）棠（常）不利▬
邦遊（失）旝（干）棠（常）　　〔阳部〕
少（小）丨邦则戋（残）
大邦迯（过）鼽（伤）▬　　〔阳部〕（IB1.17）

二、四两句以阳部相押。同篇第6简：

凡宅（托）官于人　　（〔真部〕）
是胃（谓）邦固▬　　〔鱼部〕
宅（托）人于官　　（〔元部〕）
是胃（谓）邦藘（露）▬　　〔鱼部〕（IB1.18）

此又是“abcb”之式，不过一、三两句互换的“人”“官”二字亦可视为真、元旁转合韵，所以本章难免也有“abab”交韵之味。又同篇第10简：

毋为角言▬　　（〔元部〕）
毋为人昌（唱）▬　　〔阳部〕
毋復（作）大事▬
毋刻（刈）棠（常）▬　　〔阳部〕（IB1.19）

① 陈剑主张将第4简改承第1简，然笔者不采取此说。陈氏说见其《谈谈〈上博（五）〉的竹简分篇、拼合与编联问题》，武汉大学简帛研究中心网站，2006年2月19日。

其首句元部亦可与阳部通转合韵，然今仍视为“abcb”式。此式又见其接下的一章：

毋[illegible]（壅）川■	（〔文部〕）
毋剅（断）陓（洿）■	〔鱼部〕
毋威（灭）宗（崇）■	（〔冬部〕）
毋虚床■	〔阳部〕（IB1.20）

鱼、阳对转通韵，而一、三两句的文、冬二部亦可通转合韵，因而此或亦可归为“abab”之式。然此一整段的韵律本即十分松散，其接下的两章韵式更加杂乱，今亦不收入本篇的例子当中。不过同段的第5章（第11简）或亦值得一提：

毋[illegible]（逸）其身	（〔真部〕）
而多其言■	〔元部〕
居毋惁（适）■	（〔月部〕）
復（作）毋康（荒）■	〔阳部〕（IB1.21）

二、四两句或以元、阳通转合韵。又前两句及后两句或亦可各自相押而视为某种“aabb”之式。无论如何，韵律仍嫌过于宽松，今仅录以备全。又其接下的一章：

善勿丨威（灭）■	（〔月部〕）
不恙（祥）勿为■	〔歌部〕
内（入）虚毋乐■	（〔药部〕）
陞（登）（11）丘毋诃（歌）■	〔歌部〕（IB1.22）

月、药两部入声字亦可视为通转合韵，则本章或亦可看作“abab”的韵式。《三德》第20简亦有一章：

至（致）型（刑）忟（以）忞（哀）▬　　（〔微部〕）
赠（送）迲（去）以恳（悔）▬　　〔之部〕
民之所欲▬
䰠（鬼）神是有（佑）▬　　〔之部〕（IB1.23）

首句的“哀”字或亦可通转合韵，而本章也可视为“aaba”之式。

《用曰》第1简亦见有“abcb”的韵式：

心目返（及）言
是善败之经　　〔耕部〕
参节之未得
豫（预〔舍〕）命乃縈〔撄〕　　〔耕部〕（IB1.24）

同篇第3简简头有一章，只存最后三句，头句属于其他简末，似乎已残，今不知是否也押韵。[①] 今姑归为此式：

【□□□□】
（顺？）其又（有）成悳（德）　　〔职部〕
閟（闭）言自闗（关）
（终？）其又（有）宔（中）墨（默？）　　〔职部〕（IB1.25）

同简接下来的一章亦是二、四两句以之、职相押：

良人鼎〔争〕

① 笔者此处的分章亦与别人不同，详情参拙著《〈用曰〉章解》。

安（焉）难之　　　　〔之部〕
少疋（疏）于毂（悫）
亦不婴（狎）于恻（贼）。　　　　〔职部〕（IB1.26）

又同篇第4简：

聑（摄）好弃（弃）忧（佑？）
五井（刑）不行。　　　　〔阳部〕
淦（阴）则或（又）淦（阴）
昜（阳）则或（又）昜（阳）。　　　　〔阳部〕（IB1.27）

同篇第7简则有连续的两章应该合看，即：

曼＝（慢慢）柬＝（简简）　　　　（〔元部〕）
其颂（容）之作　　　　〔铎部〕
赣＝（坎坎）險＝（险险）　　　　（〔谈部〕）
其自视之泊（迫）　　　　〔铎部〕（IB1.28）

及
慵（诚）可斱（慎）哉　　　　（〔慎：真部〕）
其言之（微）择　　　　〔铎部〕
龚（恐）又（有）武（迕）心 ▎（7）　　　　（〔侵部〕）
【□□□□】　　　　〔□部〕（IB1.29）

下章最后一句本属其他简上端，今或已残。上章第二、四两句以铎部相押，下一章想必亦如此。另外两章的第一、三两句亦均以鼻音韵尾收句（虚字“哉”开外），因而颇有交韵之感，若宽视之则或亦可以看作“abab”

的两章，且两章亦可以当作一大章来看待。

《用曰》第 15 简亦有连续的两章情况是相类的，即：

宧于朝夕	(〔铎部〕)
而考（巧）于左右	〔之部〕
㛷（狎）而不难告	(〔觉部〕)
众之所畏忌	〔之部〕(IB1.30)

及：

请命之所[illegible]（对）	(〔物部〕)
而言話（语）斎＝（之所）记（起）	〔之部〕
辠（罪）之枝叶	(〔叶部〕)
良人可思	〔之部〕(IB1.31)

（后章下面所接着已残）。只是此次两章以之部为韵，而各章第一、三两句的末字则为入声字，然同样有交韵的味道。

同篇第 10 简，若其下面残处未属于此章的话，则亦可归为“abcb”的一章：

胃（谓）天高而不概（墍）	(〔物部〕)
胃（谓）陸（地）毛（厚）而不达。	〔月部〕
言在家室	(〔质部〕)
而莫䌞（执）朕聒（舌）	〔月部〕(IB1.32)

其中第一、三两句亦以同类入声字与月部合韵，因而从一种较宽的角度亦可以视为“aaaa”之式。同篇第 11 简一章，盖亦可视为“abcb”式的四

句之章：

【为？】 |亚（恶）猷（犹）慨（爱）
敽（乱）节畵（僭）行　　〔阳部〕
冒（茂）还（繁）乓（厥）璧（辟）
台（以）民乍（作）康　　〔阳部〕（IB1.33）

此二、四两句以阳部相押。同简紧接着的一章则以药、宵通韵：

若罔（网）之未登（发）
而自嘉乐　　〔药部〕
司（伺）民之降凶（凶）
而亦不可逃。　　〔宵部〕（IB1.34）

又《用曰》第 14 简：

弜（强）君[illegible]（苛）政。
瑒（扬）武于外　　〔月部〕
克轗（躐）戎事
台（以）员（损）四戋（践）　　〔元部〕（IB1.35）

此第二、四两句以月、元入阳对转通韵。又同简紧接着的一章：

折（制）瀍（法）即（节）井（刑）
恒民[illegible]（战）败　　〔月部〕
詖（必？）其又（有）继愭（绪）
而難（难）其又（有）惠　　〔质部〕（IB1.36）

此二、四两句似以月、质两个入声字旁转合韵。然其下面一个“民”字后即残，因而本章是否未完亦未可知。

又同篇第 18 简：

记（起）事乍（作）志
畯（浚〔徇〕）其又（有）审（终）成　　〔耕部〕
番（博）愭（图）绤（裕）众　　（〔冬部〕）
台（以）字（慈）民生　　〔耕部〕（IB1.37）

此二、四两句以耕部相押。又同篇第 19 简头端，假若本为一个四句章的话，那么亦是“abcb”式的一例：

〔国？〕|定又（有）絽（纪）
而亦不可叡（助）　　〔鱼部〕
民道緐（繁）多
而亦不可沽（固）　　〔鱼部〕（IB1.38）

最后，《用曰》第 16 简上端有一章，前面已残缺或未明，因而韵式不得而知。今姑录于此，以示为真、耕合韵的一个可能之例：

【□□□□】
……鳏之身　　〔真部〕
[illegible]（沁？）吝（文？）惠武
鹳（恭）吊（淑）以成　　〔耕部〕（IB1.39）

真、耕合韵，与同篇第 5 简彼章之合韵情形相同（见下 IIB1.2 条）。另外其接下来的一章，基本上亦与之同韵，只是其下边亦残，末字是什么只能加以猜测：

茅（蒙）之台（以）元色
柬（简）其又（有）亘（恒）井（形）　　〔耕部〕
（桎？）其又（有）戡（威）颂（容）　　（〔东部〕）
而（鞍？）其又（有）宁□〔声？〕　　〔□部〕（IB1.40）

此姑补为耕部的“声”字从李锐说。[①] 反正想必是个耕部或真部字，因而此句或者即到“宁”字（耕部）为止也未可知。此外，第三句“颂（容）”字或亦可算为与之合韵。

2）以“aaba”为韵（IB2类）：

此一韵式，从《诗经》到唐诗以下，均属常见，而楚文中亦偶尔见之。此式亦与“abcb”相同，只是第一句又复与二、四两句入韵。《凡物流形》上半篇并无此式，然其下半篇第23简则似乎有之（首句为大题不算）：

女（如）欲戠（察）鼠-（一）：
卬（仰）而视之　　〔脂部、之部〕
（俯）而（癸〔揆〕）之　　〔脂部、之部〕
母（毋）远怺（求）尾（度）（乙15）
于身旨（稽）之　　〔脂部、之部〕（IB2.1）

不过此中“癸”字未有确释，此姑从刘刚释。[②] 三句末的“之”字，此不视为韵脚，而均以其前的脂部字当之。

① 李锐《〈用曰〉新编》，武汉大学简帛研究中心网站，2007年7月13日。
② 刘刚《读简杂记·上博七》，复旦大学出土文献与古文字研究中心网站，2009年1月5日。

同篇下半篇的最后一章亦可视为“aaba”之式：

> 椂（握）之不浧（盈）椂（握），　　〔屋部〕
> 尃（敷）之亡所凶（容）；　　〔东部〕
> 大（29）之以智（知）天下，
> 少之以訂（治）邦乙（（乙 22 终））　　〔东部〕（IB2.2）

上句屋部与东部为阳入对转，可以与之通韵。不然，此亦可归为“abcb”之式。

《三德》篇亦见有此式，即简 17—15 的一章：[①]

> 不攸（修）其成▬　　〔耕部〕
> 而（17）圣（听）其縈（攖）　　〔耕部〕
> 百事不述（遂）
> [illegible]（诸）事不成。▬　　〔耕部〕（IB2.3）

又同篇简 13—14：

> 天之所败[illegible]《多》其[illegible]（求）▬　　〔幽部〕
> 而（13）舁（寡）其恳（忧）▬　　〔幽部〕
> [illegible]（兴）而记（起）之▬　　（〔之部〕）
> 思[illegible]（道（？））而勿救（求）▬　　〔幽部〕（IB2.4）

亦采用此式，只不过头句因包括主题而较长。若要视为幽、之合韵，则亦可以看作“aaaa”的韵式。同篇下一章（简 14）亦是同样的情况：

---

① 简 17 下接简 15 之说，从陈剑《谈谈〈上博（五）〉的竹简分篇、拼合与编联问题》（见注 16）。

方萦（撄）勿伐■　　〔月部〕
牺（将）[illegible]（兴）勿杀■　　〔月部〕
牺（将）齐勿梈（刳）■　　（〔鱼部〕）
是奉（逢）凶胕（孽）■　　〔月部〕（IB2.5）

一、二、四等三句互韵，而句三的鱼部主要元音亦相同，或亦可以与之通转合韵。

又同篇简 14—19 之处：①

埤（卑）（14）[illegible]（墙）勿增■　　〔蒸部〕
灋（废）人勿[illegible]（兴）■　　〔蒸部〕
皇天之所弃（弃）■
而句（后）帝之所憎■　　〔蒸部〕（IB2.6）

《用曰》亦见有此式，即在其第 1 简：

民之初生　　〔耕部〕
多隋（险）以难成　　〔耕部〕
视（示）之台（以）康乐
慝（贷）之台（以）凶（凶）垩（刑）　　〔耕部〕（IB2.7）

然此一韵式并不十分常见，除了这些例子之外，其他可能的例子中只有 IB1.19、IB1.23 及 IC.11。

3）以“abab”为韵（IB3 类）：

此一韵式亦与“abcb”相近，只是一、三两句又复彼此相押，形成一

① 简 14 下接简 19 之说，亦从陈剑前注所揭文。

种交韵的形式。此韵式较为少见，从严而求之，只有《凡物流形》的下半篇才见到。该篇第26—18简即见有此式，不过一、三两句的韵脚乃是同一个字：

心不勳（胜）心，　　〔侵部〕
六《大》[illegible]（乱）乃复（作）；　　〔铎部〕
心女（如）能勳（胜）心，（26）/（乙19）　　〔侵部〕
是胃（谓）少（小）敵（彻）。　　〔月部〕（IB3.1）

此以铎、月两部入声字视为通转合韵。其接下的一章亦以铎、月两部为韵，各句的形式似亦构成某种“abab”之式，然而纯以韵脚论之则亦可归入“aaaa”，今见下面相关的一节IC.3条。

同篇第21简亦有两章情况是一模一样的，只是其二、四两句的末字也是重复的。其第一章即：

是古（故）有鼠-（一），　　〔质部〕
天亡（无）不又（有）∠　　〔之部〕
亡（无）鼠-（一），　　〔质部〕
天下亦亡（无）鼠-（一）又（有）∠　　〔之部〕（IB3.2）

其接下的一章则又是形式相同而却为“aaaa”的韵式，见下面IC.4条。

另外《凡物流形》下半篇还有一例以“abab”为式，此次则并无重复的韵字：

操之可操，　　〔宵部〕
掾（握）（乙14a）之则遊（失）；　　〔质部〕
败之则（19）高（槁），　　〔宵部〕
测（贼）之则滅（灭）。　　〔月部〕（IB3.3）

第二、四两句以质、月入声旁转合韵，而一、三两句则以同部相押。

严格而言此式虽不常见，然假如从宽而视之，即四句中的第一、三两句以旁转或通转关系而合韵，则亦有一些其他例子可言，如 IB1.18，IB1.20，IB1.22，IB1.28，IB1.29，IB1.30 及 IB1.31 等皆是。

4）以“abbb”为韵（IB4 类）：

此一韵式，即第三句复与二、四相押而头句反而不入韵者，情况较特别，然确实有几个例子可言。如《三德》篇第 22—6 简的一章，可能即是一例，不过此章的韵式尚是难说的：[①]

四亢（荒）之内	〔物部〕
是帝之□（关）▬	〔元部〕
临民以悬（仁）▬	〔真部〕
民莫弗（22）新（亲）▬	〔真部〕（IB4.1）

后两句以真部相押，而前两句则难以互韵，只是第二句的元部略可与后两句旁转合韵，形成一种“a（b）bb”之式。然而“□”字之释读为“关”并不十分确定，本章或实“aabb”之式也未可知。

然《三德》第 16 简处另有一段文，其中三章以一种固定的模式为文，而确实可以视为“abbb”之式。三章之前先冠以以之部相押的两句综括之语，即“聚（骤）敓（夺）民旹（时）▬天餡（饥）必逨（来）。▬（15）”，而接下来的三章则分为：

敓（夺）民旹（时）以土攻（功）：	
是胃（谓）頶（稽）▬	〔脂部〕
不幽（绝）悬（忧）恤（恤）▬	〔质部〕

① 该篇简 22 下接简 6 之说，见陈剑《谈谈〈上博（五）〉的竹简分篇、拼合与编联问题》（见注 16）。

必甕（丧）其佖（粃）▬　　　〔质（/脂）部〕①（IB4.2）

（后三句为脂、质通韵）；

敓（夺）民旨（时）以水事：
是胃（谓）[illegible]（激）　　　〔药部〕
甕（丧）（▬）②怠（以）系乐▬　　　〔药部〕
四方逨（来）嚣▬　　　〔宵部〕（IB4.3）

（后三句以宵、药通韵）；

敓（夺）民旨（时）以兵事▬：
是（16）【谓厉，　　　〔月部〕
祸因胥岁，　　　〔月部〕
不举铚艾。】　　　〔月部〕（IB4.4）

此第三章韵句的部分已残，然此一整段亦见于《吕氏春秋·上农》篇，此姑据彼文补之。以上三章之为“abbb”之式，固是由其内容形式所决定的，前两句与后两句的长短亦不一，情况较为特殊。

另外《用曰》第6简有一章，按照原来的句读则似乎亦是“abbb”之式：

階（措？）心怀惟　　　（〔微部〕）
各又（有）其异愖（图）　　　〔鱼部〕
绝原（源）滮（流）滮（浒）　　　〔鱼部〕

---

① “粃”属脂部，而“佖”字本身则属质部。
② “丧”字下似有小符号，当是错标。

其由（犹）能不沽（涸）？　　〔鱼（/铎）部〕[1]（IB4.5）

然而现在仔细看之，其一、二两句首字“階（措？）”“各”均为与鱼部对转的铎部字，因而又怀疑此处句读实该改作“……，【□□□】階（措？）。心怀惟各，又（有）其异惛（图），〔等等〕”，“惟各”之确意待考。如此一来，后四句或实乃“aaaa”式，不然或与今已残的前两句构成“aaaaaa”式，等等可能性皆有。总之，此一章亦存在疑点。

同篇第12简或亦本有“abbb”式的一章，只是其末句属他简上端，可能已残缺，因而章式不得而知。今仅录之以备全：

膻（舌）非考（巧）　　（〔幽部〕）
字（辞）斩（质）良　　〔阳部〕
台（以）家（稼）沓（啬）则行　　〔阳部〕
口 |（12）【□□□】　　〔□部〕（IB4.6）

另外若将合韵关系放宽，则上面IB1.40一章或亦可看作“abbb”之类，而若从严则IC.10或亦属之。然而总的来看，除了《三德》第16简情况特殊的那三章外，其他三例均有疑点，因而此式是否可以视作楚文中固定的韵式，将有待于更多数据所能提供的证据。

C）四句章的“每句相押类”

此即以“aaaa”为韵（IC类）。

本类理论上同时亦可算作“双句相押类”或“隔句相押类”的一种分类，然此则将之自归为一类而论。

《凡物流形》上半篇第12a—13b简即见到此式：

---

① “沽”本字为鱼部，而读字“涸”乃其对转铎部字。

土豯（奚）尋（得）而坪（平）？　　〔耕部〕
水豯（奚）尋（得）而清？　　〔耕部〕
卉（草）木豯（奚）尋（得）而生？（12a）　　〔耕部〕
含（禽）兽豯（奚）尋（得）而鸣？（13b）　　〔耕部〕（IC.1）

四个提问句的韵式相同（唯第三、四两句的主语变成复合词），韵脚亦随之而同。

《凡物流形》下半篇简21—22亦出现“aaaa”之式，而恰好四句也均为耕部韵：

亡（21）【目】而智（知）名，　　〔耕部〕
亡耳而䎽（闻）圣（声）；　　〔耕部〕
卉（草）木尋（得）之以生，　　〔耕部〕
含（禽）兽尋（得）之以[redacted]（鸣）。　　〔耕部〕（IC.2）

同篇的第18简有一章，以句型而言为“abab”（情况与其前一章IB3.1相同），而以韵脚而言则似“aabb”之式，然而因为其月、铎二部又属通转合韵（IB3.1已如此合韵），而亦可视为“aaaa”之韵：

豯（奚）胃（谓）少敚（彻）？　　〔月部〕
人白为戠（察）；　　〔月部〕
豯（奚）以智（知）其白？∠　　〔铎部〕
冬（终）身自若。∠　　〔铎部〕（IC.3）

同篇第22—23简，隔句末字均为重复而句型实乃“abab”（情况与IB3.2相同），而韵脚则均属质部，所以今亦归为此式：

能戠（察）鼠-（一），　　〔质部〕
则百勿（物）不遊（失）；　　〔质部〕
女（如）不能戠（察）鼠-（一），　　〔质部〕
则（22）百勿（物）具（具）遊（失）。　　〔质部〕（IC.4）

《语丛四》第13—14简亦有一章，形式上是与其前面“aabb”的一章相同（见上IA.10条），然韵脚则亦归“aaaa”之式：

不与（举）智（谋），　　〔之部〕
是胃（谓）自惎（欺）。　　〔之部〕
（早）与（举）智（谋），　　〔之部〕
是（13）胃（谓）童（重）基。　　〔之部〕（IC.5）

《三德》篇第5简的末章亦可归为“aaaa”的韵式，不过四句在音节上为“4343”不等：

善＝才＝（善哉善哉）　　〔之部〕
参（三）善才（哉）　　〔之部〕
唯福之坙（基）▬　　〔之部〕
怂（过）而改（5）　　〔之部〕（IC.6）

此以虚字“哉”入韵。末句曹峰认为可接以“之”字，笔者则认为未必；不过“之”字本身本即同韵，加之对韵式亦无关紧要。[①]

《三德》篇第5简亦有一章是四句皆以之部字互韵的：

① 曹氏说见其《〈三德〉零释》，武汉大学简帛研究中心网站，2006年4月6日。

[illegible]＝（兴兴）民事▬	〔之部〕
行迬（往）视逨（来）▬	〔之部〕
民之所憙（喜）▬	〔之部〕
上帝丨是有（佑）▬	〔之部〕（IC.7）

同篇第6—17简则有一章以入声的铎部字相押：[①]

建五官弗散（措）	〔铎部〕
是胃（谓）反逆▬	〔铎部〕
土地乃坔（坼）▬	〔铎部〕
民人乃（6）茖（落）▬	〔铎部〕（IC.8）

同篇第17简另有一章以“aaaa”为式，然此次是“2244”字数不等的疑问句：

天才（哉）？丨	〔真部、之部〕
人才（哉）？	〔真部、之部〕
倗（凭）可（何）新（亲）才（哉）？▬	〔真部、之部〕
叟（没）其身才（哉）？▬	〔真部、之部〕（IC.9）

之部的“才（哉）”字前全是真部字。又同篇第7简：

憙（喜）乐无堇（期）尼（度）	〔铎部〕
是胃（谓）大巟（荒）▬	〔阳部〕
皇天弗京（谅）	〔阳部〕

---

① 此篇简6接简17之说见陈剑《〈三德〉竹简编联的一处补正》，武汉大学简帛研究中心网站，2006年4月1日。

必返（复）之以忧𠷔（丧）。▬　　　〔阳部〕（IC.10）

头句铎部与后三句阳部属阳入对转通韵。同篇第 18 简有一章是比较独特的，即是四句皆以句中的第二字相押，其他诸字则每句相同：

好昌天从之▬　　　（昌：阳部）
好賁（亡）天从之▬　　　（亡：阳部）
好龙（蒙？）天从之▬　　　（龙：东部）
好长天从之▬　　　（长：阳部）（IC.11）

阳、东为旁转合韵，今归之为“aaaa”式，然或亦可视作“aaba”。

另外若将合韵标准放宽，则上面 IA.7、IB1.32、IB2.4 及 1B2.5 等章亦可以视为“aaaa”的韵式。以上诸例当中，有的依其句型的安排或其上章的韵式而似可看作“abab”或“aabb”（如 IC.3、IC.4 及 IC.5 等），他句之相押或可视为偶然。然而如 IC.1、IC.2、IC.7 及 IC.8 等，则好像每句相押确是有意的安排，因此“aaaa”亦不可不视作楚文中固定的韵式。

D）四句章的其他类。

四句章中以上三种大类以外，尚有一种韵式可言，即以“abaa”为韵（ID 类）。

此种韵式较为独特，并不合乎中国韵律的常规，颇疑此于诸例中皆为误所致。此式见《三德》第 3 简：

齐＝（齐齐）节＝（节节）　　　〔质部〕
外内又（有）誽（辨）　　　（〔元部〕）
男女又（有）节　　　〔质部〕
是胃（谓）天豊（礼）　　　〔脂部〕▬（ID.1）

一、三两句的两个“节”字与句四“礼”字为质、脂通韵，而句二之“詖（辨）”字 实难以与之相押。值得注意的是，此章除了章末外，别无句读符号，与它前几章不同，不知是否与韵式有关。然而同篇简 4—5 之处亦有一章，韵式情况与之相类：

忧惧之閒（间）▬	〔元部〕
怷（疏）达之宎（次）▬	（〔脂部〕）
毋胃（谓）之（4）不敢（严）▬	〔谈部〕
毋胃（谓）之不肰（然）	〔元部〕（ID.2）

此元、谈合韵，而第二句反难以入韵。另外同篇第 8 简有一章亦可勉强视为“abaa”之式：

衣备（服）兆（过）㫃（制）	〔月部〕
遊（失）于媺（美）	（〔微（/脂）部〕）
是胃（谓）违章▬	〔阳部〕
上帝弗丨京（谅）。▬	〔阳部〕（ID.3）

月部与阳部可通转合韵，不过关系较宽。

以上三例皆出现于《三德》一篇，而且三章中韵脚关系不甚紧密。缺乏更多数据的证据，“abaa”难以视为楚文中固定的韵式。

II）六句章

A）六句章的“双句相押类”

此主要即“aabbcc”之式，然另外亦有一章以“aaaabb”为韵。

1）以“aabbcc”为韵（IIA1 类）：

此种韵式出现于《凡物流形》上半篇第 7—8 简：

进（升）（8）高从埤 〔支部〕
至远从迩（迩） 〔支部〕
十回（围）之木 〔屋部〕
其旬（始）生_女（如）蒴（蘖） 〔铎部（月部）〕
足牺（将）至千里 〔之部〕
必（乙7）从弄（寸）旬（始）■ 〔之部〕（IIA1.1）

第三、四两句以屋、铎两部入声字合韵。① 此处前两句言其大理，后四句则举其两例。

《凡物流形》的下半篇中，第23—17简亦见同样的韵式，然整体形式则有所不同：前四句两两并列，后两句则有综括之意，且其长短不一：

寻（得）鼠-（一）【而】（23）意（图）之， 〔鱼部〕
女（如）（乙16）并天下而虞（担/取）之； 〔鱼部〕
寻（得）鼠-（一）而思之， 〔之部〕
若并天下（乙12）而訂（治）之。 〔之部〕
▇（守）鼠-（一）， 〔质部〕
以为天陛（地）旨（稽）。（17） 〔脂部〕（IIA1.2）

此质、脂两部对转可通韵；前四句的末字“之”，今不视为韵字。

《语丛四》简10—11有一章，情况较为复杂，然而若笔者之分析正确的话，亦属“aabbcc”的一章，只是韵脚关系较为松散：

车（辙）之（鲵）（鳅）， 〔之（幽）部〕
不见江沽（湖）之水。 〔微部〕
佖（匹）妇禺（愚）夫，（10） 〔鱼部〕

① 此以“朔”声论之，读字“蘖”乃月部。

不智（知）其向（乡）之小｛人｝。　　　　〔宵部〕
君子｛__｝　（食）韭（薤）　　　　〔月部〕
亚（恶）智（知）终其　（叶）？（11）　　　　〔叶部〕（IIA1.3）

此以之、微，鱼、宵及月、叶三种合韵视之（“人”字当误衍）。[①] 本章的句读及韵读等问题，详情见拙著从《〈楚辞〉看〈语丛四〉》。

2）以“aaaabb”为韵（IIA2类）：

此亦即“aabbcc”之类而三、四两句复又与一、二相押者。此只有一例，且情况比较特殊。

《语丛四》第1—4简有一章，若要分成三个小章来看，则前两章可各自视为“aabb”及“abcb”（或“aaba”）之式，已见上面IA.7、IB1.10两条。然而第三个小章实难以独立，若以此而看作由长句构成的六句之章，且以之、幽当作合韵，则亦可视为“aaaabb”式的一大章：

言以司（始），（情）以旧（久）。　　　　〔之部〕
非（靡）言不（酬），非（靡）悳（德）亡复（报）。〔幽部〕[②]
言（1）而狗（苟），（墙）又（有）耳。　　　　〔之部〕
往言（伤）人，（来）言（伤）（己）。（2）　　　　〔之部〕
口不（慎）而（户）之閟（闭），　　　　〔质部〕
亚（恶）言复己而死无日。▎（4）　　　　〔质部〕（IIA2.1）

B）六句章的“隔句相押类”

此即六句章中第二、四、六三句相押者，其本式为“abcbdb”。此外有形成交韵的“ababab”式，然仅有一例，另外亦见有“aaaaba”及

① 此以属之部的“酭”本字读之，“鰍”则属幽部。
② 因为“复”本字为觉部，所以严格而言或该称为“之觉合韵”，关系较疏然仍可入韵。

“abbbbb”各一例，后者似为误所致（本类中亦见“abcbcb”式，此不自立条目）。今分述如下。

1）以“abcbdb”为韵（IIB1类）：

《语丛四》第24—25简或即可以分析为此类的韵式，然而终究似乎视为“aaa”式的三个长句为宜，见下IIIA.5条。其他诸例皆见于《用曰》一篇，值得注意。

首先，《用曰》第2简有一章，似是六句之章，不过接于其后的部分已残，因而无法确定。然此六句亦恰以“abcbdb”（其实是“abcbcb”）为式：

柬＝（简简）足＝（足足）	（〔屋部〕）
事非与又（有）方	〔阳部〕
爯（称）秉（病？）緟（重？）德	（〔职部〕）
冒难軋（犯）央（殃）	〔阳部〕
非忨（慢）于福	（〔职部〕）
亦力免（勉）以毋忘	〔阳部〕（IIB1.1）

第二、四、六等句均以阳部相押，三、五两句亦恰以职部互韵。

同篇第5简亦见此式：

征虫（虫）飞鸟（?）	
叟（受）勿（物）于天	〔真部〕
民之乍（作）勿（物）	
隹（唯）言之又（有）信	〔真部〕
视前寡（顾）逡（后）	
九惠是鼎（争）。	〔耕部〕（IIB1.2）

第二、四、六三句以真、耕合韵。

又同篇第 8 简有一章，因为其开头属他简，今或已残，所以也许本为两个四句之章也未可知。然而今姑定为六句之章，若然则亦是以“abcbdb”为式的：

【悳（德）】树悳蓄	
惦（定）保之亟（极）	〔职部〕
非稷之橦（种）	
而可畝（饮）飤（食）	〔职部〕
磧（积）浧（盈）天之下	
而莫之能得。	〔职部〕（IIB1.3）

又见《用曰》第 13 简：

隹（唯）君之贾臣	（〔真部〕）
非货以賰（筹）	〔幽部〕
又（有）臏（藏）才（在）心	（〔侵部〕）
嘉德吉猷	〔幽部〕
心臏（藏）之既权	（〔元部〕）
征民乃[illegible]（迪？）	〔宵部〕（IIB1.4）

此第二、四、六三句或以幽、宵合韵。① 另外其第一、三、五三句则均以鼻音韵尾字收句，即使不算为合韵，然本章因此亦颇有交韵之感，情况与上提的 IB1.18、IB1.20、IB1.28 及 IB1.29 等章相似。

同篇第 19—20 两简，亦连续有两章以“abcbdb”为式。第 19 简：

---

① “[illegible]”字声符为“由”从陈剑说，见其《〈用曰〉校读》，武汉大学简帛研究中心网站，2007 年 7 月 15 日。

又（有）眛其不见

不卲（昭）其甚明　　〔阳部〕

又（有）泯＝（泯泯）之不逵（达？）

而朁（散）其甚章（彰）　　〔阳部〕

进退敹（秀？）立（位）

而（19）民亦弗能望　　〔阳部〕（IIB1.5）

第二、四、六三句以阳部互韵，而第20简：

又（有）但（澶）之深

而又（有）吊（淑）之濮（浅）　　〔元部〕

又（有）贛＝（闲闲）之绤（裕）

而又（有）纀＝（迫迫）之（缺？）　　〔月［？］部〕

凡民之冬（种）頪（类）

隹（唯）善是善■　　〔元部〕（IIB1.6）

“”字虽未确释，然本章第二、四、六三句似以元部相押或以元、月通韵。

最后《用曰》第17简亦有一章，因为下端残而韵式无法确定，然看样子似亦本为六句之章而以“abcbdb”为式，今姑归之于此：

（佥〔斂？〕）之不肯（？）

而廛（赞？）之亦不能　　〔之部〕

韓（违）众诮谏

䫌〔羞〕䎽（闻）亚（恶）㥓（谋）　　〔之部〕

事既无䊵（功）

众……　　〔□部〕（IIB1.7）

2）以“aaaaba”为韵（IIB2类）：

此种韵式与“abcbdb”相类，韵式的重点在于第二、四、六三句之上，不过第一、三两句又复与之相押而已。此式亦只有孤例，即《三德》简2—3：

訢（忌）而不訢（忌）	〔之部〕
天乃隆（降）材（灾）▬	〔之部〕
已而不已（2）	〔之部〕
天乃隆（降）㽞（异）▬	〔之部〕
其身不叟（没）	（〔物部〕）
至于孙＝（孙子）	〔之部〕（IIB2.1）

与四句之章相同，倒数第二句多不必入韵，此盖乃韵文之常规。然从本章句末符的位置来看，重点似在二、四、六三句之上（末句省此符），而一、三两句之相押亦可视为偶然（不过《三德》篇的句末符本不太规律，参考价值有限）。

3）以“ababab”为韵（IIB3类）：

此即六句章中的交韵式。若以较宽的合韵关系兼容，则《三德》篇第12简有一章或可视为此式：

监《临？》川之都▬	〔鱼部〕
罾（楒〔凭〕）[illegible]（岸）之邑▬	〔缉部〕
百轈（乘）之豪（家）▬	〔鱼部〕
十室之[illegible]（佶？）▬	〔觉部（？）〕
宫室污池▬	〔歌部〕
各慭（慎）其尾（度）▬	〔铎部〕（IIB3.1）

此一、三、五三句以鱼、歌通转合韵，二、四、六或又可以其不同的入声字通转合韵，然而其主要元音并不相同，且“告”字之释亦不知是否正确，因而本章并不一定该视作严格的韵文。今仅录以备考。

4）以“abbbbb”为韵（IIB4 类）：

《三德》篇第 7 简有一章，因为头句末字并不入韵，因而姑归此类：

凡飤（食）欽（饮）无量詯（计）▬	〔质部〕
是胃（谓）滔皇	〔阳部〕
上帝弗京（谅）▬	〔阳部〕
必丨逷（复）之以康（荒）。▬	〔阳部〕
上帝弗京（谅）▬	〔阳部〕
以祀不亯（享）。▬（7）	〔阳部〕（IIB4.1）

然而“量詯”之“量”亦恰是阳部字，颇疑其实乃“詯量”之误倒，而此章反为“aaaaaa”的韵式。另外同篇第 8 简 IIIB3.1 与 IIIA.7 两章，合并起来则亦可视为“baaaaa”之式，即“邦四益，是谓‘方华’，虽盈必虚。宫室过度，皇天之所恶，虽成弗居”，然而章势乃为“3 + 3”，与此“2 + 2 + 2”之势不同。

另外《三德》篇第 15 简似或亦见到一个六句之章，前两句相押，中间两句或本亦互韵，然句三末两字残，最后两句亦难以入韵，且该简本由两段缀合，疑点过多，今不录。

C）六句章的“每句相押类”

此即“aaaaaa”之式（IIC 类）。诸篇中并未见此式，然颇疑上条 IIB4.1 本即此式，详情见该条。

III）三句章

三句章唯一正规的韵式即每句相押的“aaa”式，然《三德》篇亦有两个例外。今分述如下：

A）三句章的“每句相押类”（IIIA 类）：

此即以“aaa”为式的。三句章出现的次数不多，因而此一式被运用的时候，往往是由该章内容的特殊情况所决定的。

例如《凡物流形》上半篇第 8 简出现一章综括性之文，而在该篇中，韵式是较为独特的：

天之䀢（明）系（奚）㝵（得）？　〔职部〕
䰟（鬼）之神系（奚）飤（食）？　〔职部〕
先王之智系（奚）备（/服）？　〔职部〕（IIIA.1）

本章可说是总结第 1 至第 8 简所有的内容，将其各种疑问归纳为天明、鬼神、先王之智三种大题。然值得注意的是，此种三分法，同时亦表现于本章的韵式中。即是说，《凡物流形》在此之前的各章基本上都是四句之章，而这里突然结以“aaa”式的三句之章，似有强调此“天、鬼、先王”三者并列之用，颇有形式与内容相配之感。相类的情况亦见于《三德》篇，至少尚有三例可言，说见下 IIIA.6、IIIB2.1 及 IV.6 等条。

《凡物流形》下半篇第 24—25 简，亦有一章或可视为“aaa”之韵，只是三句的长短不一：

氏（是）古（故）
陈为新，　〔真部〕
人死返（复）为人，　〔真部〕
水返（复）（24）/（乙 17）于天。　〔真部〕（IIIA.2）

第三句末的“天”字，整理者原与下一个字“咸”连读为“天咸”，此从何有祖改释“咸”为“㕣”（“凡”）字之讹而属下句读。[①] 然“咸”属侵部，

① 何有祖《〈凡物流形〉札记》，武汉大学简帛研究中心网站，2009 年 1 月 1 日。

或亦可与真部的“新”“人”通转合韵。

《语丛四》第18—21有一章，或可视为由三个小三句章组成的，然若以每三句为一大句，则整章适为以月部相押的“aaa”韵式：

善事其上（18）者，若齿之事（舌），而终弗（噬）。
〔月部〕
善〔交其友〕（19）者，若两轮之相（转），而终不相败。
〔月部〕
善（使）（20）其民者，若四（时）一逝一（来），而民弗害也。（21）
〔月部〕（IIIA.3）

同篇接着第22简亦有以“aaa”为韵式的一章：

山亡堕（隋）则坨（阤），〔歌部〕
城无蓑（衰）则坨（阤），〔歌部〕
士亡（友）不可。〔歌部〕（IIIA.4）

只是头两句末字为同一个字。此外每句中间第三个字亦略可相互合韵。①同篇第24—25简亦有一章以三个长句相押：

唯（虽）（勇）力（闻）于邦，不女（如）材；〔之部〕
金玉涅（盈）室，不（24）女（如）（谋）；〔之部〕
众强甚多，不女（如）（时）。〔之部〕（IIIA.5）

“材”“谋”“时”为成功之道的三种鼎足要素，自然便以三个韵句述之。

① “隋”属歌部，与微部的“蓑”字旁转合韵，而后者又与之部的“友”字通转合韵。

上面论及 IIIA.1 条以三个韵句综括“天明”“鬼神”“先王之智”三题。其实类似的情况亦见于《三德》篇的开头：以三个短句分论“天”“地”“人”的事，如此亦将“三德”的大题反映于形式当中，即“天供时，地供材，人供力”，后又加以两个评论句，见下面 IV.6 条。此外《三德》篇第 17 简还有一章以“天”、“地”及“人”道为主题，似乎同样是以“aaa”式的三个互韵之句构成的：

敬天之敀（圄）　　〔鱼部〕
■（兴）地之弡（矩）▬　　〔鱼部〕
亘（恒）道必■（着［?］）　　〔鱼部［?］］（IIIA.6）

此以天、地、恒道三个概念各为一句，而内容乃又反映于形式当中。但是“■”字其实未释，其读“着”主要只是笔者根据韵式的一种猜测，因而将此视为“aaa”韵式的一章，除了认定该字下面的“土”符为声符（鱼部）以外，不过是想其必然而已。然而同简下边的一章，亦是三句之章，而第三句之韵脚并不入韵（见下 IIIB2.1 条），本章亦如彼犯规并非无可能。

《三德》篇第 8 简，亦有一章以三句互韵：

宫室洮（过）厇（度）▬　　〔铎部〕
皇天之所亚（恶）▬　　〔铎部〕
唯（虽）成弗居。▬　　〔鱼部〕（IIIA.7）

此以铎、鱼对转通韵（本章另参下 IIIB3.1 条）。又同篇简 21—18：[1]

① 简 21 下接简 18 之说，从陈剑《谈谈〈上博（五）〉的竹简分篇、拼合与编联问题》（见注 16）。

枸株逿（覆）车　　　　　　　　〔鱼部〕
善游者（21）死于梤（梁）下▬　　　　　　〔鱼部〕
豻貌飤（食）虎。▬　　　　　　〔鱼部〕（IIIA.8）

三句皆言同一个道理，只是其第二句较长而已。

B）三句章的其他类（IIIB1、IIIB2 及 IIIB3 类）：

三句章中非每句皆入韵者，亦有三例，皆见于《三德》一篇，分以“aba”“aab”及“baa”为韵。今分述如下：

《三德》篇第 5 简的一个三句章，带有概括性之意，然情况比较独特，似以“aba”为式：

叀（变）祟（常）悬（易）豊（礼）　　　　〔脂部〕
土地乃垩（坼）　　　　　　（〔铎部〕）
民乃嚣（夭）死▬　　　　　　〔脂部〕（IIIB1.1）

第二句无法入韵，不知其原因何在。此章原接于以阳部相押的四句章 IB1.17 之下，并无法与之合为一章。

又同篇第 17 简：

智（知）天是以川（顺）旹（时）▬　　　　〔之部〕
智（知）地是以由材▬　　　　〔之部〕
智（知）人是以会新（亲）▬　　　　〔真部〕（IIIB2.1）

此若参照同篇第 1 简的首章，则第三句末字该是职部的“力”字才是。此却写作并不入韵的“新（亲）”字，除非是错字，可能便是因为其前一章（IC.9）适以真部为韵，此句或可与之遥相为韵。

又同篇第 8 简的头一章：

……邦四益　〔锡部〕
是胃（谓）“方芋（华）”　(〔鱼部〕)
唯（虽）温（盈）必虚■　〔鱼部〕(IIIB3.1)

首一句似不入韵。然而此简上所承简不明，此章或乃本有四句也未可知，只是其下一章（IIIA.7）形式与之相近，亦为三句之章，本章盖亦如此。其实本章亦可与彼下章互韵，因而或亦可将两章合并而视为“baaaaa”的六句之章，说已见上。

IV）其他韵式（IV 类）

四篇楚文中另有几章无法简单地划入四句、六句或三句之类，然仍可算为韵章者。彼或以五句构成，或以七句为韵，或亦由更多短句而构成。其韵式各殊，皆由其各自的内容所决定，今追述之于此。此外亦有根本即难以入韵者，于《三德》篇尤多，《凡物流形》的下半篇亦有不成韵者，本文皆不收集，均以多少可以成韵者为论。

《凡物流形》下半篇第 14—16 简，即此下半篇的首章，前两句并不互韵，然其下面的三个四字句皆以之部结尾，可视为与前面第二句的“事”字相押：

戠（察）道坐不下笞（席），
端（端）曼（冕）(14) /(乙 10a) 箸（图）不与事。〔之部〕
之《先》智（知）四海（海），　〔之部〕
至圣（听）千里，　〔之部〕
达见百里。　〔之部〕(IV.1)

同篇下半篇简 28—15 亦有如下的一章，韵意十分明显，然亦难以归入一定的韵式：

<table>
<tr><td>㝵（得）而解之，（乙21）</td><td></td></tr>
<tr><td>上【以】（28）穷（宾）于天，</td><td>〔真部〕</td></tr>
<tr><td>下番（蟠）于渊；</td><td>〔真部〕</td></tr>
<tr><td>俚（坐）而思之，</td><td></td></tr>
<tr><td>每（满）于（乙10b）千里；</td><td>〔之部〕</td></tr>
<tr><td>记（起）而甬（用）之，</td><td></td></tr>
<tr><td>練（通）于四海（海）。</td><td>〔之部〕（IV.2）</td></tr>
</table>

"×而×之"以外的四句皆有韵脚，"天"与"渊"相押，"里"与"海"亦互韵。

《语丛四》的开头有一整段韵文必须一口读下，每两句都是成对互韵的，四对后又殿以一个三句相押之小段落，而此种小变化似有终了整段之用：

<table>
<tr><td>凡敓（说）之道，</td><td>〔幽部〕</td></tr>
<tr><td>级（急）者为首。</td><td>〔幽部〕</td></tr>
<tr><td>既得其级（急），</td><td>〔缉部〕</td></tr>
<tr><td>言必又（有）及。</td><td>〔缉部〕</td></tr>
<tr><td>及（5）之而弗亚（恶），</td><td>〔铎部〕</td></tr>
<tr><td>必（尽）其古（故）。</td><td>〔鱼部〕</td></tr>
<tr><td>（尽）之而（疑），</td><td>〔之部〕</td></tr>
<tr><td>必（呻）鎗（吟）（15）之。</td><td>〔之部〕</td></tr>
<tr><td>鎗（吟）之而不可，</td><td>〔歌部〕</td></tr>
<tr><td>必（文）以讹（过），</td><td>〔歌部〕</td></tr>
<tr><td>母（毋）命（令）智（知）我。（6未终）</td><td>〔歌部〕（IV.3）</td></tr>
</table>

按照笔者的简序，其接着的一章亦有二、三不等的小段落，即"aa | bbb"之式：

皮（破）邦芒（亡）(6)　（家），　〔鱼部〕
事乃又（有）貿（加［？］）：　〔歌部〕
三（雄）一（雌），　〔支部〕
三（虚）一（寔〔实〕），　〔锡（/质）部〕
一王母（26）保三殹（嫛）儿（婗）。　〔支部〕①（IV.4）

此章确意难知，然而韵式似可断定。同篇第 14—16 简，则正好与之相反，以三、二即“aaa ｜ bb”为式：

邦又（有）巨（雄），　〔蒸部〕
必先与之以为（朋），　〔蒸部〕
唯戁（难）(14) 其（兴）。　〔蒸部〕
女（如）(将) 又（有）败，　〔月部〕
（雄）是为割（害）。　〔月部〕（IV.5）

只是第二句较长，又疑或有脱文。

《三德》篇的开头也是较特出的，先以三个形式相同而又复互韵的小三字句分言“天”“地”“人”之事，后又加两个针对此题而发的且亦与之同韵的四字句：

天共（供）旹（时）▬　〔之部〕
地共（供）材▬　〔之部〕
人共（供）力▬　〔职部〕
槑（明）王无思▬　〔之部〕

---

① 上两句以鱼、歌通转合韵；“貿”之读“加”，说见拙著《“刓”字读法试解》，《古文字研究》第 28 辑（待刊）。下三句以支、锡对转通韵；此以“寔”字为韵，其声符“是”乃支部，与“雌”“婗”同韵，而若以“实”为准则是支、质通转合韵。

是胃（谓）参（三）悳（德）　　〔职部〕（IV.6）

前三句与后二句亦分以入声字结尾，形成一种“aa（a）丨a（a）”之式（本章另参上 IIIA.6 条前文）。

《三德》篇的韵式本即特别杂，韵脚之相谐一般比较宽，某些章节难说是严格的韵文，然至少仍是有韵文之感。如其第 1 简从上条接下来的一章：

卉（草）木须旹（时）而句（后）奋（奋）■　　〔文部〕
天亚（恶）女（如）忻（欣）■　　〔文部〕
□（平）旦毋哭■　　〔屋部〕
□（瞑）毋诃（歌）■　　〔歌部〕
弦望齐□（宿），　　〔觉部〕
是胃（谓）川（顺）天之祟（常）■　　〔阳部〕（IV.7）

头两句“奋”“忻”以文部相押，而后四句中，“哭”“宿”以屋、觉入声合韵，“歌”“常”则主要元音相同而通转合韵，韵律尽管如此松散，然仍略有交韵的味道。

同篇第 4 简有一章，头四句本已形成一种“abab”式的四句交韵之章，然其下面又追加了一个四字谓语，以便强调此种行为的后果如何：

戋（贱）其新（亲）■　　〔真部〕
是胃（谓）違（罪）■　　〔微部〕
君无宔（主）臣　　〔真部〕
是胃（谓）畏（危）■　　〔微部〕
邦冡（家）其褱（坏）■　　〔微部〕（IV.8）

追加表明后果的一句又是以微部结尾，如此乃构成一种“ababb”之式。

同篇第 13 简有一章，其第七句亦可视为与其前句相押的一种追加之句，而其下面又另加两句综括之语以结尾：

身虘（且）有瘀（病）▬	（〔阳部〕）
亚（恶）盉（菜）与飤（食）▬	〔职部〕
邦虘（且）亡▬	（〔阳部〕）
亚（恶）圣人之悬（谋）▬	〔之部〕
室虘（且）弃（弃）▬	（〔质部〕）
不陸（绥？）祭祀▬	〔之部〕
唯[illegible]（怒？）是备（服）▬	〔职部〕

凡若是者，

不有大禍（祸）丨必大耻▬	〔之部〕（IV.9）

此第七句与其前面二、四、六三句以之、职通韵，而结语的后句亦与之相押。

《用曰》第 9 简，开头已残，然其头章盖仍可视为“abcb”的一章，而紧接着有一个较为独特的并无内韵的三句章，其末句亦刚好与之互韵，因而或该视为“abcbdeb”式的七句章，即第二、四、七三句相押的一大章：

……[illegible]（流？）言	
台（以）忘民悳（德）	〔职部〕
内閖（外）譌（雠？）众	
而焚（忿？）其反昊（昃〔侧〕）	〔职部〕

禑（祸）不降自天
亦不出自陞（地）
隹（唯）心自惻（贼）。　　　〔职部〕（IV.10）

后三句之所以如此独特，盖以其分言天、地、（人）心三个鼎足的概念（且到第三句方接以韵脚，乃格外强调“心”之“自贼”的意思）。此种情况，已见过几次，参上面IIIA.1、IIIA.6、IIIB2.1及IV.6等条。

三、韵部间的通韵与合韵

在对以上的韵式分析做出结论之前，得先就其所反映的韵部间通韵与合韵关系稍做必要的分析。两部间通韵或合韵凡有两例以上可言者，今皆分述如下。为了谨慎起见，在此原字与读字韵部不同者并收，不主观从中做择。另外，从宽的可能合韵之例亦收集在内，然均加注明其只为“可能”的合韵。至于残缺而拟补之字，则一并不收。

I）以对转通韵者

A）阴入对转通韵

阴入对转通韵，古代诗文中比比皆是，楚地韵文亦不例外。据赵彤对战国楚地方言的研究结论，“楚国方言中长入声字已变为去声”，而“转入了相应的阴声韵部”。[①] 可见楚方言中阴入间的关系格外密切，然在下

① 赵彤《战国楚方言音系》，中国戏剧出版社，2006年5月，第82页。赵氏此书以“屈宋庄”等代表楚语的传世文献及楚地的竹简文本为其研究的主要第一手资料，以其中的合韵及谐声现象为其研究基础。郭店及上博简的韵文中，其研究只包括《老子》与《语丛四》两种，出书时未及考虑到适才或尚未公布的《三德》、《用曰》及《凡物流形》三篇。

列的诸例入声字中，并未有涉及赵氏所谓长入声字转入阴部者，皆归短入声字。[①]

之、职对转（四例）

IB1.6："事"〔之〕与"食"〔职〕；IB1.26："之"〔之〕与"恻（贼）"〔职〕；IV.6："时""材""思"〔之〕与"力""德"〔职〕；IV.9："食""备（服）"〔职〕与"母（谋）""祀""耻"〔之〕

脂、质对转（四例）

IA.6："利"〔质〕与"旨（稽）"〔脂〕；IB4.2："稽"〔脂〕与"恤（恤）"〔质〕、"佖（粃）"〔质（/脂）〕；ID.1："节"〔质〕与"豊（礼）"〔脂〕；IIA1.2："一"〔质〕与"旨（稽）"〔脂〕

宵、药对转（三例）

IB1.13："钞（削）"〔宵（/药）〕与"勺（约）"〔药〕；IB1.34："乐"〔药〕与"逃"〔宵〕；IB4.3："激""乐"〔药〕与"嚣"〔宵〕

幽、觉对转（二例）

IA.7："（酬）"〔幽〕与"复（报）"〔觉（/幽）〕；IA.12："幽"〔幽〕与"菽（戚）"〔觉〕

鱼、铎对转（二例）

IIIA.7："居"〔鱼〕与"度""亚（恶）"〔铎〕；IV.3："古（故）"〔鱼〕与"亚（恶）"〔铎〕

另外支、锡对转可能亦有一例（IV.4），今不特列。

B）阳、入对转通韵

以阳、入对转通韵者，为数较少：

元、月对转（二例）

① 此据赵氏《战国楚方言音系》（见前注）第104—127页的声符表所列。

IB1.35：“外”〔月〕与“戋（践）”〔元〕；另外2B1.6：“浅”“善”〔元〕亦可能与“缺”〔月〕通韵（然此后字属猜读）

值得注意的是，这里的“外”“缺”两个月部字，赵彤并当长入声字而归于楚方言中的祭部。[①]

此外东、屋对转（IB2.2）及阳、铎对转（IC.10）似亦各见一例，今不特列。

II）以旁转合韵者

四篇楚文中，阴声旁转之类为数不多，入声及阳声旁转者则稍微多些，出现二例以上者如下。[②]

A）阴声旁转之类：

之（—\）、幽（-\u）旁转（二例）

IIA2.1：“久”“耳”“已”〔之〕与“复（报）”〔觉（/幽）〕；另外IB2.4：“之”（或“起”）亦可能与“求”“忧”“救（求）”〔幽〕合韵

之、幽两部间的关系本即较近，《诗经》中已如此，楚文亦不例外。

B）入声旁转之类：

质（-et）、月（-at）旁转（三例）

IB1.36：“败”〔月〕与“惠”〔质〕；IB3.3：“失”〔质〕与“灭”〔月〕；另外IB1.32：“室”〔质〕亦可能与“达”“舌”〔月〕合韵[③]

物（-\t）、月（-at）旁转（二例）

IA.8：“会”〔月〕与“内（入）”〔物（/缉）〕；另外IB1.32：“概

① 赵彤《战国楚方言音系》，第121页。

② 以下的拟音，除了幽、觉两部分作“-\u”、“-\uk”外，均从王力《同源字典》（见注6）。

③ “败”字，赵彤归为楚方言的祭部，见其《战国楚方言音系》，第121页。

（暨）”〔物〕亦可能与“达”“舌”〔月〕合韵[①]

觉（-\uk）、铎（-ak）旁转（二例）

IB1.30：可能以“夕”〔铎〕与“告”〔觉〕合韵；另外 IIB3.1：亦可能以“俈”〔觉〕与“度”〔铎〕合韵

C）阳声旁转之类：

真（-en）、元（-an）旁转（四例）

IB4.1：“关”〔元〕似与“仁”“新（亲）”〔真〕合韵；另外 IB1.18：“人”〔真〕可能与“官”〔元〕合韵；IB1.21：“身”〔真〕有可能与“言”〔元〕合韵；IIB1.4“臣”〔真〕亦可能与“权”〔元〕有合韵关系

东（-ong）、阳（-ang）旁转（二例）

IB1.4：“奉”〔东〕与“明”〔阳〕；IC.11：“昌”、“亡”、“长”〔阳〕与“龙（蒙？）”〔东〕

东（-ong）、耕（-eng）旁转（二例）

IA.4：“性”〔耕〕与“重”〔东〕可能合韵（然“重”符之释存疑）；另外 IB1.40：“井（形）”〔耕〕亦可能与“颂（容）”〔东〕合韵

值得注意的是，赵彤对楚方言的研究显示真（-en）、文（-\n）的关系比较密切，而真部的部分字可能已转入了文部，然在四篇当中并未见真、文合韵的现象，反而以真、元合韵居多。然必须说明的是，其中三例只属从宽合韵的可能关系，另一例则出现于韵式奇特的一章，关键词之释读未必正确，因而真、元之合韵关系亦不一定特别紧密。再者，与真、文元音关系平行的脂（—ei）、微（—\i）两部阴声韵关系间，赵氏亦有同样的结论，即楚方言中脂部有部分字已转入了微部，然而在四篇中

① “会”字，赵彤归为楚方言的祭部，见其《战国楚方言音系》，页 121。

亦未见到脂、微合韵的现象。[①] 另外，东、阳两部，董同龢早即认为其通谐即是楚方言的特点，而赵氏的研究结论则是此两部的界限其实是非常清楚的。[②] 今所列的两例或许能说明董氏之说仍有其一定的道理，但是两例为数也不多，尚待进一步的证实。

此外，四篇中旁转合韵者尚多，然均为孤例，今不特列。

III）以通转合韵者：

A）主要元音相同之类：

耕（-eng）、真（-en）通转（三例）

IB1.39：“身”〔真〕与“成”〔耕〕；IIB1.2：“天”“信”〔真〕与“鼎（争）”〔耕〕；另外 IB1.9：以读字“津”〔真〕与“进”〔耕〕合韵[③]

月（-at）、阳（-ang）通转（三例）

IB1.14：盖以“ （世）”〔月〕与“芒（亡）”〔阳〕合韵；ID.3：“折（制）”〔月〕似与“章”、“京（谅）”〔阳〕合韵；另外 IB1.21：“悊（适）”〔月〕与“康（荒）”〔阳〕亦可能有合韵关系

元（-an）、阳（-ang）通转（二例）

IB1.21：“言”〔元〕与“康（荒）”〔阳〕；另外 IB1.19：“言”〔元〕亦可能与“昌（唱）”、“常”〔阳〕合韵

元（-an）、谈（-am）通转（二例）

ID.2：“间”、“然”〔元〕与“敢（严）”〔谈〕；另外 IB1.28“柬（简）”〔元〕亦可能与“险”〔谈〕合韵

月（-at）、铎（-ak）通转（二例）

IB3.1：“作”〔铎〕与“彻”〔月〕；IC3：“彻”、“察”〔月〕与“白”、“若”〔铎〕

① 赵彤这两点结论分见其《战国楚方言音系》第 98—100、89—93 页。
② 赵彤《战国楚方言音系》，第 95—96 页。
③ “津”字，赵彤归为楚方言的文部，见其《战国楚方言音系》，第 99 页。

之（-\）、微（-i）通转（二例）

IIA1.3：“（鰍）”〔之（/幽）〕与“水”〔微〕；另外 IB1.23“哀”〔微〕亦可能与“悔”、“有（佑）”〔之〕合韵

以上诸例有两点特别值得注意。其一是耕、真两部，赵彤认为其于楚方言中的界限还是比较清楚的，而与耕部相押的真部字“往往是‘天’‘人’‘身’‘真’等”常用字。[①] 四篇中耕、真合韵的比例不少，然而主要仍是用到这些字的。其二是赵氏所拟定的楚方言韵部系统中，认为原属“-a”元音的鱼、铎、阳、叶、谈等部主要元音已高化为“-”，而从主要元音仍属“-a”的歌、祭、月、元等一类分出，别归一类。[②] 然此几例当中，阳、铎、谈等韵与月、元通转合韵者高达九例之多（另外亦有月、鱼可能相押之例，见 IB2.5 条），不知是否能说明其各部的主要元音仍是相同的？

B）元音不同而同属鼻音韵尾之类：

真（-en）、侵（-\m）通转（二例）

1B1.29：“慎”〔真〕可能与“心”〔侵〕合韵；另外 IIB1.4：“臣”〔真〕亦可能与“心”〔侵〕有合韵关系（此外另一种可能之例，参 IIIA.2 条说明）

此外，四篇中通转合韵者尚有，但是均为孤例，今不特列。

以上只是笔者对四篇中通韵及合韵情况的一些粗浅的观察，其对楚方言音系究竟带有何种意义，将待更多楚国文献的发现及声韵学专家进一步研究，今仅供作参考之用。

---

① 赵彤《战国楚方言音系》，第 96–97 页。
② 赵彤《战国楚方言音系》，第 100–102 页。

四、结论

从以上的韵式分析，可以得出几点初步的结论：

1）楚文四篇韵文中，四句章远居多数，然六句章及三句章亦不罕见，粗略的统计为四句章 83 个、六句章 14 个、三句章 10 个。此外，亦有以特殊原因出现的五句章、七句章等少见的韵式，然并不规律。另外于《三德》篇、《凡物流形》下半篇等也有难以入韵的段落，然彼不收在本文当中。至于字数，如《诗经》相同多以四字为句，然在此四篇则并不严谨，有的短句才三个甚至两个字，有的以“之”“而”等虚词增至六字以上，偶尔亦有更长的韵句，皆以章义为主，虽以句子之相称为要，而并不求全面的一致性。此外，《语丛四》一篇亦有几章是以较长的复合句互韵的。

2）四句章中，隔句相押类远远居多（56 个），然双句相押类（aabb）（13 个）及每句相押类（aaaa）（11 个）亦不乏其例。以详细的韵式言之，依据以上的分析可以得出如下粗略的统计（表一）：

类号	韵式	次数
IA	aabb	13
IB1	abcb	40
IB2	aaba	7
IB3	abab	3
IB4	abbb	6
IC	aaaa	11
ID	abaa	3

如此看来，“abcb”式占有接近五成的比例，而四句交韵式“abab”乃为僻类，次数反少于“abbb”而等同于“abaa”等怪类。然如上所说，“abcb”的韵式中，“a”与“c”两句往往可以旁转或通转而合韵，尤其是

在《三德》及《用曰》两篇当中，如 IB1.18、IB1.20、IB1.28 及 IB1.29 的一、三两句皆以鼻音韵尾收句，又如 IB1.22、IB1.30 及 IB1.31 中彼两句均以入声字相收，即使不看成严格的交韵，亦满有交韵之感。此外"abcb"式的其他章亦可以放宽的合韵关系而归为他类。然则若一切从较宽的合韵关系而视之，则上表可以调整如下（表二）：

类号	韵式	次数（合韵从宽）
IA	aabb	12
IB1	abcb	29
IB2	aaba	7
IB3	abab	10
IB4	abbb	7
IC	aaaa	15
ID	abaa	3

以此视之，"abab"的交韵式仍可以看作楚文的例程。

另外，"abbb"式尽管有几例，然其中 IB4.2—4.4 等三章均是由其特殊的内容形式所决定的，而其他几例皆有字词的释读或句读不明及残文等问题在，因而此一式尚且无法认定为固定的形式，而"abaa"便是更加如此，而且此两种韵式几乎都出现于韵式最不规整的《三德》篇当中（《用曰》两例"abbb"）。因此，遇到此种韵式时，我们有足够理由对其中的句读或关键词的释读等问题提出怀疑，不能轻易接受为楚文韵式之常例。

四句章如果再进一步按照所出现的文本而加以统计，则结果如下（表三〔从表一的分法加以细分〕）：

\韵式篇名	IA aabb	IB1 abcb	IB2 aaba	IB3 abab	IB4 abbb	IC aaaa	ID abaa
凡物上	5	9	0	0	0	1	0
凡物下	1	0	2	3	0	3	0
语丛四	4	5	0	0	0	1	0
三德	3	9	4	0	4	6	3
用曰	0	17	1	0	2	0	0

如上面所提，合韵标准若要放宽的话，则“abab”交韵类，《三德》篇将有 4 例，《用曰》篇亦将有 3 例，其“abcb”类则相对少（其他分类放宽后的小调整且不多论）。

从此可以看出，个别的文本有其使用韵式的偏向。例如《用曰》篇的四句章中，很明显以“abcb”式为主，而其几个例外亦皆为隔句相押类。最不规整的《三德》篇，同时亦是韵式分布最均匀的一篇，合韵标准放宽的话则甚至每种类型可见到三例以上。特别值得注意的是，《凡物流形》的上半篇与下半篇，似亦各有其韵式方面的特点。凡此皆意味着，研究楚地出土文献而以韵式情况为凭准时，除了要考虑到楚文用韵的大致习惯外，尚得注意到其各篇所特有的韵式偏好方可。

3）六句章中，隔句相押类仍是居多（10 例），然双句相押类亦有偶见（4 例）。因为总数不多，而实在无法做出有意义的统计，今仅简单列表如下（表四）：

\ 韵式 篇名	IIA1 aabbcc	IIA2 aaaabb	IIB1 abcbdb	IIB2 aaaaba	IIB3 ababab	IIB4 abbbbb	IIC aaaaaa
凡物上	1	0	0	0	0	0	0
凡物下	1	0	0	0	0	0	0
语丛四	1	1	0	0	0	0	0
三德	0	0	0	1	（1）	（1）	（0）
用曰	0	0	7	0	0	0	0

不难看出，六句章似于《用曰》篇最多，且与该篇四句章的情况相同，全都是隔句相押类。《三德》篇至少亦见有三个六句之章，而其韵式仍是最杂的，与该篇的总体情况相符。双句相押类则皆见于《凡物流形》与《语丛四》两篇，与其四句章的倾向亦大致相合。

4）三句章中，自然即以每句相押为主，而其三个例外，或由特殊原因所致也未可知。其分散情况如下：

\ 韵式篇名	IIIA aaa	IIIB1 aba	IIIB2 aab	IIIB3 baa
凡物上	1	0	0	0
凡物下	1	0	0	0
语丛四	3	0	0	0
三德	3	1	1	1
用曰	0	0	0	0

其间《语丛四》三例皆是由较长的句子构成的。此外，“aaa”式外的三种怪例果然皆出现于《三德》篇，而《用曰》篇则并无三句之章（IV.10 条内无韵者开外）。三句章之所以出现，多因其所述的内容为鼎立的概念，如“天”“地”“人”，或“天明”“鬼神”“先王之智”等。

5）以五句、七句等其他韵式为章者，例不甚多，而多见于《语丛四》、《凡物流形》下半篇及《三德》三文。至于根本即难以入韵者，四篇中为数不多，且几乎皆见于此后二者当中。

6）以四篇中韵部间的通韵与合韵关系而言，有如东、阳旁转合韵，真、元旁转合韵，耕、真通转合韵及月、元与阳、铎、谈等通转合韵等例，似乎比较值得留意，其中或有可以作为进一步调整楚国方言音系之资者在。

试论子思遗说

郑吉雄*

一、问题的提出

20世纪初王国维提出“二重证据法”，影响深远。近世学术界治古文字学及古文献学的学者，借此获得不少启发，于简帛释读获得不少可喜结论。然而，研究简帛佚籍之中的思想史问题时，因涉及抽象观念的分析、思想体系的比较，以及思想流派的发展等三方面的问题，就不是简单地标举“以地下新材料补正纸上材料”一语即可。究竟思想史的研究，有何特殊方法？此问题亦难以凿空谈论。自20世纪90年代《郭店楚简》刊布以后，其中以儒简为最多，学者始提出儒简多为子思之著作，认为《子思子》一书重现，进而重建“思孟学派”谱系及先秦儒家心性论体系等。研究成果甚丰，海内外的专著与论文数百种。[①]然而，在先秦儒家思想

* 作者为香港教育大学文化历史讲座教授。

① 读者可参《中国哲学》第20辑“郭店楚简研究专辑”，辽宁教育出版社，1999年；《郭店楚简国际学术研讨会论文集》，湖北人民出版社，2000年；《儒家思孟学派国际学术研讨会论文汇编》，山东师范大学出版社，2007年。三书所收录的论文。梁涛《郭店竹简与思孟学派》（中国人民大学出版社，2008年）亦有统整提要钩玄之功，具有参考价值。

发展的重建上，似犹有剩义，可供覆检重探。这是本文撰著的缘起。

拙见认为，出土文献固然甚有价值，但如果说出土文献可以立即切入重建思想史，则似乎过于乐观。因为思想史上“谱系”“观念”均环环相扣，而文献的判定，宜谨慎不宜冒进。以有限的出土文献资料而欲改写繁复的思想史，则必然处处发生困难。过去屡有学者对于出土文献的作者问题提出较审慎的研究态度，是一种好的现象。如李学勤认为《子思子》“同其他子书一样，不一定是子思一人的手笔”；[①] 杨儒宾认为《鲁缪公问子思》《穷达以时》《唐虞之道》《忠信之道》《五行》《缁衣》可统归为“子思学派”而勿定作者；李零《郭店楚简校读记（增订本）》认为像《缁衣》主要记孔子之言而无论是子思抑或公孙尼子都只是“传述者”。[②] 以审慎的态度考察文献，显然是比较稳妥的。

关于“思孟学派”的问题，牵涉甚广；《郭店楚简》《上博简》与思孟心性论一系有关的儒简数量亦不少，本文亦无法一一考证。本文仅拟以有限的篇幅，首先就学术界提出曾子、子游、子思的思想源流关系问题，提出疑问；继而考察传世文献，选取《礼记》所载录子思撰著的内容，从传世文献勾勒出子思思想的若干主干，也许对于出土儒简与子思的关系，以及思孟学派重建的相关问题，有微末之助。

二、子思学说的来源——曾子、子游?

子思讳伋，是孔子的孙子。《史记·孔子世家》：

---

① 李学勤《荆门郭店楚简中的〈子思子〉》《先秦儒家著作的重大发现》《郭店楚简与儒家经籍》等几篇论文。

② 李零《郭店楚简校读记（增订本）》，中国人民大学出版社，2007 年 8 月，第 89—99 页。

孔子生鲤，字伯鱼。伯鱼年五十，先孔子死。伯鱼生伋，字子思，年六十二。尝困于宋。子思作《中庸》。子思生白，字子上，年四十七。子上生求，字子家，年四十五。子家生箕，字子京，年四十六。子京生穿，字子高，年五十一。子高生子慎，年五十七，尝为魏相。

《汉书·艺文志·六艺略》“礼”类录《中庸说》二篇。《诸子略》著录《子思》二十三篇，《隋书·经籍志》著录“《子思子》七卷”。子思学说，传统学者着眼于《中庸》较多，实则《礼记》四十余篇，《中庸》以外，尚有《表记》《坊记》《缁衣》等篇章，被认为是子思之作。学者论《郭店》儒简，或指曾子、子游、子思之思想为一派，试图补足孔子与子思之一段隔阂，故特别着眼于三者之同，而较不着眼于其异，如叶国良等《郭店儒家著作的学术谱系问题》将“曾子、子思一系之学”视为一个系统，梁涛在其大作《郭店竹简与思孟学派》第一章即批评说：

曾子、子思都是儒家学者，而郭店儒简又均是儒家作品，要找到他们之间的一致或相合之处，何其容易！但这种论证方法显然是缺乏说服力的。[①]

然而梁书第三章“思孟学派的酝酿：曾子、子游学派研究”亦直接将曾子、子游视为思孟学派的基础、前奏，方法上也许取径不同，结论却无太大异趣。个人既未敢断然将曾子、子游与子思连系成一个严密定义的谱系，亦无意将三人之间思想学说上可能的关联完全切断。窃以为，凡比较两种以上的文献或两种以上的思想，均宜先观其“异”再观其“同”，将较为稳妥。

曾子、子游、子思的学说思想，似有相同点，实亦存在明显的歧

① 《郭店竹简与思孟学派》，第14页。

异之处，曾子在孔门中，最鲜明之形象即为对“孝”的发明与实践，如《大戴礼记》中《曾子本孝》《曾子立孝》《曾子大孝》《曾子事父母》诸篇，即为最佳之说明。“孝”属儒家学说之大端，子思当然亦与其他儒者一样极重视“孝”，如《礼记·檀弓上》所录“门人问诸子思曰：昔者子之先君子丧出母乎”“子思曰：丧三日而殡”，《檀弓下》“子思之母死于卫”等诸条，均可见子思论“孝”的一端。《檀弓上》甚且记：

> 曾子曰：“小功不为位也者，是委巷之礼也。子思之哭嫂也为位，妇人倡踊，申祥之哭言思也亦然。”

对于孝道特别在意、因之对丧礼亦特加重视的曾子，批评哭小功之丧必须“为位”，亦即“以亲疏叙列哭”，[①] 否则就是“委细屈曲街巷之礼”[②]，亦即不符合正统礼仪的做法。曾子接着引子思和申祥的做法来支持己说，认为子思的嫂子死去，子思无服，但亦“为位”，亦即由其妇“先踊”再随之而哭；言思（子游之子、申祥妻之昆弟）死，申祥无服，所为亦与子思相同。由此可见，子思对于丧礼的实践，在无服的亲族中，亦严格依循仪轨的规定，甚至因此而得到曾子的赞扬。这与前述“子思之母死于卫”一节所记，[③] 正相符合。然而，上述记文虽说明了子思的严于丧礼之节目，但仍然难以建构出一种代表性的思想，甚或与本文所提出“天命论”“中和说”“五行论”“仁内义外”等诸论彼此支持共同构筑出一种学说体系。这与曾子“孝”的思想具有一定程度鲜明而丰实的体系性，明显存在若干距离。换言之，对于丧礼，即使有再严格的践履，如果缺乏义理的说明，亦无法证明“思想史”层次的问题。更何况子思与曾子

① 郑玄《注》语。

② 孔颖达《疏》语。

③《礼记·檀弓下》：“子思之母死于卫，赴于子思，子思哭于庙。门人至曰：‘庶氏之母死，何为哭于孔氏之庙乎？’子思曰：‘吾过矣，吾过矣。’遂哭于他室。”

对于丧礼的看法，并不是完全一致的。《礼记·檀弓上》记：

曾子谓子思曰："伋！吾执亲之丧也，水浆不入于口者七日。"子思曰："先王之制礼也，过之者俯而就之，不至焉者，跂而及之。故君子之执亲之丧也，水浆不入于口者三日，杖而后能起。"

曾子直呼子思之名，以自己丧亲执礼"水浆不入于口者七日"来批评当时人的无礼，却被子思当面纠正，称先王制订礼仪，并不是无限上纲的从严不从宽，而是在贤与不肖之间立一个准衡，让贤者俯而可就，行而可成；不肖者亦可以勉力而为。子思认为，正礼是"水浆不入于口者三日，杖而后能起"。曾子年辈较子思为高，而子思对曾子的响应不稍假辞色，除了反映子思的刚正（如"恒称其君之恶"之类）性格外，多少也透露了一种"尚中"的态度，让人联想到《中庸》所寄托的"不偏不倚"的"尚中"思想。

至于子游（言偃）与子思的关系，首先要了解的是子游的思想，而很遗憾目前的文献并不足以推论。子游在孔子弟子中属于"文学"科，曾任武城宰，以礼乐为教，故"子之武城，闻弦歌之声"。《论语·为政》所记，子游亦曾问"孝"，[①]《论语·子张》则记子游的言论"丧"：

丧致乎哀而止。

这句话首尾不具，无法了解子游的立言宗旨所在，其后《礼记·曾子问》记"子游问曰'丧慈母如母，礼与'"；蛛丝马迹，也约略反映子游对于行孝、丧礼的问题可能比较关注。《礼记·檀弓》记曾子与子游的互动较

① 孔子的回答："今之孝者，是谓能养。至于犬马，皆能有养，不敬，何以别乎？"

多，而《礼运》则记子游向孔子问礼。至于《礼记·檀弓下》有一大段文字，载录子游论“礼”，以及与咏舞辟踊之细微关系，学者或据此而认《郭店楚简》“性自命出”所论与之有关，故应定为子游或子游氏之儒所作。① 其实《礼记·檀弓下》此段文字，子游立言宗旨并不在于论“情”，仍在于论丧礼，也就是“孝”的践履问题。云：

有子与子游立，见孺子慕者，有子谓子游曰：“予壹不知夫丧之踊也，予欲去之久矣。情在于斯，其是也夫？”子游曰：“礼有微情者，有以故兴物者；有直情而径行者，戎狄之道也。礼道则不然，人喜则斯陶，陶斯咏，咏斯犹，犹斯舞，舞斯愠，愠斯戚，戚斯叹，叹斯辟，辟斯踊矣。品节斯，斯之谓礼。人死，斯恶之矣，无能也，斯倍之矣。是故制绞衾、设蒌翣，为使人勿恶也。始死，脯醢之奠；将行，遣而行之；既葬而食之，未有见其飨之者也。自上世以来，未之有舍也，为使人勿倍也。故子之所刺于礼者，亦非礼之訾也。”

这段记文载录有子与子游的一段对话：有子看见孺子号慕，由是而对子游感叹，认为丧礼哭踊的节制，简直可以完全略去，但依孺子之情发抒即可。有子也许是一时有感而发，却由此而引起子游的一番精彩的议论。子游回答有子一段话的大意，是说人类在至亲逝世时或至于放纵情感，号哭无节；一旦目睹腐臭的尸体时，又不免“恶”而“倍”之。这种情感的转变与行为的矛盾，唯有“礼”的节文，才能将之统一起来。依照郑玄《注》的解释，“微情”讲的是“节哭踊”，② 可见子游开宗明义，就是强调“礼”最重要的是哭踊有“节”所反映的对情感的节制，故立论

① 廖名春《荆门郭店楚简与先秦儒学》，刊《中国哲学》第20辑，第61页。陈来《儒家系谱之重建与史料困境之突破——郭店楚竹书与先秦儒学研究》，收入《郭店楚简国际学术研讨会论文集》。

② 郑玄《注》语。

之始，即直指“有直情而径行者”是“戎狄之道”，正如郑《注》解释说：

> 哭踊无节，衣服无制。

接着子游缕述人类情感的自然发展：“人喜则斯陶，陶斯咏，咏斯犹，犹斯舞，舞斯愠，愠斯戚，戚斯叹，叹斯辟，辟斯踊矣。”在《郭店楚简·性自命出》中恰好有一段相似的文字出现在第34、35简，被视为与《檀弓》所记子游之言论最直接相关的“证据”。[①] 但仔细分析其文义，《檀弓下》一段文字用意，其实正如孔《疏》所指，在于“极言哀乐之本也”，也就是说，情感的发抒，其始则初发于“喜则斯陶”，其极则至于“辟斯踊”，层层发展，或可以至于无节。但毕竟“品节斯，斯之谓礼”，最后子游还是反复强调一个“节”字。这与《性自命出》的归结于“舞，喜之终也”“踊，愠之终也”，对于情感宣泄做正面的表述，是截然不同的。而紧接着子游话锋一转，讨论到丧礼“制绞衾、设蒌翣”“脯醢之奠”“既葬而食之”等等的仪式，为的是避免送葬者对死者的恐惧厌恶。这种恐惧厌恶，与前一节所论哭踊号慕，岂不恰好相反？不正是人类“爱亲”与“恶死”两种情感并存的实况？所以子游强调“礼”的伟大，自上古以来，就是一方面让人“未之有舍”，让情感有节制地发抒；另一方面又有绞衾、蒌翣等种种礼饰，让送葬者“勿倍”。由此可见，《檀弓》这段记文，重点并不在于论“情”而是论“礼”。学者倘以此段文字而论子游的“情”论，而引申及于《郭店》儒简的情感论，表面上看起来可以牵合，深入考察则是南辕北辙。

梁涛引述康有为以迄姜广辉等学者论证《礼运》为子游所撰，目

① 《性自命出》第34、35简：“喜斯陶，陶斯奋，奋斯咏，咏斯犹，犹斯舞。舞，喜之终也。愠斯忧，忧斯戚，戚斯叹，叹斯辟，辟斯踊。踊，愠之终也。”梁涛：“当然，认为《性自命出》出于子游的最直接证据，是简文中的一段文字，在《礼记·檀弓下》被记为子游之言。这段文字是：‘喜斯陶……’”梁清：《郭店竹简与思孟学派》，第29页。

前看来亦甚可疑。《万木草堂口说》属于康氏早年未定之论，此姑置不论；郭沫若《十批判书》之说其实亦缺乏论据支持，即就《礼运》而论，其中记言偃之问，仅有三条在篇首，即“君子何叹”“如此乎礼之急也”“夫子之极言礼也，可得而闻与”三问。而其后第一问所记孔子之回答，“大同”“小康”之辨，梁涛分析甚详，称其为对大同的挽歌，亦个人所赞同，此节姑暂毋庸议。第二问则孔子申言礼本于天、殽于地、列于鬼神云云，均属赞词，并无申论。第三问所记孔子之论礼，仍归本三代损益之说，以及礼始诸饮食之论。然则三问所申述的内容，与天命、性情等问题，均未涉及。至于《荀子·非十二子》所记：

> 子思唱之，孟轲和之，世俗之沟犹瞀儒，嚾嚾然不知其所非也，遂受而传之，以为仲尼、子游为兹厚于后世。

王先谦《荀子集解》引郭嵩焘之说，以为“子游”为“子弓”之误；武内义雄则认为“弓”为“游”为“斿”字漫漶讹误。无论是郭氏或武内氏的推断，必须有文献的证据，若无证据，则仅为推测。其实无论是子游或子弓，在《非十二子》的文辞脉络中，都仅能视为荀子引述仲尼及其弟子以泛指传承，将之扩大解释为“孔子→子游→子思→孟子”谱系传承的证据，恐怕只能符合学者的主观意愿。由上可见，遽然将曾子、子游、子思联系起来提出任何谱系之说，是存在危险性的。

三、天命论

《礼记·中庸》为子思所撰，历代学者几无异辞，首章开宗明义言“天命之谓性”，后接着论“喜怒哀乐”，故郭店楚简《性自命出》第2、3

简提出“性自命出，命自天降。道始于情，情生于性；始者近情，终者近义”，研究者多信其为子思所撰。《中庸》首句“天命之谓性”传诵古今，经宋明理学家数百年发明，尤为新儒家学者所颂扬，与《性自命出》论性、天、命、道等，论题极为相似，唯《中庸》未论“情”字，但论“喜怒哀乐之未发”，不啻论情感问题。就《中庸》而言，如为子思所撰，则可见子思思想的特点，在于提出“中和”的观念，进而将人类的情感问题，向上连系“天命”。这在孔门的确是一个开创性的观念。

《中庸》首揭“天命之谓性”一语，历代学者，多着眼于人类获得天地赋予生命以为说，《礼记·中庸》郑玄注云：

> 天命，谓天所命生人者也，是谓性命。

朱熹《中庸章句》：

> 天以阴阳五行化生万物，气以成形，而理亦赋焉，犹命令也。

郑玄对于“天命”一词，亦只就《中庸》文脉以解说其经义，并未追溯“天命”意义的历史变迁。朱子则更着重于“天理”的禀赋于人性。当然，《礼记》郑注是说经之书，并不着意于思想发展的历史。但今天我们讲思想史，就不能不追问“天命”原本的内涵。回归殷周历史，“天命”之说，本属于周民族殪殷兴周以后，提出之革命理论。在《尚书》中除周书以前之“商书”“虞夏书”等属于后人追述之篇章外，在较可信为西周官方作品之“周书”篇章，如《泰誓上》“商罪贯盈，天命诛之”，《武成》“我文考文王克成厥勋，诞膺天命，以抚方夏”，《大诰》“洪惟我幼冲人……矧曰其有能格知天命”等等。而申述“天命”最多，语气最为生动者，厥为《多士》：

王若曰："尔殷遗多士，弗吊，旻天大降丧于殷。我有周佑命，将天明威，致王罚，敕殷命终于帝。肆尔多士，非我小国敢弋殷命，惟天不畀允罔固乱，弼我；我其敢求位？惟帝不畀，惟我下民秉为，惟天明畏。"

王曰："猷，告尔多士。予惟时其迁居西尔。非我一人奉德不康宁，时惟天命。无违！朕不敢有后，无我怨。惟尔知惟殷先人有册有典，殷革夏命。今尔又曰：'夏迪简在王庭，有服在百僚。'予一人惟听用德，肆予敢求尔于天邑商。予惟率肆矜尔。非予罪，时惟天命。"

……王曰："告尔殷多士！今予惟不尔杀，予惟时命有申。今朕作大邑于兹洛，予惟四方罔攸宾。亦惟尔多士攸服，奔走臣我，多逊。尔乃尚有尔土，尔乃尚宁干止。尔克敬，天惟畀矜尔；尔不克敬，尔不啻不有尔土，予亦致天之罚于尔躬。今尔惟时宅尔邑，继尔居，尔厥有干有年于兹洛，尔小子，乃兴从尔迁。"

《多士》记述周公迁殷顽民于雒邑，而屡言天命，以说服殷之顽民：政权之合法性由"天"赐予，人类则唯佐佑此"天"所命，故亡国无须埋怨他人，但须逆探"天"的意志以自省察。《尚书》以外，《诗经》诸篇亦多。如《大雅·文王》：

商之孙子，其丽不亿。上帝既命，侯于周服。侯服于周，天命靡常。殷士肤敏，祼将于京。厥作祼将，常服黼冔。王之荩臣，无念尔祖。无念尔祖，聿修厥德。永言配命，自求多福。殷之未丧师，克配上帝。宜鉴于殷，骏命不易。

《诗经·大雅·大明》：

有命自天，命此文王。于周于京，缵女维莘。长子维行，笃生武王。保右命尔，燮伐大商。

《诗经·周颂·桓》：

> 绥万邦，娄丰年。天命匪解。桓桓武王，保有厥士。于以四方，克定厥家。

周民族以“天命论”解释夏殷周朝代的递嬗，确立周民族取代殷商六百年共主地位、夺得政权的合法性。但此事其实并不始于灭殷之后。拙著《从遗民到隐逸——道家思想溯源：兼论孔子的身份认同》[①]已指出，《诗经·鲁颂·閟宫》“后稷之孙，实维大王。居岐之阳，实始翦商”的记文，已透露了周民族早在古公亶父（太王）自将周民自豳迁岐阳时，已定下的政策。何晏、邢昺、朱熹解说《论语·泰伯》，亦深信太王早已有翦商之谋。[②]抑且《史记·周本纪》记：

> （西伯）明年伐犬戎；明年伐密须；明年败耆国。殷之祖伊闻之，惧，以告帝纣。纣曰：“不有天命乎？是何能为？”

显然周人深信“天命”之说，故动称“天命”，以之传扬，故《史记》记诸侯会盟津者八百，皆曰“纣可伐”，而武王却说“女未知天命，未可也”，即为一端。而纣王的语气则明显有反讽意味，意思是：“天命”是周

---

① 刊《东海人文学报》第22期，东海大学中国文学系，2010年7月，第125—156页。

② 《论语·泰伯》首章何晏《集解》说：“泰伯，周太王之长子，次弟仲雍，少弟季历。季历贤，又生圣子文王昌。昌必有天下，故泰伯以天下三让于王季。”邢昺《疏》引郑玄《论语注》云：“太王见季历贤，又生文王，有圣人表，故欲立之，而未有命。太王疾，太伯因适吴越采药。太王殁而不返，季历为丧主，一让也。”《论语注疏》卷8，第70页。朱熹《论语集注》卷4《泰伯》首章说：“大王之时，商道寖衰，而周日强大。季历又生子昌，有圣德。大王因有翦商之志，而泰伯不从，大王遂欲传位季历以及昌。泰伯知之，即与仲雍逃之荆蛮。于是大王乃立季历，传国至昌，而三分天下有其二，是为文王。”参《四书章句集注》，大安出版社，1994年，第138页。

人讲的，如果真有天命，那么人事的更改也就无用。总之，据《诗经》《尚书》所记，“天命论”几可确定是西周初年统治阶层惯常运用的政治论述。

《论语》中孔子也两次提及“天命”，一为《为政》的“五十而知天命”，另一为《季氏》的“君子有三畏，畏天命”。在孔子这两次引用“天命”中，语义里面政治的意味淡薄了，转而成为君子修德进阶境界的用语，但从文献看来，孔子没有对“天命”详加解释，也许还没有将之发展为一套具有道德形上意义的观念。孔子以后，文献也未记载曾子、子游曾对“天命”有所申述。唯《礼记·中庸》始揭示“天命”的概念，以统辖“性”“道”“教”等涉及人的身体、形神。《中庸》所记子思遗说，约可包括四部分。其中第一部分提出抽象之德性观念，包括“天”“命”“性”“道”“中”“和”“诚”七个观念，大多宣示于首章：

> 天命之谓性，率性之谓道，修道之谓教。道也者，不可须臾离也，可离非道也。是故君子戒慎乎其所不睹，恐惧乎其所不闻。莫见乎隐，莫显乎微。故君子慎其独也。

“天命论”原属周人灭殷后进行转型正义工程之核心理念，其一揭示“天”之为主宰，非人力可自为，故凡朝代革命，皆承天意而行。这就确立了革命的合法性。其二揭“变”，亦即《周易》哲理的主体，引申为“天命靡常”。其三为德性论，与天命论结合，而为王天下者必具的两大条件。其四为历史观，即以上述三种理论，对夏→殷→周历史发展做一番贯彻的解释，证明前三种理论皆有人类历史之验证，而非向壁虚造。今子思首揭“天命之谓性”，即将“天命论”从王天下的法理解释，转变为一普及士君子（尚未普及全人类）的德性根源，是人性与上天的桥梁。次谓“道”为沿此德性根源而为之，率循此“性”即为“道”，等于强调德性并非矫揉而成（此即为孟子所承继，详见《孟子·告子上》与告子的杞柳桮棬之辩。其说与告子、荀子不同），而属自然也是必然的发展。此即“率性”一词的要义。其三在于“修道”，即揭示君子于社群中推行此德性之教化，并紧接着论“中和”，以说明君子“修道”的准则。

“天命论”理论的指向，由上天转而为人间，由解释悠远宏大的朝代命运，转向说明切近己身的德性根源。要知道，“天命”论原本仅用作政治最高原理的解释，并不及于君子士大夫。对君子士大夫而言，将“德目”落实，主要有待于种种礼乐仪轨的规定。自孔子给这些规定赋予了各种意义后，如何在教育与知识愈趋普及时，落实这些意义与规定于社群之中，而为庶民所了解，是儒家教化理论的重点。今子思竟援引用以解释政治最高原理的“天命”一词，与人类的情感联系起来，这是后世研究子思遗说的创造性时，不得不注意的要点。

四、中和说

《中庸》首章揭示“天命”“性”“道”“教”之一贯之旨后，接着说：

> 喜怒哀乐之未发，谓之中；发而皆中节，谓之和；中也者，天下之大本也；和也者，天下之达道也。致中和，天地位焉，万物育焉。

“喜怒哀乐”仅仅四端，还没有被发展到《檀弓》所引述子游之论“喜、陶、咏、犹、舞、愠、戚、叹、辟、踊”那样细腻而有丰富层次感的架构（此亦显示《檀弓》很可能为晚于《中庸》，非子游所著）。子思之意，最重要的是以此四端之情感作为基础，向上连接“性”此一概念，而追源于“天命”。我们不要忽略了：“戒慎”“恐惧”也是“情”。将情感与德目结合而论，又见于《礼记·表记》：

> 子曰：“恭近礼，俭近仁，信近情，敬让以行此，虽有过，其不

甚矣。夫恭寡过，情可信，俭易容也；以此失之者，不亦鲜乎？《诗》曰：‘温温恭人，惟德之基。’”

孔《疏》：

信近情者，信，谓言语信实，故近情也。……情可信者，以情示人，故可信也。

此处“情”字读为“情感”之“情”，即《上博简·孔子诗论》“乐亡隐情”之“情”。《表记》为子思所撰著，此条虽引孔子（《表记》称“子曰”，正如其他先秦儒典，皆指孔子之言），但传述者为子思，亦可视为子思对孔子言论学说的诠释。子思既推论情感义理，同时常将此情感义理结合儒家德目，以见儒家礼教，为一自然而然，可不需费力而成。正如《中庸》所铺陈的，子思将情感牵合到德性功夫，指其为君子践履“慎独”必要的两个元素——“戒慎乎其所不睹，恐惧乎其所不闻”，并进而铺陈出“情感”萌发之先，作为“天命”的德性根源的“中”已经存在。唯有上溯此一根源（中），始能发而皆能中节（和）。既然说“中”为天下之大本，“和”为天下之达道，则“中和”作为形上观念，即并非限缩于君子个人一身，而是进而扩于“天下”的至理。“中”的观念，原本有其宇宙论、政治论之背景，如《尚书·召诰》“自服于土中”、《周易》“中行”“尚中”等之意涵。然而搜检先秦文献，在子思以前，“中”字或指时间、空间的中间位置，或训“合宜”“平均”“符合”“调和”“媒介”等诸义，似并无将“中”字训为“心”的例子。[①] 唯《中庸》云：

喜怒哀乐之未发，谓之中；发而皆中节，谓之和；中也者，天下

---

① 说详拙著《先秦经典“中”字字义的原始与变迁——兼论〈清华简·保训〉的“中”》。

之大本也；和也者，天下之达道也。致中和，天地位焉，万物育焉。仲尼曰："君子中庸，小人反中庸。君子之中庸也，君子而时中；小人之中庸也，小人而无忌惮也。"

由于子思将"中"的观念扣紧在"喜怒哀乐"四种情感中铺陈，无异于将"中"的内涵规范，向内界定于人心，向上则联系于天命。自此以后，"中"字遂有"心"的训解。如：

1.《周易·坤·文言传》："君子黄中通理，正位居体，美在其中，而畅于四支，发于事业，美之至也。""美在其中"即"美在其心"。

2.《诗经·大序》："情动于中而形于言。""中"亦训为"心"。

3.《成之闻之》："形于中，发于色，其诚也固矣，民孰弗信？"（第25简）"形于中"即"形于心"。

由此可见，将人类生理的、动态的情感"喜怒哀乐"申论，并借古老之观念"中"而生"和"之训解（《经典释文》即释"中"为"和"）说明此情感的动（发）静（未发）状态，而上推此两观念，既定为人类内在于心的道德根源，同时作为天地秩序的理则及万物化育的依托。凡此皆属子思所启导。我们或可推论，子思对于儒家学说的重要贡献之一，是将儒家的德目与情感结合而论，于是礼教德目再也不是冷冰冰的教条，情感也不是无可驾驭的情绪，而后儒也继续发展此一方向，始简而终大，为儒家情感哲学开拓出坦途，或以新的论述，申言《中庸》的"天命之谓性"，如《性自命出》称：

性自命出，命自天降。

又或继续发展子思将喜怒哀乐之"情"与"道"、"礼"等德目相联系，如《性自命出》：

道始于情，情生于性。（第3简）

《语丛二》：

情生于性，礼生于情。（第1简）

“道”既“始于情”，则“道”与人伦日用、语默云为息息相关；“情”既生于“性”，则“情”又非孤立于天命之德目而可以随意纵放。战国儒家论说者巧妙地做此种联系，则“情感”一变而为应该永远受到德性的制约。甚且《周易·乾·文言传》：

“乾元”者，始而亨者也。“利贞”者，性情也。

亦将经义引申至于性情之论。“性情”是子思建立儒家情感哲学的新尝试，而广泛影响战国儒者。（《文言传》作者释“利贞”而特别标举“性情”，显见其与儒家之关系。）儒者又或将“性情”引申而论“终始”之义，如《性自命出》：

始者近情，终者近义。（第3简）

“终始”之义在于儒家学说，以《礼记·大学》“物有本末，事有终始，知所先后，则近道矣”最为赅括，原本并不专论“情”与“义”的关系，①

① “终始”的思想，正如《郭店楚简·五行》：“君子之为善也，有与始，有与终也。”在先秦儒家学说中，是君子修德的各项要求中，相当核心的一项准则，在于人事，或指事君之道，如《礼记·表记》：“事君慎始而敬终。”在于治民，或指养民养老，如《礼记·文王世子》：“是故古之人一举事，而众皆知其德之备也。古之君子，举大事，必慎其终始，众安得不喻焉。”（郑玄《注》：“言其为之本末露见，尽可得而知也。”孔《疏》：“大事谓养老。初则虑之以大，是慎其始；末则终之以仁，是慎其终也。”）推扩至大，则或指万物生死、气之聚散，如《易大传》：“原始反终，故知死生之说。”

但《性自命出》指其“始者近情”，似仍属《中庸》“喜怒哀乐之未发，谓之中”思想的另一种表述。这是因为“情感”的表现属于人人可见，道德纲目如“道”“仁”之类则属抽象而不可知，故战国儒者将二者统辖为一种由先而后、由内而外、由近而远、由始而终的发展关系。故如《礼记·乐记》，亦强调音乐歌舞之兴起，皆始于“人心之动”（所谓“感于物而动”亦即“情感”的发动）：

> 凡音之起，由人心生也。人心之动，物使之然也。感于物而动，故形于声。声相应，故生变；变成方，谓之音；比音而乐之，及干戚羽旄，谓之乐。

又：

> 夫民有血气心知之性，而无哀乐喜怒之常，应感起物而动，然后心术形焉。是故志微噍杀之音作，而民思忧。啴谐慢易、繁文简节之音作，而民康乐。粗厉猛起、奋末广贲之音作，而民刚毅。廉直、劲正、庄诚之音作，而民肃敬。宽裕肉好、顺成和动之音作，而民慈爱。流辟邪散、狄成涤滥之音作，而民淫乱。[①]

“应感起物而动，然后心术形焉”所论正如《性自命出》的“凡道，心术为主”（第14简）、“凡声，其出于情也信，然后其入拨人之心也够”（第23简）。所谓“心术”，岂不正指人类各种各样的情感？[②]普罗大众“无哀乐喜怒之常”，但君子则不可，必须有“喜怒哀乐之未发，谓之中；发而

---

① 《隋书·音乐志》引沈约说谓公孙尼子作《乐记》。关于此一问题，学界讨论甚多。拙见认为公孙尼子学说与子思学说亦有相通处。详本文论“五行”一节。

② 关于心术，林素英《从“礼乐”的分合与特性论〈性自命出〉“道”四术或三术的迷思——兼论相关学者的研究方法》有详细的讨论。

皆中节，谓之和”的自觉，以及“致中和”的使命感。“治民”为君子要务，君子既要了解人民，又不能为人所不能为，无怪乎《中庸》说“君子之道鲜矣”。

以上儒家学说关于情感哲学的衍发，追源溯本，并非始于子游之论，而应该是子思将“情感”与“德目”结合一起以后，理论上必然导向的结果。子思开启了这个重要的门户，创造了儒家情感哲学发展铺陈的种种可能。然则儒家情感哲学始奠定于子思之手，可毋庸置疑。

五、五行论

1973年马王堆汉墓出土帛书文献中有《五行》篇，郭店楚简也有《五行》篇，学者咸认为其属思孟学派的文献，研究者甚多。[①] 邢文《思、孟“五行”与〈五行〉的结构》一文引述陈来《竹帛〈五行〉篇为子思、孟子所作论——兼论郭店楚简〈五行〉篇出土的历史意义》，称马王堆汉墓帛书整理者之一的韩仲民称此篇为“子思孟轲学派的门徒”的作品。[②] 学界对于简帛两种《五行》的文献同时联想到子思、孟子，其来有自。

---

① 李学勤《从简帛佚籍〈五行〉谈到〈大学〉》，刊《孔子研究》1998年3期，第48页。李存山《从简本五行到帛书五行》，刊《郭店楚简国际学术研讨会论文集》，湖北人民出版社，2000年，第520页。庞朴《竹帛〈五行〉篇校注及研究》，万卷楼图书公司，2000年。魏启鹏《马王堆汉墓帛书德行校注》，成都：巴蜀书社，1991年；又氏著：《简帛〈五行〉校笺》，万卷楼图书公司，2000年。魏氏五年后又出版《简帛文献〈五行〉笺证》，中华书局，2005年。陈来《竹帛〈五行〉与简帛研究》，生活·读书·新知三联书店，2009年。池田知久《马王堆汉墓帛书五行篇研究》，汲古书屋，1993年。Mark Csikszentmihalyi（齐思敏），“*Material Virtue：Ethics and the Body in Early China*”（Leiden：Brill，2004）。李锐《仁义礼智圣五行的思想渊源》，刊《齐鲁学刊》2005年第6期，第19—25页。陈来《竹简〈五行〉章句简注——竹简〈五行〉分经解论》，《孔子研究》2007年第3期，第12—15页。

② 《孔子研究》2007年第1期，第23页。

历来学者之所以认为“五行”说是子思、孟子所创立，主要还是根据荀子对思孟五行思想的严厉批评，以及杨倞的注解。《荀子·非十二子》：

> 略法先王而不知其统，犹然材剧志大，闻见杂博，案往旧造说，谓之五行。甚僻违而无类，幽隐而无说，闭约而无解。案饰其辞而祇敬之，曰：“此真先君子之言也。”子思唱之，孟轲和之。世俗之沟犹瞀儒，嚾嚾然不知其所非也，遂受而传之，以为仲尼子游为兹厚于后世，是则子思、孟轲之罪也。[①]

杨倞《注》：

> 五行，五常，仁义礼智信是也。

其实“五行”或“五常”之论，并不止见于《荀子》，在儒家学说中，亦数见不鲜。姑勿论《礼记》中屡屡出现的“五帝”“五祀”“五官”“五等”“五音”等等与“五行”隐然相一致的观念，即《礼记·乐记》即说：

> 是故先王本之情性，稽之度数，制之礼义。合生气之和，道五常之行，使之阳而不散，阴而不密，刚气不怒，柔气不慑，四畅交于中而发作于外，皆安其位而不相夺也；然后立之学等，广其节奏，省其文采，以绳德厚。

郑玄注：

① 王先谦注：“犹然，舒迟貌。”又：“‘沟’读为怐。怐，愚也。‘犹’，犹豫也，不定之貌。‘瞀’，闇也。《汉书·五行志》作‘区瞀’，与此义同。嚾嚾，喧嚣之貌，谓争辩也。”

五常，五行也。

孔疏：

道五常之行者，言圣人裁制人情，使合生气之和，道达人情以五常之行，谓依金木水火土之性也。①

所谓“五常之行”，是说依“金木水火土”之“性”而立的“仁义礼智圣”之“行”。《乐记》倘依沈约所说为“取公孙尼子”，则“道五常之行”以及“阳而不散，阴而不密”的阴阳五行之论，非独子思、孟子传述，公孙尼子亦张皇其说。②孔疏之说解，远有源流，并非孔氏自创，不但上溯子思与公孙尼子，也本诸汉儒。《汉书·董仲舒传》：

夫仁谊礼知信五常之道，王者所当修饬也。③

“谊”即“义”，或作“宜”。《礼记·中庸》郑玄注云：

天命，谓天所命生人者也，是谓性命。木神则仁，金神则义，火神则礼，水神则信，土神则知。《孝经说》曰：“性者，生之质。”命，人所禀受度也。率，循也，循性行之，是谓道。修，治也，治而广之，人放效之，是曰教。

① 《礼记注疏》卷38，第680页。

② 《礼记·乐记》论礼制的建立，亦列举“五”个大纲：“散军而郊射，左射貍首，右射驺虞，而贯革之射息也。裨冕搢笏，而虎贲之士说剑也。祀乎明堂而民知孝。朝觐然后诸侯知所以臣，耕借然后诸侯知所以敬。五者，天下之大教也。”可见五行思想弥漫《乐记》。

③ 《汉书》，中华书局，1962年，第2505页。

“五常”亦即“五行”，显然是战国下迄秦汉儒家学说的主流。“五行”在简帛文献之体系为“仁义礼智圣”，既为人类的“生之具”（性），则“五行”亦可称“五性”。《白虎通义·性情》：

> 五性者何谓？仁义礼智信也。

汉人以“信”取代“圣”。又：

> 五藏，肝仁、肺义、心礼、肾智、脾信也。

以“五行”为“五性”，结合“五脏”而形成一庞大的体系，此即汉儒学说源出战国儒家遗说的证据，而向下又影响了后儒的说解。朱熹《中庸章句》解说首句说：

> 天以阴阳五行化生万物，气以成形，而理亦赋焉，犹命令也。于是人物之生，因各得其所赋之理，以为健顺五常之德，所谓性也。

朱子所谓“阴阳五行化生万物”，指的自是“金木水火土”；所谓“健顺五常之德”，“健”即“乾”，“顺”即“坤”，为“阴、阳”的代称；而“五常之德”即“仁义礼智圣”，此与郑玄“木神则仁，金神则义，火神则礼，水神则信，土神则知”的学说，实为一致，故朱子章句，亦以“阴阳五行”解释“天命之谓性”，实即隐括郑玄之意，或可视为郑玄的注解的新解释。而追源溯本，前引《礼记·乐记》所谓“道五常之行，使之阳而不散，阴而不密，刚气不怒，柔气不慑，四畅交于中而发作于外，皆安其位而不相夺也”，正是这种思想的源头，“情性”“度数”“礼乐”层层向外的发展，就是阴、阳、刚、柔“四畅交于中而发作于外”，既安于其位亦互为平衡（不相夺）。然则儒家阴阳五行的思想，其实并非如中国思想史（或中国哲学史）研究者所归咎的董仲舒所创，[①] 而是创始于子思、公孙尼子或其同时儒者之手。

《礼记·表记》据沈约之说，为子思所撰著，那么该篇以五行自然之性比附伦理秩序，正好和孟子所述、荀子所讥、《乐记》所论的内容，完全吻合。《表记》说：

> 子言之："君子之所谓仁者其难乎！《诗》云："凯弟君子，民之父母。"凯以强教之；弟以说安之。乐而毋荒，有礼而亲，威庄而安，孝慈而敬。使民有父之尊，有母之亲。如此而后可以为民父母矣，非至德其孰能如此乎？

"亲尊"之说，亦隐含"阴阳"之义，即《归藏》首"坤"卦而尚阴，《周易》首"乾"卦而尚阳的遗说。阴阳、亲尊之义，原本即与殷周政统有关。《史记·梁孝王世家》褚少孙记窦太后欲立梁孝王为太子事，景帝问于袁盎，袁盎即以殷代兄终弟及、周代立嫡长子之道统之异，回答景帝：

> 殷道亲亲者，立弟；周道尊尊者，立子。殷道质，质者法天，亲其所亲，故立弟。周道文，文者法地，尊者敬也，敬其本始，故立子。周道，太子死，立适孙；殷道，太子死，立其弟。[②]

---

① 如唐君毅于董仲舒阴阳五行学说多所批评，而认为其思想源出阴阳家（详氏著：《中国哲学原论（原道篇）》，台湾学生书局民国 75 版，第 224—225 页。劳思光亦深辨儒家为"生活之哲学"，"旧说以为阴阳五行亦儒学中原有之观念，此由不辨孔孟理论之真面目所致"。（劳氏著：《新编中国哲学史》[台北：三民书局，民国 73 年增订初版] 第二册，第 11、13 页。）又如冯友兰："董仲舒吸取了战国以来的阴阳五行的思想，虚构出一个世界图式，以说明他所认为的自然界和人类社会的秩序及其变化的规律。"冯友兰《中国哲学史新编》，人民出版社，1998 年中卷第 27 章，第 65 页。

② 《史记》，中华书局，第 6 册，第 2091 页。

景帝接着问袁盎“于公何如”，袁盎等即以“方今汉法周，周道不得立弟，当立子”回答。袁盎以“亲”“尊”论“殷道”“周道”之异同，绝非牵合傅会，正因窦太后崇尚黄老道家，以之作为治国方针，故有兄终而弟及、立梁王为帝太子的想法，而此一想法，正是殷代源于母系社会的遗留。[①]然而，自武王灭殷，殷统中绝，周民族制礼作乐至汉，亦已千年，儒家自孔子卒后已历六百年。袁盎所述殷朝与周朝“亲亲尊尊”“文统质统”的歧义，久已消融于儒家礼制理论之中。故战国秦汉儒书所论“亲”“尊”分属父统母统之异，几乎已完全消失，[②]仅余若干蛛丝马迹留存于礼家记文之中。[③]《礼记·表记》不但提出“有父之尊，有母之亲”，更进一步推衍父母所代表的阴阳、刚柔之象。子思说：

---

① 西汉初年上距殷周之际虽已历千年，吾人尚可从窦太后的政策中，约略窥见殷商尚母统（兄终弟及即属于母系社会的遗留，因兄弟为一家人，父子则非一家人）的本质，及其与黄老道家政治哲学之密切关系。

② 《礼记》所载儒家学说所论“亲”“尊”之别，或在于“父”“君”之异，《礼记·文王世子》：“君之于世子也，亲则父也，尊则君也。有父之亲，有君之尊，然后兼天下而有之。”又或在于“上”“下”之异。《礼记·大传》：“上治祖祢，尊尊也；下治子孙，亲亲也；旁治昆弟，合族以食，序以昭缪，别之以礼义，人道竭矣。……其不可得变革者则有矣：亲亲也，尊尊也，长长也，男女有别，此其不可得与民变革者也。”此谓“尊”之义在于崇敬祖祢，“亲”之义在于管治子孙。又《礼记·丧服小记》：“亲亲尊尊长长，男女之有别，人道之大者也。”又《礼记·丧服小记》：“亲亲，以三为五，以五为九。上杀，下杀，旁杀，而亲毕矣。”

③ 《礼记·檀弓下》：“殷既封而吊，周反哭而吊。孔子曰：‘殷已悫，吾从周。’……殷练而祔，周卒哭而祔。孔子善殷。”郑玄《注》：“悫者，得哀之始，未见其甚。”又：“重，主道也，殷主缀重焉，周主重彻焉。”“重”是丧礼中亡者新死时暂时使用的神主牌，在殷人则安葬死者后，缀“重”而悬挂在新死者所殡之庙，在周人则在安葬死者后，将“重”撤去而埋之。孔颖达《疏》云：“‘殷主缀重焉’者，谓殷人始殡，置重于庙庭，作虞主讫，则缀重县于新死者所殡之庙也。‘周主重彻焉’者，谓周人虞而作主，而重则彻去而埋之，故云‘周主重彻焉’。但殷人缀而不即埋，周人即埋不县于庙，为异也。”《檀弓下》又记：“丧之朝也，顺死者之孝心也。其哀，离其室也，故至于祖考之庙而后行。殷朝而殡于祖，周朝而遂葬。”郑《注》：“朝，谓迁柩于庙。”孔《疏》：“殷人尚质，敬鬼神而远之。死则为神，故云‘朝而殡于祖庙’。周则尚文，亲虽亡殁，故犹若存在，不忍便以神事之，故殡于路寝，及朝庙遂葬。”

今父之亲子也，亲贤而下无能；母之亲子也，贤则亲之，无能则怜之。母，亲而不尊；父，尊而不亲。水之于民也，亲而不尊；火，尊而不亲。土之于民也，亲而不尊；天，尊而不亲。命之于民也，亲而不尊；鬼，尊而不亲。

子思以“天、地、人（民）”、“火、水、人（民）”比附“父、母、子”，等于举自然物象与人伦关系相比附。这原本是先秦《易》学论政治教化的旧传统，《说卦传》所记“乾坤六子卦”的理论讲的就是这样的学说。[①]《表记》以“天象”比附“人事”，无异将人类伦常视之如自然界阴阳五行一样，是理所当然无可置疑的绝对道理。这与董仲舒阴阳五行的理论，详略固有不同，大旨并无二致。其实中国思想史研究者无不知，邹衍演释“金木水火土”相生相克之说，明显论说“五行”却称为“五德”（五德终始）；《郭店楚简·五行》篇畅论“仁义礼智圣”之说，明显论说“五德”却称为“五行”，“五德”之与“五行”简直相去无几。这种有趣的现象，尤其与后来董仲舒“五行”说有密切的思想史之联系，岂不值得竹简及帛书《五行》篇的研究者注意？五种德目与自然界五种原素，原本相互间并无任何逻辑关系，今子思立为学说，以教育士君子，赞同者既无确证以解释，反对者亦乏确据以反驳。难怪荀子批评为“幽隐而无说，闭约而无解”。正如章太炎《文录》一《子思孟轲五行说》：

五常之义旧矣，虽子思始倡之亦无损，荀卿何讥焉？寻子思作《中庸》，其发端曰“天命之谓性”，注“木神则仁，金神则义，火神则礼，水神则智，土神则信”，《孝经说》略同此。是子思之遗说也。沈约

① 六子卦之说，《说卦传》亦前有所承，即承自《易经》，“咸”“恒”二卦为夫妇之道，“咸”上兑下艮，为少男居少女之下；“恒”卦上震下巽，为长女居长男之下。故历代《易》家解说二卦卦象，皆畅发夫妇之道（《荀子·大略》：“易之咸，见夫妇。夫妇之道，不可不正也，君臣父子之本也。咸、感也，以高下下，以男下女，柔上而刚下。”），与《表记》所记子思之学说相同。

> 曰《表记》取子思子。今寻《表记》云："今父之亲子也，亲贤而下无能。母之亲子也，贤则亲之，无能则怜之。母亲而不尊，父尊而不亲。水之于民也，亲而不尊，火尊而不亲。土之于民也，亲而不尊，天尊而不亲。命之于民也，亲而不尊，鬼尊而不亲。"此以水火土比父母于子，犹董生以五行比臣子事君父。古者《鸿范》"九畴"，举五行，傅人事，义未彰著。子思始善傅会，旁有燕、齐怪迂之士，侈搪其说，以为神奇。耀世诬人，自子思始。宜哉荀卿以为讥也。[①]

诚如太炎所指出，"以水火土比父母于子"，和董仲舒以五行比附臣、子之事君、父，其实是一样的。个人认为，如果"傅会"指的是用一种模拟的思维，为自然万物与伦理秩序建立起对应的密切关系（inner connections），用以建立一套预设的整体世界观（holistic world view），那么所谓"傅会"其实就是一套思想，不见得一定是负面的意义。《易》卦以"言"说"象"，以"象"达"意"，以"乾"为"天"、以"坤"为"地"，庄子论"道"而寄言鲲鹏斥鷃，岂不也是"傅会"？故太炎所谓"子思始善傅会"，或隐含讥贬之意，但就其学说而论，此四字亦甚允当。太炎以实证的态度，自然认为子思"耀世诬人"，后来学者不论是否"燕齐怪迂之士"，子思都无须为他们的"侈搪其说"负责。无论如何，《郭店楚简·五行》所论"五德"的绝对性，以及内外界线的灿然划分，虽非子思所撰，亦算是肇始于子思学说，成为一个较子思"以水火土比父母于子"更为显著严密的学说体系。

至于过去研究者多认为《郭店楚简·五行》即为子思所撰著，个人的看法仍无法认同。《荀子·非十二子》所评"子思、孟子之徒"的"案往旧造说，谓之五行"，裘锡圭说：

① 《章太炎全集》四，第19页。

《荀子·非十二子》责罪子思、孟轲“案往旧造说，谓之五行”，杨倞《注》：“五行，五常，仁义礼智信是也。”近人多不相信杨说。儒家五行究竟指什么？成为学术史上的一个悬案。马王堆帛书《老子甲本卷后古佚书》的第一篇专讲儒家的五行说，所谓五行是“仁义礼智圣”：帛书整理小组指出：“《孟子·尽心下》：‘仁之于父子也，义之于君臣也，礼之于宾主也，知之于贤者也，圣人之于天道也，命也。’”由帛书可知此即孟轲之“五行”说。《新书·六术》：“人有仁义礼智圣之行，行和则乐，与乐则六，此之谓六行。”显然由此说推衍。[①]

《孟子》文献具在，“仁义礼智圣”五者亦历然与《五行》之论相符合。如此以地下出土之材料与纸上遗文之旧材料互证，所得的结论自然是碻确的。但若以传世文献中被指为子思所撰著的文献考察，似乎并没有对应的内容可供比较，反而在《尚书·洪范》中找到可供比较的材料。个人与几位学界同人合撰的论文《先秦经典“行”字字义的原始与变迁——兼论“五行”》[②]曾特别指出《郭店楚简·五行》与《尚书·洪范》的密切关系。首先，“行”字在《诗》《书》中又训“德”字，故“五行”“五德”可以相比附。《尚书·洪范》“五行”为金木水火土，可比附于人之“貌言视听思”；五者之德性要求为“恭从明聪睿”；五种要求皆能符合则可以达至五种境界“肃乂哲谋圣”。“五行”所涵括五种力量（或原则）有两项准则：第一准则为五者须时时变易，故在《洪范》将五者比附于自然，则为“雨旸燠寒风”，理想之境界为“时雨若、时旸若、时燠若、时寒若、时风若”，灾难之情形为“恒雨若、恒旸若、恒燠若、恒寒若、恒风若”，强调“时”，避免“恒”。第二项准则是五种原则并非平衡，而是“四加一”的结构，即在五行之中，特别重视第五种“行”，成为总括

① 《马王堆汉墓帛书（壹）》（1980年），第24—25页。

② 刊《中国文哲研究集刊》第35期，“中央研究院”，2009年9月，第89—127页。

前四者而特殊的一种，于《洪范》为“土、思、睿、圣”作为“金木水火、貌言视听、恭从明聪、肃乂哲谋”之总结性概念，而“四加一”之“四”，皆强调其相互交替、彼此转换的原理。而《五行》的“仁义礼智圣”亦非平衡的五种德目，而是以前四种（仁义礼智）为基础，以最后一种（圣）作为总结，即所谓：

德之行五和谓之德，四行和谓之善。善，人道也；德，天道也。（第4、5简）

至于上述由“金木水火”衍生出来的四种德目，不能“恒”常体现于生活，而应该随着客观环境的转变而转变，此所以谓“时”。而《五行》谓：

> 五行皆形于内而时行之，谓之君。[①] 士有志于君子道，谓之志士。（第6、7简）

“时行”的思想，透露了两个消息：第一是与《洪范》所谓“时雨若……”云云所凸显的“时”，观念内涵为一致；第二是“时行”的观念，出现在《彖传》《象传》频率极高，因“行”字本有发展运动之义，故言“五行”，本即蕴含五种力量互相替换、互为主从的关系，而《五行》所述“仁义礼智圣”的“时行”，也显示作者强调五种德性在不同时空环境下轮流占据主导的位置，而不是一成不变地五者并重。学者如将《郭店楚简》之墓葬年代定位公元前300年前后，则《郭店楚简·五行》与《尚书·洪范》撰著年代应该大致相若，这是因为两种文献，具有重要的平行现象。公孙尼子《乐记》亦有阴阳五行之论，至于子思的“五行”论，目前最可靠者仍属《表记》所论父母子、天地水火亲尊的比附，并

① 李零补入“子”字，作“谓之君子”。参氏著：《郭店楚简校读记（增订本）》，中国人民大学出版社，2007年8月，第100页。

不完整。因此，若单单据《荀子·非十二子》之说而定《五行》为子思所撰著，是未够稳妥的。

六、仁义内外之说

孟子、告子有“仁义内外”之辩，而《荀子·非十二子》记子思、孟子关于“五行”学说的“唱”“和”。1973年马王堆汉墓出土帛书有《五行》篇，庞朴先生论其即属子思、孟子五行之说。[①]《郭店楚简》亦有《五行》篇，其文谓：

> 仁形于内谓之德之行，不形于内谓之行。义形于内谓之德之行，不形于内谓之行。礼形于内谓之德之行，不形于内谓之行。智形于内谓之德之行，不形于内谓之行。圣形于内谓之德之行，不形于内谓之行。

这是架构完整的五行内外之说，学者更纷纷指其中《五行》与思孟学派的关系，或指为子思所撰，[②]或以之与《孟子》书并观共证。[③]于是《五行》遂成为先秦思想史“思孟学派”最有力的支持。然而，《五行》是子思亲撰的吗？还是子思的后学追述？抑或由孟子后学所撰著？这些问题，显然都未能有明确的答案。

如前所引马王堆帛书小组注意到《孟子·尽心下》“仁之于父子也，

---

① 庞朴：《马王堆帛书解决了思孟五行说古谜》，刊《文物》1977年10期。

② 李学勤《郭店楚简与儒家典籍》谓“《五行》出自子思”（《中国哲学》第20辑，第19页），姜广辉“进一步推定《五行》为子思所作。

③ 邢文在《〈孟子·万章〉与楚简〈五行〉》中认为“楚简《五行》当更近子思之说”（页237）、“楚简《五行》的出土，足以证明思孟学派确实存在”（第239页）。

义之于君臣也，礼之于宾主也，知之于贤者也，圣人之于天道也，命也”一节即是“五行”学说。但求诸子思的学说，则只见《表记》有以“水火、天地”于“人”比附“父母”于“子”的学说。虽然这种学说在自然一端牵合“金木水火土”之“五行”，但毕竟尚未发展至系统性的“五行”“内外”之论。然则，断然认为《五行》篇为子思所撰，或子思后学所撰，恐怕都是不可靠的。

我的意思并不是要将《五行》和思孟的关系一刀两断，而是认为宜回归思想史的发展大势，重新审视《五行》特有详密的“内、外”观念，在子思遗说中占何种位置，其在孔门学说的源流又如何。“内外”之论，不唯见于《五行》，亦见于孟子“仁义内外”之议。熊十力以降，当代新儒家学者亦多论“内圣外王”之说。迩近梅广老师发表大作《内圣外王考略》，[①] 对此问题有深入精辟的发明。窃疑“内、外”的论题，进入儒家德目的讨论范畴，虽似晚至《郭店楚简》及《孟子》始见，但从《论语》考察，孔子显然已意识到“内外”的问题，一直延续至于子思，有进一步的发明；至孟子始奠立“仁义礼智圣”五行的理论。《五行》依《郭店楚墓》年代推断，撰写年代约当孟子中、晚年时期，也许是与孟子同时期的儒者所撰著，是否孟子弟子，则无法断言。

儒家学说“内外”观念，推溯其源硕，应与孔子“仁”与“礼”两大核心观念有关。“仁”属“内”，“礼”属“外”。人类生存之问题有二：一在于自身价值的探讨与发明，其核心价值为“仁”；另一在于如何立身于伦常群体之中，其体系总名为“礼”。

“礼”之为物，即兴起于人类的繁衍聚居，[②] 而血缘的亲疏问题，[③] 家族

① 《清华学报》41：4（2011.12），第621—667页。

② 章学诚《文史通义·原道上》所谓“三人居室，而道形矣”。

③ 故礼之起源，《礼记·礼运》或谓起于以饮食献祭：“夫礼之初，始诸饮食，其燔黍捭豚，污尊而抔饮，蒉桴而土鼓，犹若可以致其敬于鬼神。”

的继承问题，[1]人民的治理问题，自有其客观之仪轨，众人一体凛遵，非个人可以措意更易。故孔子学说，治私领域之事必须以“礼”，如孔子论“孝”，则言“生，事之以礼；死，葬之以礼，祭之以礼”(《为政》)，即以“礼”事亲。治公领域之事亦有待于“礼”，如孔子论为邦，则言“行夏之时，乘殷之辂，服周之冕，乐则韶舞”(《卫灵公》)。推扩至大，则朝代更易，皆有“礼”的损益。[2]故“礼”对于个人而言，实属社群外在规范，这些规范，容或可以依照某些儒学的解释，认为其皆导源人心相同之理，但其属于客观规范之仪轨，并不因个体因素而兴废，价值亦不因个体因素而更易，则是事实。[3]

“仁”之为物，根源于个人内心，原与外在规范无关，亦不能单从外发的行为事功可以考察或论断。故《论语·公冶长》记孟武伯问子路、冉求、公西赤云：

> 孟武伯问：“子路仁乎？”子曰：“不知也。”又问。子曰：“由也，千乘之国，可使治其赋也，不知其仁也。”“求也何如？”子曰：“求也，千室之邑，百乘之家，可使为之宰也，不知其仁也。”“赤也何如？”子曰：“赤也，束带立于朝，可使与宾客言也，不知其仁也。”

子路可使治赋，冉求可为之宰，公西华可立朝与宾客言，可谓各有其器用，但是否“仁”，则孔子亦不知。接着子张问令尹子文及陈文子，孔子称许前者“忠”而后者“清”，但问“仁矣乎”，孔子仍两度回答以“未知，焉得仁”。上述《论语》两章，学者所熟知，但其中传达的消息则非

---

① 如王国维《殷周制度论》所论殷周二代兄终弟及、服术等制度之异。

② 《论语·为政》：“殷因于夏礼，所损益可知也；周因于殷礼，所损益可知也。其或继周者，虽百世可知也。”

③ 如《郭店楚简·六德》谓：“男女不别，父子不亲；父子不亲，君臣无义。是故先王之教民也，始于孝弟。”（第39，40简）别男女、亲父子、义君臣，都有其客观规范。

常鲜明："仁"作为"人"的德性之境，并不能透过外在之行事，甚至某一些高尚的节操（在令尹子文则为三仕三已而无喜愠，在陈文子则是不肯居于有犹似崔子之大夫的邦国），亦无法推证其是否"仁"。难道"仁"的境界真的如此之难吗？观孔子其他的说法又似不然。《论语·述而》说：

> 子曰："仁远乎哉？我欲仁，斯仁至矣。"

"仁者先难而后获"（《雍也》），不可谓不难；但"仁"既不远，欲"仁"而"仁"至，又不可谓不易。总括而言，"仁"可以说是一种非常内在的境界。那绝不是由外在仪轨设定的规范，也不是外在仪轨能够引导个体进入的境界。"仁"之与"礼"，一内一外，虽截然不同，却并非二致，而是存在一种微妙的关系。《论语·八佾》：

> 子曰："人而不仁，如礼何？人而不仁，如乐何？"

显然"仁"是"礼""乐"的核心基础，人若没有"仁"心，那么礼乐的意义也将荡然无存。《论语·颜渊》更记载了一段颜子与孔子的问答，极为重要：

> 颜渊问仁。子曰："克己复礼为仁。一日克己复礼，天下归仁焉。为仁由己，而由人乎哉？"颜渊曰："请问其目。"子曰："非礼勿视，非礼勿听，非礼勿言，非礼勿动。"颜渊曰："回虽不敏，请事斯语矣。"

据上文分析，"仁"属个人道德境界，"礼"属社群伦理仪轨。孔子以"己"与"天下"相对而立言，而称"非礼勿视，非礼勿听，非礼勿言，非礼勿动"，则"克己"即是"为仁"，而天下归于"礼"也是归于“仁”。因此，“仁”与“礼”并无二致，因为“为仁”必须由“克己”（即“非礼勿视，非礼勿听，非礼勿言，非礼勿动”）而成，那么“礼”就不是“外”而是“内”的。一旦推扩此“为仁”至于天下，则天下皆归于“仁”。那么“仁”就不是“内”而是“外”的。换言之，“仁”之为内，非“礼”不达；“礼”之为外，非“仁”不成。“仁”与“礼”的学者，内外实非截然二分，而是前后一贯的。孔子以后，儒者所阐发的“本末”“终始”“先后”思想，包括《中庸》“诚者，物之终始，不诚无物”、《孟子·万章下》“金声也者，始条理也；玉振之也者，终条理也”、《大学》“物有本末，事有终始，知所先后，则近道矣”、《易大传》“原始要终，以为质也”、《荀子·礼论》“本末相顺，终始相应”等等，实皆导源于孔子“仁”“礼”学说隐含的“内”“外”的意识。

子思撰《中庸》，郑玄说：

以其记中和之为用也。庸，用也。

后儒论《中庸》的思想，多着重发挥首章“天命之谓性”所论“天命”“性”“道”“教”“已发、未发”“致中和”等学说，但事实上，《中庸》所铺陈子思的思想，可谓溯之于内而极其内，推之于外而极其外，内外历然，极其分明。举《中庸》最重要的几个观念之一“诚”[①]为例：

自诚明，谓之性；自明诚，谓之教。诚则明矣，明则诚矣。唯天下至诚，为能尽其性；能尽其性，则能尽人之性；能尽人之性，则能尽物之性；能尽物之性，则可以赞天地之化育；可以赞天地之化育，则可以与天地参矣。

---

① 《中庸》：“天下之达道五，所以行之者三……知仁勇三者，天下之达德也，所以行之者一也。……凡为天下国家有九经，所以行之者一也。”“一”字两见，朱子《章句》均注曰：“一者，诚也。”

"诚"为人道以上达天道。[①] 又"诚"为"自成","道"为"自道"("诚者，自成也；而道，自道也")，则"诚"与"道"皆在于一身之内，推扩之则"天下至'诚'"始为"尽性"，此则已有极清晰的"内、外"之区别。"尽性"则区分为四层次，第一为"尽其性"即尽一己之性，[②] 第二为"尽人之性"，第三为"尽物之性"，最后则为"赞天地之化育"。[③] 子思之贡献，在于将孔子"内外"相兼的思想，朝向一极端向内收摄，又极端向外推扩，而且强调自然而然、物来顺应的德性功夫。《中庸》:

> 诚者，物之终始，不诚无物。是故君子诚之为贵。诚者，非自成己而已也，所以成物也。成己，仁也；成物，知也。性之德也，合外内之道也，故时措之宜也。故至诚无息。不息则久，久则征，征则悠远，悠远则博厚，博厚则高明。博厚，所以载物也；高明，所以覆物也；悠久，所以成物也。博厚配地，高明配天，悠久无疆。如此者，不见而章，不动而变，无为而成。

"成"作为"诚"的语源，在语音和语义两方面都有血缘关系，子思更进一步讲述其义理内涵。在于"成"，则由"内"之"成己"("仁"之境界)推扩至于"外"之"成物"("知"之境界)；在于"诚"，则由"内"之"尽己之性"推扩至于"外"之"尽人、物之性"。故子思破题点出，归结而称"合外内之道"。再推而扩之，则采纳《易经》乾坤阴阳之象，

---

① "自诚明"，谓自身之"诚"赋命自天，原本昭明；"自明诚"，谓自觉自发地昭明其赋命自天之"诚"。故后文谓"诚者，自成也"，意谓"自我完成"，非有一丝一毫加诸原有赋命自"天"的灵明；"道，自道也"，意谓所谓"道"，即依循自身原有具足之至诚之道而行，即可完成天所赋命之性。

② 朱子《章句》:"尽其性者，德无不实，故无人欲之私。"

③ 郑玄《注》:"尽性者，谓顺理之使不失其所也。"孔《疏》:"以其至极诚信，与天地合，故能尽其性。既尽其性，则能尽其人与万物之性。是以下云"能尽人之性"。既能尽人性，则能尽万物之性，故能赞天地之化育，功与天地相参。"(第 895 页)依孔《疏》之分析，三层次厘然不惑。

以乾象引喻覆物高明，以坤象引喻载物博厚。由此可见，子思揭示“成”字，演绎为“诚”的概念，并将孔子屡以“仁、知”对举的思想，纳入其“内、外”学说体系之中，并融合“终始”“天覆地载”“高明博厚”（此亦可证《易传》颇受子思思想影响），而成一体大思精的学说。若从宏观的角度盱衡《中庸》全文，则始而论“喜怒哀乐之未发”，以人类情感未发之始以为言，继而在时间上则上溯周公、武王、文王、王季、大王，在空间上则推扩至于邦国、天下（凡28次）。内容则郊社宗庙、亲亲尊贤、刚柔费隐，无所不包。尤有进者二，其一，《中庸》虽有区别“内外”，但又强调内外一贯的学说，唯论“仁义”则未着意牵合“内外”以为说：

> 仁者，人也，亲亲为大；义者，宜也，尊贤为大。亲亲之杀，尊贤之等，礼所生也。

朱熹《章句》：

> 人，指人身而言。具此生理，自然便有恻怛慈爱之意，深体味之可见。宜者，分别事理，各有所宜也。

朱子以“人身”的“生理”以说“仁”，可谓亲切，亦可见于此，子思尚无孟子“从其大体”“从其小体”的区别意识。① 而“仁”以亲亲为大，则直指人类血胤亲属而言，故谓“亲亲之杀”，指血亲的亲疏远近，皆以一身为主，是“内”的；“义”以尊贤为大，贤则无血胤亲属可言，故谓“尊贤之等”，指以贤愚之次第等级，皆以群体之礼为主，是“外”的。

① 故后文谓“凡有血气者，莫不尊亲，故曰配天”。重视“血气”，此则与孟子有所区别。

可见子思对于“仁义”之别为“内外”，十分清楚。

其二,《中庸》多用数字观念，即用分类法（categorization）区别事物，如“君子之道四”“天下之达道五，所以行之者三”“天下之达德三，所以行之者，一也”“凡为天下国家有九经，所以行之者一也”“王天下有三重焉”。而子思于《表记》又以“火水土”比附“父母”,《中庸》又有“仁义”“内外”的意识，独未发展至于严密整齐的“五行”学说，如《五行》“仁形于内谓之德之行，不形于内谓之行。义形于内谓之德之行，不形于内谓之行。礼形于内谓之德之行，不形于内谓之行。智形于内谓之德之行，不形于内谓之行。圣形于内谓之德之行，不形于内谓之行”的体系性思想。若断然直指《郭店楚简·五行》为子思之遗说，实失之武断。

《五行》的思想，原与孟子为近，与子思为远。至于子思与孟子，则子思有仁义内外之说，与孟子不同；而性善理念，则与孟子相同。正如上文讨论“成、诚”“尽其性、尽人之性、尽物之性”“外内之道”，可见子思的“仁义”虽然区分内外，但始终强调“义”之外是由“仁”之内推扩而来，正如“尽物之性”，实始于尽一己之性。蒙文通说：

> 子思先孟子，作《中庸》，曰：“天命之谓性，率性之谓道，修道之谓教。”则性非但形色也，即“天之所以与我者”，是至善者也。“率性之谓道”，则仁义德教所从生，率性之性，已非节性之性也。戒慎恐惧，先有以养而无害，则喜怒哀乐无发而非中节之和。此已开性善论之端，而大本已立。孟子之学，源于子思，而又以“本心”“良知”之说发挥而光大之，此孟子之进于子思者。

此一解释，极为精辟有见地。蒙氏又说：

> (《中庸》)曰：“诚者，不勉而中，不思而得。”而愚夫与知、与

> 能，则“性无有不善”；曰：“成己，仁也；成物，知也，性之德也。”以仁、知言性，不同孔子以前之言性，而变为新说，自子思始，以下启孟子，此荀卿所由并罪思、孟者欤！

此一论断，与本文析论方向相同。子思绾合孔子“仁、礼”的学说，“仁、知”的分判，注入其成己成物的新解，又确立人性“善”的本质。这是子思推进孔子思想的部分。蒙氏接着说：

> 《论衡·本性》言：“周人世硕以为人性有善有恶，举人之善性养而致之则善长、恶性养而致之则恶长。……宓子贱、漆雕开、公孙尼子之徒，亦论性情，与世子相出入，皆言性有善有恶。”夫漆雕、宓子言“性”如此，而皆仲尼弟子，倘由“性近习远”之说以为是言，则“性善”之论，子思启之，孟子张大之，审矣！而后论性之新说立。[①]

蒙氏下文续举告子“性无善无不善”与世子“性有善有不善”，认为皆属孔子“性近习远”的“性”的旧说，与子思、孟子“性善”的新说不同。这方面，拙见则认为蒙氏推论稍快，因子思虽揭示“天命之谓性”，又以成己、成物的“仁”“知”并立以为“性之德”，但尚未有“性无不善”的正面表述，与孟子“性无不善”如“水之就下”的宣言，二者之间在表达的轻重深浅上，尚有毫厘之别。但子思在先，为“性”论打开一个完全属于正面的论述，将美善的德性，指为天地之大本达道，其始则为情感之未发，其终则自立、孝亲、治国、平天下，无不可能，则已为孟子推扩四端之心的学说，奠下基础。

至于《郭店楚简》诸篇，部分显然为子思学说的进一步推衍，如《性自命出》所谓“始者近情，终者近义”、《语丛一》谓“人之道也，或

① 蒙文通《中国哲学思想探原》，台湾古籍出版社，1997年第三篇《儒学五论》“儒家哲学思想之发展”，第124页。

由中出，或由外入。由中出者，仁、忠、信……仁生于人，义生于道；或生于内，或生于外”、《六德》谓“仁，内也；义，外也。礼乐，共也”，均显然为子思遗说的发展。《六德》“仁内义外”之论，明显与孟子明确宣示的“义内”之说不同。唯如前所述，以“五行”“形于内为德之行”的思想，又与孟子颇为一致。由此可见，郭店儒简与孟子思想，大方向虽合，个别处则仍有不合。荀子之批评“案往旧造说，谓之五行”，可能即笼统泛指孟子以及郭店儒简的作者而言，而子思则因其首揭以火水土之象比喻人伦，以及人性论与孟子思想上的渊源，终为荀子牵合，一并批评。但仔细考察，子思、孟子、郭店儒简作者，三者在思想上虽有关联，终不能混合为一，视为一个联结无碍的谱系，是无可置疑的。[①]

七、结论

子思的思想，两千年来以《中庸》最受瞩目。《孟子》因性善论为后儒赞同，早已占据儒家思想的主流地位。不意荀子撰《非十二子》首次

---

① 关于子思、孟子之关系，《文献通考》卷208引《子思子》有一段记文：“孟轲问牧民之道何先。子思曰：“先利之。”孟轲曰：“君子之教民者，亦仁义而已，何必曰利？”子思曰：“仁义者，固所以利之也。上不仁则不得其所，上不义则乐为诈。此为不利大矣。故《易》曰：“利者，义之和也。”又曰：“利用安身，以崇德也。”此皆利之大者也。”雄按：子思与孟子年辈不相接，当无对话之事。《子思子》至迟至宋代已佚。王应麟《汉书·艺文志考证》指出《子思子》一卷“乃取诸《孔丛子》，非本书也”。《文献通考》所引，可能就是这个本子。孔子说：“君子喻于义，小人喻于利。”又说：“放于利而行，多怨。”则孔子对于“利”的看法似为负面。“利者，义之和也”之语，既见于《春秋》襄公九年《左传》穆姜的说《易》，亦见于《周易·乾》《文言传》。“利”字在《易经》未有太多的义理。孔子卒后，儒者对于“利”字渐有正面的解说。唯孟子特以“义”“利”对举，发明了孔子的意旨。就文献本身的义理言，子思谓“仁义者，固所以利之”，即以“仁义”来填满“利”之范畴，成为“利”观念的主轴，虽并无违背孔子的意旨，但其间轻重深浅，看起来仍不像是子思会说的话。

披露子思、孟子有“五行”学说，两千年后经《郭店楚简》儒简的出土，载录不少儒门关于“五行”“内外”的观念的阐扬，毫无疑问再度唤醒了学界对于思孟学派的注目与研究。一世纪前，王国维提出“二重证据法”，简帛学者也就依沿其方向，以地下文物与纸上遗文互相释证，《五行》诸篇，一下子与子思、孟子发生了联系，“乐观”的学者直指其为子思所撰，甚至认为是久已佚失的《子思子》重新问世；“谨慎”的学者则认为其补充了子思过渡到孟子的一段儒家学说发展。（乐观、谨慎的区分，略依梁涛之说。）

本文首先重探子思与曾子、子游思想的关系，继而讨论《礼记》所记子思遗说，就“天命论”“中和说”“五行论”“仁义内外”四个重点，绎释文献，说明其思想史意义，进而检讨《郭店楚简》儒简与子思、孟子思想的关系。结论认为，目前文献材料并不足以证明曾子、子游、子思之间具有“学派”或“谱系”意义的思想渊源。“天命”本为周人灭殷后提出改朝换代合法性的政治理论，原与人性根源问题无关。子思首揭“天命之谓性”，将其焦点由天上转入人间，并开宗明义地以情感哲学加以诠释，标举“中和”的观念，以“情感”与“德目”相联系，将儒家学说推极于自然（天下之大本达道）而归本于人事（喜怒哀乐之未发）的张力，提升至一个空前的新境界。“五行”之学说，于《表记》则以水火土比附于父母，唯亦见于《乐记》阴阳五行之论，非仅子思一人所唱，亦未有证据证实子思已有完整的五行（以金木水火土配仁义礼智圣）之论，学者仅依《荀子》所讥，即坐实二者关系，可能过于武断。至于“仁义内外”之说，儒家学说自孔子即以“仁、礼”统摄“内、外”，子思撰《中庸》以“成、诚”尽性的学说，确立人性美善并得自然扩充、内外一贯、本末终始的体系，铺陈出严密的、动态的、内外相拓复相制约的人性论，为孟子性善之说，奠立了重要基础。拙见认为，若先就传世文献及思想史发展之大势考察子思的遗说，再一一检视出土简帛文献的内容，将可以更为慎重、精准地重新勾勒先秦儒家思想谱系。

对出土简帛古书学派判定的思索*

李　锐**

近些年大批简帛古书的出土，引发了许多令人关注的问题。其中一个讨论得较多的问题，是简帛古书所属的学派或从属于某一部书的问题。由于从属于某一部书往往也和学派相关，所以下面的讨论统称为简帛古书的学派判定问题。因为不少学者对于简帛古书的学派判定不一甚至相去甚远，加之学派这个问题还和简帛古书的年代等问题相关，所以，如何判定简帛古书的学派，值得研究者认真思索。

目前简帛古书的学派判定工作，已经取得了不少成绩。上自河南信阳长台关楚简第一组，甘肃武威磨嘴子汉墓《仪礼》简，山东临沂银雀山汉墓竹简《六韬》等，河北定县（今为定州）八角廊汉墓竹简《论语》《儒家者言》《文子》，湖南长沙马王堆汉墓帛书《老子》《五行》《九主》以及《经法》《十大经》《称》《道原》四篇，《周易》经传、《春秋事语》、《战国纵横家书》，湖北云梦睡虎地秦墓竹简《为吏之道》《语书》，安徽

* 本文写作得到国家社会科学基金青年自选项目“新出简帛与百家争鸣的重要论题研究”、国家社科基金重大项目“出土简帛文献与古代中国哲学新发现综合研究”、“中国国家起源研究的理论与方法”子课题、霍英东教育基金会第十四届高等院校青年教师基础性研究课题“新出战国简与先秦人性论研究”、上海085社会学学科内涵建设科研项目的资助。

** 作者为北京师范大学历史学院副教授。

阜阳双古堆汉墓竹简《诗经》，青海大通县上孙家寨汉墓竹简，湖北江陵张家山汉墓《盖庐》，湖南省慈利县城关石板村《宁越子》等，湖北江陵县荆州镇郢北村王家台秦墓《归藏》，下至湖北荆门郭店楚墓竹简《老子》《太一生水》《缁衣》《鲁穆公问子思》《穷达以时》《五行》《唐虞之道》《忠信之道》《成之闻之》《尊德义》《性自命出》《六德》及四组《语丛》，上海博物馆藏战国楚竹简八册中的《孔子诗论》《紂衣》《性情论》《子羔》《鲁邦大旱》《从政》《容成氏》《恒先》《彭祖》《周易》《仲弓》《内豊》《曹沫之陈》《三德》《鬼神之明》《慎子曰恭俭》《孔子见季桓子》《凡物流行》《郑子家丧》《子道饿》等篇，不少学者都发表了这些篇章属于某个学派的意见。而且经过这些年的研究，学者们充分利用传世文献，大概将简帛古书在现有条件下所可能属于的诸种学派都罗列了出来，譬如关于马王堆帛书《五行》经传以及后来的郭店简《五行》，至今已有不少于35种意见，后来者似乎只能在诸种可能性中进行取舍了。但是这样一来，就出现了一个比较消极的后果。曾经被认为能够重写思想史、学术史乃至引发中国的“文艺复兴”的新出简帛，实际上只不过为古代思想补充了一些数据而已（比如可以在儒家列子思学派，以《五行》《中庸》等为思想数据），最多只能修正个别结论，而不足改变大局。所以，有学者认为出土文献并不能导致重写思想史或学术史。也有学者认为近几年强调出土文献太过，要重新强调研究传世文献的重要性。于是，也有学者认为这几年强调的“走出疑古时代”“重建中国古典学”等有问题。

这里面牵涉到的问题很多，绝非三言两语所能说清楚，也和本文的主题不太相关。简而言之，笔者认为，出土文献确实有可能重写思想史、学术史。此中的关键，不是新出土简帛对传世文献的补充和冲击[①]，

① 比如《五行》，越来越多的学者承认这就是荀子所批评的思孟五行，是子思学派的重要作品。但这个材料只是帮我们补充了一个子思学派的作品，还不足以改写或重写思想史。

也不是新思路、新观念指导之下的新编纂法或新写法，而是由新出文献引发的我们对过去用以指导学术研究的观念、预设的深刻反思、扬弃之后，所采用的新的研究范式。也就是说，如果出土文献能够改变我们过去研究学术、思想时所持的观念和预设，那么，势必就要导致对思想史、学术史的重写。这时的重写，应该和单纯的模仿西方流行观念改变而亦步亦趋的视域改变有所不同，而是从中国自身的问题出发所引发的变革，是观念和史料的双重改变。不无夸张地说，可以称之为一种哥白尼式的革命：是由把出土文献纳入现存传世文献，以传世文献为中心；转变为以出土文献为中心，从出土文献的视角重新审视过去的一切文献。

比如我们过去有很多关于伪书的争论，经过多次出土简帛古书之后，我们才发觉先秦秦汉许多古书的形成是一个长期的变化过程，远非如后世书籍一样是在定点形成且可以按时间先后来排队。由此学界发现余嘉锡先生的《古书通例》于此最为有见（目前已有学者就新出土的简帛古书，修正《古书通例》），而胡适按古书时代排队来处理先秦秦汉材料的“祖孙法”这个重要的操作方法便存在预设上的漏洞。因此，由胡适等人所确定的一些研究结论，必然要随着观念的改变和材料的增加而改观。作为源头的先秦秦汉不仅要改变观念来重新认识，而且材料也增加了，则后面的许多问题也必然将要改观。当然，以上所说的仅仅是一个方面的观念变化，出土文献所带来的反思却绝不仅仅是这一个。不过或许是积重难返，或许简帛学界的成果还没有深刻影响相关学界，当前的思想史、学术史尚没有出现我们所期待的“重写”。但是我们相信这样的“重写”迟早会出现。

本文所要讨论的简帛古书的学派判定问题，也可能会导致一种观念的变革。出土简帛古书的学派判定，根源于传世文献所引发的学派观念及文献时代判定方法。可是同是从传世文献出发，运用相近的方法，却对出土简帛古书的学派判定出现了不同的结果。比如关于《五行》的学派已有不少于35种意见，同一人面对帛书《五行》和郭店简《五行》的前后之说也有不同。这表明我们现行的观念、方法可能有问题。如果不反思我们目前对于学派的认识，不试图对学派观念、研究方法进行一些改变，那么我们仍然将停留在毫无意义的无休止的争论之中。好在目前关于出土简帛古书的学派判定问题，已经出现了一些反思性的意见，但是还没有上升到检讨学派观念、研究方法的层面上来。其实有关简帛古书学派判定最值得反思的根本性问题是：什么可以作为学派判定的标准？由此而来的问题自然是：什么是“学派”？具备什么条件才可以成为一个学派？

一、六家、九流十家与百家

何为“学派”，有关的问题比较复杂。其关键是我们后人对于“学派”的认识，和先秦的“百家”，司马谈的“六家”，刘歆的“九流十家”掺杂在一起。胡适认为先秦本没有“六家”，冯友兰则认为先秦有“六家”。冯友兰在大陆学界的影响比胡适要大；我们的治文史之学必先通目录学的教诲，也有意无意暗示我们，要“宗刘”。所以当前学界在讨论简帛古书的时候，往往拿“六家”尤其是“九流十家”的观念去看待这些先秦和秦汉初的简帛古书（当然也包括《汉书·艺文志》兵家的四种：兵权谋、兵形势、兵阴阳、兵技巧；数术类的六种：天文、历谱、五行、蓍龟、杂占、形法；方技类的四种：医经、经方、房中、神仙。下文如非必要，不特别标注）。我们常常以为对于新出土的知名和不知名的古书，用“六家”、“九流十家”、《汉志》等非常适合于整理这批文献。我们在不知不觉中，接受了一个“祖孙法”所指导的学派流变图（“六家”——“九流十家”——《汉志》），或一个心同理同的思维框架（刘氏父子校书和我们现在的工作差不多），因此我们见到简帛古书就会拿出这个分类框架，将新出土古书补入旧框架之中。虽或时有差舛，小有修补，比如采用几个没有明确定义的概念如道法家、黄老学派等，但是在根本上并没有意识到这个思维框架本身可能会有问题，它是一个未经检验的“预设”。试问“六家”与“九流”有没有不同？司马谈和司马迁有没有不同？刘向和刘歆有没有不同？司马谈和刘歆有没有不同？秦“焚书”对于古书、学派有什么影响？

有一段时期，我们倒是抛开了这个“预设”。我们曾一度重视唯心唯物的斗争观，于是所有的哲学史、思想史都以此问题为中心。但是后来我们渐渐发现，唯心唯物并不符合中国古人的思维，是强古人以就今。因此学界很快在适当的时机抛开了以唯心唯物的斗争观为主线的哲学史、思想史，只可惜又回到了“六家”“九流十家”的老路上。

学术研究忌讳用后世的眼光去看古人。可是“六家”和“九流十家”就是这样的一种后设思路——虽然它们的提出者在当时或并未特别强调要这样去看古人，但是我们今人一旦使用这种框架去看先秦秦汉的思想界，就是以今观古了。因为“六家”和“九流十家”都是汉人对以先秦为主体，兼及秦汉时期学术著作的一种分类，虽然来源有据，但是在先秦并非只有这样的分类，而且即使是汉代人也未必完全同意这样的分类。

笔者曾经详细分析并指出，“百家”和“六家”、“九流十家”同是使用“家”，但是含义并不相同。“百家”是针对有学术师承、学术渊源的学派而言的，某一师承下自成一家者视情况出入之（如儒家有所谓“七十子”，每一子皆可谓自成一家，但是都属于孔门的儒家）；“六家”、“九流十家”是针对有相近的学术宗旨、学术兴趣、学术问题的学者群而言的，有可能有直接的师弟子关系，也可能没有师承渊源，或者是私淑弟子，也可能是同倡某一学说。后者的外延较前者宽泛，所以后者往往包括了很多前者，乃至成为前者之上的一种纲目名称。比如刘歆的“九流十家”之下是“诸子百八十九家”，诸子百家仍然在这里保留着，“九流十家”是“百家”之上的纲目[①]。但是先秦秦汉时期更喜欢讲师承（古代希腊和佛教派别都重视师承，这应该是东西方共通的学派判别标准[②]），用“百家”，“百家”比“六家”“九流十家”更适合于用来谈论当时的学派。

已经有学者指出司马谈首先命名了法家，但是司马迁在《史记》中并没有称呼申不害为法家[③]，其实司马谈的名家也是如此。笔者也从刘向的《别录》佚文发现仅《孙卿书录》及《列子书录》略微谈及了儒、道之学；另外，《别录》有佚文载：“申子学号曰刑名，刑名者，循名以责实，其尊君卑臣，崇上抑下，合于六经也”，“邓析好刑名”，但《申子》后来在《汉志》中被归入法家，而《邓析》被归入名家，且《汉志》未用“刑名”之称；又《别录》佚文有“（尉）缭为商君学”，尉缭看来似乎当属“刑名”，然而其书在《汉志》中见于杂家及兵形势；《别录》佚文述商君“谋事画计，立法理民”皆咨询尸子，尸子亦似当属“刑名”，而其书在《汉志》则见于杂家；而位列《汉志》农家之首的《神农》，《别录》佚文谓“疑李悝及商君所说”，则刘向可能是将《神农》归入“刑名”，大概以其有利于耕战之“耕”；惟《别录》佚文之“（我子）为墨子之学”，《我子》确被归入《汉志》墨家。然则刘向眼里的学术是儒、墨、道、刑名等学，“九流十家”是其子刘歆的创作（详另文）。这不仅表明父子二人对于学术的划分大不相同，而且表明用“九流十家”看待学术的思路，甚至并不能被西汉末年的人全都接受。

---

① 参拙作《九流：从创建的目录名到虚幻的历史事实》，《文史哲》，2004年第4期。《“六家”、“九流十家”与“百家”》，《中国哲学史》，2005年第3期。

② 参拙作《古代中西方的“学派”观念比较——兼论“思孟学派”的问题》，《中国哲学史》，2007年第4期；《由佛门传灯看古代中国的学术传承系谱》，《清华大学学报（哲学社会科学版）》，2011年第1期；《师承与宗旨：论早期中国学派划分的依据——东西方通约视角下的探究》，《天津社会科学》，2014年第6期。

③ 顾立雅（Herrlee G. Creel）*Shen Pu-hai：a Chinese Political Philosopher of the Fourth Century B. C.*，Chicago and London：University of Chicago Press，1974，p.139.

而且司马谈分六家的原因是“愍学者之不达其意而师悖，乃论六家之要指”，他关注的是“治”，因此没有谈当时与治国没有关系的纵横家等。何以当时的学者会“不达其意而师悖”呢？这是因为秦焚书之后，学派传承断裂，古书不传，士子杂学各家之说。比如晁错学申、商刑名之术，又从伏生受《尚书》；韩安国学“《韩子》、杂家说”；公孙弘少为狱吏，“年四十余，乃学《春秋》杂说”，以儒术缘饰文法吏事；主父偃“学长短纵横之术，晚乃学《易》、《春秋》、百家言”……因此司马谈对书不对人地谈论了各家治国的“要指”。司马迁则要因人论学术要指，或因学术宗旨相近而把不同人归入某一列传。刘向是校书之后写总结论学术，集为《别录》，对于残杂之书，他是新编为《战国策》《说苑》《新序》之类。其子刘歆则是要编一个总目录，他把诸子残杂之书定名为《儒家言》《道家言》《杂阴阳》《法家言》《杂家言》之类，最后有百八十九家，遂用“九流十家”分隶之。“六家”“九流十家”的来源、应用还有很多不同。

但是当今的学者因为已经习惯了“六家”“九流十家”等用法，因此自觉或不自觉地坚持要使用这个用法，甚至拿西方近现代哲学中常见的“唯名论”“唯实论”“实证主义”“实用主义”“存在主义”等名称来证明其合理性。要指出的是，这种概念化的名称虽然很方便，但是一则往往有许多人拒绝承认别人给他强加的这些名称，如海德格尔；再则这种名称只能概括某些人思想中的一个方面，而许多哲人往往有多个思想面向，乃至有早期、晚期之别，如维特根斯坦（好比吴起既会用兵，又传《左传》，还主持变法）；次则比之于“××主义”，当前更多的是对单个著名哲人的专门研究，以及“新康德主义”“新黑格尔主义”这些带有学术宗派性质的研究；最后要强调的是，笔者并不反对坚持使用“六家”“九流十家”者，关键是使用者应该对之有明确定义，不能含糊地用之来说明问题。与此同时，在重视师承为学派关键的前提下，同样也可以再来专门研究各种学术界共同关注的热点问题。甚至因其源流分明，能讲得更好。比如讲人性论，孟子讲人性善，荀子讲人性恶，但荀子也有人性向善论和积善成性论[①]；韩非子自成一家，但是所讲人性论当有承于荀子，不过他只重视了人性恶的一面，没有人性向善论和积善成性论。再如阴阳思想，其实有许多学派都有阴阳学说，银雀山汉简《曹氏阴阳》是有师承的讲阴阳思想者，但是还有其他学派也讲阴阳，而且宗旨不同。《曹氏阴阳》重视的是阴阳转化，《老子》重阴柔，《易传》重阳刚，还有人重视的是阴阳和谐，如《庄子·秋水》所说："师天而无地，师阴而无阳，其不可行明矣。"这些不同的思想，虽说可以以"阴阳家"方便称呼之，但是其思想来源、师承、各自的宗旨却绝不同。与其在"阴阳家"之下分立重阴阳转化，重阴柔，重阳刚，重阴阳和谐诸分旨，不如从师承、思想来源来讲阴阳思想。

西方的学者们，重视先秦与秦汉之间的断裂，观点更极端。虽然笔者对某些观念并不赞同，但是其中有一些说法值得中国学者注意。比如苏德恺（Kidder Smith）指出司马谈虽然谈到了"法家"，但是司马迁并没有使用之，以为这可以说明"六家"之说是汉代人的发明[②]。不过笔者以为司马迁用"黄老道德"与"刑名法术"的关系表述申不害、韩非等后来被归入法家的学者[③]，符合他追踪思想源流的学术趣味。但是叶翰（Hans van Ess）认为公元前二世纪黄老思想是主导思想的印象，实际上是因为司马迁自身的政治信念，以及他给了黄老思想很多空间[④]。齐思敏

---

① 参刘又铭《荀子的哲学典范及其在后代的变迁转移》，《汉学研究集刊》第三期，云林科技大学汉学资料整理研究所，2006 年。

② 苏德恺（Kidder Smith）《司马谈所创造的"六家"概念》，刘梦溪主编《中国文化》，第七期，生活·读书·新知三联书店，1993 年 1 月；"*Sima Tan and the Invention fo Daoism*，*'Legalism*，*' et cetera*，" The Journal of Asian Studies 62，No. 1（February 2003）.

③ 《史记》说申不害"本于黄老而主刑名"，韩非"喜刑名法术之学，而其归本于黄老"。参拙作《道家与黄老辨义》，《中国哲学史》，2012 年第 1 期。

④ 叶　翰（Hans van Ess）"The Meaning of Huang-Lao in Shiji and Hanshu，" *Études Chinoises* 12（2）：161—177，automne 1993.

（Mark Csikszentmihalyi）和戴梅可（Michael Nylan）也赞同其说，并区分了两种黄老之学，一个是立足于马王堆黄老帛书之学，一个是立足于传世文献之黄老学，而且认为黄老只是经生在修辞上的对立者。黄老的类别并未先于司马迁之时而出现，司马迁回溯性地提及一系列人物并不表明真有内在一致的黄老思想。而《乐毅列传》结尾的黄老师弟子谱，可能并非司马迁的原作而是后人增补的[①]。

笔者不赞成怀疑《乐毅传赞》中的黄老师弟子谱，这个有学术师承渊源的黄老，和《史记》所说申不害"本于黄老"，韩非"归本于黄老"，慎到、田骈、接子、环渊"皆学黄老道德之术"等从宗旨而论的"黄老"，有所不同。申不害这些人都自成一家，而且有一些有明确可考的师承渊源，像韩非曾学于荀子（不过后来宗旨可以说不同），《庄子·天下》说田骈学于彭蒙（宗旨当接近）。我们看《史记》说孟子是"受业子思之门人"，可见自成一家者，也是可以说师承的。因此，谈田骈等时，讲其师承也是可以的。《史记》不谈，只能表明这里讲申不害、田骈等和"黄老"的关系，谈的是学术宗旨，而不是师承渊源。《史记》对于曹参所学的黄老之学，在《乐毅传赞》中就详细地记述了师承渊源，而申不害、田骈等和这个师承毫无关系，年代也要早。因此，同是"黄老"之学，一个谈的是宗旨，一个讲的是师承。《法苑珠林》卷 68 引《吴书》阚泽对答孙权敕问云："至汉景帝，以《黄子》《老子》义体尤深，改子为经，始立道学，敕令朝野悉诵习之。"此处的《黄子》，应该就是《汉书·艺文志》的《黄帝四经》。因此，讲师承的"黄老"，是借助曹参以至汉景帝的推动，借助权力而兴起的思潮。而《史记》中"本于黄老"，"归本于黄老"，"皆学黄老道德之术"等语，讲的是学术宗旨，恐怕只是一种回溯性的说法，并不是真实的历史事实。

---

① 齐思敏（Mark Csikszentmihalyi）and 戴梅可（Michael Nylan）："Constructing Lineages and Inventing Traditions Through Exemplary Figures in Early China," *T'oung Pao* LXXXIX（2003）.

然则我们现在若将战国秦汉初期的一些简帛古书归为“黄老”学派、“道家”、“法家”，则这些名称即使能符合某些汉代人讲宗旨的习惯，但是未必很符合先秦人和其他汉代人更重视的讲师承的习惯，不是穷源返本的学派属性判定。

见于战国时期的儒、墨之称，也存在类似的问题。它们有时指的是有学术师承渊源的学派，有时指的是学术宗旨意义上的学派，二者并不相同。战国时人更重视学术师承渊源这个意义上的学派。我们在讨论出土简帛古书的时候所谈的儒学或儒家，往往就是用的学术师承渊源这个含义，指的是孔子后学。其实《庄子·天下》篇曾说“其在于《诗》《书》《礼》《乐》者，邹鲁之士搢绅先生多能明之”，“邹鲁之士”指的是邹鲁之地的学者（或说孔子《论语·八佾》称孔子为“鄹人之子”，“鄹”同“邹”）。这个地方虽多孔子后学，但是未必凡是儒生，就肯定都是孔子之徒。《吕氏春秋·当染》载周平王使臣史角往鲁讲郊庙之礼，被鲁惠公留在鲁，“其后在于鲁，墨子学焉”，而《淮南子·要略》说“墨子学儒者之业，受孔子之术”，则《淮南子》所说“儒者”很可能要包括史角后人，由此可见熟悉《诗》《书》《礼》《乐》的“邹鲁之士”，未必有统一的师承授受渊源，并不专指孔子后学。由此可知，出土简帛古书中有一些讲礼仪的篇章，或许并不是孔子后学的作品。

另外，一个大的学派往往分裂成几个学派，儒分为八，墨离为三。分裂后的诸派之间，往往以各自的小宗师为首，小团体之间则互相攻击，势如水火。这时在外人看来，虽然从学术师承渊源，至少从学术宗旨、兴趣、范围上讲，他们似乎仍然可以看作一个学派，但是在各自内部的学术师承渊源上，彼此早已不认为是同一个学派了。孔子身后有七十子携其门徒周游各地，老子的弟子关尹子、文子等也各成一家。余嘉锡先生曾指出：“学有家法，称述师说者，即附之一家之中……其学虽出于前人，而更张义例别有发明者，即自名为一家之学。”①

因此，先秦秦汉初的一个“学派”，应该是指有学术师承渊源的人所形成的一个团体，他们以宗师的学说主张为分门别户的标准（就极端的情况而言，一个人即使没有弟子，或虽曾有弟子但是弟子们后来尽弃其学，此人也可以视为自成一家）。许多学派的传承并没有一个固定的文本，只有不同弟子所记下或传述的先师之言，而且经典在传抄中也经常被改动（这也就是说，弟子可以在一定条件下发展新学说，如果尚不足以自成一家，则仍然算作原来的学派）。学派著作之总集，就是一家之书。当然，古书多单篇别行；在汉代被整理成的一家之书，或有佚失，或有误附，或因主题而被归入不同类别，和理想状态中的学派著作总集不完全相同。因此我们可以说，出土战国典籍中有些书可能当归入某一学派或某一部书，比如子思子学派或《子思子》，但是不能说这些典籍一定见于《汉书·艺文志》中的《子思子》。

二、学派的判定

以上谈的是“学派”，笔者据之认为对于先秦秦汉时期的学派，判定标准是学派师承渊源和师说。只有存在师承渊源并且称述师说者，才是某一学派的人。汉代经学的传授之中，师承渊源和师说正是立博士的关键，这当是根源于先秦习惯。如果其学虽出自某一派，但是已经自成一家，那就不是原来学派之人了（当然，在必要的时候，还可以归入原学派之中。比如谈孔子后学时，七十子皆是）。因此，对于出土的简帛古书，“六家”“九流十家”等名称都过大，不贴切，甚至不符合实际。只

① 余嘉锡《四库提要辨证》，云南人民出版社，2004年，第514页。

有以其宗师之名为学派名称才合适，如慎子学派、庄子学派或孟氏之儒等。

“学派”之源流既明，我们就可以知道，有一些后世所命名的学派名称，可能并不合乎古代的习惯。如“思孟学派”“稷下学派”“道法家”等等。“思孟学派”的问题我们已经讨论过，子思学派与孟子学派是并列的。因此，如果一定要称呼“思孟学派”，那很可能只宜于在一种意义上来说，才不致产生矛盾。那就是着重于子思的思想，以及孟子因袭其说的部分。这之中很大一部分，当主要就是荀子所说的关于仁义礼智圣五行的理论。而孟子与之不同的思想，像性善这些内容，就属于“更张义例别有发明者，即自名为一家之学”了[①]。至于“稷下学派”，虽然古代东西方也有以地域为学派之名者，但是我们一般都能根据名称得知其人物和思想主旨。但是“稷下学派”则人物不定，思想不一致。而“道法家”，或作为黄老的别名，其实所指对象和思想主旨也很不明白。

由“学派”的含义，我们也能明白，后世人所认为的一些学派所具有的标志性的思想特点，其实是源于模糊的学派区别之后的归纳，而且是屏蔽掉共性之后的排他性归纳，往往把“言公”的内容当作一家之私议，因此多数是不可作为判定学派的根据的。譬如陈鼓应先生的“道家主干说”曾经很有影响，他认为：“至少从周初开始，中国思想中就存在着两大传统，即自然主义的传统和德治主义的传统。这两种传统在春秋末期分别被老子和孔子系统化，从而开创了后来在中国思想史上产生过重大影响的儒家和道家。儒家将关注的重点放到了伦理、政治问题上，因而对自然天道方面的问题不甚感兴趣，而道家则大谈太一、有无之论，从而在中国历史上第一个建立了系统的宇宙学说。以后中国思想史的宇

① 参拙作《古代中西方的“学派”观念比较——兼论“思孟学派”的问题》，《中国哲学史》，2007 年第 4 期。

宙论传统无一不从道家那里汲取了大量养料。”[①] 其实先秦本来没有学术师承意义上的道家，何谈道家的特点呢？孔子后学、其他学派也有谈宇宙论的，怎么能肯定所有的宇宙论一定是从道家那里来的呢？再比如说睡虎地秦简《为吏之道》谈论到父慈子孝，主惠臣忠，有学者马上会调出儒家思想作为原型来思考问题，会认为凡是有这些思想的人，应该都属于儒家或受到了儒家思想的影响。而实际上，孔子之前早已有了类似的理想，先秦诸子很多人在谈论社会人伦时，都复述了相近的话（这是“言公”），但是达到目标的手段不一致（这是“私意”）[②]。还需要注意的是，古人用来干世主的言辞，很可能和教授弟子的言论颇不一致，这只要看一看上博简《慎子曰恭俭》就可以明白。无怪乎有些学者看到此篇的内容后，会怀疑这个“慎子”应该是儒家[③]。

过去我们经常从思想特点上来区分学派，这看似和师说相关，好像也兼顾了一点师承，其实并非如此。我们或许是受斗争哲学的影响，或因受儒墨之相非、儒道之互绌的影响太深，往往以为不同学派的思想之间，处处有截然不同的立场，只有个别学派综合了诸家之说。其实古代人在不同的场合、面对不同的人，应该是像后来人一样，会有不同的言论，但多数都是一些常识性的看法和言公的内容。我们不能期望他们的一言一行都反映了学派的特点，他们只可能是在某些点上体现出了本学派的特色，成其为一家之言。《公孙龙子·迹府》所载公孙龙和孔穿的辩论，很好地说明了“一家之言”就只是某一个方面的特殊观点：“龙与孔穿会赵平原君家。穿曰：‘素闻先生高谊，愿为弟子久；但不取先生以白马为非马耳。请去此术，则穿请为弟子。’龙曰：‘先生之言悖！龙之

---

① 陈鼓应：《〈彖传〉与老庄》，《易传与道家思想》，生活·读书·新知三联书店，1996年，第7页。

② 参拙作《从“六位”到“三纲”》，《简帛释证与学术思想研究论集》，台湾书房出版有限公司，2008年。

③ 参拙作《上博简〈慎子曰恭俭〉管窥》，《中国哲学史》，2008年第4期。

所以为名者，乃以白马之论尔。今使龙去之，则无以教焉……'" 其实据《吕氏春秋·应言》记载，公孙龙对燕昭王讲过偃兵，《吕氏春秋·审应》则记载，公孙龙对赵惠王谈过偃兵，要"兼爱天下"。"偃兵"之议，当时多有，"兼爱"之说，看似墨家的思想，所以我们常常没有把这个作为公孙龙的特别思想。但是就公孙龙子学派而言，我们应该把这些内容和其名辩思想综合起来研究。

当然，上面所定义的"学派"，并不能涵括古代的所有问题。先秦秦汉时期有一些依托前贤如黄帝、伊尹的著作，理论上我们应该考察实际的师弟子之间的授受，而不能以为这个学派真以黄帝、伊尹为宗师。不过对于新出土简帛中的相近内容，我们似乎仍然可以归入此名之下。只不过托名黄帝的内容非常多，我们最好还能有所区分。先秦秦汉时期还有一些依托名人而另有内容的著作，如《管子》，有一些篇章记有管子之事，有些篇章则没有记管子之事而且彼此内容不同。这些篇章似乎应该分开看待，还有待具体研究。先秦秦汉时期还有可能是根据一定主题或名人搜集而成的书，如《晏子》，似乎也并非学派著作，但是类似的内容我们仍然可以归入理想状态中的《晏子》。先秦秦汉时期还有以赞助者为主名的著作，如《吕氏春秋》《淮南鸿烈》等等，其既为一时汇聚之作，我们似不能视此类为学派著作集。

三、出土古书学派判定中的问题

弄清楚了"学派"，我们再来看如何判定出土简帛古书的学派。

当前讨论简帛古书学派的方法，多是将这些佚籍中的章句或词汇、思想（包括特别的思想词汇）和传世文献的对应内容做比较，根据传世文献的学派属性说明出土文献的学派属性；或者根据一些信息与古书或

《汉书·艺文志》等的记载相比较，说明其学派属性。

比较两段文献相应的章句或词汇、思想的方法，有一定的作用，但恐怕还需要结合对应部分的质和量以及语境等因素，来具体分析，否则容易产生问题。已经有学者提出了质疑，如刘笑敢先生指出在简帛考证中使用“类同举例法”的现象，他反对“简单地依靠‘类同举例’法来断定出土简帛的学派、作者和年代”。他所说的“类同举例法”，就是根据类同的章句或词汇来判断文本的学派（实际上也应该加入根据思想相近来判断学派）。这是一篇重要的反思方法论的文章，可惜很多问题尚未展开。而且他谈得多的是根据“类同”文献来“怀疑甚至断言甲书和乙书属于同一时代或同一作者或同一学派”①，但其实古来也有不少人根据“类同”文献来争论两种文献或几种文献之间是“引用”或“抄袭”的关系；而且有些“类同”文献是属于“言公”的内容，恐不能当做学派区分的标志。

不论如何，使用同一种文献比较方法，却可以得出不同的结论，可见这个方法存在一定的疑问，在使用时不可草率。不能根据自己所找到的“类同”文献，就匆匆立说，而应该注重分析“类同”文献的代表性等问题。针对简帛古书学派判定众说纷纭的现象，李存山先生就曾经提出要注意某一或某些证据是否只能推出一种结论（即自己所持的观点），或者说是否可以排除其他的结论和观点。就目前楚简研究的情况看，许多成果还属于“假说”的性质，凡“解说各异”者恐怕大多因证据不足而难成定论②。

至于根据一些信息与古书或《汉书·艺文志》等的记载相比较，虽然不乏成功的例子，但是也存在很大的问题。古书颇多佚失，我们对于战国时期的思想状况，了解得非常有限。我们实在只不过是凭借几部古

① 刘笑敢《略谈简帛考证中“类同举例法”的局限性》，艾兰、邢文编：《新出简帛研究》，文物出版社，2004年。

② 李存山《郭店楚简研究散论》，《孔子研究》，2000年第3期。

书，如《史记》以及《孟子》《庄子》等子书，来理解甚至是推测、假想战国时候的情况，此中有很多我们不清楚的东西。不但战国时期思想状况的许多具体细节，我们不清楚；就是学术中心与边缘的差别，当时人的思想习惯、学术制度等“常识”，我们也不清楚；甚至战国到秦汉之间有着怎样剧烈的变化，造成了怎样的影响，也不清楚；就是刘向、刘歆父子校书的具体细节，以及中秘书与外书的差别，今日所传之书与中秘书的关系，也有很多我们不清楚的环节。我们只不过是凭借有限的几部书，以管窥天乃至捕风捉影罢了。我们要时刻反思、存疑，承认我们对于这一时段的局限、无知。《汉书·艺文志》所收书，相对于先秦秦汉而言，佚失或因故未收的有不少；而且其中的许多书，经过了一定的整编；最大的问题是，如前所述，“九流十家”是刘歆的创制，并不能如实反映先秦“百家”的实际情况，我们即使找到了对应信息，也往往会在随后谈论学派时将刘歆的“九流十家”搬出来。

比如上博简中的《鬼神之明》篇，有不少学者认为此篇是《墨子》佚文。猜想得出这种结论的主要原因不外是简文谈到了鬼神之明，这符合墨家的思想。而儒墨为先秦显学，墨家的材料应该在出土简帛中有所反映。其称《墨子》而不是《汉志》中墨家类的其他子书，自然是因为今天只有《墨子》基本保存了下来，与简文的词句以及思想有对应之处。

可是简文也说到“鬼神有所不明”，《墨子》虽然谈到了“善者或不赏”，却并未涉及《鬼神之明》篇的“暴者或不罚”的问题。笔者曾指出《论衡·福虚》记载的《董子》佚文与简文相关：“儒家之徒董无心，墨家之役缠子，相见讲道。缠子称墨家佑鬼神，是引秦穆公有明德，上帝赐之九十〔十九〕年，（缠）〔董〕子难以尧、舜不赐年，桀、纣不夭死。”后来果然有学者根据此认定《鬼神之明》属于董子佚文[①]。然而问题并不这么简单，董子的话属于机智的归谬和反驳，而不是像《鬼神之

① 徐华：《上博简〈鬼神之明〉疑为〈董子〉佚文》，《文献》，2008 年第 2 期。

明》这样单独的立论。又司马迁在《史记·伯夷叔齐列传》末尾对举颜回、盗跖之事，对天道的怀疑，和《鬼神之明》对于“鬼神有所明有所不明”之说，如出一辙。我们难道要说司马迁是董子的后学吗？从各种文献所记载的孔子厄于陈蔡答子路论穷达的故事，以及《墨子》所记来看，“善者或不赏”早已为人所认识；则“暴者或不罚”也将不久被人所体会。上博简《曹沫之陈》中，曹沫就说：“臣闻之曰：君子以贤称而失之，天命；以无道称而没身就死，亦天命。不然，君子以贤称，曷有弗得？以无道称，曷有弗失？”由曹沫所闻之语来看，“暴者或不罚”早就被人所认识了。则《鬼神之明》得出“鬼神有所明有所不明”，司马迁怀疑天道，这些思想当早就被人所认识了，这些思想的源头似乎并不需要一定属于某个著名的学派才行。

其实如果一定要说墨家在战国时代也很有影响，我们不必求助于出土的墨家的文献，实际上把《鬼神之明》的作者看作“反墨者”，也同样甚至能更好地表现这一点。

再比如前述《慎子曰恭俭》的例子，为什么有学者会认为这里的“慎子”是儒家，不是法家的慎到呢？或许就因为受《汉书·艺文志》的影响，认为法家和儒家的言论截然不同。可是简文确乎合乎慎到的思想，特别是提到了“势”。而且今存《慎子》佚文就有“《诗》，往志也；《书》，往诰也；《春秋》，往事也”①，这也很可能是慎子教授弟子的内容。这些事实告诉我们如果没有儒家、法家两家不同的成见，是很容易解决这个问题的（即使按照传统意见，所谓法家吴起、韩非，也都和儒家有渊源关系）。当然，我们如果一定要假设先秦还有一个儒家的“慎子”，著作大多佚失了，而且儒家慎子的佚文羼入了法家慎到的《慎子》，似乎也可以。但是这种观点所需要的假设太多了，不可信。

上述的举例，一个要求多保留一些可能性，一个反对保留其他可能

---

① 参阮廷焯《先秦诸子考佚》，鼎文书局，1980年，第195页。

性，看似相反，但其实目的一致，都反对拿“六家”“九流十家”的学派观念来看待新出土的简帛古书。

四、出土古书学派的判定

笔者认为，判定出土简帛古书的学派，要多从师承渊源和师说着眼，既从古书内容方面考虑这一点，也从有关的文献记载来寻找有关的线索。

比如《慎子曰恭俭》，此篇在引用“慎子曰”之后有“故曰”这样的解经体，慎子语中也谈到了“势”等和慎到思想相关的内容[①]，因此这一篇应该就是慎子学派的作品。

再比如《五行》，有学者认为《五行》虽然成书较早，但作者或非子思。其实只要我们能够确定荀子批判之语都确有所指，那么就有理由相信“子思唱之，孟轲和之”之说。当然，先秦诸子作品多数是学派之作，也由此而导致竹简与帛书《五行》有所不同，而且《五行》与《中庸》的核心思想也不完全一致。但今天，我们恐怕拿不出比荀子所见还坚强的证据，否认子思首倡仁义礼智圣五行之说。关于帛书《五行》所载的“传”文部分引有世子之语，较为妥当的看法，应该是作传者采世子之语作为传文的补充，世子本人与《五行》没有太多关系[②]。此外，荀子虽说过“子思唱之，孟轲和之”，但是孟轲之和，未必是作传。即使确实是他作传（当前还缺乏足够的证据），这也是称引师说，恐不得视为自成一家。《五行》的传文以及帛书《德圣》，恐怕都应当视为子思学派的作品。

不过简帛本身和传世文献中，可以利用的数据太少。所以有朋友质

① 参拙作《上博简〈慎子曰恭俭〉管窥》，《中国哲学史》，2008 年第 4 期。
② 参拙作《仁义礼智圣五行的思想渊源》，《齐鲁学刊》，2005 年第 6 期。

疑笔者把简单的问题复杂化，并且认为我们所碰到的问题可能是和刘向、刘歆等差不多的，我们并没有比他们更好的办法，只能遵循他们的老办法。也有朋友虽然赞同笔者反对“六家”“九流十家”，但是说在给学生上课的时候，“九流十家”还是得用，否则学生们难以更好地把握出土的简帛古书。

可是，前文说过，刘歆的“九流十家”是“诸子”下一级的纲目名称，再其下仍有“诸子百八十九家”，诸子百家仍然在这里依稀保留着，为什么不可以撤掉“九流十家”这一级纲目名称呢？也许有人觉得缺少了“九流十家”，诸子下面的细目就太多了。可是如果我们看一看四部分类法中史部的形成很晚，就能知道现在之所以觉得不可行，只不过是因为书多了。但是先秦汉初的人也会觉得诸子书太多吗？那时候个人所能保存的书并不多，大家口里称“百家”，但是所举出来的人并不多，这很可能就是所参考的书不多，惠子之书也只不过五车。刘向、刘歆父子是给皇家校书，才显得多。可同是给皇家校书，《汉书·艺文志》说：“汉兴，张良、韩信序次兵法，凡百八十二家，删取要用，定著三十五家。诸吕用事而盗取之。武帝时，军政杨仆捃摭遗逸，纪奏兵录，犹未能备。至于孝成，命任宏论次兵书为四种。”张良、韩信就没有给兵书分类，到任宏才分为“四种”。这也就是说，六艺之九种，诸子之十家，诗赋之五种，兵法之四种，数术之六种，方技之四种，这一级纲目名称，有一些是可以没有的，或者至少是可以改换为别的分类模式的。

之所以说“九流十家”还是得用，恐怕只是因为这个框架还深刻地影响着我们。其实我们都知道诸子和兵法、数术、方技本来是不可分割的，甚至从学术整体上来说，它们和六艺、诗赋也是不能分割的，《庄子·天下》篇就是这样的意见。《汉书·艺文志》的分割是专家校书等原因造成的，引起了后世的不少争论。这也就是说，按照别的标准，我们也可以进行不同的分类。譬如我们在儒法斗争和唯心唯物的框架下，也一定能划出一个诸子的分类。当然，如何找到一个更好的分类办法，还有待研究。

现在既然我们已经知道“九流十家”不符合先秦秦汉初的“学派”观念，更知道“九流十家”是“百家”之上的一级纲目，我们的主要目标就应该是寻找出土简帛古书具体所属的百家学派了。但是由于资料缺少，目前实际能定案的古书并不多。不过不能定案，并不意味着我们简单定案就解决了问题，其实这正是我们需要阙疑的时候。因为我们不妨换个角度看，在先秦时期，这些简帛古书的作者或学派，肯定是有人知道的；今天不知道，就应该阙疑。

余嘉锡先生曾专门举秦始皇读《孤愤》《五蠹》不知其为韩非作，汉武帝读《子虚赋》不知其为司马相如作之例，说“非李斯与韩非同门，杨得意与相如同邑，熟知其事，竟无从得其姓名矣”，以之为“此皆古人著书不自署名之证也”[①]，这一点间接说明了考究古书学派之难。然而从余先生所举《诗经》等经书之例也可以看出，古书虽然不题撰人，但是作者或可见于书内，或有据《诗序》可考者（虽然不可尽信，但推想其初可考的作者，当更多。唯因流传久远，故有一些湮灭无闻或有传闻异辞。有一些辞赋作品序中乃至文中也有作者的消息，如银雀山汉简《唐勒》)。在一个学派内部，宗师作品或弟子各以所闻记录的宗师之语，撰人本非必需，因为从游者不至于数典忘祖。章学诚曾说：“古人书不标名，传之其徒，相与守之，不待标著姓氏而始知为某出也。”[②]学派间的交流，虽然有的是俨若水火，像儒墨之互攻，其内部的小宗派之间的相绌，但是往往也有切磋琢磨的效果，使各自的观点、特色鲜明，当时人观书就可以论学派。

由近出楚简，可以推想当时文化发达地区学术信息交流之便捷，恐怕并不比后来魏晋之时差多少。据此言之，则学界中人，若不是乡间陋

---

① 余嘉锡《古书通例》,《目录学发微　古书通例》，上海古籍出版社，2013 年，第 158 页。

② 章学诚《知非日札》,《章学诚遗书》，文物出版社，1985 年，第 401 页。

儒，必然能熟知天下文化名人。由《论语》来看，即便是隐士，也听说过孔子的言行。因此孟子、庄子虽然生在同时而彼此书中均未言及对方，当是有一定的缘故，不能说二人不知道对方的存在，至少庄子的好朋友惠施有机会和孟子共在魏廷。而且《齐物论》虽在当前尚未可断定一定为庄子所作（其中所论物指关系，似可能与公孙龙相关，但公孙龙年岁晚于庄子很多），但庄子当有齐物的思想，《孟子·滕文公上》则说“物之不齐，物之情也”，虽然是批评许行，但恐怕可以看作孟子对于所有和许行一样持有“齐物”思想之人的论战。

是故古书虽然不题撰人，但是博学通人有可能尚能知其作者、学派。一书远播，初传者应该尚知晓学派、作者等消息。古代有采诗之官，有瞽史，列国邦中，当也有主持学术之人，如守藏史、博士之类。齐宣王可能是因为好名而开设稷下学宫，战国四公子、吕不韦则养士，这些都促进了学术交流。不过秦禁游士，韩非之书传抄到秦国后，长于深宫的秦始皇，即使知道韩非，恐怕也未必知道《说难》是韩非所作，故需要李斯告诉他。汉初朝廷以黄老治国，景帝不好辞赋，司马相如游梁而作《子虚赋》，他的朋友辈邹阳、枚乘等肯定知道。汉武帝奖掖经学，诸子多依附诸侯王，所以汉武帝不知道《子虚赋》的作者，也很正常。汉武帝的狗监杨得意或许并非学者，他知道《子虚赋》为司马相如所作，乃是因为“邑人司马相如自言为此赋”——所以古书虽然不题撰人，但是作者仍然自表所作，有著作权意识（诸子虽“言公”，但公言之下尚有私意）。秦始皇、汉武帝所问的人，乃李斯及狗监，多为近侍。如果广而问之，应该仍然有知道者。所以古书虽然不题撰人，而其作者、学派，仍然有迹可寻。《韩非列传》说“申子、韩子皆著书，传于后世，学者多有”，则即便不题撰人，存其书的“学者”也知道是谁（或哪一派）的书。譬如司马迁论庄子，提及《渔父》《盗跖》《胠箧》，而这三篇并无提及庄子之处，倒是《胠箧》多以“故曰”引《老子》，很像解经体。司马迁以之为庄子作品，自然也是根据所见所闻。

但其实，到了汉代，子书为学派著作总集的“理想状态”可能已经不能成立了。不仅《说剑》羼入了《庄子》(自苏轼后，多以为《说剑》篇中的“庄子”并非庄周)，而且《鬼谷子》也有《胠箧》篇，今存有佚文。司马贞《史记索隐》在《田敬仲完世家》指出：“庄周及鬼谷子亦云‘田成子杀齐君，十二代而有齐国’”①；《长短经·反经》引有《鬼谷子》这一段的上下文②；《北堂书钞》卷148引《鬼谷子》佚文有“鲁酒薄而邯郸围”，均与《庄子·胠箧》相近。造成这种状况，当是因为秦火之后，学术传承断裂，传承子书者已经不能明晰学派，只能根据学术宗旨以类相从，或根据竹简汇集情况合编了。是故汉廷校书，虽然找博学通人及旁门专家，备一时之选，然而其时间在秦火之后，又加之年岁久远，所以有了很多不知撰者名氏学派者，无法复原了。因此对于子书为学派著作总集的“理想状态”，还应以先秦时期为准。

由此可知今日所见的郭店、上博简中的古书，今人虽然因为不知其作者或学派而百般揣测，但墓主人至少传者仍然很可能知道。譬如对于郭店简《性自命出》和上博简《性情论》，讨论其作者，有子游、子思、公孙尼子、世硕、子弓或其学派诸说，也有认为与荀子乃至道家、杂家有关者。其实我们能知道的是：《性情论》无子游之语，则《性自命出》的主体部分很可能与子游学派无关，最多恐怕只能说《性自命出》篇在流传过程中采纳了子游之语，可见子游的影响。此篇的主体部分应该早已经形成，但是在流传时已经出现了差异。而出现两个传本，则或能说明此篇较有影响且流传较广，其作者可能早已经自立门户，可以自成一家。只可惜我们今天不知道这一家学派的名称，还不能准确地称呼它，应该阙疑。

因此我们今天对于出土的简帛古书，首先是要抛开“六家”“九流十

---

① 《史记》，中华书局，1959年，第1886页。
② 《丛书集成初编》，第68—69页。

家”的框架，直接用百家来考察其学派。如果参考数据不足以判断学派，那我们就阙疑，或许将来新的材料会有助于我们解决问题。即便有一些简帛古书的学派我们可能永远也不知道，我们也应该尊重古代作者的著作权，不要随便张冠李戴。

统治天下人民的帝王：墨家“兼”概念在荀子礼治论中的思想功能和意义

[日] 佐藤将之*

一、序言

本文探讨《荀子》如何将“兼”概念引进自己的政治社会理论，以及统合在其礼治思想内的问题。笔者曾经提出过荀子为先秦各种不同的论辩和思潮之综合者的看法。也就是说，荀子是战国时代之两大论辩传统，即“伦理论辩”与“分析论辩”之综合者或调停者。[①] 值得注意的是，司马迁在《史记·孟子荀卿列传》中说明荀子所做的理论功夫为：“推儒墨道德之行事［……］”，而从“儒”“墨”“道德”或（“道”和“德”）并举的写法来看，司马迁可以说也已经发现了荀子哲学担有如此的综合角色。

---

* 作者现为台湾大学哲学系教授。

① 请参见 Masayuki Sato（佐藤将之），*The Confucian Quest for Order*：*The Origin and Formation of the Political Thought of Xun Zi*（Leiden：Brill Academic Publishers，2003），pp. 63—162。

在引文中，司马迁列出“儒”、“墨”、“道”以及“德”之四个字，而由此司马迁暗示这四种思想就是他所学过以及贡献于进一步发展。这里值得注意的是，司马迁明确并列出“儒”与“墨”，而这意味着司马迁认为荀子担任过综合“儒墨”之功过的角色。为何司马迁没有只写他是儒家思想之继承者，而列出“儒墨”两家[1]，来描述荀子思想功夫的内容呢？

无论司马迁的意图为何，可确定的是，以此四字（儒、墨、道、德）所包含的思想内容来看，司马迁是将荀子置于思想综合者的地位。幸好刘向在编辑《荀卿新书》之际，只删去当时汉室所保管的各种《孙卿书》的 322 篇之内容中重复的部分[2]，因此，我们基本上可以说掌握司马迁所看过当时流传的各种《孙卿书》之整体内容。如此，我们也可以借由现本《荀子》的内容来探讨司马迁为何将荀子或多或少视为荀墨思想之综合者。

其实，关于战国末年儒墨思想之交际，《韩非子 · 五蠹》之描述还能提供一条线索。《五蠹》说：“今儒、墨皆称先王兼爱天下。”在这里《韩非子》明确表示“今”，因此这无疑是战国末年儒墨两家之思想状况。根据《五蠹》的记载，当时儒墨两家均主张“兼爱”。其实，若我们仔细观察《荀子》中的内容，便能够了解如同《五蠹》所述，《荀子》的思想中也含有丰富的由“兼”与“兼爱”概念所构成的主张。不但如此，正如正文所详细讨论的，与《墨子》的“兼”概念相比，《荀子》对“兼”更进行了相当完整的理论化作业。如此，《荀子》似乎企图建立治天下之君的价值概念。

---

① 关于荀子也综合“道德”思想（是否以连读如“道德”来表达当是应该已经流传的《道德经》一书中的内容，或是广泛的“道德”思想）的问题，请参阅佐藤将之《荀子礼治思想的渊源与战国诸子之研究》，“国立”台湾大学出版中心，2013，第 61—110 页。

② 刘向在他的《叙录》中说：“所校雠中孙卿书凡三百二十二篇。以相校除复重二百九十篇，定箸三十二篇。”

如同当代学者，司马迁与韩非子都会同意战国儒墨两家彼此具有共同的概念、价值以及主张内容。在近代学者当中，早在1896年，西胁玉峰就发表了《荀墨の异同》一文。[①] 他将儒墨思想的类似点归纳为六点。[②] 自西胁以来，还有不少学者探讨此主题，但大多只注意他们的名实论和逻辑思想之层面，而且大部分、如西胁的论文只是列出其思想异同而已。[③] 与此相比，本文经过对“兼”与“兼爱”概念的仔细分析，试图进一步阐明荀子如何将墨家的观念与主张引进于自己的礼治思想。

本文的探讨分为五个部分：从第一到第三部分讨论《兼爱》三篇的形成问题，尤其是《兼爱上》《兼爱中》《兼爱下》三篇之间的思想关系。本文试图论证：此三篇基本上具有彼此共同的内容，但此三篇应该在公元前四世纪早中期各自独立成篇。不过，此成篇不一定从《兼爱上》→《兼爱中》→《兼爱下》的次序。在第四部分，本文分析墨家如何发展“兼”概念与“兼爱”主张。笔者将主张墨家之所以提出“兼”概念，乃是因为其提出的理想蓝图是君王为“天”代理统治天下。第五部分根据前面所讨论的，笔者对《荀子》中“兼”字和与“兼”概念相关的论述进行仔细的分析，乃试图论证：在《荀子》中被“兼”字所形容的理想统治者的内容是基本上与墨家一样的[④]，但《荀子》进一步将“兼”概念与他的礼治思想结合起来，而且建立了“一国之君”能升格为“天下之君”的理论。

---

① 西胁玉峰：《荀墨の異同》，收于《东洋哲学》，辑3号7（1896），辑4号7，辑4号8，辑4号9（1897）。

② 这些共同点是：（1）不否定人欲；（2）尊重“法”；（3）重视功效；（4）非命；（5）赞扬禹；（6）善于兵法；（7）提出辩术。

③ 笔者已经提供了对于过去“墨荀思想”关系论之评述，因此不再赘言，请参照佐藤将之：《日本近代墨学研究之崛起与中日学者之墨荀思想关系论探析》，收于《人文论丛》，2010年第1期（2010年12月），第235—258页。

④ 当然，这不表示笔者主张整体墨家思想和荀子思想是类似的。

二、《兼爱》的主题是否为“兼爱”？

长期以来学者们都同意：在所谓的“墨家十论”中，“兼爱”和“非攻”是最核心的主张。尤其“兼爱”应该在思想发展的早期就已成为核心主张，这正如《孟子》所示的一样。[①] 学者们不但同意“兼爱”的内容是墨家的核心思想，而且不少学者也认为此思想可作为整个墨家思想形成上最早发展的内容，墨家的各种理论由此派生。渡边卓非常仔细地比较文本并进行思想研究后，认为《兼爱上》与《非攻上》在整本《墨子》中可代表最早的思想。[②] 吉永慎二郎[③] 以及近年根据统计方法来探索《墨子》篇章之早晚问题的 Karen Desmet 也接受此观点。[④] 如此，长期以来的墨家思想研究大体上一致地认为“兼爱”不但在墨家思想体系中占着最核心的部分，并且也是最早成立的部分。

虽然如此，学者也发现有与此冲突的事实，即“兼爱”一词直到《兼爱下》才出现。换言之，在《兼爱上》并没有出现“兼爱”口号的状况下，是否还能够将“兼爱”当作墨家最早的思想成分呢？对于此问题，丁为祥、吉永以及戴卡琳（Defoort，C.）都将此事实作为探讨的关键问题，并且试图从思想上提出说明。

首先，丁为祥提出“兼爱”一词在《兼爱上》没有出现的三种理由：

---

① 《孟子》有二例将“兼爱”概念与墨子或墨家联想来了解的：“墨氏兼爱，是无父也”（《滕文公下》）；“墨子兼爱，摩顶放踵利天下为之”（《尽心上》）。《庄子·盗跖》也有：“墨者兼爱，五纪六位将有别乎。”至于《荀子》中的一条用例在后文讨论。

② 渡边卓《古代中国思想の研究》，创文社，1973 年，第 514—515 页，第 700—701 页。渡边对战国思想史的理解深受津田左右吉的影响。

③ 吉永慎二郎《战国思想史研究——儒家と墨家の思想史的交涉》，朋友书店，2004 年，第 574—585 页。

④ Karen Desmet：“The Growth of Compounds in the Core Chapters of the Mozi.” *Oriens Extremus* 45（June 2006），pp. 99—118。她的分析目标为所谓《墨子》十论中上、中、下篇之成篇前后。Desmet 根据她的统计手法，同意渡边的观察，即：大部分论述之成篇过程中“中”比“下”还晚。

（1）“兼爱”思想是从“兼相爱”的主张衍生出来的；（2）“兼爱”是从“兼相爱”一句所缩短的；（3）墨家原来有“兼爱”的理念，而“兼相爱”为此“兼爱”的理念之历史发展，以及对实际政治社会理论之应用。其中，丁为祥自己认为第三种最可反映历史事实。据此，他指出：因为墨家的原始思想为“博大无私之爱”，而这是“兼爱”口号之核心思想，就算“兼爱”一词并没有在《兼爱上》出现，我们仍可推想“兼爱”思想存在于早期墨家思想中。也就是说，在早期墨家思想里面，“博大无私之爱”的“兼爱”理念或多或少已经建立了。因此，在这样的情形下“兼相爱”的主张也才能够提得出来。①

相比而言，吉永慎二郎的结论则相反，他排除早期墨家具有“兼爱”思想的可能性。吉永从《兼爱上》引用“故子墨子曰‘不可以不劝爱人’者，此也”一句来主张此点。吉永主张，在《兼爱》三篇中，具有“子墨子曰”的一句的此部分才能代表墨翟本人之思想。反言之，除此一句之外的其他全部思想不能代表他本人的思想。按照吉永的思路，墨翟本人所主张的“爱人”应该是要超过宗族关系的范围，而《兼爱上》的作者则是将此转换为理想的圣王用以统治天下的“相爱”主张。因此，由“兼”字所表达的“相爱”思想应该不是来自墨翟本人，而是《兼爱上》作者的发明。因此，尽管《兼爱上》的思想年代比其他篇章来得早，但是从“兼爱”一词的使用状况来看，墨翟自己提出的概念仅是“爱”而已，而提出“原型”的“兼爱”思想是由墨翟本人的“爱人”（超过宗族之间的爱）主张和《兼爱上》的作者所提出的“天下人之相爱”结合来形成的。

虽然丁为祥与吉永的主张一部分互相格格不入，但他们似乎在两点上取得一致：第一，“兼爱”思想从《兼爱上》经过《兼爱中》直到《兼

① 丁为祥《墨家兼爱观的演变》，收于《陕西师范大学学报》（社会科学版），卷28期4，1999年12月，第70—76页。

爱下》的顺序发展；第二，在此过程中，原来比较简朴的"博大无私之爱"（丁）或"爱（他）人"（吉永）之理想逐渐变成站在统治者立场的政治化主张。①

另外，戴卡琳在她意图厘清中国古代论辩中的说服技术（persuasion）的研究中，注意到"兼"字在《兼爱》三篇的论辩中所发挥的各种概念功能，尤其她发现"兼"概念所涵盖的意味范围是有所扩大的。事实上，由于在《兼爱》三篇中，"兼爱"一词并没有出现于《兼爱上》和《兼爱中》，所以她便转而注意在《兼爱》三篇中都出现的"兼"概念，这样的关注是必然的，她也因此发现"兼"概念在《兼爱》三篇中各自担任不同的角色。

在分析《兼爱》三篇中"兼"概念之演变过程时，戴卡琳发现这三篇论辩的中心话题并不是与"爱"相关的问题，而是"爱"所涵盖的对象与范围，即"兼"概念所指的相互性之内容与价值。戴卡琳指出，与《兼爱上》相比，《兼爱下》的"兼"概念进一步涉及天人关系的问题，尤其是统治者如何实践"兼爱"人民，并且"天"与此如何关联的问题。在《兼爱下》，"天"对人类不仅是响应，而且期待"兼爱"之实践。戴卡琳认为，人在这样的方式下要担负很重的道德责任。因此，早期墨家的"兼爱"主张并没有往"实际政治化"的方向变质，或屈服于当时政权；其核心价值反而增强了。戴卡琳的分析显示：就早期发展而言，"相（兼）爱"和"非攻"主张并没有弱化。另外，戴卡琳也指出，从《天志》也能观察到人类必须透过"兼爱"的实践来符合于"天"之意向的主张。②若据此进一步还可以推测："兼"概念不只是在《兼爱》和《天志》两篇之间发挥中介功能，甚至整个《墨子》"十论"也借此获得主张之一贯性。也就是说，由"兼"概念，原属不同主张的《墨子》"十论"

---

① 渡边在他的研究中屡次强调，以保卫小城邦为使命的墨家在战国中期以后，在秦国王权的庇护下协助秦国保卫新获取的领土。

② 参见 Carine Defoort，"The Growing Scope of *Jian* 兼：Difference Between Chapter 14，15 and 16 of the *Mozi*"，*Oriens Extremus* 45（June，2006），pp. 119—140.

能达成前后一贯的理论。一言以蔽之，“兼”概念可能是帮助墨家思想达成某种程度体系性的重要角色。若是如此，则是以何种方式达成？这正是下文要探讨的问题。只是在开始讨论之前，先看看千叶仁之研究也有助于此问题之探讨。

千叶仁认为，墨家思想中的主要主张，即“兼爱”、“非攻”、“天志”、“尚同”以及“明鬼”都在实践“义”和“利”（天下万民之福利）的目标上发挥着相辅而成的功能。[①] 不但如此，“兼爱”和“义”的主张，与墨家提出“天志”和“鬼神”息息相关。千叶说，在《墨子》中，天志与鬼神的威力是为了叫统治者推行“义”“相爱”而由此达成“天下之利”的一种手段（还会为此威胁统治者）。

以上千叶的观点接近于戴卡琳的结论，而与渡边卓认为的《尚同》和《天志》三篇的作者指向于增强“社会阶层化”的统一政治权力此一观点格格不入。同时，与渡边所定义的“兼爱”与“非攻”为“早期墨家”之核心主张也会产生冲突。根据渡边，此指向统一权力的此两篇应该直到战国最晚年——统一国家即将出现的时刻——才会出现。因为这样的主张会牺牲小国家的生存，而在如同秦国这种迈向统一的大国家才能发挥作用，因此，渡边也认为《尚同》和《天志》（还有《明鬼》也是）不可能做为战国早期墨家思想之代表作品。此观点自渡边于 20 世纪 60 年代提出后，四五十年来一直支配着日本学者关于墨家思想形成之见解。

与此相反，根据千叶的研究，此两篇的作者之究竟目标完全不在于建立政权本身，而是伦理政治——人民之福利——的实践。千叶的此篇早已于 1967 年发表，然而在渡边的观点对日本学界的压倒性影响力下，日本学者长期以来几乎不将千叶的观点放在眼里。不过，与墨家“明鬼”主张几乎相同的“上博楚简”《鬼神之明》的发现，让我们得以重新检讨

① 参见千叶仁：《墨家思想における目的と手段——兼爱论と天志论》，收于《集刊东洋学》，号 18（1967 年），第 51—65 页。

渡边的将“墨家十论”分成“初期—中期—末期”的长期发展之观点。[①] 也就是说，千叶本人虽然没有提及《墨子》各篇的成篇时期的问题，但我们从考古情况可以推断《鬼神之明》最晚应成篇于战国中期以前，同时考虑到《鬼神之明》与《墨子》、《明鬼》共有同样思想（“鬼神有能认出人的行为之好坏之智慧”）之事实，我们便能合理推测：“兼爱”和“明鬼”均能代表战国早中期的墨家思想。据此，千叶认为“墨家十论”基本上是以一贯的价值来贯通的观察，反而与新的考古发现较为符合。

从以上的讨论，我们可以归纳出如下三点的假设性见解。第一，从推行“兼爱”和“非攻”理想的核心目标来看，《尚同》、《天志》以及《明鬼》的思想并没有与《兼爱》与《非攻》的思想相矛盾。第二，所谓“墨家十论”从提出到此思想内容成形于现本《墨子》诸篇中，哪怕其思想应该经过长期的重写、重编辑的过程，“十论”本身的提出应该比渡边想象来得早。第三，“兼”概念的功能似乎在于贯连墨家的各种不同主张来达成互相一贯的思想体系。在下节，我们先看战国早期“兼”概念出现的情形，接着，将具体看墨家的“兼”概念在保持墨家思想的综合性和统合性上发挥着何种功能。

三、战国早期文献中的“兼”

根据《说文解字》，“兼”字属于“秝部”，而关于其构成与字义，曰：“兼，并也。从又持秝。兼持二秝；秉一禾。”在《尚书》、《诗经》、《春

---

① 马承源主编《上海博物馆藏战国楚竹书》（五），上海：上海古籍出版社，2005 年，第 149—159 页以及第 305—321 页。关于此篇对日本墨家理解之冲击，请参阅浅野裕一：《鬼神之明》与《墨子明鬼》，收于浅野裕一著，佐藤将之监译：《上博楚简与先秦思想》，万卷楼，2008 年，第 83—101 页。

秋》诸经和《论语》中均未见如在《墨子》中所出现的概念化之“兼”字。尤其在《论语》中，“兼”字是负面的。[①]

在“郭店楚简”中，“兼”在《语丛三》中出现两次：“兼行”与“礼必兼”。从“行”“礼”等词语一起出现的情况来看，这里的“兼”字似乎具有一些伦理意涵。但因为《语丛》的用例都以短句的方式出现，尚未得悉具体的意思。其实，更加引起我们注意的是“上海博物馆藏楚简”《曹沫之陈》中的用例。[②]《曹沫之陈》有“兼人”、“兼爱万民”以及“兼畏”之三种用例，而都出现于曹沫在说明如何治理鲁国的内容中。若我们考虑到在一段对话中“兼”字连续出现，而且“兼爱”一词也出现的情形，在《曹沫之陈》成篇的时候，“兼”字或多或少成为具有价值的概念，以涵盖理想统治行为之内容。因为“上博楚简”中，含有两篇与“郭店楚简”同样的文献（《缁衣》和《性情论》），此可表示“上博楚简”和“郭店楚简”的墓主生活在类似的思想环境，而如此《曹沫之陈》大抵可以推断反映战国早中期的思想。若是如此，此时期大致与所谓“墨家十论”诸篇成篇的时期同期。至少，若我们考虑到《曹沫之陈》的作者是将“兼爱”看作非常正面的价值，此篇的作者与墨家思想可能经过某种思想交流。

不过，正如《鬼神之明》的状况，还有一些因素让我们踌躇推进此点。虽然同样出现“兼爱”一词，《曹沫之陈》和《墨子》的用法之间仍存在有较大的差别。第一，在《墨子》中“兼爱”所涵盖的范围是“天下”，而其“万民”也应该是指天下的人民。而在《曹沫之陈》中其“兼

---

① 《论语·先进》：“由也兼人，故退之。”

② 马承源主编《上海博物馆藏战国楚竹书》（四），上海古籍出版社，2004年，第89—156页以及第239—285页。

爱”的范围则只在于鲁国。[①] 第二,《曹沫之陈》的“兼爱万民”政策是为了获得作战能力的提升而被提出的。显然,《曹沫之陈》的作者以战争的发生为前提提出讨论。然而墨家“兼爱”的主张则是与“非攻”思想相辅而成，除了古代圣王讨伐暴君，墨家的价值绝不容许向邻国发动战争。因此战国早中期的墨家以外的思想家，在提出“兼爱”概念时，有可能与墨家核心主张（非攻）分隔起来而单独提出“兼爱”。不过,《墨子》和《曹沫之陈》的“兼爱”都表示一种统治者对人民之爱，这一点是没有问题的。

四、墨家的“兼”与“兼爱”：治理“天下”之君德

在下面，我们探讨《墨子》中的“兼”和“兼爱”概念在墨家思想体系中的思想特色，以及其在战国时代的政治社会思想发展上之意义。

首先，只要我们一读《兼爱》诸篇，就能发现“兼”概念在整个墨家言论中的重要角色。从数量来看，在整本《墨子》中，“兼”字出现132次。除了在《荀子》中有76次的用例之外，在任何先秦两汉现存的文本中，没有像《墨子》那样有那么大量的“兼”字用例。从内容上来看，“兼”概念则赋予墨家思想体系一种理论一贯性。在此意义上，“兼”概念较诸“仁”“义”而言，在墨家思想中是更为重要的理论角色。正如吉永所指,《兼爱中》和《兼爱下》的主题并非“爱”或“兼爱”，而

① 葛瑞翰（Graham，A. C.）和吉永指出：“万民”一词出现于其十论之“中”部分（或葛瑞翰所分类的“H”篇组中。据此，吉永将此文献群之作者称为“万民系墨家”。参见吉永慎二郎：《战国思想史研究》，第119—128页。A. C. Graham：*Division in Early Mohism Reflected in the Core Chapters of Mo-tzu*（Singapore：The Institute of East Asian Philosophies，1985），p. 15.

是“兼”。[1]

“兼”字以名词出现时，通常系指以巨大的规模来达成的一种“包含性”之状态或能力。《兼爱下》包含十二个“兼者”之用例，此用例中“兼”概念成为主语。“兼”字同时也成为宾语，在《兼爱中》有“行兼”；《兼爱下》则有“交兼”、“执兼”、“取兼”、“闻兼”以及“审兼”的用例。在《兼爱中》还有“从事兼”以及其反意句“从事别”。

“兼”概念所指的能力或方法是什么？我们先由其用法来看。通观《墨子》一书中的用例，我们可将之归纳出如下三种用法：第一，“兼”指与其他概念类似的意涵；第二，与其他概念或人物联想在一起；第三，成为整个墨家思想的一种纲要。

第一，在《墨子》中“兼”字与其他概念通用，与“兼”可替用的概念不一定是墨家特有的概念；而是儒家也重视的价值。譬如，在《兼爱下》里，“兼”字是由“正”字来“定义”，以意指“兼”是“兴天下之利”最合适的方法。《兼爱中》描述，反对墨家的人也会接受“兼”是“善”的。不但如此，在《兼爱下》，“兼”几乎成为“仁”和“义”之同义字。[2]

第二，“兼”字通常与何种概念或名称联想在一起呢？最显著的是，“兼”字与“天下”一词联想起来。譬如，《兼爱上》中有三例“兼”字与“天下”联想起来，“天下兼相爱”。另外，我们注意“兼”概念的实践者，便能够发现“兼”概念往往与历史人物联想起来。这些人物绝非一国之主，而是曾经统治过天下的圣王。在《兼爱中》和《兼爱下》两篇中，“兼”概念被与古代的圣王——即禹、商汤王、周文王以及周武王联想起来。

第三，《兼爱中》和《兼爱下》两篇的作者不仅将古代圣王看作

① 吉永慎二郎《战国思想史研究》，第71页。
② “兼即仁矣，义矣。”

“兼”理念的实践者来赞扬，而且以“兼”字来当作他们之理想统治——如帝禹之治水——的总结。在这些例子中，“兼”字较为系指完整理想统治之一种指标性概念。这种用法在《天志》三篇中如何在顺乎“天意”（“天之意”）之论述中呈现出来。

表 1 《天志》三篇中有关“天志”之讨论的构成要素

	天志上	天志中（甲）	天志中（乙）	天志下
主题	顺天意	天之意，不可不慎	顺天之意	顺天意
政策的基础	义政	仁义之本	从事兼；兼者	兼；兼之为道
政策 1	处大国不攻小国	不欲大国之攻小国	处大国不攻小国	大不攻小
政策 2	处大家不篡小家	（不欲）大家之乱小家	处大家不乱小家	
政策 3	强者不劫弱	（不欲）强不劫弱	强不劫弱	强不侮弱
政策 4		（不欲）众之暴寡	众不暴寡	众不贼寡
政策 5	贵者不傲贱	（不欲）诈之谋愚	诈不谋愚	诈不欺愚
政策 6	多诈者不欺愚	（不欲）贵之傲贱	贵不傲贱	贵不傲贱
政策 7				富不骄贫
政策 8				壮不夺老
效果	上利于天，中利于鬼，下利于人		观其事，上利乎天，中利乎鬼，下利乎人	上利天，中利鬼，下利人
特质			天德	天德；圣知；仁义；忠惠；慈孝
荣誉	天下美名：圣王		天下之美名：仁、义	天下之美名：

由表 1 所示，《天志》三篇中出现的四段论述之内容基本上是一样的，各个论述应该都属于同样的思想来源。这四段的主题是如何顺乎“天意”（或“天之意”）的呢？若仔细分析其论述内容，我们能够发现以

下几项事实。此论述原来的目标在于论证墨家的两种核心主张："非攻"与"保护弱者（小国和小民）"是合乎"天志"这一点的。基于此论调，为了让统治者顺乎"天志"，作者乃设定四项小论点：（1）作者由"仁"与"义"来重新定位"天志"之重要；（2）为了达成此目标，作者提供更具体的政策项目；（3）作者主张这些政策之实践完全合乎"天"、"鬼"以及"人"之"三利"①；（4）作者宣称实践此政策能赢得最高的荣誉。因为上列论述都包含此四项论点，虽然在论述之间的具体政策项目和价值概念稍微不同，但基本上都从同样的思想来源衍生出来的。

那么，首先值得注意的是，这四个论述的首段事实上含有伦理上的关键词。《天志上》和《天志中》（甲）所提倡的伦理概念为"义"和"仁义"，而在《天志中》（乙）和《天志下》则为"兼"。在这里我们要注意的是，《天志中》（乙）和《天志下》的作者也一定了解"仁"和"义"之重要，因为《天志中》（乙）之结论即曰："此仁也，义也。"而《天志下》的作者也主张，"兼"和"仁义"都是重要的价值。

不过，在《天志中》（乙）和《天志下》作者进一步将全部政策统整于"兼"之实践：《天志中》（乙）的作者以"兼者〔……〕"一句来将六种政策归属于"兼"概念这点可以理解；同样，《天志下》的作者也曰："兼之为道也义正"，而其作者到最后由"天德"一词再次说明"兼"之特质。相形而言，"天德"一词在《天志上》和《天志中》（甲）中并不出现。如此，《天志中》（乙）和《天志下》的作者试图提出新的规范概念，以把治理天下的理想统治者和"天志"联结起来。

若此推论无误，由于《天志中》（乙）和《天志下》的作者在整段论述中全面引进"兼"概念的做法，可说将《天志上》和《天志中》（甲）

① "此必上利于天，中利于鬼，下利于人，三利无所不利，故举天下美名加之，谓之圣王。"（《天志上》）"观其事，上不利乎天，中不利乎鬼，下不利乎人，三不利无所利，是谓天贼。"（《天志中》）"若事上利天，中利鬼，下利人，三利而无所不利，是谓天德。"（《天志下》）

之论述转换成新的论述。[①] 如上所述，在《天志中》(乙)和《天志下》，“兼”字在“天德”和“人德”(“仁义”或“义”)发挥媒介功能。“兼”概念这样的媒介功能在墨家思想理论发展上极为重要，其理由是：如同《天志上》和《天志中》(甲)的用例，“仁”(和“义”)、具体政策，以及“天志”之间的关系仍属松散，不足以清楚表达“仁义”为何能代表“天志”。相形之下，“兼”概念意指墨家理论需要以天下为实践规模，而由于“兼”和“天德”的引进，《天志中》(乙)和《天志下》的重点也因此清楚地显现为：天下的统治者要将“天志”推行于全天下。由是观之，墨家由于使用“兼”概念，便能够庄严地表达天下最理想的统治者之特质。再者，由于“兼”概念之引进，《天志中》(乙)之作者也构成了一种“兼”的理论，而借以将不同层次的墨家的论述(譬如，具体的政策、各种层次之“利”的推行)以及儒墨两家的价值概念(墨家的“爱”和“利”以及儒家的“仁”“忠”“惠”等)实现互相和谐。我们先理解“兼”概念具有这样的综合性功能，便能更正确地理解墨家“兼爱”一词之内涵与其思想意义。

接着我们来探讨“兼爱”一词在整个墨家思想上的意义。如上所述，“兼爱”一词在整整《兼爱》三篇中，只有在《兼爱下》出现一次而已。此用例如下：

> 泰誓曰：“文王若日若月，乍照，光于四方于西土。”即此言文王之兼爱天下之博大也，譬之日月兼照天下之无有私也。即此文王兼也，虽子墨子之所谓兼者，于文王取法焉。

事实上，此段讨论原来也处在“兼”概念的讨论脉络中。在引句之前面，

---

① 虽然如此，《天志中》(乙)或《天志下》的作者是否根据现存之《天志上》或《天志中》(甲)建构思想这一点尚待厘清。我们还不能排除全部的论断都根源于一本共同文献之可能。

《兼爱下》的作者借墨子之口，试图否定“兼”难以实践之疑虑。为此目标，作者主张：古代圣王实际实践过“兼”的理想。在这样的主张下，作者引用《泰誓》(可能是墨家所传来的《书》之一章)，而此句中“兼爱”一词乃出现。[①] 在这里周文王被描述为日月，而“兼爱”一词与此“日月之光”联想起来。换言之，作者意指的“兼爱”是正如“日月光”一样广大而无偏好之爱。因为此段之论述基本上属于作者要论证“兼”之可行性，作者借“兼”概念所要论证的一点在于文王之“爱”会涵盖天下所有的人民。因此，此“兼爱”是一种王者对天下人民之爱，而与“相爱”(即“互相之爱”)的意思相当不同。

那么，我们接续应该探讨的是这种“兼爱”观念是否在《墨子》其他篇章亦可看到。在《墨子》一书中“兼爱”一词出现14次。其中3次为篇名，《鲁问》一例则是没有内容说明的口号。[②] 余下的例子则有：

(1) 昔之圣王禹汤文武，兼爱天下之百姓(《法仪》)

(2) 即此言文王之兼爱天下之博大也(《兼爱下》)

(3) 兼爱天下之人(《天志下》，三次)

(4) 故昔也三代之圣王尧舜禹汤文武之兼爱天下也(《天志下》)

(5) 兼爱之有相若(《大取》，两次)

(6) 子兼爱天下(《耕柱》)

(7) 我与子异，我不能兼爱。我爱邹人于越人(《耕柱》)

显然，除了(5)和(7)的用例之外，“兼爱”一词都与“天下”一词一起出现来意指“爱天下之人民”。不但如此，在这些用例中，我们也要注意谁为“爱”之实践者：(1)、(2)以及(4)的主语为古代的圣王。(3)的

① 渡边推测《泰誓》为墨家自己所编出来的《尚书》之一章。渡边译注《墨子上》，收入《全释汉文大系》，卷18，集英社，1974年，第274—275页。

② 文本为：“国家务夺侵凌，即语之兼爱、非攻。”

作者则主张“兼爱”的主体为“顺天之意”的“今天下之士君子”。如上所述，“顺天之意”成为“天志”之代理人。至于（6）“子”系墨翟其人。如此，墨子本人被看作能爱天下人民之人。其实，（7）与（6）的意涵是相辅而成的：在（7）被描述为代表儒家的人物的巫马子主张，他不能像墨子一样实践“兼爱”。此句暗示，反之墨子本人能够实行“兼爱”。由是观之，这些例子中的“兼爱”之主语为“天”、古代圣王以及墨子本人，而所谓“兼爱”是主要为此三者所实践之“德”。换言之，“兼爱”并非一般老百姓实践的德目，而是治理天下之君王，以代理“天志”来实现的德目。因此，就《墨子》诸篇的作者而言，实际上实践过此德的人只有古代圣王以及墨翟本人而已。

如上所述，若我们考虑到“兼爱”德目实践者之范围之小（“天”、古代圣王以及墨翟本人）及其要求之大（对天下所有人民的普遍且无偏向之爱），我们就可以理解为什么被视为墨家最具代表性之“兼爱”主张，却鲜少在整本《墨子》中出现“兼爱”一词。再者，就算其用例之数量为少数，但是因为此德目是以治理天下之君王为对象，必然可成为优先提倡之口号，因此哪怕“兼爱”出现的次数少，它仍成为墨家理论的关键内容。总而言之，我们提及墨家“兼爱”时，其“兼爱”的实践者应是天下君王；而且其内容是对天下所有人民无偏向之爱。

与此相关，我们也分析《墨子》中的一种惯用句“兼而……”的用例。此用例也显现出墨家思想的“兼”概念与“兼爱”有类似的思想特色。换言之，加“兼”字，原来的动词所涵盖的对象就变成天下人民。在整本《墨子》中23个“兼而……”的用例中，[①]“兼而食之”出现9次；

① 还有“闻兼而非”和“审兼而务行之”之四个例子。不过在这里“兼”字并非动词，而是被实践的对象之名词，因此没放在表里面。

“兼而爱之”出现 5 次；“兼而利之”出现 3 次[①]；“兼而有之”出现 3 次（关于其全部用例，请看表 2）。

表 2 《墨子》含“兼而……”惯用句

篇	句子	主语
法仪	兼而爱之（2 次） 兼而利之（2 次） 兼而有之（2 次） 兼而食之（2 次） 兼而有食之	天
尚贤中	兼而爱之	尧、舜、禹、商汤王、周文王、周武王
尚贤中	兼而憎之	桀、纣、周幽王、周厉王
非攻中	西者齐人兼而有之	齐国主
天志上	兼而爱之 兼而利之	天之代理人
天志上	其兼而明之（2 次） 兼而有之 兼而食（2 次）	天
天志下	兼而食之（3 次） 兼而食焉 兼而爱之	天

在上表中，引起我们注意的还是其主语。除了《非攻中》的“兼而有之”外，其主语都是“天”或“天子”。不但如此，《法仪》的“兼而爱之”和《天志》的“兼而利之”两个例子则意指“天的恩赐”，此意涵与“兼爱”类似。这样“天”的特质在《慎子》《威德》中也出现[②]，但在《慎子》中由“公”字表达出墨家所由“兼”字来表达的无偏向（即《慎子》

① 《法仪》有两条用例，如“以其兼而爱之、兼而利之也。奚以知天兼而爱之、兼而利之也？”《天志上》的用例出现于以下的脉络中：“故天意曰：‘此之我所爱，兼而爱之；我所利，兼而利之。爱人者此为博焉，利人者此为厚焉。’”耐人寻味的是在整本《墨子》中并没有“兼利”，而在《荀子》中有。下文将讨论荀子的“兼利”。

② 《威德》：“天有明，不忧人之暗也。[……]天虽不忧人之暗，辟户牖必取己明焉，则天无事也。”

所说的“弃私”）之特质。[①]

第二，在《尚贤中》也含有“兼而爱之”一句，而且这句与反意的“兼而憎之”一句并列。如此组合中，其主语为个别古代之圣王（尧、舜、禹、商汤、周文王、周武王）与暴君（夏桀、商纣、周幽王以及周厉王）。无论其主语之好坏，“兼而爱”或“兼而憎”之主语不外乎天子。因此，对原来的“爱”或“憎”，若加上“兼”字，意思就变成为“天子”对天下人民之行为。而且此行为随之也会成为要对“天”负责，或代理“天”的行为。

总而言之，笔者对《兼爱》三篇的文献形成问题，先没有提出有关哪一篇早哪一篇晚的想法，而是将整个《兼爱》三篇视为阐述有关“兼”概念的一套文献群。接着，以各篇所使用“兼”概念的状况来推测可能是早期或晚期形成的论述。如此，关于《兼爱》三篇的文献形成与在墨家“兼”概念的发展的问题，笔者所获得的观察是：第一，正如吉永曾主张的，墨翟本人的思想应该限于主张“要超越自私的独特之爱”的范围内，而整套“兼爱”理论是之后才发展出来的。第二，随着学派的扩大，墨家的重点开始从国内层次的“爱”之问题，转而放在天下规模的普遍相爱之层次。第三，为了达成天下太平，墨家勾画出代理“天”来执行此任务之“天下之君”之统治者蓝图。为此，“兼”概念成为具有将个人行为扩大到天下的功能之观念词，并且将原来互相不太密切关联的各层主张统合于一套理论之中，即为天下人民之福利执行“天志”。而且，在这个过程中儒墨之间的理论歧见也相当程度得以和谐。第四，在此“兼”概念的理论功夫中，“兼爱”概念也发展为“‘天下之君’普遍地爱自己统治的全部人民”这样的主张。就这样，战国墨家建立了其前（按：战国早期以前）所未有的无有以将“天”“伦理观念”“万民”之三者统合起来的一套完整的政治理论。

---

① 《威德》：“凡立公，所以弃私也。”

五、《荀子》的“兼”

在过去与《荀子》相关的四千多本 / 篇研究著作和论文当中，笔者尚未发现专门分析《荀子》的“兼”概念之文章，但如下所述，通过对“兼”概念的分析，我们便能够发现：“兼”概念亦是了解荀子思想综合性的重要概念之一，尤其借此可以得悉荀子如何将墨家的主要概念和主张等思想成分统合于更完整的政治社会理论的状况。

首先概观在《荀子》中“兼”概念出现的情形。正如表 5 所示，《荀子》中有 76 个“兼”字用例，数量在先秦西汉思想文献当中仅次于《墨子》的 132 次（也请参阅表 3 以及表 4）。同时我们该注重的是，《荀子》的“兼”字并不只是“兼并”“兼职”等一般动词意涵，它也在《荀子》本身的“帝王之术”（《史记 · 李斯列传》中司马迁指称荀子思想之语）[①] 中发挥相当重要的概念功能。在此情形下，《荀子》的“兼”概念甚至是比《墨子》书中的用例更多样、丰富，且具有进一步理论化之概念。

表 3　战国秦汉文献中“兼”概念出现的情形

文献	出现回数	文句
论语	1	“由也兼人故退之”（先进）
孔子家语	9	
孝经	1	
墨子	132	“兼爱”（13）、”兼相爱”（15）、”兼天下”（3）
孟子	12	“墨氏兼爱”（1）、”人之于身也兼所爱。兼所爱则兼所养也”（1）、”墨子兼爱”（1）
荀子	76	“兼爱”（1）、”兼并”（3）、”兼知”（3）、”兼人”（14）、”兼听”（6）、”兼制”（5）、”兼利天下”（2）
新语	4	

① 《李斯列传》曰：“乃从荀卿，学帝王之术。”在《荀子》中“帝王”一词总共出现三次，而都系理想的君王。至于其他战国思想的文献中的用例，在《庄子》中出现九次；《韩非子》和《吕氏春秋》五次；《管子》三次；《晏子春秋》和《商君书》两次。

续表

新书	15	“并兼”（3）、”兼诸侯”（2）、”兼覆”（2）、”兼爱”（2）、”兼有天下”（1）
韩诗外传	14	“兼听”（2）、”兼制天下”（3）、”兼覆天下”（1）、”兼利天下”（1）、”兼天下”（1）
春秋繁露	26	“兼爱”（1）、”兼利”（2）、”兼人”（2）
盐铁论	23	“并兼”（4）
新序	2	“并兼”（2）
说苑	19	“兼国”（4）、”兼有”（3）
古列女传	2	
法言	4	
孔丛子	5	“兼吞天下”（1）、”兼利天下”（1）、”兼六艺”（1）
鬻子		
管子	35	“并兼”（3）、”兼爱”（6）
老子	1	“大国不过欲兼畜人，小国不过欲入事人。此两者各得其所欲，大者宜为下”（1）
文子	10	“兼官”（2）、”兼利”（1）、”兼爱”（1）
关尹子	3	“兼天下”（1）
庄子	17	“兼爱”（3）
列子	4	“兼利”（1）
鹖冠子	0	
商君书	3	“兼并”（1）、”并兼”（1）、”兼天下之众”（1）
申子		
慎子	10	“兼事”（3）、”兼官”（3）
韩非子	30	“兼天下”（3）、”兼官”（5）、” “
邓析子	1	
尹文子	3	
公孙笼子	5	
晏子春秋	9	
尉缭子	1	“并兼”（1）
尸子		
吕氏春秋	8	“兼爱”（3）、”兼国”（2）
淮南子	23	“兼覆”（5）、”兼爱”（1）
孙子	1	“倍道兼行”（1）
吴子	4	
鬼谷子	0	
燕丹子	0	
六韬	1	
司马法	4	“兼爱”（1）
语丛三	2	“兼行”（1）、”礼必兼”（1）
曹沫之陈	3	“兼人”（1）、，”兼爱”（1）、”兼畏”（1）

表 4 《墨子》中”兼”字用例

用例	文句	篇名	备注
兼王之道		亲士	
兼爱	兼而爱之 兼爱天下之百姓 兼爱天下之人 今天兼天下而食焉 兼爱天下也 兼爱之有相若 国家务夺侵凌，即语之兼爱、非攻	尚贤中；天志上；耕柱（2 例） 法仪（2 例）；法仪 天志下（3 例） 天志下 天志下； 大取（2 例） 鲁问	
兼恶	兼恶天下	天志下	
兼相爱	顺天意者，兼相爱，交相利	兼爱上（3 例） 兼爱下（3 例） 天志上 非命上（2 例）	
兼食	兼而食之	法仪（2 例） 天志上 天志下（4 例）	
兼有	兼而有之 兼有天下	法仪（2 例） 鲁问	非攻中（2 例）
兼利	兼而利之	法仪（2 例）；天志上	
兼恶	兼恶天下之百姓	法仪	
兼憎	兼而憎之	尚贤中	
兼明	兼而明之	天志上	
行兼	吾今行兼矣	兼爱中（3 例）	
兼	兼以易别；交兼；兼为正	兼爱下（12 例）	
执兼	使其一士者执兼。	兼爱下（3 例）	
取兼		兼爱下（2 例）	
闻兼		兼爱下（4 例）	
审兼		兼爱下	
兼士		兼爱下（2 例）	
兼者		兼爱下（12 例）	天志中
兼君		兼爱下（3 例）	
兼天下	天兼天下而爱之	天志中（2 例）	
兼	体，分于兼也 牛马之非牛，与可之同，说在兼。 无穷不害兼	经上 经下 经下	
兼之体也	损，偏去也者，兼之体也．	经说上	
不外于兼	同，二名一实，重同也．不外于兼，体同也	经说上	
兼指之	兼指之，以二也	经说下	
兼白黑		贵义	
兼左右	兼左右，各死而守	迎敌祠	

表5 《荀子》中的”兼”字用例

用例	文句	篇名	备注
兼权		不苟	
兼术		非相	
兼服	兼服天下之心	非十二子	
兼临	足以相兼临者，是养天下之本也	王制	“维齐非齐。”此之谓也
兼利	兼利天下	非十二子 王制	舜禹是也 得之分义也
兼技	能不能兼技	富国	
兼官	人不能兼官	富国	
兼足	兼足天下之道在明分	富国	
兼率	若夫论一相以兼率之	王霸	
兼而有	王者兼而有是者也。	王霸（3例）	
兼能	请问兼能之奈何？	君道	
兼覆	兼覆无遗 兼而覆之 仁厚兼覆天下	王制 富国 君道	王制1例；王霸2例
兼听		君道（2例）	王制1例；王霸1例
兼制	兼制天下 兼制天下立七十一国 兼而制之	君道 儒效 富国	
兼爱	兼而爱之 泛利兼爱德施均	富国 成相	
兼人	凡兼人者有三术	强国（13例）	富国1例
兼并		强国（2例）	
兼容	公道通义之可以相兼容者	强国	圣人之道
兼有之		正论（2例）	
兼陈万物		解蔽	
兼知	万物可兼知也	解蔽（3例）	
兼物物	精于道者兼物物	解蔽	
兼其情		解蔽	
喻则兼	单不足以喻则兼	正名	
兼覆		正名	
兼听		正名	
兼异实之名		正名	
兼万物之美		正名	

那么，我们从《荀子》中的“兼爱”一词探讨其多样性和具有理论化之面向。众所周知，《孟子》将“兼爱”一词看作墨家的口号，接着后面就是孟子的批判。[①] 这就意味着，孟子并没有从“兼爱”一词联想到正面的价值。与此相比，在《荀子》中有两句“兼爱”的用例。第一个用例是在《富国》中“若夫兼而覆之；兼而爱之；兼而制之”之“兼而爱之”一句。显然，荀子非常肯定“兼而爱之”的价值（关于此一段的思想意义，容后详论）。第二个用例是《成相》“尧让贤，以为民，泛利兼爱德施均。辨治上下，贵贱有等明君臣”一句中的“泛利兼爱”，这里将“兼爱”的内容视为“帝尧之德”。无疑地，在《富国》和《成相》的这两个用例中“兼爱”都具有正面的意义。

还有一点，在《荀子》书中可明显看到，墨家的主张一向遭受相当严厉的批评。除了在中国思想史上相当有名的《非十二子》篇云“不知壹天下建国家之权称。上功用，大俭约，而僈差等〔……〕”一段之外，还有：“墨子之言昭昭然为天下忧不足”（《富国》）；“我以墨子之“非乐”也，则使天下乱；墨子之“节用”也，则使天下贫”（《富国》）；“为之者，役夫之道也，墨子之说也”（《王霸》）；“墨子有见于齐，无见于畸”（《天论》）；“刻死而附生谓之墨”（《礼论》）；“故乐也者，治人之盛者也，而墨子非之”（《乐论》）[②]；“墨子蔽于用而不知文”（《解蔽》）；等等说辞。不过，荀子已然将“兼爱”视为正面的意涵；故上述引文对墨子进行批判时，完全未将“兼爱”纳入墨家的思想内容一并加以批判。

接着，我们来看“兼利”一词。若我们考虑“利”概念在墨家思想中的重要地位，便可能会推测《墨子》书中应该会含有大量“兼利”一

---

① “兼爱”一词出现在《滕文公下》：“墨氏兼爱，是无父也”；以及《尽心上》：“墨子兼爱，摩顶放踵利天下”（同前，页 239），可见孟子讲“兼爱”时隐含负面的意涵。

② 在《乐论》中，除本文引用处之外，荀子还说“墨子非之，奈何”三次；“墨子非之”两次；还有：“墨子之于道也，犹瞽之于白黑也，犹聋之于清浊也，犹欲之楚而北求之也。”“墨子曰：‘乐者、圣王之所非也，而儒者为之过也。’”

词的用例。然而事实却正好相反：《墨子》一书中并没有“兼利”这样的复合词，而都是以“兼而利之”的句式出现，且仅只有三例而已。[①] 根据笔者的检索，其他先秦文献也几乎没有“兼利”一词之用例。笔者检索到的两条用例中，一则出自《庄子·天下》的“墨子泛爱兼利”。在这里，《天下》的作者将“兼利”与“泛爱”并列为墨家两大思想口号。反言之，其作者尚未将之看作他们自己（即庄子学派）的思想。因此，其“兼利”主张仍未为庄子学派所引进。第二个用例在《礼记》《经解》，其曰：

> 天子者，与天地参。故德配天地，兼利万物，与日月并明，明照四海，而不遗微小。

与《庄子》《天下》的用例相比，至少文意上《经解》的作者不把“兼利”观念看作墨家的思想，也就是说，其作者将之引进于儒家思想的体系中。关于《经解》之思想特色，近年井上了的研究表示，《荀子》和《礼记》《经解》之间存在着密切的思想关联，如“王”与“霸”的连续、强调“礼”之客观性等。如此井上先生进一步推测，编辑《经解》之人可能为荀子后学或立场相近者。虽然如此，井上先生并没有指出《荀子》和《经解》中都有“兼利”的用例，可以证实两者之间的思想亲近性这一点。[②]

接着我们来看《荀子》中“兼利”一词的使用状况。在《荀子》中有如下两个用例：

---

① 《法仪》之两例：“以其兼而爱之、兼而利之也。奚以知天兼而爱之、兼而利之也？”《天志上》：“故天意曰：‘此之我所爱，兼而爱之；我所利，兼而利之。爱人者此为博焉，利人者此为厚焉。’”。

② 井上了：《“礼记”经解篇の时期とその思想史的位置》，收于《种智院大学研究纪要》，号 5（2004 年），第 51—58 页。不过，笔者认为，《礼记·经解》是否受到《荀子》思想的具体影响，还需要进一步研究。

（1）一天下，财万物，长养人民，兼利天下，通达之属莫不从服，六说者立息，十二子者迁化，则圣人之得埶者，舜禹是也。(《非十二子》)

（2）故序四时，裁万物，兼利天下，无它故焉，得之分义也。(《王制》)

在此引起我们注意的是（1）《非十二子》的用例。在该篇中荀子极力批判墨翟和宋牼自不待言，但荀子却非常明确地肯定“兼利天下”的价值。在引文之前荀子赞扬孔子和子弓之德，描绘出舜禹之理想统治境界。而且荀子主张，实现如此统治的舜禹之世是“六说者立息，十二子者迁化”（包括墨子！）。“兼利天下”一语也在《王制》中再次出现，至于“分义”的讨论容后详述。

还有一点值得注意，如上所述，在《墨子》中三条“兼而利之”的主语是“天”，而在《礼记》《经解》则是“天子”。同样地，在《荀子》的用例是舜、禹（《非十二子》）和荀子理想中的王者（《王制》）。尤其《非十二子》的例子，荀子不单言“舜”，而是并举“舜”和“禹”。若考虑到禹是墨家最为推崇的帝王，这里正暗示着荀子综合了儒、墨两家原来个别推戴的不同圣王所个别实行过的治理天下之蓝图。

那么，在《荀子》中，除了“兼爱”“兼利”的用例之外，如何将“兼”概念提升成更为综合性的价值概念呢？如上所述，“兼”概念是受到提倡的价值。[①] 若就“十论”部分（“十论”和“墨辩”之外只有二例）来分析墨家的“兼”概念用例，其中有着和“别”概念相对照，以证明推行“兼”就可建立“治世”的用意。此情况也与《孟子》将“兼爱”视为“无父”之无差别思想的情况相符。换言之，到孟子时代（即大概

① 在所谓“墨辩”六篇里有以下三例：“体，分于兼也”（《经上》）；“同，二名一实，重同也。不外于兼，体同也”（《经说上》）；“兼指之，以二也”（《经说下》）。但“墨辩”六篇的成立时期以及此处“兼”概念是否代表战国早中期的“兼”概念意涵尚未有定论。

公元前350—前300年）针对“兼”概念的价值之问题，在儒、墨之间仍有很大的歧见，而以此歧见为主要背景，墨家进行了“兼”概念正面意义的界定。

再说，值得注意的是，在《墨子》中“兼而……”用例的主语。在《法仪》和《天志》的用例，“兼而……”的主语是“天”，而“兼”字系指“天”之“普遍恩惠”的功能。换句话讲，在《法仪》、《天志》以及《尚贤中》的“兼而……”用例里面，“兼”作为“天”的功能或“天子”的行为，不论发动“爱”或“憎”，都意味着从实践者的个人行为转化为普遍影响天下人民的行为。不过，在《墨子》中的“兼”字主要是待实践的项目，在“十论”中并没有针对“兼”概念的内容展开进一步探讨。

与此相比，在《荀子》中“兼”字出现76次；并且在荀子思想中，其概念的内容以及价值都是正面的。与《墨子》的“兼”概念相比，可以很容易地观察到荀子是朝着多面向展开。换言之，在荀子思想中“兼”概念变成一种综合性的术语。《荀子》“兼”概念所具有的综合性呈现出如下三个特色：第一，荀子在某些意指统治行为的动词前加上“兼”字，以指总揽此行为的意涵。《解蔽》在如下的例子即说：

> 农精于田，而不可以为田师；贾精于市，而不可以为［贾］市师；工精于器，而不可以为器师。有人也，不能此三技，而可使治三官。曰：精于道者也。精于物者也。精于物者以物物，精于道者兼物物。故君子壹于道，而以赞稽物。壹于道则正，以赞稽物则察；以正志行察论，则万物官矣。

在引文中，荀子将社会上一般人民的“物物”角色与统治者的“兼物物”角色对比，凸显“兼”概念的“总揽”。在此同时荀子提倡“兼物物”须“精于道者”，说明了发挥“兼（总揽）物物”行为时的心理状态或基础。在《荀子》中，除了“物物”之外，统治者所“总揽”的内容还有

“临”“覆”“率”“听”“制”以及“容”等。这些例子在《荀子》中很丰富，如：

（1）先王恶其乱也，故制礼义以分之，使有贫富贵贱之等，足以相兼临者，是养天下之本也。(《王制》)

（2）先王〔……〕，潢然兼覆之，养长之，如保赤子。(《富国》)

（3）人主者，〔……〕今以一人兼听天下。(《王霸》)

（4）夫贵为天子，富有天下，名为圣王，兼制人，人莫得而制也。(《王霸》)

（5）圣人知心术之患〔……〕，兼陈万物而中县衡焉。(《解蔽》)

（6）若夫论一相以兼率之，使臣下百吏莫不宿道乡方而务，是夫人主之职也。(《王霸》)

（7）本政教，正法则，兼听而时稽之，度其功劳，论其庆赏，以时顺修，使百吏免尽，而众庶不偷，冢宰之事也。论礼乐，正身行，广教化，美风俗，兼覆而调一之，辟公之事也。(《王制》)

（8）夫公道通义之可以相兼容者，是胜人之道也。今相国上则得专主，下则得专国，相国之于胜人之埶，亶有之矣。(《强国》)

上列用例（7）和（8）的主语（“辟公”和“相国”）并非最高统治者[①]，其他六个例子的主语都是指统治全天下的帝王。由此观之，荀子将“总揽天下之政”的角色当作“兼”概念的主要对象。

第二种特色是，荀子将“兼”概念视为“帝王之术”的主要方法之一。在《非相》中出现“兼术”一词。其内容如下：

---

① 不过，如引文（6）《王霸》“若夫论一相以兼率之，使臣下百吏莫不宿道乡方而务，是夫人主之职也”所示，可见荀子认为最高统治者最关键的任务是找出最合适的副手，即宰相，并且委由他总揽政权。因此，按照荀子思想之政治哲学体系，就“发挥统治功能”这一点而言，“辟公”和“相国”均属最高统治人。

> 君子之度己则以绳，接人则用抴。度己以绳，故足以为天下法则矣；接人用抴，故能宽容，因众[1]以成天下之大事矣。故君子贤而能容罢，知而能容愚，博而能容浅，粹而能容杂，夫是之谓兼术。诗曰：“徐方既同，天子之功。”此之谓也。

值得注意的是，最后的引文的主题为“天子之功”，以示“兼术”之主体是统治天下的君王。在《议兵》中也出现“兼人”的“三术”，如下：

> 凡兼人者有三术：有以德兼人者，有以力兼人者，有以富兼人者。〔……〕故曰：以德兼人者王，以力兼人者弱，以富兼人者贫，古今一也。

与“兼术”相同，“兼人”也能让一国的统治者进而成为天下的统治者，即“王”。“兼人”的用例也见于《富国》篇：

> 故仁人之用国，非特将持其有而已也，又将兼人。诗曰：“淑人君子，其仪不忒；其仪不忒，正是四国。”此之谓也。

《荀子》书中的“仁人”通常是联想到商汤王、周文王、周武王的概念，即被允许讨伐暴君的“天下的君王”之意。这样看来，荀子所说的为了“兼人”之“术”必是为求成为天下之君王的“获得人心之术”莫属。是故《非十二子》提倡“高上尊贵，不以骄人；聪明圣知，不以穷人；齐给速通，不争先人”之“兼服天下之心”的方法。

第三，如前所述，在《荀子》全书所出现的政治哲学术语中，“兼”字颇有“天下之君王”的意涵。荀子不像《墨子》只停留在反复宣称其

① “众”原为“求”。王念孙据杨注有“成事在众”一句，云“众”字之误。诸家从之。

概念重要性的阶段，还进一步提出如“三术”等具体的实践方法。事实上，荀子对“兼”的提倡也不仅是提出具体的方法而已，荀子还以之与其政治哲学中的重要术语相结合，并且提出更完整的理论。

下面，我们来看荀子借由“分”和“礼”这两项荀子政治哲学的核心概念，建立“天下之君王”达成“兼爱”“兼覆”“兼利”等总揽天下之政的论述内容。先看“兼”与“分”的结合，《王制》曰：

> 水火有气而无生，草木有生而无知，禽兽有知而无义，人有气、有生、有知，亦且有义，故最为天下贵也。力不若牛，走不若马，而牛马为用，何也？曰：人能群，彼不能群也。人何以能群？曰：分。分何以能行？曰：以义。故义以分则和，和则一，一则多力，多力则强，强则胜物；故宫室可得而居也。故序四时，裁万物，兼利天下，无它故焉，得之分义也。

在引文中，统治天下的君王有三大任务：“序四时”“裁万物”“兼利天下”。而荀子进一步主张，达成这三项任务的君王，一定落实在“分义”的实践上。笔者曾经探讨过荀子将可能由慎到所达成理论化的“分”的概念和儒学（也含有墨学）价值概念的“义”相结合起来，以将提出了“基于人和人之间的伦理关系上所建立起来的社会分工论”。[①] 在这里荀子也引进了墨家的“兼利”概念，将试图阐述：此“由伦理来达成的社会分工”是合乎“治理天下的帝王就是将他的恩惠无偏向地给予天下人民”。如此，在这里由于使用“兼”字，“分义”和实行“利天下”之主体是治理天下之帝王这一点更为清楚。

对荀子而言，“兼”是由治理天下的帝王所具有或实践之统治术（“兼术”）。但与此同时，“兼”亦是一种这样的帝王所拥有的特质。因此

① 请参见 Sato，*The Confucian Quest for Order*，pp. 125—131.

在《君道》，提问者先问“人君”，接着问“兼”。荀子回答说：

> 请问为人君？曰：以礼分施，均遍而不偏。〔……〕请问兼？能之奈何？曰：审之礼也。古者先王审礼以方皇周浃于天下，动无不当也。故君子恭而不难，敬而不巩，贫穷而不约，富贵而不骄，并遇变态而不穷，审之礼也。〔……〕是故穷则必有名，达则必有功，仁厚兼覆天下而不闵，明达用天地理万变而不疑，血气和平，志意广大，行义塞于天地之间，仁智之极也。夫是之谓圣人；审之礼也。

在引文中，针对“在统治天下上之‘兼’境界如何可能”的问题，荀子的回答就是“审之礼”。此句的第一义（尤其是“审”的意思）是：“必须彻底理解‘礼’对社会政治的功效（分配资源、调和社会成员之间的关系等）。”在这里，“礼”是能达成“人君能兼”和“仁厚（圣人）兼覆天下”的最适切方式。

不过，若我们考虑到在前后出现的“兼”字之内涵来再看“审之礼”的内容，它还含有重要的思想意义：在引文中，荀子接着说明“审之礼”的效果（同时还意味着：其具体实行内容），它就是“恭而不难，敬而不巩，贫穷而不约，富贵而不骄”。而如此，“礼”的实行者能“动无不当”，并且“遇变态（应）[①] 而不穷”。在引文中我们考虑到其究竟效果为成为其“仁厚兼覆天下”之“圣人”一点，此段论述之究竟目标就是成为治理天下之帝王（圣王），而若我们也考虑到战国各国之诸侯，即“一国之君”为荀子所要说服的主要的对象，此段的内容（此篇的名称也是《君道》篇）似乎对于将“一国之君”，即“君”或“君子”提称为“圣人”——“治理天下”之“帝王”（圣王）而提出的。在这里，荀子意谓：

① 卢文弨将“态”字校为“应”。王先谦（解）、久保爱（增）、饲猪彦博（补）《增补荀子集解》，卷八，第 6 页。

为了能“兼覆天下”，将自己的言行遵乎“礼”的规范。从政治哲学史的观点来看，此段之意义非常大，因为荀子以前的政治哲学家，除了“同化于‘道’”这样的主张外，并没有提出具体控制统治者本人之方式。反之，荀子由于提出“一国之君”（即现有的统治者）如何提称为“天下之君”（理想的统治者）之具体方式，同时确立了位在政治体制顶上之统治者也要服从的规范。

如此，与墨家的“兼”概念之实行仍然依靠“天”之赏罚，并且缺乏具体的修身功夫之内容相比，荀子的“兼”还具有三方面的功能：其一，它建立了“人间的秩序靠人本身之能力”之价值系统←→墨家的“兼”的系统主要靠“天”。其二，提供了具体的实践方法——“礼”←→在墨家“十论”中并没有具体的修身论。其三，人本身按照其“礼”的实践程度会升降于人间阶层中的位置←→墨家并没有“尚贤”以外对一个人在人间阶层升降的观点。

赤冢忠曾经指出过，荀子依其“礼”概念重组了墨家的主张。赤冢认为，荀子引进墨家作为“全体的秩序”意之“义”概念，并且借由儒家的“礼秩序”将此改造为具有达成“不平等而平等”之人伦意义的一套理论。[①] 在《王制》的用例中，赤冢所注意的概念是意指“全体的秩序”的“义”概念。不过，赤冢本人似乎没有注意到：荀子由“兼”概念表达的所谓“全体的秩序”中的“全体性”部分。原本在《墨子》中，执行“兼而……”的统治行为主体不是古代圣王就是“天”。在此格局中，虽然墨家应该是不断提倡“兼而……”的实践，但就当时的统治者来看，要求他们做到与“天”相同的境界，可说太过渺茫。与此相对，荀子所提倡的“兼一”之行为，虽然也属于统一天下的君王本人，或不低于“辟公”“相国”地位的人方能推行，但是荀子进一步提出具体的实

① 赤塚忠《墨子の天志について》，收入《中国古代思想史研究》，著作集卷2，研文社，1987年，第537—538页。

行方法，同时也以在战国中后期已由慎到提升为社会理论上的重要术语之“分”，以及荀子本人所设计的哲学理论的核心之“礼”概念，来重新组成“普遍推行”意的“兼……”概念之政治理论依据。换言之，从观念史的观点来看的话，墨家所提出的“兼爱”“兼利”以及“贵义”的主张，再加上荀子“分”和“礼”之理论骨架，遂建构成了实际统治天下（即全世界）的一套完整的统治理论——“礼治”论。

六、结言

如本文序言所述，在《史记·孟子荀卿列传》中有荀子晚年“推儒墨道德之行事兴坏”之记载；本文的探讨指出，在《荀子》“兼”字的用例中，我们可以发现荀子将墨家的主要价值概念如“兼”“爱”“利”“义”等价值（也与慎到的“分”等概念一起）统合于他自己的政治社会理论。荀子不但追求这些概念所提倡的价值，并且进一步阐述一个君主当如何实现此理想的方式。在此，荀子用“礼”概念将原本没有彼此密切的理论关联性的不同主张提升为治理天下的“统治术”（＝统治理论）。于是，战国末年仍为“显学”的墨家内容被荀子消化为自己的政治社会理论，而在思想上完成了“儒”“墨”思想之统合。由于荀子在思想方面进行了统合，加上天下一统后的中国社会，除其边界地区外不太需要墨家拥有的保御城池的主要社会功能，战国末年以后的墨家便终止了身为社会活动集团和社会思想提倡者的历史任务。

最后，笔者针对过去半个世纪的日本古代中国思想史研究对《墨子》文献形成之主流见解提出浅见。如上所述，除了千叶仁和浅野裕一等少数学者，大部分的日本学者一直试图论证《墨子》文献为晚出，此脉络中最为代表性的观点，是河崎孝治所提出的《墨子》“尚贤论”乃是受荀子思想影响而形成之主张。[①] 然而，郭店楚简和上海博物馆藏楚简思想的研究成果告诉我们，这样的解释越来越站不住脚了。

从整个郭店楚简和上博楚简的发现，可以对津田左右吉以来判断《墨子》诸文献为晚出的观点，提出下列三项致命性反证。[②] 第一，津田认为在《孟子》以前的思想传承以口传为主，然而郭店简和上博楚简的出现完全推翻此前提。

第二，津田以降的学者，在试图论证《墨子》书中某篇文献晚出的时候往往采用这样的理由——“此文献中含有道家（法家、阴阳概念、刑法概念……）成分”。然而，既然郭店本《老子》已含有现本《老子》五分之二的分量，所以即使现本《墨子》中出现某些“道家”的概念，也不足以证明其思想是到战国最末年才形成的。又如上博楚简《鲁邦大旱》已明确指出“刑德”并行之重要，因此只凭《墨子》中出现重视“赏罚”本身，还不足以证明其思想晚至战国最末年才形成。同样地，“阴阳”“仁”“利”并不冲突的观点等等都已在楚简中出现。因此，我们不能只依据所谓“儒”“道”“法”思想之间的一种开始混合状态，来证明某些文献是晚出的。

第三，《明鬼》的成篇时期。过去半个世纪，日本从赤冢忠、渡边卓到最近的桥元纯也，[③] 此三位学者对其成篇时期的考定与成篇之思想理由虽然互有不同，但他们的说明里有一项是完全一致的：三者都认为《明鬼》在“十论”中最晚成立。然而，上博楚简《鬼神之明》的发现证实，现本《明鬼》中所出现（即“鬼神明不明”等）的议题大概在孟子以前已经有过讨论，并且以文献的形态流传。那么，按照渡边以来的《墨子》

① 河崎孝治《墨子尚贤论の成立期について》，收入《日本中国学會報》，號24（1972年），第36—50页。

② 津田左右吉《墨子の思想》，收入氏著《道家思想と其の展開》，岩波书店，1927年；1959年全书版，第207—247页。

③ 桥元纯也《墨子论述类の研究》，广岛大学文学研究科博士论文，2001年。

文献成立模式，《明鬼》反而倏地跃升为最早成篇之作。

本文的分析也厘清，围绕“兼”概念展开的荀子思想，比《墨子》“十论”中的任何部分，都更为清楚、更为结构化，也更具有综合性。这些特色应该足以证明，荀子思想成形时吸收了墨家思想的可能性颇高，相反情况的概率应该颇低。

从《内礼》《昔者君老》《为吏之道》等简文看儒家的忠孝观

林素清*

一、《昔者君老》

《上海博物馆藏战国楚竹书（二）》有《昔者君老》篇①，是传世文献未见的佚书，内容记载国君病笃时太子谒见国君的过程与仪式。共存简四枚，第二简上下残缺，其余三简完整，但彼此不能连读。因为第一简首句为“君子曰：昔者君老，太子朝君……”整理者因此定篇名为《昔者君老》，共存一百五十八字，其中重文八，合文一。其形制为：

> 文书于竹黄面，字体端正，字距划一，各简上下皆为平头。书写时上端留白一二厘米，下端留白一厘米，完简全长四十四点二厘米。简有三道编线痕迹，按编线有右契口，自上端至第一契口之间距为一二厘

* 作者为中国台湾“中央研究院”历史语言研究所研究员。

① 马承源主编《上海博物馆藏战国楚竹书（二）·昔者君老》，上海古籍出版社，2002年12月，图版见85—90页，陈佩芬释文见239—246页。

米，第一契口至第二契口之间距为二十一厘米，第二契口至第三契口之间距与上同，第三契口至下端之间距为一厘米。①

原整理者陈佩芬先生认为："四简简文均不能连读，第一简和第四简有起首语和结语，第二简和第三简皆无可承接，只能按记载事态进展的前后关系排列，其间缺失多寡无法判定。"虽然四枚简文均不能连读，但陈先生还是勉强做出这样的顺序：

君子曰：昔者君老，太子朝君，君之母弟是相。太子侧听，庶谒〓（谒，谒）进。太子前之母〓弟〓（母弟，母弟）逊退，前之太子；再三；然后并听之。太子、母弟【昔 1】

……致命于阍，阍以告寺人，寺人入告于君，君曰："召之"。太子入见，如祭祀之事……【昔 2】

能事其亲。君子曰："子姓曷？喜于内不见于外，喜于外不见于内；愠于外不见于内。内言不以出，外言不以入。举美废恶【昔 3】

尔司，各恭尔事，废命不赦。君卒。太子乃亡闻、亡听，不问，不命，唯哀悲是思，唯邦之大屏是敬。∠【昔 4】②

这四枚简中尤以简三最为特别，除了其简文内容与简一、二、四有明显差异外，简三下端留空处也明显较简一小，因此，简文系联上的确存在困难。所以陈先生很负责地指出：

---

① 其实，整理者陈佩芬先生对简形制的说明，略显笼统，因为以第三契口至简下端间距为例，《昔者君老》简一的间距明显大于简三，简一约留一点四厘米，简三约一点二厘米，两者皆略大于一厘米。

② 释文采宽氏隶定，简文句读与释文，参考林素清《上博楚竹书〈昔者君老〉新释》，《上博馆藏战国楚竹书研究续编》，上海书店出版社，2004 年 7 月，第 196—212 页。

第二简和第三简皆无可承接，只能按记载事态进展的前后关系排列，其间缺失多寡无法判定。①

若《昔者君老》简确实仅有这四枚简的话，则这样的排序，是可以勉强接受的。但是，自从《上海博物馆藏战国楚竹书（四）》出版后，可以发现其中《内礼》篇无论竹简长、宽、编绳、契口形制，简文内容与字体，皆与《昔者君老》篇十分接近，尤其两篇之字体，非常相似，例如：《内礼》篇第八简“从”“起”“君子”“曰”“于”“不”“以”“母”“卒”等字，皆与《昔者君老》篇的写法完全相同，简直如同出自同一人之手。因此，怀疑这两篇简文应有关系。

二、《内礼》

《上海博物馆藏战国楚竹书（四）》之《内礼》篇②，简文部分内容与《大戴礼记·曾子立孝》及《大戴礼记·曾子事父母》、《大戴礼记·曾子本孝》等传世文献有关，可以相互对读。

《内礼》篇存完、残简共十一枚。其中完简四枚，全长 44.2 厘米。残简六枚，包括由断简接缀而成的整简三枚，全长亦 44.2 厘米；仅存上半段的残简一枚，仅存下半段的残简一枚，存上、下但中段有缺失的一枚。以上共计十枚。另有附简一枚，仅存下段，字体与本篇相同，整理者取与第八简缀接，但因为“文义不洽，且编线不整”，因此整理者将此简别出，另编于篇末备考。

① 《上海博物馆藏战国楚竹书（二）·昔者君老》，第 241 页。

② 马承源主编《上海博物馆藏战国楚竹书（四）·内礼》，上海古籍出版社，2004 年 12 月，图版见第 69—88 页，李朝远释文见第 217—229 页。

《内礼》简有上、中、下三道编线，第一编线距简端 1.2 至 1.4 厘米，第三编线距简尾端 0.8 至 1.1 厘米；第一编线与第二编线，第二编线与第三编线的间距均为 21 厘米，形制与《昔者君老》简全同。

原整理者李朝远先生对《内礼》篇做了很好的释文和考释；对于简五和简七残断处的补字也很精确，整篇文章简序的安排大致合宜，并以相当谨慎的态度保留了一枚简，称为附简。

《内礼》篇李朝远先生的排序和释文如下：

君子之立孝，爱是用，礼是贵。故为人君者，言人之君之不能使其臣者，不与言人之臣之不能事【《内礼》1】

其君者ˇ[①]；故为人臣者，言人之臣之不能事其君者，不与言人之君之不能使其臣者ˇ。故为人父者，言人之【《内礼》2】

父之不能畜子者，不与言人之子之不孝者ˇ；故为人子者，言人之子之不孝者；不与言人之父之不能畜子者ˇ。【《内礼》3】

故为人兄者，言人之兄之不能慈弟者，不与言人之弟之不能承兄者ˇ；故为人弟者，言人之弟之不能承兄【《内礼》4】

〔者，不与言人之兄之不能慈弟者。故〕[②]曰：与君言，言使臣；与臣言，言事君。与父言，言畜子ˇ；与子言，言孝父ˇ。与兄言，言慈弟。ˇ【《内礼》5】

与弟言，言承兄。反此，乱也。君子事父母，无私乐，无私忧。父母所乐乐之，父母所忧忧之。善则从之，不善则止之；止之而不可，怜而任。【《内礼》6】

不可。虽至于死，从之。孝而不谏，不成〔孝；谏而不从，亦〕[③]不成孝ˇ。君子孝子，不食若灾，腹中巧变，故父母安【《内礼》7】

---

① 原简共有九个别墨钩“ˇ”，为句读符号。

② 此十四字为整理者根据《大戴礼记·曾子立孝》及《仪礼·士相见礼》所补，其字数与残简空间相合，所补文字当可信。

③ 此 6 字亦为整理者参考《大戴礼记·曾子立孝》等文献所补，应当可信。

之，如从己起。君子曰：孝子，父母有疾，冠不力，行不颂，不依立，不庶语。时昧，攻、禜、行，祝于五祀。剀必有益，君子以成其孝。【《内礼》8】

是谓君子。君子曰："孝子事父母，以食恶，媺下之。【《内礼》9】

君子曰：悌，民之经也。在小不争，在大不乱。故为少必听长之命，为贱必听贵之命。从人劝，然则免于戾。【《内礼》10】

无难。毋忘姑姊妹而远敬之，则民有礼。然后奉之以中准。【《内礼》附简】

三、《昔者君老》与《内礼》可合编为一

由于《昔者君老》《内礼》两篇简文的形制、字体、文体，以及简文内容都有许多相同处，因而怀疑这两篇简文有密切关系。又，因为对李朝远先生的释字与编联有一些不同看法，于是撰写了《释"匰"——兼及《内礼》新释与重编》[①]一文，发表于美国芝加哥大学东亚系主办的"中国文字学的方法与实践国际学术研讨会"。当时我提出的看法，大致可归纳为以下几点：

第一，上博四《内礼》篇可分成两个部分，简一至简七可以连读，简七中段"不成孝"三字下有墨钩"ˇ"，可视为此篇文章前段文字的结束符号。这段存文字内容与今本《大戴礼记·曾子立孝》及《大戴礼记·曾子事父母》有大段内容相同。

① 论文发表于美国芝加哥大学东亚系所召开的"中国文字学的方法与实践国际学术研讨会"（2005年5月28—30日）。

第二，对简七“君子孝子，不食若灾，腹中巧变……”[①]的释读，我赞成应于“君子”后补上“曰”字[②]，并主张将“食”字改释为“匮”字。于是，这段简文应可读为：“君子曰：‘孝子不匮，若在腹中巧变，故父母安之。’”如此则文通字顺。文章内容强调“变”的重要，因为顺应父母的需要，不能墨守成规，有时必须“巧变”，使父母安心。

第三，由于上博四《内礼》简与上博二《昔者君老》简，无论在形制（包括简长、简宽、编绳）、字体皆十分接近，而《昔者君老》第三简“能事其亲。君子曰：“子省（姓）割（曷）？……举美废恶”与第二、第四简均无法连读，又因为内容存在差距，因此考虑将这枚简从原《昔者君老》篇剔除，改编入上博四《内礼》篇，并安置在《内礼》篇第八简[③]之后，然后再接续《内礼》第九简。

第四，将《内礼》第九简与《内礼》附简缀合，接于《昔者君老》第三简之后。于是《内礼》篇后段文字就成为很整齐地抄录五段由“君子曰”起首的文句，整段文章的前后体例完全一致。

重新编联后的《内礼》篇，具有篇题“内礼”，而且前后文体例一致，看来是篇相当完整的文章。

---

① 此为李朝远先生释读，此外本句又有“不食若在腹中，〔唯〕巧变……”“不食若在腹中，巧辩……”“孝子不良若哉”“孝子不负，匿在腹中”等多种说法，但这些隶定和考释，都无法使简文顺畅通读。按，此字原作“”，根据玺印“贵身”吉语印，做（《古玺汇编》4675）、（《古玺汇编》4676），玺文“贵”字写法与本简文“匮”字中之“贵”字形近似，故笔者提出释作“匮”的新释。全句可读为“孝子不匮，若在腹中巧变”，意思是，若要做到“不匮”（永无止尽），孝子就必须随时做出应变，才能完成任务。参考林素清《释匮——兼及〈内礼〉新释与重编》，《南山论学集——钱存训先生九五生日纪念》，北京：北京图书馆出版社，2006年5月，第18—23页。

② 此采黄人二《读上博藏简第四册内礼书后》说，黄文曾于2005年3月12日在台湾楚文化研究会主办“新出战国楚竹书研读会”上宣读。

③【昔3】可接于《内礼》第八简后，《大戴礼记·曾子事父母》：“若夫坐如尸，立如齐，弗讯不言，言必齐色，此成人之善者也，未得为人子之道也。”可为佐证。

四、《内礼》篇的文体与内容

一、《内礼》上篇

重编后的《内礼》篇，简文可以分为两个部分，以简7的下段“ˇ”处为分界，前段暂称《内礼》上篇。

这段简文的读序为：内1→内2→内3→内4→内5→内6→内7至“不成孝ˇ”止。是对“孝”的通论，从简1“君子之立孝”起至简7中段“不成孝ˇ”止，包括文末终止符“ˇ”，此段文字中共见九个“ˇ”符，无论内容或形式都相当完整，可与《大戴礼记·曾子立孝》与《大戴礼记·曾子事父母》两文对读，此外《仪礼·士相见礼》《礼记·内则》等传世文献也见到相近内容。简文内容可分为两章：

（一）第一章

内礼【《内礼》1背】[①]

君子之立孝，爱是用，礼是贵。故为人君者，言人之君之不能使其臣者；不与言人之臣之不能事【《内礼》1】其君者ˇ。故为人臣者，言人之臣之不能事其君者；不与言人之君之不能使其臣者ˇ。故为人父者，言人之【《内礼》2】父之不能畜子者；不与言人之子之不孝者ˇ。故为人子者，言人之子之不孝者；不与言人之父之不能畜子者ˇ。【《内礼》3】故为人兄者，言人之兄之不能慈弟者；不与言人之弟之不能承兄者ˇ。故为人弟者，言人之弟之不能承兄【《内礼》4】（者；不与言人之兄之不能慈弟者。故）曰：与君言，言使臣；与臣言，言事君。

① 此为《内礼》篇题。整理者认为“内礼”两字倒书，见《上海博物馆藏战国楚竹书（四）·内礼》，上海古籍出版社，2004年12月，第221页。其实这两字未必是倒书，只是因为抄写简文时翻简背的方向不同所造成。

与父言，言畜子ˇ；与子言，言孝父ˇ。与兄言，言慈弟ˇ；【《内礼》5】与弟言，言承兄。反此，乱也[①]。【《内礼》6上】

以上简文内容大致与《大戴礼记·曾子立孝》同，两者主要差别有三：第一，简文首句“君子之立孝，爱是用，礼是贵”，重点放在“爱”与“礼”，而传世本《大戴礼记》则改成“忠”与“礼”，这是两文本最大的不同。第二，对于君臣、父子、兄弟之间的关系，竹简本谈到的是上与下相互的关系，而不是仅讲述单方面对于臣、子、弟的要求。简文也相对提出对君、父、兄的要求，看来是比较对等的。而传世本则仅针对臣、子、弟提要求，却见不到对“为人君”“为人父”“为人兄”者的要求，因此学者或主张原来应有此三句，只是在流传过程中被删除，而被删除的原因应与后来儒家君臣父子关系被绝对化有关[②]。

此外，竹简本与传世本《大戴礼记·曾子立孝》对于六位的顺序不同，前者是“君臣—父子—兄弟”，传世本却作“父子—兄弟—君臣”，将父子与君臣的顺序对调，这与《礼记·王制》《大戴礼记·文王官人》等传世文献的顺序一致，至于究竟哪一种顺序更符合早期儒家原貌，可能还需要更多论证。

（二）第二章

君子事父母，无私乐，无私忧。父母所乐，乐之；父母所忧，忧

---

① 文见《大戴礼记·曾子立孝》，但末句《大戴礼记·曾子立孝》作“君子之孝也，忠爱以敬，反是乱也”。

② 廖名春《楚竹书〈内礼〉与〈曾子立孝〉首章的对比研究》，《中国思想史研究通讯》第6辑，梁涛《上博简〈内礼〉》与《大戴礼记·曾子》，简帛研究网，2005年6月26日。

之；善则从之，不善则止之，止之而不可，隐而任[①]。【《内礼》6下】不可，虽至于死，从之。孝而不谏，不（成孝；谏而不从，亦）不成孝ˇ【《内礼》7上】。

这段简文前段见于《大戴礼记·曾子事父母》，简文多出“无私忧。父母所乐，乐之”句，若加上此句，文意较完整，释读也通畅许多，因此可据简文以补传世本《曾子事父母》之阙文[②]。

二、《内礼》下篇

《内礼》下篇内容从《内礼》7简下半“君子曰”读起至简9止，或可加上附简。简文内容由记录君子对“孝子”与“君子”的言论汇编而成，这部分皆不见“ˇ”符[③]，简文内容为如下五段文字：

（一）君子〔曰〕[④]：“孝子不□（匽）[⑤]，若在腹中巧变，故父母安【《内礼》7下】之[⑥]，如从己起。”

---

① 可参考《大戴礼记·曾子立孝》：“可入也，吾任其过；不可入也，吾辞其罪”，以及《礼记·曲礼下》：“子之事亲，三谏而不从，则号泣而随之”。

② 参考曹建敦《读上博藏楚竹书〈内礼〉篇札记》，简帛研究网，2005年3月4日。

③ 加上《昔者君老》简4之后，则全文后增加一个“ˇ”符，作为整篇文章的结束。

④ “曰”字从黄人二说补。

⑤ “□（匽）”字，原整理者隶定为“飤”字读为“食”，认为“不食，即拒食，不吃”是采用消极的手段。另有释为“食”读为“变”或“辩”；又有释为“良”“负”等说，皆不确。

⑥ 以上内容与《大戴礼记·曾子事父母》十分接近。《大戴礼记·曾子事父母》以单居离问于曾子曰：“事父母有道乎？”展开一段曾子对于如何事父母之道理（包括劝谏的准方式，以及应有的举止仪容）。曾子曰：“爱而敬。父母之行，若中道则从，若不中道则谏。谏而不用，行之如由己。从而不谏，非孝也；谏而不从，亦非孝也。孝子之谏，达善而不敢争辩。争辩者，作乱之所由兴也。孝子无私乐（据简文，此处当补“无私忧”），父母所忧忧之，父母所乐乐之。孝子唯巧变，故父母安之。”

《大戴礼记·曾子事父母》作“孝子唯巧变，故父母安之”。文词较省。

（二）君子曰：“孝子，父母有疾，冠不介[①]（栉），行不颂（容），不卒（悴）立，不庶（惰）语。时昧、功（攻）、萦（禜）、行，祝于五祀，岂必有益？君子以成其孝，【《内礼》8】能事其亲。”

简文前段与《礼记·曲礼上》“父母有疾，冠者不栉，行不翔，言不惰，琴瑟不御”相似，而简文较精简。又《大戴礼记·曾子事父母》“故父母安之”以下又接着说明孝子应有的仪容举止：“若夫坐如尸，立如齐，弗讯不言，言必齐（斋）色，此成人之善者也，未得为人子之道也。”简文则指出当父母有疾时，可以“冠不介（栉），行不颂（容），不卒（悴）立，不庶（惰）语”。就是“若夫坐如尸，立如齐，弗讯不言，言必齐色”的反义。曾子认为“此成人之善者也”亦即简文“君子以成其孝”之意，而“未得为人子之道也”也对应了简文“能事其亲”的道理，可见此处补上《昔者君老》第三简“能事其亲……”是恰当的。

至于下段，简文多出“时昧、功（攻）、萦（禜），行祝于五祀，岂必有益”句，传世本无，相较于传世文献，简文内容更为完整。这段文字的意思是当父母有疾时，孝子可以暂时不注重平时的仪容礼节，毕竟侍亲之疾是最为重要的，明知“时昧、功（攻）、萦（禜）、行，祝于五祀”等行为对亲疾未必真有益处，但这是让孝子尽力表达孝道的权宜方法。

这段论述也可与前一段“君子曰”相呼应，因为这也是一种“巧变”，孝子为做到“不匮”，需要无止境的努力，同时，也必须时时刻刻地视情况而费心思，并考虑种种变通之计，此亦即《论语·学而》“事父

① “介”字原释文作“力”，《上海博物馆藏战国楚竹书（四）》，第226页。魏宜辉《读上博楚简四札记》读为“饬”，田炜《读上博竹书（四）琐记》读为“奂”，张新俊、曹建敦《读上博藏楚竹书〈内礼〉札记》则改释为“介”，本文从之。

母能竭其力”的意思。

（三）君子曰：“子眚（姓）[①] 割（曷）？喜于内不见于外；喜于外不见于内；愠于外，不见于内＝（内，内）言不以出，外言不以入，举美废恶【《昔者君老》3】是谓君子。”

可对照参考《礼记·内则》“内言不出，外言不入”及《礼记·曲礼上》“外言不入于捆，内言不出于捆”。

至于竹简本所多出“举美废恶，是谓君子”句，更详尽说明了君子要掌握说话场合，对于晚辈的态度更要“举美废恶”，要多言子侄辈之美，而勿言其恶。君子举止皆合宜，并能提携后辈，也是合于孝道的行为。

（四）君子曰：“孝子事父母，以食恶美下之。【《内礼》9】□□无难。毋忘姑姊妹而远敬之，则民有礼，然后奉之以中庸。”【《内礼》附简】

简文“以食恶美下之”可与《礼记·曲礼上》“食肉不至变味，饮酒不至变貌”互参。具体说明奉养父母时，食物并不是最重要的考虑，强调孝子的用心与态度更为重要。《大戴礼记·曾子本孝》记曾子“君子之孝也，以正致谏；士之孝也，以德从命；庶人之孝也，以力恶食”可与之比较。

附简上段所残两字，疑可补上与“奉养”相关的词语。可参考《论语·为政》“子曰：‘色难，有事弟子服其劳，有酒食先生馔，曾是以为孝乎？’”及《大戴礼记·曾子大孝》“民之本曰孝，其行之曰养，养，可

① 眚读为姓，参考孟蓬生《上博竹书（二）字词札记》，简帛研究网，2003 年 1 月 4 日。

能也，敬为难”等等文献。

至于“毋忘姑姊妹”句，可参考《礼记·曲礼上》：“外言不入于捆，内言不出于捆。女子许嫁，缨，非有大故，不入其门。姑、姊、妹、女子子已嫁而反，兄弟弗与同席而坐，弗与同器而食。”“弗与同席而坐，弗与同器而食”就是【附简】所描述的“毋忘姑姊妹而远敬之”的道理，是君子对已嫁姑、姊、妹的应有礼仪。从此段文句，更说明了《昔者君老》简3与《内礼》简9及《内礼》附简可以连读，说明对姑、姊、妹未嫁前与已嫁后的不同对待仪节，是一种为顺应身份改变后必须转变的礼仪与态度。

简文末句说明“民有礼”然后能“奉之以中庸”，可以与《礼记·仲尼燕居》“子曰：‘礼乎礼，夫礼所以制中’”相对读，从此也能看出《内礼》篇中的“君子曰”中有不少是孔子言论的记录。

（五）君子曰：“悌，民之经也。在小不争，在大不乱，故为少必听长之命，为贱必听贵之命。从人欢然，则免于戾。”【《内礼》10】

此段简文可与《礼记·内则》“少事长，贱事贵，咸如之”相对照，说明君子行为必须谨守尊卑长幼间的对待关系。传世本说出长与少，贵与贱相处的原则，简本则更清楚地点出其道理，因为若“在小不争”方能达到“在大不乱”的境界，所以，对于广大民众而言，若能遵行悌道，让“少听长之命，贱听贵之命”，则能上达下听，就能很简单地降低彼此的对立，避免纷争。

至于与人相处的方法，可以“从人欢然，则免于戾”为原则，这与《礼记·曲礼上》“君子不尽人之欢，不竭人之忠，以全人之交也”意义相同。

五、《内礼》再编与重探

撰写《释“匮”——兼及《内礼》新释与重编》文后，我曾有机会造访上海博物馆，得以目验《昔者君老》与《内礼》两篇原简，并看到了简入藏时的原始编号，证实这十余枚简确实属于同时入藏的一批简。通过对这两批简的详细检核并比对墨色、字体、编绳与契口位置、编联方式等种种线索后，我仍然相信这两篇简确实可以合并对待，可当成同一文献。其内容皆抄录儒家对孝的看法，部分简文更以“君子曰……”的直接记录方式，记载哲人有关孝道的言论，文体和性质皆与大、小戴《礼记》十分近似。

《释“匮”——兼及《内礼》新释与重编》文，我只讨论到将《昔者君老》第三简编入《内礼》篇的可能性，以及关于《内礼》篇的文体、内容思想等问题。在确定上海博物馆的确是同时入藏《昔者君老》与《内礼》两批简后，更通过各简详细比对，我有进一步的想法，就是尝试将《昔者君老》第一、二、四简也一起编入《内礼》篇，结论是可行的。

正如小戴记有《文王世子》篇，大戴记也收录有《公符》篇[①]、《武王践祚》篇，都是将君子事父母之道，与太子侍君等相关仪汇抄在一起。所以《内礼》篇也可以加录太子事君的相关文字，那么除了前文所引《内礼》下的五段“君子曰”外，应该还可以接抄《昔者君老》其余的三简，于是《内礼》下篇也可能包括这段文字：

（六）君子曰：“昔者君老，太子朝君，君之母弟是相。太子侧听，庶谒，谒进。太子前之母弟，母弟逊退，前之太子；再三；然后并听之。太子、母弟【《昔者君老》1】……致命于阍，阍以告寺人，寺人

① “公符”，学海堂本及南菁书院本作“公冠”。

入告于君，君曰："召之。"太子入见，如祭祀之事……【《昔者君老》2】[①] 尔司，各恭尔事，废命不赦。君卒。太子乃亡闻、亡听，不问，不命，唯哀悲是思，唯邦之大[illegible]（屏）[②] 是敬。ˇ【《昔者君老》4】[③]

以上推论若能成立，那么，截至目前，上海博物馆藏竹书《内礼》篇，共包括有内容接近今本《大戴礼记·曾子立孝》与《大戴礼记·曾子事父母》的大段讨论孝道的文字，以及六段由"君子曰"为首的关于孝道的具体论述。内容主旨是：孝子事父母在于无止境的爱，所以必须有权宜与巧思，才能面对可能发生的变化，有巧变，才足以真正使父母安心。

除了事奉父母外，简文还提到对待晚辈之道，和对待已出嫁亲人之礼仪，然后再扩及讨论晚辈应尊从长上的理由，以及太子事亲之道，和当幼与长的关系转变成为尊与卑关系时的应变方式等。这六段文字抄录的次第为：由内而外，由亲而疏，由下而上，由一般人而至太子，由幼而尊，都以"爱"与"礼"为根本原则，与《内礼》简1首句用"爱是用，礼是贵"为文章开端，前后呼应。《内礼》篇简文内容依序为：

1. 君子立孝以"爱是用，礼是贵"为原则，所以各身份者（君、臣、父、子、兄、弟）之相互对待以"与君言，言使臣；与臣言，言事君。与父言，言畜子；与子言，言孝父。与兄言，言慈弟；与弟言，言承兄"为原则。

2. 君子事父母，必须以父母之乐或忧为准，以顺从父母心意为上，

---

① 福田哲之《上博四〈内礼〉附简、上博五〈季康子问于孔子〉第十六简的归属问题》（简帛网，2006年3月7日）认为《季康子问于孔子》16简可与《昔者君老》简2缀合。梁静《〈内礼〉文献研究》从之，但两简接续后仍残缺不少，简文无法完全通读，我倾向于持保留态度，暂时存疑。也许《昔者君老》简2与简4之间另有缺简，待将来上海博物馆藏简全数公布后，或能找到答案。

② "大[illegible]（屏）"的用法与《班簋》"[illegible]（屏）王位"、《番生簋》"[illegible]（屏）王位"、《毛公鼎》"[illegible]（屏）王位"、《墙盘》"懿德大[illegible]（屏）"同。

③ 此文末有"ˇ"符，以下留白，因此视为简文结束是恰当的。

因此若父母善则从之，父母不善，则谏止之，若谏而不可，孝子则应隐任而从之。

3. 孝子最高准则是“不匮”，这需要永无止境的努力。为使父母心安，还必须随时“巧变”，以顺应种种可能发生的情况。

4. 父母有疾时，孝子所可采取的变通之道是：仪容礼节可稍有松懈，或采用可能未必有效的方式，这些作为都是在彰显孝子“能事其亲”的心力。为使君子能“成其孝”，有时某些变通办法是可被接受的。

5. 君子与子姓辈相处要注意内、外应有的分寸，对待晚辈更要以“举美废恶”为原则。

6. 与出嫁后的姑姐妹相处，不能因原有血缘关系而忽略仪节，所以“远敬之”是必要的。至于“以食恶美”，只是等而“下之”，并非侍奉父母最重要的事。

7. 君子处世要遵守“悌”的道理，就是以“少听于长，贱听于贵”为原则，如此，才能上下有序，不致出乱。与人相处时，尽量“从人欢”，才能“免于戾”。

8. 太子朝君时仍以“敬爱”为原则，但不能悖礼。对长辈（母弟）之礼，是先行“长幼尊卑”之礼，再三谦让之后，才能行“君臣上下”之仪。在尊长与君臣关系面临转换之际，“并听”（不分上下）可能是一种过渡时期的权宜之计。

为表达最深的“哀悲”之情，嗣君甚至要“谅阴三年”。守丧期间，既不听政，也不颁发政令，将朝政暂由冢宰担任。全文以前贤君与嗣子故事为例，描述孝子应行之道，与太子与母弟间面临尊卑位置转移时的对策。

9. 最后以“内礼”做全简的标题，总结全篇内容。

六、"内礼"篇题问题

关于篇题"内礼"含义，李朝远先做了这样的说明：

"内礼"一词，文献未见。《礼记》中有《内则》，篇题郑玄注云："以其记男女居室事父母舅姑之法。"《内礼》或与《内则》有关。①

但若从《内礼》篇内容看来，"内礼"颇有超出"男女居室事父母舅姑"的范围，因此，"内礼"之"内"应不全同于"内则"之"内"。《大戴礼记·曾子事父母》：

养之内，不养于外，则是越之也；养之外，不养于内，则是疏之也，是故君子内外养之也。

王聘珍《大戴礼记解诂》作：

"养"读若"中心养养"，忧念也。内谓心，外谓貌。越，疾也。疏，远也。内外养之，谓忧诚于中，形于外，冀感悟也。②

梁涛先生引述王聘珍的解释说：

《曾子事父母》主张："君子内外养之也"，实际也是"内礼"一词所要表达的含义。故"内礼"是说孝既要有内心的忠爱之情，还要有外

---

① 马承源主编：《上海博物馆藏战国楚竹书（四）·内礼》，上海古籍出版社，2004年12月，图版见69—88页，李朝远释文见219页。

② 中华书局"十三经清人注疏"本，1983年3月，第86—87页。

在的礼节形式，它其实是对该篇首句“君子之立孝，爱是用，礼是贵”的概括和总结。①

我认为梁涛先生的说解似乎更贴近《内礼》全篇旨意。至于最末一段谈论太子朝君和太子守丧一节，其内容也皆环绕在内心之“爱”，以及表现在外之“礼”的主题，这与《大戴礼记·曾子大孝》：“民之本曰孝，其行之曰养。养，可能也，敬为难。”及《礼记·祭统》：“孝子以事其亲，其本一也。上则顺于鬼神，外则顺于君长，内则以孝于亲，如此之谓备。唯贤者能备，能备然后能祭。是故贤者之祭也致其诚信与其忠敬。”《礼记·祭统》又说：“是故孝子之事亲也，有三道焉：生则养，没则丧，丧毕则祭。养则观其顺也，丧则观其哀也，祭则观其敬而时也。”这些内容重点义都相当接近，将这些议题相若的“君子曰”言辞，汇抄在一起，应是整理古籍时常见的方式。

《上海博物馆藏战国楚竹书（八）·颜渊问于孔子》有“内事”与“内教”等词②，根据简文内容，“内事”可以广义地包括门内之事，如族内祭祀等。但其中也有对待族人的“处仁”与“取亲”方式，是相对于“外事”而言，所以《颜渊问于孔子》“内事”其实是指子弟在家族之中任官的准则，也可以看成对《论语·学而》篇的解释。《论语·学而》原文如下：

子曰：“弟子入则孝，出则悌，谨而信，泛爱众而亲仁。行有余力，则以学文。”

---

① 梁涛《上博简〈内礼〉与〈大戴礼记·曾子〉》，简帛研究网论文，2005 年 6 月 26 日。

② 《颜渊问于孔子》简 1“敢问君子之内事……”，马承源主编《上海博物馆藏战国楚竹书（八）》，上海古籍出版社，2011 年 5 月，第 142 页。

《正义》曰：

> 此章明人以德为本，学为末。男子后生为弟，言为人弟与子者，入事父兄，则当孝与弟也。出事公卿，则当忠与顺也。弟，顺也。入不言弟，出不言忠者，互文可知也。下孔子云："出则事公卿，入则事父兄。"《孝经》云："事父孝，故忠可移于君。事兄弟，故顺可移于长。"是也。
>
> "弟子入则孝，出则悌"，"入"指门内，与"出"指出门之外，虽然楚简文字"入"与"内"字形不分，因此或有读"内事"为"入事"的意见。但参照上文引王聘珍"内为心，外谓貌"等说法，并观察简文内容，知其对象仍属门内成员，所以《内礼》，应也是作为"入则孝"的一种表述。[①]

七、"爱是用"与"忠之用"的讨论

第一章讲立孝的根本是"爱"与"礼"，并详细论述了君臣、父子、兄弟之间的关系。前文已提到《内礼》篇可与《大戴礼记·曾子立孝》对读，两文内容大部分相同，其中最大的差异见于首句，《内礼》简 1："君子之立孝，爱是用，礼是贵。"没有提及出处，而《大戴礼记·曾子立孝》作："曾子曰：'君子之立孝，其忠之用，礼之贵。'"除了表明此语出自曾子之外，"爱是用"与"其忠之用"是两文最大的不同。对此，原整理者认为"悉（爱）"字只是"忠"字的误摹：

---

① 另有学者读"内"为"大"字，如陈卫星《"内礼"还是"大礼"——〈上博楚竹书（四）· 内礼〉篇题考辨》，《华夏考古》2009 年 3 期，第 103—105 页。此说不可信。

简文“爱是用，礼是贵”的“是”同于“忠之用，礼之贵”的“之”字。“炁”，“爱”的古字。竹书“炁（爱）”和“忠”在字形上有近似处，“炁”或误摹为“忠”。①

但是，除了简本“炁”字写作“𢜔”，其实“𢜔”写法又见《上海博物馆藏战国楚竹书（一）·孔子诗论》简17、23，《上海博物馆藏战国楚竹书（一）·缁衣》简13，《上海博物馆藏战国楚竹书（二）·鲁邦大旱》简2、3，《上海博物馆藏战国楚竹书（三）·仲弓》简23，《上海博物馆藏战国楚竹书（四）·曹沫之阵》简17等等，“𢜔”字并非罕见僻字，因此，我认为将“𢜔”字误摹为“忠”的可能性不高，与其当成误字，不如检视君子之立孝，如何从以“爱”为出发点，转化成为“忠”，儒家如何将“忠”与“孝”结合，“移孝作忠”，成为君子忠君的基础，不知是否能从《内礼》抄本见到端倪？至于廖名春先生提出“𢜔（爱）”“忠”两字为“同义换读”说②，当然也是可以考虑的方向。

王聘珍《大戴礼记解诂》“君子之立孝，其忠之用，礼之贵”句，引《贾子·道术》：“子爱利亲谓之孝，爱利出中谓之忠。”③“子爱利亲”就是“爱是用”的意思，以爱为主轴，才能引出“忠”的德行，此可与《大戴礼记·曾子立孝》“君子之孝也，忠爱以敬，反是乱也”句相呼应。《大戴礼记解诂》云：“忠爱，谓中心之爱。”《大戴礼记·曾子事父母》也曾提到“爱”的议题：“单居离问于曾子曰：“事父母有道乎？”曾子曰：“有，爱而敬。”则是先“爱”而“敬”，总之，“爱”仍是最为根本的。先由“爱”，才能得出“忠”，甚至合并成为“忠爱”。同样地，由“爱”，而“敬”，合成为“敬爱”。简本“爱是用”，指君子立

① 《上海博物馆藏战国楚竹书（四）》，第220页。

② 廖名春《楚竹书〈内礼〉与〈曾子立孝〉首章的对比研究》，《中国思想史研究通讯》第6辑。

③ 王聘珍《大戴礼记解诂》，第80—81页。

孝，须有爱亲之心，应是较早的本子，由“爱是用”到“其忠之用”，则似乎是之后受到忠君思想所形成的。简文“[illegible]”字绝非“忠”字之误，相反地，正由于简文“[illegible]”字的保留，让我们得以检讨儒家阐述孝道的方式。

八、“悌”的讨论

《内礼》简提到：“悌，民之经也。在小不争，在大不乱，故为少必听长之命，为贱必听贵之命。”显示对于“悌”道的格外重视。《论语·学而》引孔子“弟子入则孝，出则悌”，又如《大戴礼记·曾子大孝》云“民之本教曰孝”，这是一向说法，都是以孝为本，对应门内、门外，故以孝悌并提。《论语·学而》：“君子务本，本立而道生，孝弟也者，其为仁之本与？”又如：“其为人也孝悌，而好犯上者，鲜矣。”《郭店楚简·六德》云：“是故先王之教民也，始于孝弟。”《孟子·梁惠王上》：“尧舜之道，孝悌而已矣。”也都是“孝悌”并列，认为孝悌是一切行为之准则。

像《内礼》篇“悌，民之经也”的单独谈悌道，则较为少见。《内礼》又提出“少必听长之命，为贱必听贵之命”，像这样直接道出的长幼间必然的对待方式，而非以长慈幼听，或兄友弟恭的相对来论述，其实并不多见。

九、关于“变”的讨论

《内礼》简内容有见于传世文献的，也有不少是前所未见的佚文，这是十分珍贵的资料，值得我们仔细阅读。

前文已提到《内礼》篇“孝子不匮，若在腹中巧变，故父母安之”是个重要原则，“父母有疾”、“父母不善”又“止之而不可”等，都是比较麻烦，且必须采取变通办法的时候，所以“冠不介，行不颂，不卒立，不庶语”“时昧、功、萦、行，祝于五祀”以及“隐而任”等态度，都是不得已时的“巧变”对应，目的在于“君子以成其孝”，像这类“变”的处理方式，传世文献较少提及。

此外，对于当身份改变时应如何面对等问题，《内礼》简也见到两个例子：第一，《内礼》附简“毋忘姑姊妹而远敬之”，说明对“姑姊妹”身份转变前后的不同对待方式，即“毋忘”（爱）与“远敬之”（礼）。而传世本《礼记·曲礼上》只提到许嫁及已嫁后的“女子许嫁，缨，非有大故，不入其门。姑、姊、妹、女子子已嫁而反，兄弟弗与同席而坐，弗与同器而食”态度，只强调“远敬之”（礼）的部分，比较看不出其间“转变”的过程和差异。

第二，《内礼》篇的最后一章（原《昔者君老》第1、2、4简），更是传世文献未曾见的内容，记载国君病笃时太子谒见国君的过程与仪式，以及嗣君服丧期间的哀思，和谅阴三年的无作为等，充分表达嗣子对亲至高的敬爱之情。

其实这篇文献最重要的内容，在于指出当身份与地位转变时当如何应变的问题。透过简文的陈述，巧妙地描述了太子与母弟之间身份发生变化，在新关系产生之际的权宜办法等。因为，就亲属关系来看，母弟是尊长，太子是晚辈；而当太子继位以后，太子与母弟的关系必须转变为“君尊臣卑”或“君上臣下”关系，所以两人聆听国君遗训时，《内礼》篇对两人位置的安排是采取“并立”与“并听”模式。

君子曰：“昔者君老，太子朝君，君之母弟是相。太子侧听，庶谒，谒进。太子前之母弟，母弟逊退，前之太子；再三；然后并听之。太子、母弟【《昔者君老》1】

太子朝君时以“敬爱”为原则，但不能悖礼。对长辈（母弟）之礼，则是先行“长幼尊卑”之礼，再三谦让之后，才行“君臣上下”之仪。在尊长与君臣关系转换时，“并听”（不分上下）是一种过渡。至于太子守丧时仍须表达最深的“哀悲”之情，嗣君甚至要“谅阴三年”。守丧期间，不听政，也不颁发政令，将朝政暂由冢宰担任处理。以贤君与嗣子故事为例，描述孝子应行之道。

十、秦简《为吏之道》与《为吏治官及黔首》

睡虎地秦简《为吏之道》也是传世文献未见的佚书，内容主要记载为吏者应有的品德和行为准则的陈述，以及部分类似识字所用字书、辞书等。其第五章“戒之戒之”章[①]（三三贰至四九贰），内容提到为吏，于财务、谋略、言论，都必须谨慎才行，若能贯彻此原则，才能“无官不治，无志不彻”：

---

① 见《为吏之道》简33第二栏至简49第二栏，将简42及43两简移至原简37与38之间。林素清《睡虎地秦简〈为吏之道〉简序及相关问题》，《出土文献与社会思想史学术研讨会论文集》第91—99页（中国人民大学国学院成立五周年暨冯其庸先生从教六十周年国际学术研讨会，2010年10月）。又林素清《秦简〈为吏之道〉与〈为吏治官及黔首〉研究》，《简帛》第八辑，上海古籍出版社，2013年10月，第279—307页。

戒之戒之，材（财）不可归；谨之谨之，谋不可遗；慎之慎之，言不可追；綦之綦〔之〕，食不可赏（偿）。术（怵）愁（惕）之心，不可〔不〕长；能审行此，无官不治，无志不彻。

接续这段文字后，很特别地加了一段看似与吏道无直接关系的文字，说明君臣、父子以及为人上与为人下间的相互对待行为，强调必须做到“君惠臣忠，父慈子孝”，因为这是“政之根本”，因循早期儒家的忠孝对应关系。其中又提到“上明下圣（听）”才是“治之纪”也，似乎与《内礼》“悌，民之经也”相呼应，《为吏之道》除了注重君臣、父子间对应关系外，也总结成为“人上”与“人下”间的态度。《为吏之道》云：

以此为人君则惠[①]，为人臣则忠；为人父则兹（慈），为人子则孝，为人上则明，为人下则圣（听）[②]。君惠臣忠，父兹（慈）子孝，政之本殹（也）；志彻官治，上明下圣（听），治之纪殹（也）。[③]

此外睡虎地秦简《为吏之道》[④]又有“慈下勿陵，敬上勿犯”，出现“慈下”与“敬上”的前提，则与《内礼》“悌，民之经也。在小不争，在大不乱，故为少必听长之命，为贱必听贵之命”小异。

---

① “惠”字，睡虎地秦简《为吏之道》整理者释为“鬼”，读为“怀，和柔也”，指出“怀字汉代多写作褢”，形近。但今所见岳麓书院秦简《为吏治官及黔首》8，正写作“惠”字，可知《为吏之道》原整理者的说解迂回，应直接改释为“为人君则惠”即可。

② “听”与“圣”古文字通用，简文疑或应读为听。

③ 北京大学新藏秦简《从政之经》也有这段文字，参考朱凤瀚《北大藏秦简〈从政之经〉述要》（《文物》2012年，第6期，第74—80页）。根据朱先生的研究，睡虎地秦简《为吏之道》相对北大简《从政之经》文体更为成熟、更规范，又岳麓书院秦简《为吏治官及黔首》是对睡虎地《为吏之道》之文本作进一步加工，所以根据朱先生的说法，三种文本似以《从政之经》最早，睡虎地秦简《为吏之道》次之，岳麓书院秦简《为吏治官及黔首》本最晚。

④ 睡虎地秦墓竹简整理小组《睡虎地秦墓竹简》，文物出版社，1990年6月。

《岳麓书院藏秦简·为吏治官及黔首》[1]简85，也见到相似的文句：

〔为〕人君则惠，为人臣忠，为人父慈，为人子孝，为人上则明，为人下则圣（听），为人友则不争，能行此，终……

简文与睡虎地秦简《为吏之道》大致相同，只是又多出“为人友则不争”句，其语义与《内礼》的“在小不争，在大不乱”十分接近，只是范围更扩充至“朋友”辈。其文意与《礼记·大学》“为人君，止于仁；为人臣，止于敬；为人子，止于孝；为人父，止于慈；与国人交，止于信”略同而小异。

总之，《内礼》《为吏之道》等简文数据，补充了一些早期儒家将忠孝为仁之本的说法，过渡到忠孝为政之本的论述，值得我们重视。

① 朱汉民、陈松长主编《岳麓书院藏秦简（壹）》，上海辞书出版社2010年12月。

可得而闻
——孔门的道论

［新加坡］劳悦强*

一、前言

在中国思想与文化中，“道”可算是一个根本的观念，它不但源远流长，而且影响广泛，先秦道家以论道见称，儒家也常言道，但两者所知及其关怀自然不同。道家论道玄远深微，多涉天道自然，反观儒门，从孔子开始则畅言历史文化与人事生活，而罕及天道。天人关系孟子以后才备受关注。本文以《论语》为据，剖析孔门论道的具体情况和根本精神。

二、“道”与人品

虽然“道”字在《论语》中屡见不鲜，但学者似乎甚少注意孔门师

* 现任新加坡国立大学中文系副教授。

徒其实并无直接论“道”的记录，也就是说，孔子和他的门人弟子没有自觉地界定“道”的意涵或说明它的具体内容。孔门弟子问仁、问孝、问政、问君子，不一而足，但根据《论语》，他们从未问“道”。这是一个值得注意的现象。孔子罕言性与天道，《论语》所载，足以征信。弟子慨叹难得而闻，但也未尝问及性与天道。在《论语》中，“道”字作名词用一共出现七十九次，其中“道”字单独出现五十一次，其余二十八次“道”字之前都冠以状语，情况大致如下：

（1）天道（《论语·公冶长》）

（2）父之道（《论语·学而》《论语·里仁》）

（3）古之道（《论语·八佾》）

（4）先王之道（《论语·学而》）

（5）文武之道（《论语·子张》）

（6）君子之道（《论语·公冶长》《论语·子张》）

（7）善人之道（《论语·先进》）

（8）小道（《论语·子张》）

（9）子之道（夫子之道）（《论语·雍也》《论语·里仁》）

（10）相师之道（《论语·卫灵公》）

“道”字在《论语》中有“道路”义。比如，《子罕》篇载：“子疾病，子路使门人为臣。病间，曰：‘久矣哉，由之行诈也！无臣而为有臣。吾谁欺，欺天乎！且予与其死于臣之手也，无宁死于二三子之手乎！且予纵不得大葬，予死于道路乎？’”文中“道路”一词，亦可谓“道”。又当冉求对孔子说：“非不说子之道，力不足也。”子曰：“力不足者，中道而废，今女画。”（《论语·雍也》）“中道”之“道”即“道路”之意。孔子的回答语带双关，由此可见“子之道”确须力行。曾子又说：“任重道远。"(《论语·泰伯》) 也许"道"字在此更有鲜明的隐喻意图。[①]无论如何,"道"之所以为"道",其根本正在于行。[②]

一望而知,除"天道"以外,上述各种"道"都是人事世界中具体特殊的"道",也可以说,这些都是特定人物所走的"道路"。比如,"古之道"就是古人所走的道路,[③]"先王之道"就是先王所走的道路,"文武之道"就是周文王、周武王所走的道路,其他如"君子之道""善人之道""子之道"("夫子之道")可以类推。这个意义上的"道",更直接的说法就是处世的方法、习惯、作风或典范。《论语·里仁》载子曰:"放于利而行,多怨。"孔安国训曰:"放,依也。每事依利而行之者也,取怨之道也。"[④]孔子话中,"行"字实是关键。"放于利而行"无疑就是一种行事方法或习惯,所以,孔训曰"取怨之道也"。故此,当曾子说"夫子之道,忠恕而已矣",他基本上在说孔子待人接物的方法、态度或作风,也可说孔子的做人原则就是忠恕。所以,当子贡问:"有一言而可以终身行之者乎?"孔子答道:"其恕乎!己所不欲,勿施于人。"(《论语·卫灵公》)"恕"就是终身可以行之的待人接物之道。所谓待人接物之道更可以是针对某一类人事的处理方法。《论语·卫灵公》载:

> 师冕见,及阶,子曰:"阶也。"及席,子曰:"席也。"皆坐,子

① "道"的比喻义又见于《论语·雍也》:"……"子曰:"谁能出不由户?何莫由斯道也?"孔安国训曰:"言人立身成功当由道,譬犹出入要当从户。"〔南朝梁〕皇侃《论语集解义疏》,上册,广文书局,1991年,第197页。出入门户是人人每天必做的事情,因此,以门户喻"道",重点在于说明"道"的根本性(《中庸》说"道也者,不可须臾离,可离,非道也"),可行性,必行性,而"道"根本性正在于其可行性与必行性。没有每天出入的行为和需要,根本无需门户的存在。

② 《尚书·洪范》:"五曰建用皇极。无偏无陂,遵王之义。无有作好,遵王之道。无有作恶,遵王之路。"同样是道、路连言。见《尚书正义》,〔清〕阮元校刻《十三经注疏》,第一册,艺文印书馆,1976年,第173页。

③ 《论语·八佾》载,子曰:"射不主皮,为力不同科,古之道也。"此处,"古之道"指古代的射道。

④ 皇侃:《论语集解义疏》,上册,第125页。

告之曰："某在斯，某在斯。"师冕出，子张问曰："与师言之道与？"子曰："然，固相师之道也。"

原文中如何引领瞽师进阶、坐席，以及给瞽师介绍席上宾客诸事都是所谓"相师之道"（子张称之为"与师言之道"），也就是辅助瞽师在社交场合上的进退应对的方法。[①] 当然，这方法中也包含态度之意。

有关"先王之道"和"文武之道"，还有一点值得注意。相对于其他的"道"，"先王之道"和"文武之道"都有它们的历史维度。再者，对于孔子而言，"先王之道"和"文武之道"都不是历史化石，仅仅存在于过去而不属于当下和未来。孔子说过："殷因于夏礼，所损益，可知也；周因于殷礼，所损益，可知也。其或继周者，虽百世，可知也。"（《论语·为政》）夏、商、周的礼制文化就是所谓"先王之道"，而"文武之道"当然就是有周一代的礼制文化。简言之，"先王之道"可谓古代的政治文化传统。

由于"先王之道"可以贯通古今，普及天下，所以可以称作"大道"。《礼记·礼运》载孔子曰："大道之行也，与三代之英，丘未之逮也，而有志焉。"[②] 虽然所记未必是实录，但"大道"之称，当必有据，而且即使所记出于后人传闻或者纯属虚构，"大道"一词绝对不会是关键所在。换言之，"大道"一词必然已经是通行的称法。事实上，"大道"的反面便是"小道"，而恰恰孔门中就有"小道"之说。《论语·子张》载子夏曰："虽小道，必有可观者焉，致远恐泥，是以君子不为也！""小

---

① "相师之道"当然也有礼节之意义。此外，《论语·里仁》载，子曰："富与贵，是人之所欲也；不以其道得之，不处也。贫与贱，是人之所恶也；不以其道得之，不去也。君子去仁，恶乎成名？君子无终食之间违仁，造次必于是，颠沛必于是。"语中所谓"其道"指的就是得贫得富之道。同理，《子张》篇载："孟氏使阳肤为士师，问于曾子。曾子曰：'上失其道，民散久矣。如得其情，则哀矜而勿喜。'""上失其道"的"道"无疑指的是君上之为君为政之道。

② 孙希旦《礼记集解》，第二册，中华书局，1998，第 581 页。

道”即非可贯古今、通人我或普及天下的道理。《论语·阳货》载，子曰：“饱食终日，无所用心，难矣哉！不有博弈者乎？为之，犹贤乎已。”博弈可算是一种“致远恐泥”的“小道”。《论语·子罕》载，子曰：“衣敝缊袍，与衣狐貉者立，而不耻者，其由也与？‘不忮不求，何用不臧？’”子路终身诵之。子曰：“是道也，何足以臧？”不耻衣敝缊袍，与衣狐貉者立，仍然是“小道”，因为这仅及个人的荣辱，所以孔子说“是道也，何足以臧”。

孔子教人，“行有余力，则以学文”（《论语·学而》），所学之“文”，从材料而言，当然指古代的文献典籍，[①]而其实际内容则可称为文化或文化传统。必须强调，所谓古代文献典籍，不外乎简册，它们本身并非“道”。《中庸》载哀公问政。孔子曰：“文武之道，布在方策。其人存，则其政举；其人亡，则其政息。”可见“道”必须人自己从方策中发现。方策本身并无生命，而“道”则可历久弥新。此即孔子所谓“其或继周者，虽百世，可知也”的道理。百世可知者，即历久弥新的“先王之道”，而这“先王之道”则由孔子好古敏求而创获。孔子本人称之为“斯文”（《论语·子罕》）。从孔子的说法来看，所谓“斯文”即指他平日讲解而门人弟子学习的“文”，孔门上下都具有共识的“文”；“斯”字的语用意义在此。

“斯文”的具体内涵当指“先王之道”，而“先王之道”则偏重在历史政治文化。孔子之教有“为己之学”与“为人之学”之别（《论语·宪问》）。依孔子之意，“为己之学”是根本所在，先己而后群。因此，孔子主张“行有余力，则以学文”，修身力行是一己之事，所以，孔子说：“弟子入则孝，出则悌，谨而信，泛爱众，而亲仁。”（《论语·学而》）这些都是“为己之学”的具体内容和根本所在。“学文”是“为己之学”的

① 马融注曰：“文者，古之遗文也。”皇侃疏曰：“即五经六籍也。”见皇侃《论语集解义疏》，广文书局，1991，上册，第16—17页。

扩充功夫，由此而可至“为人之学”。但“学文”同时也是“为人之学”的基础，所以，当子路使子羔为费宰，孔子便责备他说：“贼夫人之子。”当子路反驳说：“有民人焉，有社稷焉，何必读书，然后为学？”孔子就直斥他是“佞者”（《论语·先进》）。可见“为人之学”应以“学文”为基础。子夏说：“仕而优则学，学而优则仕。”（《论语·子张》）他的话是对“为人之学”的一个很好的概括。孔门四科：“德行、言语、政事、文学”（《论语·先进》），其中德行乃“为己之学”，而其余三科则属于“为人之学”。[①] 四科的排列次序当有深义存焉。

“为己之学”是个人修养的学问，那是全面意义的人生之道，而不独限于政治领域。依此而言，孔子的学问中当更有高于“先王之道”的“大道”。“大道”包含人生各种面向，也就是“大道”包含各种特殊而又相通的“道”。孔子所讲的各种具体特殊的“道”中包括“父之道”。“父之道”指的是父亲行事的习惯或作风。《论语·学而》载，子曰：“父在，观其志，父没，观其行；三年无改于父之道，可谓孝矣。”显然，“父之道”指的是父亲生前为人处世之道。按《论语·子张》载，曾子曰：“吾闻诸夫子，孟庄子之孝也，其他可能也；其不改父之臣，与父之政，是难能也。”曾子在此引述孔子之教训，则据此而言，“父之道”当指父亲为政之道。然而，由于《学而》篇所记孔子的言论对象和话题不明，所谓“父之道”大概也可以泛指，而不独限于父亲的为政之道。此外，《学而》这段记载的最后两句又见《里仁》篇而自成一章。再者，该章前后三章也都泛论孝道。由此可见，对于门人弟子而言，孔子“三年无改于父之道，可谓孝矣”的说法，未尝不可泛指广义人生中的为子之道。

事实上，孔子讲学，述而不作，其所述虽云都是上古的历史文化，但他讲究的却是这些历史文化在新时代的新意义，是之谓“斯文”。孔子

---

① 本文对为己之学与为人之学的分析依从钱穆说。见钱穆《论语新解》，下册，新亚研究所，1963 年，第 493—494 页。

学说的其中一个目的和意图正在于把狭义的为政之道推扩为广义的为人之道。为父者未必都从政，因此，所谓“父之道”不一定指“父之臣与父之政”。《礼记·祭义》云：

致齐于内，散齐于外。齐之日，思其居处，思其笑语，思其志意，思其所乐，思其所嗜。齐三日乃见其所为齐者。祭之日，入室，僾然必有见乎其位；周还出户，肃然必有闻乎其容声；出户而听，忾然必有闻乎其叹息之声。是故先王之孝也，色不忘乎目，声不绝乎耳，心志嗜欲不忘乎心。致爱则存，致悫则着。着、存不忘乎心，夫安得不敬乎？①

从人情着眼，祭祀的根本意义在于思念先人昔日的音容举止以及特殊的嗜好和性情，这正是所谓“父之道”的普遍的人道意义，与“父之政”并无必然的关系。

“父之道”其实即是人之道。在“思其居处，思其笑语，思其志意，思其所乐，思其所嗜”的同时，真正显露无遗的实际上是思念者本人和他的性情。这种对先父的追思也就是孔子所讲的“仁”。《论语·阳货》记载了一段孔子与宰我讨论三年之丧的有名对话，原文如下：

宰我问：“三年之丧，期已久矣。君子三年不为礼，礼必坏；三年不为乐，乐必崩。旧谷既没，新谷既升，钻燧改火，期可已矣。”子曰：

① 孙希旦《礼记集解》，第三册，第1029页。又：《国语·楚语上》记载了以下一段故事：屈到嗜芰，有疾，召其宗老而属之曰：“祭我必以芰。”及祥，宗老将荐芰，屈建命去之。宗老曰：“夫子属之。”子木曰：“不然。夫子承楚国之政，其法刑在民心而藏在王府，上之可以比先王，下之可以训后世。虽微楚国，诸侯莫不誉。其祭典有之曰：‘国君有牛享，大夫有羊馈，士有豚犬之奠，庶人有鱼炙之荐。笾豆脯醢则上下共之。不羞珍异，不陈庶侈。’夫子不以其私欲干国之典。遂不用。”见《国语》，商务印书馆，1959年，第193页。屈到嗜芰也就是他生前的嗜好，尽管其子子木祥祭时禁用芰，但我们不能说他非孝。我们可以想象他祥祭致斋之日，对于先父必然“思其居处，思其笑语，思其志意，思其所乐，思其所嗜”。

“食夫稻，衣夫锦，于女安乎？”曰：“安！”“女安则为之。夫君子之居丧，食旨不甘，闻乐不乐，居处不安，故不为也。今女安，则为之。”宰我出。子曰：“予之不仁也！子生三年，然后免于父母之怀。夫三年之丧，天下之通丧也。予也有三年之爱于其父母乎？”

孔子说“君子之居丧，食旨不甘，闻乐不乐，居处不安，故不为也”，但并未直接说明其中道理。《礼记·祭义》所记孝子思念先人居处、笑语、志意、嗜好等昔日生活情景，所谓“祭神如神在”（《论语·八佾》），这即是孝子之仁。宰我能够安于甘食锦衣，心中未能存留思念先父母昔日的居处、笑语、志意、嗜好，因此，孔子惋叹其为“不仁”。而“仁”则是通人我、达天下的人情人道。孔子所教的独特之处正在为人之道，具体内容则在于人人可为之仁，所以，他说：“有能一日用其力于仁矣乎？我未见力不足者。”（《论语·里仁》）

事实上，为仁之学即是“为己之学”，毕竟，孔子说过：“为仁由己。”（《论语·颜渊》）子贡曾经问孔子曰：“如有博施于民而能济众，何如？可谓仁乎？”子曰：“何事于仁，必也圣乎！尧、舜其犹病诸！夫仁者，己欲立而立人；己欲达而达人。能近取譬，可谓仁之方也已。”（《论语·雍也》）显然，“仁”与“圣”的一个分别在于己与群的偏重不同。“仁”以修己为本，而“圣”则以济世为功。“仁者”固然也希望“立人”与“达人”，但成功与否则不害其为仁者。在《论语》中，孔子鲜以仁许人，唯一例外是他称“殷有三仁”，即比干、微子、箕子[①]（《论语·微子》）。从政治成绩而论，三人都不能算成功，可见孔子论仁毕竟仍然是从一己的修养考虑的。

“仁”是“为己之学”的根本内容，但孔门的修身之学讲究品位问

① 孔子虽然称伯夷、叔齐为“古之贤人”，但又说他们“求仁得仁”（《论语·述而》），则似乎两人也算是“仁者”。

题，换言之，孔门讲究人品，品就是个人修身境界的阶位。根据《论语》，孔门所讲的人品包括圣人、君子、善人、士和小人。小人不可为，毋庸多言。孔子教诫子夏："女为君子儒，无为小人儒。"（《论语·雍也》）为儒固无可议，但无为"小人儒"，则"小人"品低格狭，这是孔子最明白的直述。此犹"小道"不可取之意。子贡也说："君子恶居下流。"（《论语·子张》）居下流便为"小人"了。孔子本人曾经说过："圣人吾不得而见之矣；得见君子者，斯可矣。"他又说："善人吾不得而见之矣；得见有恒者，斯可矣。亡而为有，虚而为盈，约而为泰，难乎有恒矣。"（《论语·述而》）由此可见，孔门人品的定位等第秩然。孔子重视恒德，[①]但人而有恒，乃指德言，因此，有恒而无德者尚未足多。"善人"固然可取，但孔门"为己之学"目的不囿于此而已，否则便是"自画"（《论语·雍也》）。《论语·先进》载子张问善人之道。子曰："不践迹，亦不入于室。"所谓"不践迹"，即不遵从前人开拓的道路而行，用孔子的话讲，"践迹"就是"学文"，"不践迹"就是不学文，也就是说，善人也许"行有余力"而"不学文"，因此"亦不入于室"。孔子也尝言："十室之邑，必有忠信如丘者焉，不如丘之好学也。"（《论语·公冶长》）"忠信如丘者"即是"善人"，但"不如丘之好学"，就是"不践迹，亦不入于室"了。至于"圣人"，连孔子都不敢自居（《论语·述而》）。即使孔子真的只是谦称，这仍然足以证明"圣人"是孔门推崇的最高人品。

"圣人"与"小人"不啻为人品的两个极端，而孔子重"中庸"，[②]"圣人"未必人人可至，"小人"则人人都不应为，如此说来，则孔门追求的人品其实正在君子一品。毕竟，孔子本人自言："躬行君子，则吾未之有

① 《论语·子路》载，子曰："南人有言曰：'人而无恒，不可以作巫医。'善夫！""不恒其德，或承之羞。"子曰："不占而已矣。"

② 《论语·雍也》载，子曰："中庸之为德也，其至矣乎！民鲜久矣。"又《论语·子路》载，子曰："不得中行而与之，必也狂狷乎。狂者进取，狷者有所不为也。"所谓"中行"即不偏于狂与狷两端的中庸。《中庸》也引述仲尼曰："君子中庸，小人反中庸。"

得。”（《论语·述而》）即使这只是谦辞，但他论人品无疑是以“君子”为基准的。[①]换言之，孔门弟子追随夫子的根本目的在于学为“君子”，至少这是夫子对他们的期盼，所以，当樊迟请学稼学为圃，孔子便失望地慨叹说：“小人哉，樊须也！上好礼，则民莫敢不敬；上好义，则民莫敢不服；上好信，则民莫敢不用情。夫如是，则四方之民襁负其子而至矣，焉用稼？”（《论语·子路》）相反，对于弟子宓子贱，孔子赞叹他为“君子”（《论语·公冶长》）。在《论语》中，孔子经常都以“君子”和“小人”对言，他的用意和苦心跃然纸上。

三、君子之道

孔门师徒追求的人品是“君子”，因此，师徒经常直接或间接讲论的正是“君子之道”。[②]这一点必须特别强调。事实上，孔门所讲论的“道”主要就是“君子之道”。子曰：“君子道者三，我无能焉：仁者不忧，知者不惑，勇者不惧。”子贡曰：“夫子自道也。”（《论语·宪问》）子贡认为孔子正是他自己口中的君子，这恰恰证明了孔门师徒追求的便是君子之道。孔门弟子也视孔子为“君子”。《论语·卫灵公》载孔门师徒“在陈绝粮，从者病，莫能兴”。子路愠见曰：“君子亦有穷乎？”子曰：“君子

① 在《论语》中，孔子对他人的赞叹往往就是以“君子”称之。子贱(《公冶长》)和南宫适（《宪问》）便是两个例子。

② 朱熹说：“阴阳各有一半。圣人于《泰》《否》，只为阳说道理。看来圣人出来做，须有一个道理，使得天下皆为君子。世间人多言君子小人常相伴，不可太去治他，急迫之却为害。不然，如舜汤举伊尹皋陶，不仁者远，自是小人皆不敢为非，被君子夹持得，皆革面做好人了。”见黎靖德编、王星贤点校《朱子语类》，中华书局，1999 年，第 5 册，第 1759 页。朱子所言固然别有语脉，但孔子愿望人人能做君子，此意毕竟殊途同归。

固穷，小人穷斯滥矣。”平素谦虚的孔子也默认自己的是“君子”。弟子从四方各地而来，上进者目的都在求君子之道，而孔子所教授的也正是君子之道。子曰：“可与共学，未可与适道；可与适道，未可与立；可与立，未可与权。”（《论语·子罕》）这番话无疑暗示了孔门中也有志不在“道”的弟子。无论如何，孔门师徒言谈之间涉及“道”的时候，即使“道”的具体意义和内涵可以因为客观情况不同而有所差别，但所谓“道”，一般总是指君子之道而言。这应该是不言而喻了。正因为如此，孔门弟子从来没有问“道”为何义。孔子说：“志于道，据于德，依于仁，游于艺。”（《论语·述而》）他所说的“道”乃君子之道。孔子又说：“君子谋道不谋食。耕也，馁在其中矣；学也，禄在其中矣。君子忧道不忧贫。”[①]（《论语·卫灵公》）这番话也许可以视作孔门的校训。不管背景各异的弟子求学目的为何，孔子都清楚地向他们声明“君子谋道不谋食”，他所说的“道”自然就是君子之道了。所以，门人子夏也说：“百工居肆以成其事，君子学以致其道。”（《论语·子张》）孔门高弟颜回糟糠不厌，安贫乐道，[②]孔子极力表扬，关键之一正在于颜回能够“忧道不忧贫”。

但“君子”有德与位两层不同的意义。《论语·宪问》载，子曰：“不在其位，不谋其政。”[③]又载曾子曰：“君子思不出其位。”孔门师徒之间明显有此共识。战国时期的儒家对此同样有十分清楚的认识。《中庸》曰：“虽有其位，苟无其德，不敢作礼乐焉；虽有其德，苟无其位，亦不敢作礼乐焉。”诚如余英时先生所言：“君子最初是专指社会上居高位的人，后来才逐渐转化为道德的名称的；最初是少数王侯贵族的专号，后

---

① 《论语·里仁》又载，孔子曰：“士志于道，而耻恶衣恶食者，未足与议也。”

② 《论语·雍也》载子曰：“贤哉回也！一箪食，一瓢饮，在陋巷，人不堪其忧，回也不改其乐。贤哉回也！”

③ 又见《论语·泰伯》。

来才慢慢变成上下人等都可用的‘通称’。”[①] 他又说：“‘君子’之逐渐从身份地位的概念取得道德质量的内涵自然是一个长期演变的过程。这个过程大概在孔子以前早已开始，但却完成在孔子的手里。《论语》一书关于‘君子’的种种讨论显然偏重在‘道德质量’一方面。”[②]“君子”由身份地位的概念转化变成道德品位的名称这一过程在孔子手上完成，其实也即是说孔子毕生着力讨论和宣扬君子之道；他努力教育门人弟子，希望他们修养成为“君子”，“修己以安人”，“修己以安百姓”（《论语·宪问》）。[③]

---

① 余英时《儒家“君子”的理想》，《中国思想传统的现代诠释》，联经出版事业股份有限公司，1999 年，第 147 页。按：俞樾早已指出古今君子小人有位与德之别。他说：“古书言君子小人大都以位言，汉世师说如此。后儒专以人品言君子小人，非古义矣。《汉书·杨恽传》引董生之言曰：‘明明求仁义，常恐不能化民者，卿大夫之意也；明明求财利，常恐困乏者，庶人之事也。’数语乃此章之塙解。此殆七十子相传之绪论而董子述之耳。”见〔清〕俞樾《群经平议》，台北：世界书局，1963 年，上册，卷 30，《论语·君子喻于义章》，第 4a 页。又按，《汉书·董仲舒传》载：“仲舒对策曰：‘皇皇求财利，常恐乏匮者，庶人之意也。皇皇求仁义，常恐不能化民者，大夫之意也。’”见班固：《汉书》，中华书局，2002 年，卷 26，第八册，第 2521 页。俞樾引文略有不同。

② 同上注，第 148—149 页。

③《孟子·万章下》载：“万章曰：‘敢问不见诸侯，何义也？’孟子曰：‘在国曰市井之臣，在野曰草莽之臣，皆谓庶人。庶人不传质为臣，不敢见于诸侯，礼也。’万章曰：‘庶人召之役，则往役；君欲见之，召之，则不往见之，何也？’曰：‘往役，义也；往见，不义也。且君之欲见之也，何为也哉？’曰：‘为其多闻也，为其贤也。’曰：‘为其多闻也，则天子不召师，而况诸侯乎？为其贤也，则吾未闻欲见贤而召之也。缪公亟见于子思，曰：“古千乘之国以友士，何如？”子思不悦，曰：“古之人有言：曰事之云乎，岂曰友之云乎？”子思之不悦也，岂不曰：“以位，则子，君也；我，臣也。何敢与君友也？以德，则子事我者也。奚可以与我友？”千乘之君求与之友，而不可得也，而况可召与？齐景公田，招虞人以旌，不至，将杀之。志士不忘在沟壑，勇士不忘丧其元。孔子奚取焉？取非其招不往也。’曰：‘敢问招虞人何以？’曰：‘以皮冠。庶人以旃，士以旂，大夫以旌。以大夫之招招虞人，虞人死不敢往。以士之招招庶人，庶人岂敢往哉？况乎以不贤人之招招贤人乎？欲见贤人而不以其道，犹欲其入而闭之门也。夫义，路也；礼，门也。惟君子能由是路，出入是门也。《诗》云：“周道如底，其直如矢。君子所履，小人所视。”’”可见孔子所提倡的君子之道，子思已经实践了。孟子又再继承而推广。孟子提到孔子对齐景公召虞人以旌的看法，又提到孔子本人应君命不待驾的例子。根据孟子所言，孔子的新君子之道已经从士人上层渐渐普及广大的庶人阶层。又按：《左传》昭公二十年（公元前 522）十二月，“齐侯田于沛。招虞人以弓，不进。公使执之”。辞曰：“昔我先君之田也，旃以招大夫，弓以招士，皮冠以招虞人。臣不见皮冠，故不敢进。”乃舍之。仲尼曰：“守道不如守官。君子韪之。”注：“君招当往，道之常也。非物不进，官之制也。”守道、守官的权衡取舍正是孔子所讲究的君子之道的部分内涵。

“君子”既然有德与位两层意义，则这两种不同意义的“君子”的具体内涵自然也有所分别。《论语·颜渊》载季康子问政于孔子曰：“如杀无道，以就有道，何如？”孔子对曰：“子为政，焉用杀？子欲善而民善矣。君子之德风，小人之德草，草上之风，必偃。”具体而言，文中的“君子”乃指季康子。但毫无疑问，对话中的“君子”指的是所有在上位的政治领导，而“小人”则指在野的庶民。《论语·公冶长》载子谓子产：“有君子之道四焉：其行己也恭，其事上也敬，其养民也惠，其使民也义。”[①] 子产，春秋郑国大夫，固然是个政治人物，孔子称赞他有“君子之道”，而实际内容基本上都是政治行为。然而，“行己也恭”则是个人的修养，不必专指政治行为而言，而且更列于君子之四道之首。这正是“君子”由政治身份地位转化为具有道德修养的人品的关键所在。由于这个转变在孔子的思想中完成，所以，像樊迟一般志小的弟子，自然对孔子所讲的“君子”新义，茫然无知，不甚了了，但志大而敏锐的孔门弟子也有针对“君子”之义而质疑发问的例子，情况与弟子问仁、问孝一般。《论语·宪问》载子路问君子。子曰：“修己以敬。”曰：“如斯而已乎？”曰：“修己以安人。”曰：“如斯而已乎？”曰：“修己以安百姓。修己以安百姓，尧、舜其犹病诸。”孔子最先的回答完全针对个人的修养而言。这无疑就是他本人要发明的“君子”新义。子路的两个追问则可反证孔子说法的新颖，因为子路误以为孔子所讲的“君子”已经不再关乎政治生活。事实上，孔子并未否定传统的“君子”的政治分位，但他更强调道德意义的“君子”。

政治分位并非个人所能决定，在周代的宗法血缘社会尤其如此。虽然政治分位的安排有既定的成法，非个人可以轻易更改，但政治行为则在位者颇有自主的余地。《论语·子路》载，子曰：“君子易事而难说也。说之不以道，不说也；及其使人也，器之。小人难事而易说也。说之虽

① 《论语·宪问》又载孔子称赞子产为“惠人也”。

不以道，说也；及其使人也，求备焉。”这里所说的“君子”指的是在上位者。君子如何易事、如何使人在在都直接关乎他本人的道德修养。对于孔子而言，君子的个人道德修养直接影响到他的政治行为和成效。[①]孔子称赞子产的四个优点，也就是恭、敬、惠、义，尽管其中多半涉及政治行为，但其实全都关乎这位在位君子的个人修养。换言之，孔子是从个人道德修养来评论在上位的君子的。这也是孔子对在上位的君子的要求。这个要求，用孔子的语言来讲，即是否“有道”或合道。正因为如此，“君子”这个政治分位的概念便渐渐在孔子的思想中转化成道德修养的人品。事实上，孔子本人大半生栖栖遑遑，始终不得明主行其道，但他知其不可而为之，毕竟不肯妥协，委曲求全[②]。这是他实践自己标榜的“君子”新理想。所谓“用之则行，舍之则藏”（《论语·述而》）[③]。这便是君子之道。明乎此，《论语·为政》所载以下孔子对政治的看法便有特殊的意义。子曰：“道之以政，齐之以刑，民免而无耻。道之以德，齐之以礼，有耻且格。”“道之”者正是在上位的君子，而“道之以德”的“德”实即指君子本人的道德修养，这是“为己之学”，而道之以德则是“为人之学”，所以，孔子对季康子说“君子之德风，小人之德草，草上之风，必偃”。

孔子的“君子”新义其实也见于他对“仁”的新理解。《左传》僖公三十三年（公元前627年）载晋臼季曰：“臣闻之，出门如宾，承事如

---

① 孟子后来直接说明：“先王有不忍人之心，斯有不忍人之政。”又说：“生于其心，害于其政。”（均见《孟子·公孙丑上》）

② 《论语·学而》载子禽问于子贡曰：“夫子至于是邦也，必闻其政。求之与？抑与之与？”子贡曰：“夫子温良恭俭让以得之。夫子之求之也，其诸异乎人之求之与！”足见孔子守己，不会对个人信念和从政原则有所妥协。

③ 对孔子而言，用与藏的一个关键在时，如何把握时机全在一心的权衡，所以，孔子又称学的最高境界在于能权。见《论语·子罕》。孟子称孔子为“圣之时者”，确然有见。孔门中，孔子独称颜回曰：“用之则行，舍之则藏，唯我与尔有是夫！”可见用与藏是君子最高的一种学问。《论语·季氏》载孔子曰：“见善如不及，见不善如探汤。吾见其人矣。吾闻其语矣。隐居以求其志，行义以达其道。吾闻其语矣，未见其人也。”所谓“隐居以求其志，行义以达其道”，即是用与藏的问题，孔子说“吾闻其语矣，未见其人也”，可见用与藏的学问实在高明难得。

祭，仁之则也。”[1] 事在孔子生前七十七年，但臼季明言他的引述别有来源，大概也是古已有之的讲法。此外，《管子·小问》管仲对桓公问引述旧语曰：“非其所欲，勿施于人，仁也。”[2] 则孔子回答仲弓问仁，显然引述两段古论而别有阐发。所谓“在邦”“在家”云云，乃指从政而言。换言之，古代对“仁”的认识是从政治立论的。这是在上位的“君子”之“仁”。《论语·颜渊》载仲弓问仁，子曰：“出门如见大宾，使民如承大祭。己所不欲，勿施于人。在邦无怨，在家无怨。”按：孔子称赞仲弓说“雍也可使南面”（《论语·雍也》），可见仲弓有牧民之材。然则，孔子对仲弓的回答无疑是孔子针对问者仲弓而强调的“仁”之传统的政治义。

我们再看孔子回答颜回问仁的一段有名的记载。《论语·颜渊》载：

> 颜渊问仁。子曰：“克己复礼为仁。一日克己复礼，天下归仁焉。为仁由己，而由人乎哉？”颜渊曰：“请问其目？”子曰：“非礼勿视，非礼勿听，非礼勿言，非礼勿动。”颜渊曰：“回虽不敏，请事斯语矣。”

按：“克己复礼为仁”之说，同样由来已久。《左传》昭公十二年（公元前 530 年）载孔子与楚灵王语曰：“仲尼曰：‘古也有志，克己复礼，仁也。’信善哉！”[3] 时孔子二十二岁。“克己复礼为仁”的古代说法，大概是针对在上位的君子而说的。上文已经提及，子贡问孔子曰：“如有博施于民而能济众，何如？可谓仁乎？”子曰：“何事于仁，必也圣乎！尧、舜其犹病诸！夫仁者，己欲立而立人；己欲达而达人。能近取譬，可谓仁之方也已。”子贡从政治功业来衡量“仁”，这种考虑无疑是从旧传统的观念而来的。当然，这种旧观念与传统的在上位者为君子的看法互为表里。孔子对子贡的回答实即将“仁”的重心转向于个人的修养。至于他

---

① 见《春秋左传正义》卷十七，阮元：《十三经注疏》，第六册，第 291 页。
② 黎翔凤撰、梁运华整理《管子校注》中册，中华书局，2006 年，第 959 页。
③ 见《春秋左传正义》卷四十五，阮元《十三经注疏》，第六册，第 795 页。

借古代“克己复礼为仁”的说法来回答颜渊问仁，但又进言“一日克己复礼，天下归仁焉。为仁由己，而由人乎哉”，可见他对旧论有其独特的新体会，而关键可谓在于“由己”。换言之，他仍然是将“仁”的重心放在个人的修养上。

尽管孔子谦称“述而不作”，但身份地位的“君子”转化成为道德品位的“君子”，与此同时，政治本领的“仁”转化成为个人道德修养的“仁”，这其实是他伟大的开创。传统旧义的“君子”重在身份地位，孔子新义的“君子”重在个人本身。传统旧义的“仁”重在政治功业，孔子新义的“仁”重在道德修养。新义的“君子”和“仁”的核心都系乎个人的内在质量而无关于外缘的身份、地位、客观环境和条件。在此意义下，我们可以说在孔子的新思想中，“仁”不啻就是“君子”的本质。上文提到，在讨论三年之丧的时候，孔子惋叹宰我“不仁”，他的前提是新义的“君子”，因此他的理据就在人心人情，尽管宰我关心的其实是旧义的“为礼”的“君子”。这是师徒二人意见不合的一个关键所在。《论语·雍也》恰好记载了孔子与宰我之间一段耐人寻味的对话：

> 宰我问曰：“仁者，虽告之曰：‘井有仁焉。’其从之也？”子曰：“何为其然也？君子可逝也，不可陷也；可欺也，不可罔也。”

在此，宰我对“仁者”如何面对政治以外的人生问题并不清楚了解，因此，他话中的“仁者”当指孔子所提倡的道德新义而言。有趣的是，孔子却以“君子”的回应作答。余英时先生认为“在这一章中，‘君子’与‘仁者’完全是同义的”。[①] 此说可以成立，不过，孔子之意可能是连君子都可欺不可罔，则仁者自然不会入井求仁，所以，孔子又说：“君子而不仁者有矣夫。”（《论语·宪问》）无论如何，新义的“君子”与新义的

① 余英时《儒家“君子”的理想》，《中国思想传统的现代诠释》，第152页。

"仁"关系密切，我们甚至可以说旧义的君子应该施行仁政，而偏重个人道德修养的新义"君子"则追求"仁"德。

四、不言而喻的"道"

《论语》中不少"道"字都没有冠词或状语，而"道"字出现的语脉也甚少直接提供任何解释。可见对孔门师徒而言，这些"道"字的含义是不言而喻的。换言之，孔门师徒对"道"字的意义有一定共识。总括而论，孔门这些不言而喻的"道"字基本上有两个意指，分别与新旧义的君子互相关联，也可以说是以个人为主与以群体为主的君子之道。以个人为主的君子之道强调个人本质和道德修养；以群体为主的君子之道偏重历史文化和经国济世的治道，而两者的共同之处则在于道义。

新义的君子既然重在本质，则难怪孔子会说："君子义以为质，礼以行之，孙以出之，信以成之。君子哉！"（《论语·卫灵公》）孔子对君子这番形容显然由内而外，情形与他赞扬子产的"恭、敬、惠、义"一样，不同的是子产的外在行为都直接关乎政治，而孔子这里所讲的君子行为则专指其普遍意义。事实上，在《论语》全书中，孔子讨论新义的君子都从普遍意义上着眼，当然具体的内容也都是君子内在的本质和修养。姑试举数例如下：

司马牛问君子。子曰："君子不忧不惧。"曰："不忧不惧，斯谓之君子已乎？"子曰："内省不疚，夫何忧何惧？"（《论语·颜渊》）

司马牛忧曰："人皆有兄弟，我独亡！"子夏曰："商闻之矣，死生有命，富贵在天。君子敬而无失，与人恭而有礼。四海之内皆兄弟也，君子何患乎无兄弟也？"（《论语·颜渊》）

子曰："君子成人之美，不成人之恶。小人反是。"（《论语·颜渊》）

子曰："君子和而不同，小人同而不和。"（《论语·子路》）

子曰："学而时习之，不亦说乎？有朋自远方来，不亦乐乎？人不知而不愠，不亦君子乎？"（《论语·学而》）

最后的例子特别值得注意，因为孔子论君子完全是从性情和学习来立说。说、乐、不愠是性情。诚然，此三者都是性情的体验或修养的结果，但孔子在此所说则以性情为出发点或基础。性情是内质，是己，学习则是学文，由己而群，内外合一，群己相融。这就是孔子所提倡的新义的君子的修养和理想。至于如何修养君子的内质，孔子本人俯就弟子时人，诲人不倦，当日必定诸多提撕。《论语·学而》载，子曰："君子食无求饱，居无求安，敏于事而慎于言，就有道而正焉，可谓好学也已。"寥寥数语，个人生活中起居应对、处世待人、下学上达等人生大节目括囊殆尽。这显然是非常切实的指点。然而，在《论语》中，门人弟子所记孔子言论似乎更多高明深微之说，要清楚认识孔子所提倡的君子之道，其实从他的门人弟子自己的言论入手也许更能见孔子所提倡的君子之道的平易博大。

我们不妨先从孔子的弟子有子的一段有名的话说起。《论语·学而》载：

有子曰："其为人也孝弟，而好犯上者，鲜矣；不好犯上，而好作乱者，未之有也。君子务本，本立而道生。孝弟也者，其为仁之本与！"

必须指出，"道"字并没有冠词或状语，有子在此并未直接界定所谓"道"的含义，但他所讲的"道"的内容却很具体实在。有子从个人在家对待父母长辈兄弟的行为，说到其人在政治上对待君主的态度，然后归结到"君子务本，本立而道生"的看法。显然，他所说的"道"是由个人开始，而家庭而国家，一以贯之。换言之，有子所讲的“道”，不啻就是尊己重群的做人之道，它涵盖了人生自幼而长，在不同社会阶段处世待人的态度和责任。所谓“本”当然指的是根本；“本”在此是个比喻，“道”由“本”而生，仿如树木的成长，而根本则从家中对待父母长辈的孝悌行为开始。从这个意义而言，按照孔门的讲法，有子所讲的情况理应人人如此，所以“道”就有普遍意义而不限于任何特殊身份、地位，甚至个人，因此，他所讲的“道”实际上就是人生大道或做人之道。用孔子的话讲，这是“为己之学”，也是君子之道。

诚然，所谓人生大道毕竟还是孔门师徒的提法，在春秋末年未必都是大多人的共识，否则，有子也毋庸多言了。由此可见，孔子提倡的君子之道在当时的确是一种新颖的说法。事实上，对于所谓本末问题，孔门内部也有一定的分歧。《论语·子张》就记载了孔门后进子游和子夏之间的不同意见：

> 子游曰：“子夏之门人小子，当洒扫应对进退，则可矣，抑末也。本之则无，如之何？”子夏闻之，曰：“噫！言游过矣！君子之道，孰先传焉？孰后倦焉？譬诸草木，区以别矣。君子之道，焉可诬也？有始有卒者，其惟圣人乎！”

子夏教弟子洒扫应对进退之道，这应该与有子所讲在家的“孝弟”是相类的事情。对于子夏和有子来说，尽管洒扫应对进退之事看似细末，但却是大本所在，致远之“道”由此而生。有子从性情着眼，而子游则从行为上来概括子夏对弟子的教导，两者是互相发明的说法，可谓殊途同归。实际上，子夏关心的最终应该还是培养弟子的性情，只不过子游的态度似乎略带轻视之意，因此他的概括未免流于偏颇，有失中肯。他甚至认为子夏所教只是“末”而不是“本”。这就难怪子夏说他的批评过分了。根据朱熹的了解，子夏回答的主旨如下：

言君子之道，非以其末为先而传之，非以其本为后而倦教。但学者所至，自有浅深，如草木之有大小，其类固有别矣。若不量其浅深，不问其生熟，而概以高且远者强而语之，则是诬之而已。君子之道，岂可如此？若夫始终本末，一以贯之，则惟圣人为然，岂可责之门人小子乎？①

朱熹的解释别有一理，指出人之才性不同，必须因材施教。子夏或许亦有此意，但他理应同意“君子之道”必然“始终本末，一以贯之”。尽管子游与子夏对本末的看法有所分歧，但他们有一个共识，就是两人都认为自己教授弟子的都是“君子之道”。这个“君子之道”实即孔门上下的共识，虽然“君子之道”的具体内涵以及教授和学习的方法可以不尽相同。孔子鼓励子夏为“君子儒”，但这个教训绝非只为子夏一人而说。“君子”毋宁是孔门上下追求的理想。

有子所讲的人生大道是从人生的不同阶段和分位以及个人义务和责任的对象而立论的，而其本则在于个人的孝悌性情。这关乎个人的道德修养，因此，遵守这样的人生而成就的君子是道德意义上的君子。一言蔽之，孔门弟子所讲究的都是培养个人的内质的学问。用后来庄子的语言来表达，这种学问就是所谓“内圣”之学。这也是孔子开始特别强调的新义的“君子之学”。

然而，正如上文所述，孔门所讲的君子也有传统的分位意义的君子，因此，孔门讨论君子之道重点和关怀并不完全局限于道德观考虑。比如，曾子尝言：“鸟之将死，其鸣也哀；人之将死，其言也善。君子所贵乎道者三：动容貌，斯远暴慢矣；正颜色，斯近信矣；出辞气，斯远鄙倍矣。笾豆之事，则有司存。”（《论语·泰伯》）这是他针对个人的仪容和辞气来谈论君子之道，换言之，君子之道可以是一种礼容的讲究。曾子这番话

① 朱熹《四书章句集注》，中华书局，2002 年，第 190 页。

原来是对在上治民的贵族孟敬子说的。以有子所讲的人生阶段而言，曾子所言无疑在于治民阶段。必须强调，曾子原话中并未直接指出“君子之道”；他说君子所贵乎道者三，因为君子所贵，其所贵者便称作“君子之道”。换言之，“道”的内容实际上十分笼统，但就曾子原话的对象和脉络，“道”无疑是属于治民阶段的道理。当武城宰的子游也说过：“君子学道则爱人，小人学道则易使也。”（《论语·阳货》）他所指的无疑也是在上位者的君子，而他所说的“道”当然就是君子之道。孔门弟子学习的也是这种君子之道。[①] 相对于上文所讲新义的君子之学为“内圣”之学，这种旧义的君子之学可谓“外王”之学。所谓“外王”之学，但其事不限于王者而泛指政治之学。

《论语·宪问》载子路问事君。子曰：“勿欺也，而犯之。”这是事君的君子之道。《论语·先进》又载季子然问：“仲由、冉求，可谓大臣与？”子曰：“吾以子为异之问，曾由与求之问。所谓大臣者，以道事君，不可则止。今由与求也，可谓具臣矣。”曰：“然则从之者与？”子曰：“弑父与君，亦不从也。”可见学习君子之道正是准备日后“以道事君”。如果有机会事君而事之不以君子之道，则在孔子眼中就只算是具臣而不是大臣。从孔子的回答可见，“弑父与君”绝非君子之道。具臣与大臣之别犹如“小人儒”与“君子儒”之别。[②]“弑父与君”也即有子所讲的“犯上作乱”，而有子所讲的孝悌为仁本的君子之道正可从根本上预防

① 《论语·尧曰》载子张问于孔子曰：“何如斯可以从政矣？”子曰：“尊五美，屏四恶，斯可以从政矣。”子张曰：“何谓五美？”子曰：“君子惠而不费，劳而不怨，欲而不贪，泰而不骄，威而不猛。”子张曰：“何谓惠而不费？”子曰：“因民之所利而利之，斯不亦惠而不费乎？择可劳而劳之，又谁怨？欲仁而得仁，又焉贪？君子无众寡，无小大，无敢慢，斯不亦泰而不骄乎？君子正其衣冠，尊其瞻视，俨然人望而畏之，斯不亦威而不猛乎？”子张曰：“何谓四恶？”子曰：“不教而杀谓之虐。不戒视成谓之暴。慢令致期谓之贼。犹之与人也，出纳之吝，谓之有司。”子张的问题并未直接问及君子从政之道，但孔子的回答却以君子之道为言，并且又以“君子”与“有司”相对，此正可以证明本文的论点，即孔门师弟朝夕讲究的正是君子之道。

② 《论语·为政》载孔子曰：“君子不器。”具臣可谓器矣。

这样的叛逆行为。孟氏使阳肤为士师，问于曾子。曾子曰："上失其道，民散久矣。如得其情，则哀矜而勿喜。"（《论语·子张》）阳肤为士师，自然是在上位的君子，而曾子的劝诫则从性情着眼。正如上文所分析，有子所讲的孝悌为仁本的君子之道，其目的也正在培养性情。由此可见，新旧两义的君子之道实在互为表里，融为一体，而根本与重点则在强调道德修养的新义的君子之道。此即孔子"述而不作"的发明。庄子后来讲内圣外王，很可能是由于孔子这番融合新旧两义的君子之道的学问而受到启发的。

《论语》中没有冠词或状语的"道"字除了不言而喻的"君子之道"的意思外，其他情况则多指政治文化意义上的最高准则或典范。我们试看以下的例子：

> 子言卫灵公之无道也。（《论语·宪问》）
>
> 子曰："直哉史鱼！邦有道如矢，邦无道如矢。君子哉蘧伯玉！邦有道则仕，邦无道则可卷而怀之。"（《论语·卫灵公》）
>
> 仪封人请见，曰："君子之至于斯也，吾未尝不得见也。"从者见之。出曰："二三子何患于丧乎？天下之无道也久矣，天将以夫子为木铎。"（《论语·八佾》）
>
> 道不行，乘桴浮于海。（《论语·公冶长》）
>
> 道之将行也与，命也；道之将废也与，命也。（《论语·宪问》）
>
> 天下有道则见，无道则隐。（《论语·泰伯》）

毫无疑问，上述例子中的"道"都关乎政治，它可以针对某一国君如卫灵公，也可以指一邦一国而言，甚至是天下。既然"道"是评骘国君、国家甚至天下的权衡，所以就有所谓"卫灵公无道""邦有道""邦无道""天下有道则见，无道则隐"等等的评论。"天下有道"与否也即是"道行"于天下与否。由于"道"与国君、邦国有关，因此有道与否必然以政治的准则或典型为判。这种情况在春秋时代已经如此，《左传》的相关记载不少。《论语·为政》载有子曰："礼之用，和为贵。先王之道斯为美，小大由之。""礼"无疑就是政治文化的总体。有子称之为"先王之道"。孔子本人也说过："夏礼，吾能言之，杞不足征也；殷礼，吾能言之，宋不足征也。文献不足故也。足，则吾能征之矣。"（《论语·八佾》）他此处所讲的"礼"无疑跟子夏所讲的"先王之道"同义。对孔子而言，政治的确包含文化和历史。再者，天下有道与否也不能纯粹以政治情况来论定。总结而论，"道"应该是政治、历史、文化的准则或典型。诚然，这样的说法比较笼统，但"道"恐怕原来就没有明确的外延的定义和具体的内涵的。大致上，诚如有子所言，"道"的基本成法存在于"先王之道"，其中当然也包括"文武之道"。《礼记·表记》引述了孔子的一段话很能够说明问题。引文如下：

> 子曰："夏道尊命，事鬼敬神而远之，近人而忠焉先禄而后威，先赏而后罚，亲而不尊。其民之敝，惷而愚，乔而野，朴而不文。殷人尊神，率民以事神，先鬼而后礼，先罚而后赏，尊而不亲。其民之敝，荡而不静，胜而无耻。周人尊礼尚施，事鬼敬神而远之，近人而忠焉。其民之敝，利而巧，文而不惭，贼而蔽。"子曰："夏道未渎辞，不求备，不大望于民。民未厌其亲。殷人未渎礼而求备于民。周人强民，未渎神，而赏爵刑罚穷矣。"子曰："虞夏之道，寡怨于民。殷周之道，不胜其敝。"①

引文中，孔子提到"虞夏之道"和"殷周之道"，而所谓"道"都是指政治和文化上的措施和精神。虽然引文未必真的出自孔子之口，但这样的"道"的概念应该是孔门的常用语。上文引述孔子言夏礼、殷礼足以证明。

---

① 孙希旦《礼记集解》，第3册，第1309—1311页。

“道”的具体内容笼统，其中一个主要原因是“道”必须由人来确定，换言之，虽然“道”本于“先王之道”，但正如上文所言，对“先王之道”的了解自然可以因人而异，大同中不妨其有小异，见仁见智。从《表记》的引文可见孔子对虞夏、殷周之道的讲论和解释，这是他个人的理解，也是他“信而好古”的必然结果，其中细节未必人人认同。孔子的解释表现出他自己对“先王之道”的损益功夫。这是孔子所发现的“斯文”。事实上，“先王之道”并非现成的筵席，随便供人享用。孔子说：“吾犹及史之阙文也。”（《论语·卫灵公》）在一定意义上说，“先王之道”其实不过是“史之阙文”，因此它的内容和意义必须由后来者发明。这就是孔子所说的“损益”功夫。同理，“斯文”并非现成的而由他建立，所以他删《诗》《书》，整理古代文献，并且发挥其中的微言大义。《论语·为政》载，子曰：“《诗》三百，一言以蔽之，曰：‘思无邪。’”这无疑就是“斯文”的一种发露。[①]

总之，“道”的实际内容由孔子来界定，因此笼统。孔子对“虞夏之道”和“殷周之道”分析细微，从中考镜其源流、承袭和变化，明其损益的道理。在他的视野中，大道的典型百世可知，新旧共成一体。《论语·卫灵公》载颜渊问为邦。子曰：“行夏之时，乘殷之辂，服周之冕，乐则《韶》《舞》。放郑声，远佞人，郑声淫，佞人殆。”这最能代表孔子对“先王之道”的理解，而其内容显然是广义的政治和历史文化。正因此孔子所讲的“道”强调贯通，所以能成其大，《礼记·礼运》引孔子之言曰“大道之行也，天下为公”，尽管文中所述的“大同”世界未必真的是孔子本人的构想，但以天下为关怀，以“公”为主，这样的“大道”的说法应该是合乎孔子的看法的。《论语·雍也》载，子曰：“齐一变，至于鲁；鲁一变，至于道。”朱熹说：“孔子之时，齐俗急功利，喜

① 值得注意的是，《诗》本来是古代的史籍，但孔子对《诗》的阐发则重在性情。这自然是跟他开创的君子新义有关。

夸诈，乃霸政之余习。鲁则重礼教，崇信义，犹有先王之遗风焉，但人亡政息，不能无废坠尔。道，则先王之道也。言二国之政俗有美恶，故其变而之道有难易。"[①] 从地方观念看，孔子所讲的"道"不以任何一方作准。尽管他所讲的"道"以周道为本，但他认识的周道却并非纯属于姬周一姓之道，因为他清楚地说明："周监于二代，郁郁乎文哉！吾从周。"（《论语·八佾》）孔子论齐、鲁之道其实寓有等第的观念。齐之道显然不如鲁之道，而鲁之道又显然尚不至道。如此说来，孔子论"道"有等级，亦犹如其论人有品第，所以，他比较齐、鲁之道，同时也品评两国的君主。他说："晋文公谲而不正，齐桓公正而不谲。"（《论语·宪问》）这应该不会是巧合。事实上，贯通古今、普及天下的大道正是孔子心中的权衡，他不单以此品评晋文、齐桓以及比较两国之道，更且横顾天下，纵览古今。虽然春秋时代各国大夫以"道"论人、论国甚至论天下，但这样的做法似乎还不十分普遍。反观《论语》篇幅简短，但书中以"道"论人事国政几乎触目皆是。尤堪注意者，孔子似乎更多以"道"论天下。这应该跟他提倡的具有普遍人生意义的君子之道有一定的关联，而且互相呼应。

一言蔽之，孔子所讲的"道"以今语言之，其实就是文化传统。这并非我个人的新说，前贤早已见之。清儒刘宝楠（1791—1855）解释《朝闻道》章云："朝夕言时至近，不逾一日也。'闻道'者，古先圣王君子之道，已得闻知之也。闻道而不遽死，则循习讽诵，将为德性之助。若不幸而朝闻夕死，是虽中道而废，其贤也于无闻也远甚，故曰'可也'。"[②] 刘氏所谓的"古先圣王君子之道"，我们今天则称作"文化传统"。但是，必须补充一个要点，就是孔子所讲的文化传统，并非现成的，它

---

① 朱熹《四书章句集注》，第 90 页。

② 刘宝楠《论语正义》，中华书局，1990 年，上册，第 146 页。然而，刘氏认为道可闻，这一说法其实不合孔子原意。关于孔门论道是否可闻，参看劳悦强"闻道"并非"达道"——廖名春教授《〈论语〉"朝闻道，夕死可矣"章〈新释〉〈读后〉》，《新亚学报》，第三十卷，第 1—14 页。

要求学道者自己努力学习古代文献，积极地参与蕴含在文献中的文化传统，从中发现其新生命、新意义。换言之，鲜活的文化传统必须由学道者开创，所以，孔子说："人能弘道，非道弘人。"(《论语·卫灵公》) 由孟子讲"尽心知性，尽性知天"(《孟子·尽心上》)，直到战国晚期儒家说"唯天下之至诚，为能尽其性；能尽其性，则能尽人之性；能尽人之性，则能尽物之性；能尽物之性，则可以赞天地之化育，可以赞天地之化育，则可以与天地参矣"(《中庸》)，这些形而上的心性论，一言蔽之，也就是孔子"人能弘道"的根本思维，关键在于个人积极参与其中。

五、余论

根据上文分析，孔门师徒日常所讲的"道"无论是政治或历史文化，抑或为人之道都关乎人事，但《论语》中也有"天道"一词，虽然它只出现一次。顾名思义，"天道"最少并不是直接与人事有关。《论语·公冶长》载子贡曰："夫子之文章，可得而闻也；夫子之言性与天道，不可得而闻也。"必须指出，"天道"一词出自子贡之口。子产在鲁昭公十八年（公元前 524 年）就曾说过："天道远，人道迩，非所及也。"[①] 当时孔子二十七岁。根据《左传》，春秋时人甚少讨论"天道"，而"天道"这个词语在书中也仅此一见。孔子罕言"天道"，颇合当时的一般想法。但子贡由此慨叹，则"天道"在当时应该也不会是一个完全陌生的观念，只不过，孔子既然抱着"未知生，焉知死"和"未能事人，焉能事鬼"的人生态度（《论语·先进》），则锲而不舍，竭力追求君子之道的他对于"天道"自然会保持一定的敬畏的距离，就如他对鬼神"敬而远

① 见《春秋左传正义》卷四十八，阮元《十三经注疏》，第六册，第 841 页。

之”一样。也许是这个缘故，孔子对于“天道”宁愿保持缄默。这就是他所谓的“知”。[①]有趣的是，当孔子说“予欲无言”的时候，子贡满怀顾虑地询问：“子如不言，则小子何述焉？”而孔子则回答曰：“天何言哉？四时行焉，百物生焉，天何言哉？”（《论语·阳货》）不知是否因为孔子知道子贡对“天道”的兴趣，所以他故意以天默然无声的运行作答。无论如何，孔子的回答不啻是对“天道”的一种解释。更重要的是，孔子暗示人事当效法天道。《礼记·哀公问》记哀公问孔子曰：“敢问君子何贵乎天道？”孔子对曰：“贵其不已。如日月东西相从而不已也，是天道也。不闭其久，是天道也。无为而物成，是天道也。已成而明，是天道也。”[②]根据《论语》有关的情况，如果孔子真的避免谈论“天道”，则哀公与孔子这段对话大概最多只能算作传闻，但对话中孔子所言的确与《论语》所记的孔子立场相符。《易·乾·象》曰：“天行健，君子以自强不息。”[③]“自强不息”的说法应该是孔子在内圣修养方面对“天道”的看法的一种继承。至于外王方面，《礼记·礼运》载孔子曰：“夫礼，先王以承天之道，以治人之情，故失之者死，得之者生。”[④]礼承天道，以治人情，同样是天人合一。《论语·八佾》载王孙贾问曰：“与其媚于奥，宁媚于灶，何谓也？”子曰：“不然！获罪于天，无所祷也。”获罪于天，则无所祷，原因当在于这样的祷告将不合于礼。然则，《礼运》所记孔子之言，大概亦有所本。

---

① 《论语·雍也》载樊迟问知。子曰：“务民之义，敬鬼神而远之，可谓知矣。”又《论语·为政》载子曰：“由，诲女知之乎？知之为知之，不知为不知，是知也！”

② 孙希旦《礼记集解》，第3册，第1265页。

③ 见《周易正义》卷一，阮元：《十三经注疏》，第一册，第11页。

④ 孙希旦《礼记集解》，第2册，第585页。

图书在版编目（CIP）数据

简帛思想文献研究：个案与方法 / 刘笑敢，郑吉雄，梁涛编著. -- 北京：东方出版社，2019.3
（岳麓书院国学文库）
ISBN 978-7-5207-0751-0

Ⅰ. ①简… Ⅱ. ①刘… ②郑… ③梁… Ⅲ. ①思想史—研究—中国—古代 Ⅳ. ①B215

中国版本图书馆CIP数据核字（2019）第009104号

简帛思想文献研究：个案与方法
（JIANBO SIXIANG WENXIAN YANJIU：GE'AN YU FANGFA）

编　　者： 刘笑敢　郑吉雄　梁　涛
责任编辑： 辛春来　来芙萍
出　　版： 东方出版社
发　　行： 人民东方出版传媒有限公司
地　　址： 北京市东城区东四十条113号
邮政编码： 100007
印　　刷： 天津画中画印刷有限公司
版　　次： 2019年3月第1版
印　　次： 2019年3月第1次印刷
开　　本： 710 毫米 × 1000 毫米　1/16
印　　张： 36
字　　数： 500千字
书　　号： ISBN 978-7-5207-0751-0
定　　价： 79.00 元
发行电话：（010）85924663　85924644　85924641
